**权威·前沿·原创**

皮书系列为
"十二五""十三五""十四五"时期国家重点出版物出版专项规划项目

**BLUE BOOK**

智 库 成 果 出 版 与 传 播 平 台

陕西建筑业蓝皮书

**BLUE BOOK** OF CONSTRUCTION
INDUSTRY OF SHAANXI

# 陕西建筑业发展报告

## （2025）

## THE REPORT OF CONSTRUCTION INDUSTRY
## OF SHAANXI (2025)

组织编写／陕西省建筑业协会
　　　　　西安财经大学

主　　编／李子青　姚宽一　王蔚然

副 主 编／宋世锋　王　瑾　毛继东　袁正刚

社会科学文献出版社
SOCIAL SCIENCES ACADEMIC PRESS（CHINA）

**图书在版编目（CIP）数据**

陕西建筑业发展报告 . 2025 ／ 李子青，姚宽一，王
蔚然主编 . --北京：社会科学文献出版社，2025.5.
（陕西建筑业蓝皮书）. --ISBN 978-7-5228-5203-4

Ⅰ. F426.9

中国国家版本馆 CIP 数据核字第 20256MX198 号

**陕西建筑业蓝皮书**

**陕西建筑业发展报告（2025）**

主　　编／李子青　姚宽一　王蔚然
副 主 编／宋世锋　王　瑾　毛继东　袁正刚

出 版 人／冀祥德
责任编辑／王　展　侯曦轩
责任印制／岳　阳

出　　版／社会科学文献出版社·皮书分社（010）59367127
　　　　　地址：北京市北三环中路甲 29 号院华龙大厦　邮编：100029
　　　　　网址：www.ssap.com.cn
发　　行／社会科学文献出版社（010）59367028
印　　装／天津千鹤文化传播有限公司

规　　格／开　本：787mm×1092mm　1/16
　　　　　印　张：32.25　字　数：483 千字
版　　次／2025 年 5 月第 1 版　2025 年 5 月第 1 次印刷
书　　号／ISBN 978-7-5228-5203-4
定　　价／198.00 元

读者服务电话：4008918866

# "陕西建筑业蓝皮书"
# 顾问委员会

# 《陕西建筑业发展报告（2025）》
## 编　委　会

主　任　李子青　姚宽一

副主任　宋世锋　王蔚然　王爱军　令狐延　时　炜
　　　　李浩亮

委　员　郝新军　焦　兵　闫永军　师树海　景常荣
　　　　刘宝安　田银川　苏　瀛　李学彦　熊绍祥
　　　　周西明　周英杰　何建波　卢华勇　孟宪忠
　　　　梁二雷　马胜华　单益永　涂　瑞　高　真
　　　　贾安乐　任占厚　段　娅　贺玉周　张鸿雁
　　　　杨时辉　李卫民　冯文强

主　编　李子青　姚宽一　王蔚然

副主编　宋世锋　王　瑾　毛继东　袁正刚

编辑部
主　任　王蔚然

副主任　王婉玲　赵敬源　尚宇梅　张　馨

成　员　宋毅成　　毕　超　　谢　晋　　彭　涛　　余侃华
　　　　韩　力　　樊禹江　　党　斌　　马　健　　赵　维
　　　　王之怡　　楚芳芳　　夏　博　　张文彬　　张　茜
　　　　庞　博　　高　真　　屈秋顺　　姜榆生　　何翔宇
　　　　吴　峰　　宋晓明　　刘慧敏　　谢万翠　　杨军峰
　　　　张鸿雁　　薛　伟　　房建华　　汪嘉豪　　石会娟
　　　　李军社　　李泉柏　　吴　兵　　李　科　　刘　煜
　　　　赵若淇　　张睿婕　　张　月　　魏嘉宾　　刘思思
　　　　张猛格　　赵宇琪　　徐子轩　　陈俊颖　　郭妍婷
　　　　杨佳翰　　魏小强　　沈为民　　秦吉有　　何少华
　　　　张向阳　　童占国　　李　建　　李海强　　冯高伟
　　　　李为君　　陈　恒　　张　浪　　石东浪　　韩婷婷
　　　　范格平　　欧宝华　　马振和　　张　驰　　雷万里
　　　　李坤尚

# 合作单位

陕西建工集团股份有限公司
中建丝路建设投资有限公司（中国建筑西北区域总部）
广联达科技股份有限公司

# 主要编撰者简介

**李子青** 工学博士，教授，陕西省住房和城乡建设厅原党组书记、厅长，省政府参事。中共陕西省建筑业协会支部书记、会长。长期从事公路交通领域的教学、科研、设计与管理工作，主要著作包括《结构振动与控制》《现代桥梁结构分析》等，并主持或参与了公路桥梁减振装置及设计方法研究等多项科研项目。在交通系统规划与信息化发展领域，主持完善了陕西交通科技发展"十五"规划及交通信息化发展"十五"规划，参与了陕西省以"米"字形公路为主骨架、"一纵两环三横"为次骨架的交通网络体系。此外，主持设计了榆（林）靖（边）高速公路，主持规划了靖（边）吴（堡）、靖（边）安（塞）、靖（边）王（圈梁）高速公路，为陕西交通与经济发展提供了重要理论与实践支持。

**姚宽一** 工学博士，兼职教授，正高级工程师，陕西省建筑业协会监事长、陕西省企业家新质生产力研究院院长、西北智能建造未来产业创新研究院专家委员会主任、陕西新质生产力企业家促进会名誉会长。曾任青海省住房和城乡建设厅党组书记、厅长。长期致力于建筑与城乡建设领域的研究、实践与管理。出版著作包括《中国建筑业产业竞争力研究》《中国建筑业新的经济增长点和增长力》等，并在《建筑经济》《长安大学学报》《西安建筑科技大学学报》《建筑科学》等学术期刊发表论文数十篇。在玉树地震灾后重建工作中，主持了地震灾后重建的规划、设计、施工、验收评估及政策法规等工作，连续五年被评为玉树地震灾后重建先进个人，并获得五一劳动奖集体奖。主持并圆满完成了可可西里申报世界自然遗产工作，可可西里成为中国目前最大的世界自然遗产地。同时，担任西安交通大学、西安工业大学兼职教授及西安建筑科技大学硕士研究生导师，为建筑业领域人才培养与学术研究作出了重要贡献。

**王蔚然** 工学博士，西安财经大学城市更新研究中心主任、硕士研究生导师，陕西省房地产研究会秘书长。主要从事城市建设和房地产研究工作，在城市更新与城市可持续发展等方面有较深入的研究。曾先后在《四川建筑科学研究》、《城市》、《中国城市经济》、《陕西师范大学学报》（自然科学版）等学术报刊上发表有关项目管理理论、城市与区域经济学、城市规划和房地产研究等方面的论文二十余篇；出版《旧城改造项目管理模式研究》学术专著 1 部；作为副主编参与出版《陕西房地产业发展报告》（2012、2014、2019、2020、2021、2022 年版）。主持和参与国家及省重点课题多项，先后获全国房地产论文优秀成果一等奖、西安市决策咨询委二等奖、陕西省第十六次哲学社会科学优秀成果论文二等奖等多项。决策咨询建议获得省部级领导批示。

# 序一
# 陕西建筑业：历史成就、时代挑战与转型之路

　　建筑业是国民经济的支柱，是推动社会进步、改善民生的重要力量。陕西这片厚重的土地，承载着华夏文明的千年积淀，也见证着现代建设的蓬勃生机。新中国成立以来，陕西建筑业始终与国家发展同频共振——从计划经济时期的艰苦奋斗到改革开放的市场化转型，从传统建造的深耕细作到智能绿色的创新突破，行业在时代浪潮中不断蜕变，为城乡焕新、经济提质作出不可替代的贡献。

　　党的十八大以来，陕西建筑业迎来跨越式发展，政策、技术与市场协同发力，成为稳增长、促就业、惠民生的关键引擎。然而，产业结构调整滞后、创新能力不足、绿色转型压力加剧等问题日益凸显。这些挑战背后，恰是行业破局升级的历史机遇。"陕西建筑业蓝皮书"应时而生，以翔实数据与学术视角系统梳理发展脉络，直面痛点、剖析根源，为高质量发展提供科学依据。作为首部全面总结陕西建筑业的著作，蓝皮书集结高校与科研机构智慧，兼具学术深度与实践价值，纵向追溯陕西省建筑业历史脉络，厘清政策、技术与市场的协同逻辑；横向扫描当前发展现状，从投资结构、财税调控到勘察设计、建材供应等产业链环节，剖析政策影响与市场动态；同时聚焦技术创新与区域协同，并通过典型案例的介绍，实证技术革新对产业生态的重塑效应。书中既有对成就的凝练总结，亦直面产业结构优化、绿色转型攻坚、区域协同强化等核心命题，彰显求真务实之风。

　　当前，全球产业链加速重构，数字经济浪潮奔涌，"双碳"目标倒逼转

型，建筑业既面临前所未有的机遇，亦需应对更高要求。陕西建筑业的高质量发展，需要凝聚政策、市场、技术多方合力，更需传承"工匠精神"的初心。期待这部蓝皮书能成为行业同仁的案头卷、青年学子的参考书、社会公众的观察窗，推动陕西从"建筑大省"向"建筑强省"迈进。愿三秦大地上的每一座建筑，都能成为时代进步的注脚；愿陕西建筑业以实干为笔、以创新为墨，在新时代书写更加辉煌的篇章！

李刚青

2025 年 3 月

# 序二
# 新质生产力是建筑业转型升级的必由之路

习近平总书记指出："发展新质生产力是推动高质量发展的内在要求和重要着力点，必须继续做好创新这篇大文章，推动新质生产力加快发展。"建筑业作为传统产业，是我国国民经济的重要支柱产业之一，也是产业现代化的重要组成部分。实现建筑业产业现代化，必须以科技创新为引领，以智能建造为抓手，大力推动建筑业数字化转型、智能化改造、绿色化提升、工业化协同、高质量发展，加速形成具有建筑行业特点的新质生产力，构建建筑业现代化产业体系，加快实现传统产业向现代化产业转型升级，不断推动建筑业高质量发展，为实现高水平科技自立自强、建设科技强国贡献应有力量。

## 一　敏锐把握当前科技变革的新动态新趋势

当前，新一轮科技革命和产业变革紧锣密鼓地展开，人工智能ChatGPT、Sora、DeepSeek等正以迅猛的速度重塑当今世界，人类加速步入新的科学研究和技术创新的范式变革周期，世界正处于向第六次科技革命转变的突破期，"技术奇点"曙光已经再现。各国都在寻求"科技突围"，国家间技术优势变迁和人类整体技术跃升速度大大加快，基础科学研究、技术科学研究、应用科学研究并驾齐驱，成为引领新的科学与技术革命和产业变革的重要力量。

第一，新兴技术群发突破，加速向应用端渗透。科学技术发展呈现明显的大科学、批量化特点，全球创新已步入以多学科交叉融合为主要特征的"大科学"时代，在不断催生新研究领域的同时，进一步赋能产业变革。以人工智能、量子科技、生物技术、太空探索、大数据、大模型等为代表的新兴技术迭代处于爆发阶段，技术革命加速向大规模应用过渡和导入，与大规模扩散应用的现实场景日益接近，并释放出对经济社会进步的加力推动作用。生成式 AI 已实现文本、图像、视频的创造性输出，应用型 AI 和通用型 AI 正推动决策智能化和工业革命拐点到来。量子计算、量子通信和精密测量技术，正在生物制药、密码解析等领域展现颠覆性潜力。特斯拉、波士顿动力、宇树科技等人形机器人已投入工业场景，2025 年将成为人形机器人元年，推动制造业向无人化转型。AI 驱动的航天器自主控制及对接技术、可回收火箭大幅降低成本，开启航天新时代。

第二，数据成为核心生产要素，数字化转型深化。数字化转型速度进一步加快，数据驱动创新作用凸显，数字经济占全球价值链比重显著提升，数据流通成本降低催生新商业模式。科技创新和生产对数据的依赖程度越来越高，数据资源加快向各领域扩散，促进生产效率大幅度提升，传统要素投入将进一步降低。传统劳动密集型产业面临挑战，数据资源的价值挖掘能力（如 AI 大模型训练、工业物联网）成为竞争力的关键。越来越多的设备与网络建立连接，生产对数据的依赖度越来越高。数据将成为企业、产业乃至国家的战略性资源，数据驱动的技术研发和应用创新能力，将直接影响一国的长期竞争优势。

第三，产业组织和社会分工持续深化，全球协同网络分化。产业组织模式向多元主体协作演进，众包、开源社区等模式降低创新门槛，AI 驱动的垂直服务初创重构企业协作模式创新系统。一方面，以用户为中心、多元主体参与、在更大范围合作的开放式创新蓬勃发展。众包众创、协同创新、共同体创新、参与式创新等新模式不断涌现。创新资源的流动性和可用性增强，创新要素和资源更易于被获取，创新创业门槛进一步降低。自下而上、团队合作、共同体作用发挥进一步增强，良好的创新生态和创新平台、创新环境，成为集聚整合创新资源、提高创新效率的关键。另一方面，全球协同网络分化，地缘政治加剧技术联盟阵营分化。美国通过"友岸外包""近岸外包"等构建排他性技术联盟，割裂全球供应链。中国通过"一带一路"深化国际产能合作，在东盟、拉美等地构建替代性创新网络，对冲技术脱钩风险。

第四，技术标准竞争及安全化博弈升级，关键技术"双轨制"。全球前沿领域技术竞争日趋激烈，关键技术领域呈现"双轨制""阵营化"，安全谋虑主导规则制定。科技竞争趋于长期化，出于战略和安全考虑，主要经济体已经开始在关键技术领域谋划自己的技术标准体系，未来全球关键领域的技术标准和技术体系呈现分化态势，技术标准博弈延伸至国际规则制定权。芯片领域美国主导 CHIP4 联盟与荷兰、日本等限制光刻机出口，试图封锁中国高端芯片制造能力。通信领域中国 5G 专利占比超 40%，美国则以"清洁网络"计划排斥华为。星链系统军事化应用，凸显科技企业"战时工具"属性。美国利用《芯片与科学法案》和"印太经济框架"、实体清单等，实行技术封锁多维化，建立以盟友为中心的供应链合作体系。中国以"新质生产力"战略，构建"自主可控+开放合作"的科技创新体系，推动国际科技治理规则改革。

第五，全球创新重心东移，亚太快速发展。新兴经济体创新能力大幅上升，发达国家领先优势相对下降，全球创新版图加快变动，世界创新重心正在向东转移。亚洲成为全球高端生产要素和创新要素转移的重要目的地，特别是东亚将成为全球研发和创新密集区，成为新的创新增长极。中国在全球创新指数排名中升至第 11 位，拥有 26 个全球百强科技创新集群。美国研发投入占 GDP 比重（3.15%）仍领先，但中国增速更快（从 2.1% 升至 2.68%），且在新能源汽车、光伏等领域形成局部优势。东亚依托半导体制造与数字经济形成创新密集带，挑战欧美传统主导地位。2022 年，全球研发总支出排名前十的国家中，亚洲国家数量占一半，其研发总支出超 1 万亿美元，占比达 42.14%。其中，中国研发投入增长迅速，2022 年近 700 亿美元，居全球第二位。2023 年亚洲各国受理的专利申请约为 244 万件，占世界总量的 68.7%。

第六，科技日趋政治化，"科学无国界"神话破灭。科技创新受意识形态裹挟的现象更加普遍，更大范围波及科技和经济贸易。"科学无国界"的神话已被打破，制裁与封锁、脱钩断链与"去风险化"，科学研究与技术创新受政治胁迫成为一种新的全球现象，"政治正确"笼罩科技发展。发达国家通过限制在科学研究、技术开发、人员交流、市场应用等方面的合作，对本国领先技术进行保护，遏制他国发展，科技问题政治化趋势明显增强。美国对中国在核心技术及设备方面全面限制，目的是增加中国获得尖端科研设备的难度，增加创新成本，遏制中国发展。

第七，建筑业加快转型升级，行业模式趋于重构。在全球城市化进程加快与"双碳"目标驱动下，建筑业正经历从劳动密集型向科技密集型、智能服务密集型的深刻转型，从传统建造向数字建造、智能建造、绿色建造的历史性跨越，形成以科技为核心驱动力的深度变革。《全球建筑业2030》报告指出，科技应用将使行业劳动生产率提升50%，碳排放降低40%。从美国的智能生成式设计到中国的"空中造楼机"，从德国的光伏建筑到日本的施工机器人，全球建筑业正形成"技术迭代—模式革新—生态重构"的三维变革图景。这场变革不仅涉及投资模式、设计模式、建造方式、组织模式、技术应用、物业运营管理等的迭代，更推动着整个行业技术链、产业链、供应链、价值链重构。头部企业正以技术突破与模式创新引领变革，政策红利与生态协同效应持续释放，为行业高质量发展注入新动能。

## 二　清醒认识建筑业面临的问题和挑战

建筑业是人类最古老的传统产业之一，在全球经济中，一直占据着重要地位。在发达经济体中，建筑业产出一般占到 GDP 的 5%左右，发展中经济体占到 8%左右。改革开放 40 多年来，我国建筑业经历了史无前例的高速发展，行业总产值 1988 年突破千亿元，达到 1132 亿元；1998 年突破万亿元，达到 1.0062 万亿元；2011 年突破 10 万亿元，达到 11.6 万亿元。这样十年

10 倍的超高速增长持续了 20 多年。2022 年又突破 30 万亿元大关，达到 31.2 万亿元；2024 年为 32.6 万亿元，是 2011 年的 2.8 倍。这个过程也造就了一大批具有国际竞争力的行业头部企业。据美国《工程新闻记录》2024 年统计，全球最大的 250 家国际承包商中，中国上榜企业 81 家，与 2023 年持平，继续蝉联各国榜首；国际营业额合计 1229.7 亿美元，同比提高 4.3%；平均国际营业额 15.2 亿美元，同比提高 4.1%；平均国际业务占比为 8.5%，同比提升 0.5 个百分点。面对不断变化、竞争激烈复杂的全球市场环境，中国上榜企业整体业务规模保持相对稳定发展，上榜企业数量与业务规模在各国企业中均保持首位，体现出较强的外部环境适应能力，展现了行业发展的强大韧性。

但是，从全球竞争力的角度、从与世界一流企业对比、从高质量发展的要求分析，我们与世界发达国家、一流企业还有明显差距，产业整体转型升级刻不容缓。近年来，行业发展面临市场需求不振、行业竞争加剧等局面。与此同时，也存在产业形态粗放、劳动效率不高、能源资源消耗大、科技创新能力不足、信息化水平不高、国际化程度低等堵点痛点。

一是从人均创效看。2018 年，美国建筑业增加值 8471 亿美元，从业人员 740 万人，人均创造增加值 11.4 万美元；2018 年，中国建筑业增加值 9899 亿美元，从业人员 5427 万人，人均创造增加值仅 1.8 万美元，只有美国的 15.8%。2024 年中国建筑业增加值达到 12406.8 亿美元，从业人员 5962.07 万人，人均创造增加值 2.08 万美元，也只有美国 2018 年的 18.2%。

二是从企业效益看。全球最大 250 家国际承包商前 20 名利润率比较，中国企业平均利润率仅 2.8%，而外国企业平均利润率为 4%，相差 1.2 个百分点，而且利润率排名靠前的基本上都是外国公司。法国万喜利润率为 6.7%，印度拿丁集团利润率为 6.4%，日本鹿岛建设利润率为 5.6%，中国企业国际化程度最高的中交集团利润率也仅为 4%。麦肯锡全球研究所（MGI）的研究报告也认为，虽然建筑业的产业链占全球 GDP 的 13%，但在过去 20 多年中，建筑业的生产率仅以每年 1 个百分点的速度缓慢增长，税前利润 EBIT 也仅为 5% 左右。而近十年中国建筑业产值利润率总体呈下降趋势，2024 年建筑业产值利润率仅为 2.30%，比上年降低 0.43 个百分点，连续三年低于 3%。

三是从建筑装配率看。代表建筑业先进生产力水平的指标一般有两个：一个是装配建筑，另一个是智能建造。2021 年全国装配建筑开工 7.4 亿平方米，占开工总面积的 24.5%，上海最高为 91.7%，北京为 40.2%，天津、江苏、浙江、湖南等刚超过 30%。2023 年全国装配建筑开工 10.16 亿平方米，占比刚超过 25%。这些也主要靠政策行政手段推动，配套体系还不完善，市场化程度比较低。而美国住宅构件和部品标准化、专业化、商品化程度都很高，平均在 75% 以上，由于市场化、社会化程度很高，每平方英尺造价比传统建筑低 30%~50%，具有很强的竞争力。

四是从数字化、智能化看。我国建筑业信息化率仅为 0.13%，远低于发达国家 1%、国际平均 0.3% 的水平。有报告分析，我国建筑业信息化率仅为国际建筑业平均水平的 1/10 左右。中国建筑业 BIM 使用率达到 30% 以上的企业仅占 20% 左右，远低于北美 52% 及欧洲 34% 的水平。

五是从科技创新看。根据安永的分析数据，全球只有不到 2% 的建筑企业，在数字化转型方面投入超过收入的 5%。超过 2/3 的企业，投入占收入比重不足 1%。产业界估算，大部分中国建筑企业投入占收入比重不足千分之一。根据麦肯锡的研究，20 世纪前 15 年，制造业劳动生产率平均每年复合增长率为 3.6%，整体经济为 2.7%，建筑业仅为 1%。这意味着，即使两个产业曾经拥有一样的起点，20 年后也将产生巨大差距。

六是从工程建设组织模式看。工程建设组织模式是建筑业生产关系的重要体现，先进的管理模式有利于减少沟通协同成本，提升生产效率。中国企业工程总承包模式平均占比仅 30% 左右。美国工程承包模式多元高效，DBB 模式占比仅 19%，DB 模式占到 44% 左右，CMCC/CMAR 模式占 35% 以上。

七是从国际化程度看。中国建筑承包商平均国际化率为 9.83%，排名第一的中交集团仅 18% 左右；而国外承包商的平均水平为 62.95%，德国豪赫蒂夫公司达到 94.63%，即使是以本土化经营著称的法国万喜和布依格都已达到40%左右。中国承包商大多在国内开展业务，在跨国经营方面与国外大型承包企业差距较大，"走出去"相对迟缓，且业务范围大多局限在亚洲，鲜有涉足欧洲和北美建筑市场。

## 三　着力打造建筑业新质生产力新高地

习近平总书记指出，"世界正在进入以信息产业为主导的经济发展时期。我们要把握数字化、网络化、智能化融合发展的契机，以信息化、智能化为杠杆培育新动能"，"要推进互联网、大数据、人工智能同实体经济深度融合，做大做强数字经济"。

为贯彻落实习近平总书记重要指示精神、推动建筑业转型升级、促进建筑业高质量发展，2016年国务院办公厅印发了《关于大力发展装配式建筑的指导意见》；2017年国务院办公厅出台了《关于促进建筑业持续健康发展的意见》；2019年国务院办公厅转发了住建部《关于完善质量保障体系提升建筑工程品质的指导意见》；2020年7月住建部等13个部门出台了《关于推动智能建造与建筑工业化协同发展的指导意见》；2020年8月住建部等9个部门下发了《关于加快新型建筑工业化发展的若干意见》。2020年12月住建部等12个部门联合下发《关于加快培育新时代建筑产业工人队伍的指导意见》；2022年，住建部选取24个城市开展智能建造试点；2024年3月，国务院办公厅转发国家发展改革委、住房和城乡建设部《加快推动建筑领域节能降碳工作方案》；2024年10月，住建部发布《"数字住建"建设整体布局规划》。这些都为加快推进建筑业数字化、智能化、信息化、绿色化、工业化升级，加快发展建筑业新质生产力、推动建筑业高质量发展，明确了指导思想、基本原则、发展目标、重点任务和保障措施，提供了有力的政策支持和行业指导。

当前，建筑业正经历从"传统粗放"向"数智绿色"的深度转型，打造建筑业新质生产力新高地，需以科技创新为引擎、产业协同为支撑、绿色低碳为底色、制度创新为保障，形成"技术—企业—产业—生态"多位一体的发展格局。

第一,推动工程项目全生命周期数字化。以数字化、智能化升级为动力,打通投资、融资、规划、设计、建造、运维、政策、监管等全链条数据链通道,构建工程项目全生命周期数据库。大力发展数字规划、数字设计、智能生产和智能建造,推进数字化规划、设计、建造、运维等体系建设,推行智能化一体集成。加强工程全过程建筑信息模型(BIM)、互联网、物联网、大数据、人工智能、区块链等新技术集成与创新应用。加快传感器、高速移动通信、无线射频、近场通信及二维码识别等建筑物联网技术应用,提升数据资源利用水平和信息服务能力。建立全国统一的工程建设项目数据标准体系、项目编码规则、数据共享应用机制、数据资源库,推动工程建设项目立项、用地、投资、规划、设计、施工、验收、运维等全生命周期数字化。

第二,构建智能建造产业协同新生态。大力发展智能建造,以建筑工业化为载体,推进新一代信息技术与建筑工业化技术协同发展,形成涵盖科研、设计、生产加工、施工装配、运营管理等全产业链融合一体的智能建造产业体系。加快打造建筑产业互联网平台,推进工业互联网平台在建筑领域融合应用,打通上下游产业链,实现协同创新。大力发展装配式建筑,推动建立专业化、规模化、信息化生产体系,推广应用构件部品智能制造生产线。加强建筑机器人研发应用,有效替代人工进行安全、高效、精确的装配生产和施工作业。构建智能建造与建筑工业化协同发展的政策体系和产业体系,形成智能建造及建筑工业化标准体系。加强智能建造及建筑工业化应用场景建设,发挥龙头企业示范引领作用,提升智能建造与建筑工业化协同发展整体水平。

第三,大力推进绿色低碳建造转型。建筑业绿色低碳化是一场涉及技术、制度、生态的系统性变革。在"双碳"目标引领下,建筑业正加速从"高能耗、高排放"向"绿色低碳"转型。《中国建筑能耗与碳排放研究报告(2023年)》显示,我国建筑业全过程碳排放占全国总量的50%以上,绿色低碳化已成为建筑行业高质量发展的必由之路。建筑业作为碳排放重点领域，亟须构建"政策引导、技术突破、产业协同"的多维对策体系，从制度创新、技术攻关、产业升级、市场激活等几个维度，加快推进建筑业绿色低碳化转型。实施"双碳"专项行动，将绿色低碳建筑纳入城市更新、新区建设的前置条件。完善绿色建筑标准，统一建材生产、施工、运维阶段的碳排放计量。构建绿色建筑产业链生态和技术集群，大力推行"低碳设计认证"和"绿色施工标准"。建设国家级绿色建材产业园，实行绿色建材大宗集中采购。大力推行"建筑碳减排量"交易，实行"碳减排支持工具"绿色建筑项目再贷款。开设智能建造、低碳建筑专业，培养既懂建筑又懂能源的复合型人才。构建全国建筑碳排放基础数据库，整合全国城市气候数据和建筑能耗数据，为低碳设计建造运维管理与政策制定提供数据支撑。

第四，加快建筑业技术创新。技术创新是建筑业新质生产力的核心驱动力，只有不断引入新技术、新工艺、新工法，才能不断提高效率、降低成本、提升质量。强化企业科技创新主体地位，鼓励建筑业大型企业加大在技术研发方面的投入，鼓励企业、高校、科研院所联合组建研究开发平台、技术创新联盟、企业创新联合体，开展产学研联合攻关。重点支持绿色建筑技术、数字智能建造技术、装配式建筑技术等领域的研发。推动设计、施工、生产等企业围绕产业链协作开展科技研发与技术集成。支持建筑业创新型科技企业参与增量政策项目建设，鼓励政府投资项目、重大工程向创新型科技企业开放应用场景，通过拓展场景应用推动技术产品定型、用户群体培育、市场需求挖掘。充分发挥科技金融、绿色金融对工程建设项目和建筑业企业的支撑作用，建立建筑业创新型科技企业库，加强银企对接，推动金融机构采取贷款优惠、投贷联动等方式支持企业科技创新。

第五，强化人才队伍体系化建设。推动建筑领域科学家、科技领军人才、科技型领军企业家和创新团队、卓越工程师等创新人才梯队建设，根据建筑业行业发展需求，分层分类建立人才储备和培养机制，提高各类人才综合素质、技术水平和实践能力。增强数字思维、数字认知、数字技能，提高推动"数字建造"的专业能力和业务水平。依托高等院校、科研机构、骨干企业以及重大科研项目、示范工程等，加大人才培养力度，形成推进

"数字建造"的创新型、应用型、复合型人才体系。完善青年创新人才发现、选拔、培养机制，鼓励建筑业企业建设人才工作站，构建以企业为主体、以学校为基础、政府推动与社会支持相结合的高技能人才培养体系。深化建筑产业工人队伍建设，加强紧缺型高技能人才和建设工匠培养。

第六，创新行业监管与服务模式。全面推进行业管理数字化转型，充分运用数字技术支撑科学决策、市场监管、管理创新。强化建筑业市场运行大数据监测分析，增强政策制定调整的精准性和协调性。大力推行智慧工地，充分运用非现场、物联感知、掌上移动、信息监测等新型手段，提升工程施工、质量安全、运营管理等效能。完善工程项目数字化成果交付、审查和存档管理体系。建立健全与智能建造相适应的工程监管模式与创新机制。引导大型总承包企业采购平台向行业电子商务平台转型，实现与供应链上下游企业间的互联互通，提高供应链协同水平。

2025 年 3 月

# 摘　要

陕西建筑业的发展历程充满了探索与创新的足迹，其在新中国成立以来经历了由起步、探索、快速发展到全面转型升级的历史进程。过去几十年间，陕西建筑业从最初的薄弱基础逐步发展为支撑区域经济的重要力量，在国家宏观政策、市场需求和技术进步的多重驱动下，不断拓宽业务领域和提升整体竞争力。从新中国成立初期因国家重点建设项目而迅速起步，到改革开放后市场机制逐步建立、民营企业崭露头角，再到近年来在智能建造、绿色建筑及建筑工业化等新技术、新理念推动下的高质量转型，陕西建筑业始终走在探索与创新的前沿，为地方经济发展和城乡建设提供了有力支撑。

近年来，在陕西省城市化进程不断加速、基础设施不断完善的背景下，陕西建筑业总产值呈现稳步增长态势。2024 年，全省建筑业总产值达到上千亿元级别，其中建筑工程产值占据了绝大部分，显示出行业在承接大型基建项目和城市更新改造中的突出表现。同时，尽管新签合同额和房屋建筑施工、新开工、竣工面积出现一定程度的下滑，但这并未阻碍全行业在竞争激烈的市场环境中稳中求进。企业对国内外市场的开拓也显示出陕西建筑企业较强的市场拓展能力，部分企业抓住共建"一带一路"和区域协调发展机遇，不仅巩固了省内市场，还在全国乃至国际市场上取得了显著成绩。

伴随着总产值和企业数量的增长，陕西建筑业在产业结构和技术水平方面也实现了显著提升，由传统的施工模式向现代化、信息化、智能化施工方式转变已成为大势所趋。许多企业积极引入建筑信息模型（BIM）、3D 打印、装配式建筑等新技术，不仅提高了施工效率和工程质量，也推动了绿色建筑和节能减排目标的实现。政府在此过程中发挥了重要作用，通过出台一系列扶持政策和行业标准，促进建筑企业加强技术研发和人才培养，加快建筑产业链现代化改造。同时，行业在结构优化方面也不断取得突破，从单一承接传统建设项目向多元化经营转型，不仅注重大规模基础设施建设，还大力发展装饰装修、安装工程以及相关咨询服务，推动产业链延伸和增值服务的综合发展。

在区域发展上，陕西建筑业呈现鲜明的区域差异。以省会西安为核心的关中地区凭借雄厚的经济基础和资源优势，成为全省建筑业发展的龙头，其建筑企业在规模、技术和管理水平上均处于领先地位，承担着众多重点工程项目，为全省经济的持续发展提供了有力支撑。陕南和陕北地区则因各自独特的地理、经济条件而形成了不同的发展态势。陕南部分城市依托逐步完善的基础设施和持续推进的城镇化进程，实现了稳步增长；而陕北地区则借助丰富的能源资源和大型工业项目，推动了工业建筑和基础设施建设的快速发展，区域内建筑企业积极"出海"，海外承包业务比重不断提升，助力区域经济转型升级。

尽管取得了众多成绩，陕西建筑业仍面临一些结构性挑战。随着市场竞争的加剧和工程项目要求的不断提升，行业内普遍存在劳动力结构性矛盾以及技能人才短缺、部分企业技术创新能力不足等问题。这一系列问题对传统建筑业的转型升级提出了更高要求，同时也促使企业必须加大对新技术、新工艺的研发投入，改进管理模式，提高从业人员的整体素质和技术水平。为此，相关部门和行业协会正积极组织各类技能培训和交流活动，通过产学研合作和信息共享等方式，努力缓解人才供需矛盾，提升整体施工管理水平和工程质量安全保障能力。

展望未来，陕西建筑业将在国家和地方政策的指引下，继续坚持以高质量发展为目标，深化供给侧结构性改革，加快推动智能建造、绿色施工和新型建筑工业化。未来的发展不仅体现在总量和规模的扩张上，更注重在项目质量、施工效率和环境效益方面实现突破。政府部门将进一步完善建筑市场监管机制，优化资源配置，严格行业标准和质量监管，确保各类重点工程和城市更新项目的顺利实施。同时，企业需要主动适应市场变化，加大技术创新力度，探索多元化经营模式，强化品牌建设和市场开拓，积极应对国内外复杂环境的挑战，为区域经济和社会发展贡献更大力量。

总的来说，陕西建筑业正处在一个由传统走向现代、由粗放走向集约、由单一模式向多元化经营转型的关键阶段。行业在不断调整中优化结构，在技术创新中提升质量，在区域协调中发挥引领作用。未来，在政策支持、市场需求与科技进步的共同推动下，陕西建筑业有望实现更高水平的发展，不仅在省内构建起完善的建筑业产业链和现代化管理体系，更将在全国乃至国际市场上树立起"陕西力量"的标杆形象，为地方经济高质量发展和社会民生改善作出更加突出的贡献。

**关键词：** 建筑业　智能建造　绿色建筑　陕西省

# 目 录 ⌐⌐

## Ⅰ 总报告

## Ⅱ 政策篇

## Ⅲ 市场篇

# Ⅳ　专题篇

# Ⅴ　区域篇

# Ⅵ　案例篇

皮书数据库阅读**使用指南**

# 总 报 告

## B.1

## 2024年陕西省建筑业发展形势
## 与2025年展望

王蔚然　庞　博　陈俊颖　郭妍婷　杨佳翰*

**摘　要：** 新中国成立75年来，我国建筑业持续快速发展，综合实力明显提升，对经济社会发展作出了突出贡献。陕西省建筑业自新中国成立后崛起，改革开放后更趋兴盛。党的十八大以来，陕西省建筑业生产规模不断扩大，行业结构和区域布局不断优化，吸纳就业作用显著。2024年，陕西省建筑业发展保持韧性，实现了总产值的平稳增长，同时以技术创新引领产业转型升级，产业链现代化水平不断提高。由于当前外部环境变化带来的不利影响加深，陕西省建筑业发展仍面临不少困难和挑战，但在各类政策的扶持下仍能保持稳中有进的发展态势。展望2025年，陕西省建筑业将在政策引领、市场需求驱动和技术创新支撑下，实现全方位转型升级和高质量发展的

* 王蔚然，西安财经大学城市研究中心主任，硕士研究生导师，主要研究方向为城市建设；庞博，博士，西安财经大学管理学院讲师，主要研究方向为城乡规划、城市更新；陈俊颖，西安财经大学管理学院，主要研究方向为建筑业；郭妍婷，西安财经大学管理学院，主要研究方向为城市更新；杨佳翰，西安财经大学管理学院，主要研究方向为城市更新。

目标，同时为全省经济发展和民生改善作出关键贡献。

**关键词：** 陕西省　建筑业　基础设施　建筑企业

# 一　中国建筑业发展情况回顾

建筑业是国民经济的支柱产业。改革开放以来，我国建筑业快速发展，建造能力不断增强，产业规模不断扩大，吸纳了大量农村转移劳动力，带动了大量关联产业，为经济社会发展、城乡建设和民生改善作出了重要贡献。

## （一）新中国成立以来至2023年中国建筑业发展情况

### 1.建筑业持续发展，支柱产业地位不断稳固

建筑业作为关系国计民生的基础性产业，是国民经济的重要组成部门。新中国成立75年来，建筑业增加值稳步增长，建筑业支柱产业地位巩固，对国民经济的贡献较大。党的十八大以来，建筑业积极应对国内外市场风险挑战，实现行业平稳健康发展，建筑业增加值占国内生产总值的比重保持在7%左右。2023年，全国建筑业企业实现增加值8.6万亿元，占GDP的6.8%，比1978年提高3.0个百分点；建筑业增加值对GDP的贡献率为8.8%，比1979年提高7.5个百分点[①]。

建筑业行业规模持续扩大，企业数量不断增加。1952年，我国具有编号的建筑业企业仅有62家，发展到1980年，全民和城镇集体所有制建筑施工企业达到6604家。改革开放后，建筑业迎来蓬勃发展期，特别是党的十八大以来，建筑业市场经营主体快速增加，截至2023年末，全国具有总承包或专业承包资质的建筑业企业达到15.8万家，实现了行业规模的跨越式发展。

---

① 本报告资料均来自《建筑业持续发展　建设成就惠及民生——新中国75年经济社会发展成就系列报告之七》，https://www.stats.gov.cn/sj/sjjd/202409/t20240911_1956382.html。

新中国成立之初，我国有组织的建筑施工人员不足 20 万人。到 1952 年末，全民所有制建筑施工企业职工仅为 99.5 万人。经过 30 多年的发展，到 1985 年，建筑业企业从业人员增加至 912 万人。到 2023 年末，有资质的建筑业企业从业人员达 5254 万人，成为吸纳就业的重要领域。同时，随着新型城镇化建设的不断推进，建筑业吸纳农村转移劳动力就业作用也不断增强。国家统计局农民工监测调查报告显示，2023 年末全国农民工总量为 29753 万人，其中从事建筑业的占 15.4%。

**2. 建筑业综合实力稳步增强，高质量发展成效明显**

新中国成立以来，我国建筑业迅速发展，综合实力稳步提升。建筑业企业承揽工程规模持续扩大。2023 年，全国建筑业企业签订合同额 72.5 万亿元，比 2002 年增长 26.1 倍，2003~2023 年年均增长 17.0%。建筑业不仅实现了量的增长，也实现了质的提升。2023 年，建筑业企业按建筑业总产值计算的劳动生产率达到 46.5 万元/人，是 1980 年的 105.0 倍。企业盈利能力不断增强。2023 年末，全国建筑业企业资产总计达到 38.2 万亿元，比 1993 年增长 101.7 倍，年均增长 16.7%；实现营业收入 28.1 万亿元，增长 87.0 倍，年均增长 16.1%；实现利润总额 8326 亿元，增长 127.7 倍，年均增长 17.6%。

建筑业施工技术专业人才队伍不断壮大。2023 年末，全国有资质的建筑业企业工程技术人员已达到 678 万人。建筑业企业技术装备率大幅提升。1953 年，全民和城镇集体所有制建筑施工企业年末自有机械设备净值仅为 0.3 亿元，1980 年达到 116.1 亿元，技术装备率达到 2333 元/人。2023 年末，全国建筑业企业自有施工设备净值 3692 亿元，技术装备率达到 7320 元/人。与此同时，建筑业工程机械租赁市场规模也持续扩大，成为建筑业企业施工装备的有力补充。

2023 年，我国对外承包业务新签合同额 18639 亿元（以美元计为 2645 亿美元），完成营业额 11339 亿元（以美元计为 1609 亿美元）。中国建筑业企业国际排名攀升，据《工程新闻纪录》（ENR）发布的国际承包商 250 强榜单，2023 年度有 81 家中国企业上榜，上榜企业数量和国际业务总额均居全球首位。我国建筑业企业积极拓展海外业务，深度参与共建"一带一路"

国家和地区重大项目建设，陆续建成了中缅油气管道、蒙内铁路、柬埔寨斯登特朗—格罗奇马湄公河大桥、巴基斯坦卡洛特水电站等项目，"中国建造"的国际竞争力不断增强。

党的十八大以来，我国绿色建筑快速发展，建筑节能改造有序推进。据住房和城乡建设部数据，截至 2023 年底，全国城镇累计建成绿色建筑面积约 118.5 亿平方米，获得绿色建筑标识项目累计 2.7 万余个，2023 年新建绿色建筑面积占城镇新建建筑面积的 94%；累计建成节能建筑面积超过 303 亿平方米，节能建筑占城镇民用建筑面积比例超过 64%；全国城镇完成既有居住建筑节能改造面积超过 18 亿平方米，为减少碳排放，逐步实现"双碳"目标贡献力量。

**3. 城乡基础设施不断完善，建设成就惠及民生**

新中国成立以来，我国建筑业完成了一系列关系国计民生的基础建设工程，极大地改善了城乡居民出行、通信、教育、医疗条件和居住环境。

我国建筑业持续推进重大基础设施建设，完善民生基础设施。2023 年末，全国铁路营业里程达到 15.9 万公里，比 1949 年末增加 13.7 万公里，其中高铁营业里程达到 4.5 万公里，占世界高铁总里程的 2/3 以上；公路里程 543.7 万公里，增加了 535.6 万公里。建成定期航班通航机场 259 个，比 1984 年增加 171 个。信息基础设施基本普及，截至 2023 年末，全国光缆线路长度为 6432 万公里，比 1997 年增长 114.5 倍。据工业和信息化部数据，2023 年我国累计建成移动电话基站达 1162 万个，其中 5G 基站 338 万个，5G 网络已覆盖全国地级以上城市及重点县市。据住房和城乡建设部数据，截至 2023 年末，全国城市供水管道长度为 115.31 万公里，比 1978 年末增加 111.71 万公里；燃气普及率达 98.25%，管道燃气普及率达 83.46%；排水管道长度为 95.25 万公里，增加了 93.25 万公里；污水处理厂处理能力为 2.27 亿立方米/日。人民共享发展成果，布局合理、设施配套、功能完备、安全高效的现代化基础设施体系不断完善。

住房建设能力不断提升，人民居住条件持续改善。2023 年，全国建筑业企业房屋施工面积达 151.3 亿平方米，比 1980 年增长 66.5 倍，年均增长

10.3%。城镇居民人均住房建筑面积平稳增长。棚户区、城中村和危房改造稳步实施，城市更新有序推进。截至2023年末，全国累计建设改造各类保障性住房和棚改安置房6400多万套。2019~2023年，全国累计新开工改造城镇老旧小区22万个，惠及居民超过3800万户。城市更新改造在改善居民住房条件的同时，也优化了城市功能，提升了城镇综合承载能力，让更多人住有所居、安居宜居。

建筑业通过改善乡村居住水平、基础设施和生态环境，推动实现城乡人民共享发展成果。党的十八大以来，我国全面完成脱贫攻坚农村危房改造任务，历史性解决了农村贫困群众的住房安全问题。农村居民人均住房建筑面积平稳增长，农村基础设施覆盖面不断扩大。2023年，全国开工建设农村供水工程2.3万处，提升了1.1亿农村人口供水保障水平，农村规模化供水工程覆盖人口比例达到60%。农村信息基础设施建设纵深推进，行政村通光纤、通4G比例超过99%，"村村通宽带"全面实现。

我国教育、文化、医疗等社会领域工程建设大力推进，促进社会公共服务设施加快普及，基本公共服务均等化水平稳步提高。截至2023年底，全国建成普通高等学校3074所，1949年仅有205所；医疗卫生机构107万个，1949年仅有3670个；公共图书馆、博物馆数量分别达3246个和6833个。人民获得感、幸福感和安全感更加充实、更有保障、更可持续。

新中国成立以来，我国建筑业持续发展，建设成就斐然。进入新发展阶段，我国建筑业将坚定不移贯彻新发展理念，坚持稳中求进，坚持改革创新，不断推动高质量发展，向着"建造强国"目标继续前进。

## （二）2024年我国建筑业发展情况

### 1.建筑业总产值

2024年，我国建筑业总产值逐季增加，从第一季度的5.7万亿元增长到第四季度的32.7万亿元。同比增长率在第二季度达峰值4.58%，之后逐渐降低，到第四季度为3.90%。整体来看，全年建筑业总产值持续增长，但增速有所放缓（见图1）。

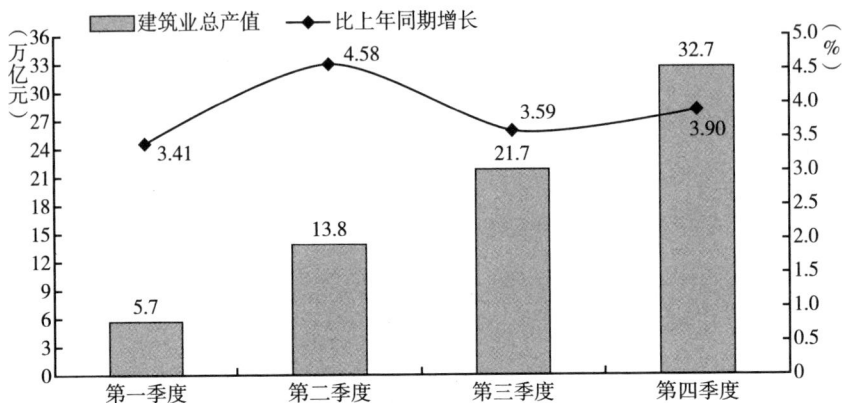

**图1　2024年我国建筑业总产值累计值及同比增长情况**

资料来源：国家统计局。

## 2. 建筑业企业签订合同总额、新签合同额

2024年，全国建筑业企业签订合同总额累计值为72.72万亿元，同比增长0.34%，增长率逐渐趋于平稳。但新签合同额累计值为33.75万亿元，同比下降5.21%，表明新签合同额面临一定压力（见图2）。

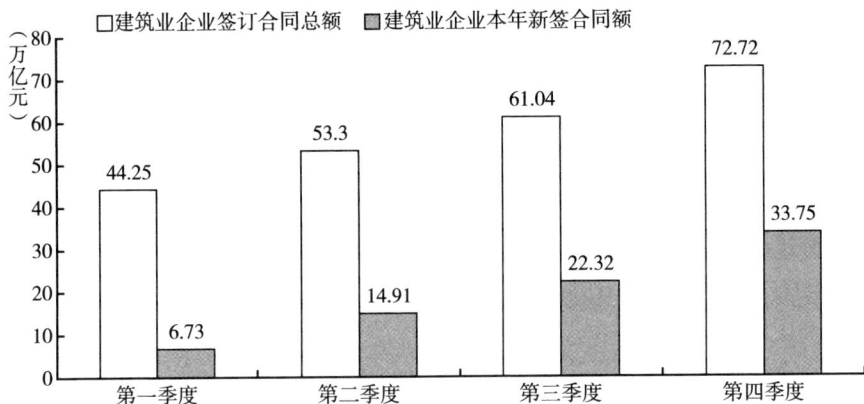

**图2　2024年我国建筑业企业签订合同额累计值**

资料来源：国家统计局。

### 3. 建筑业企业数量和劳动生产率

2024 年，全国有施工活动的建筑业企业单位数累计值 168011 家，同比增长 6.38%（见图 3），其中，国有及国有控股建筑业企业累计值 10924 家，比上年同期增加 856 家，占建筑业企业总数的 6.50%。按建筑业总产值计算的劳动生产率为 547630 元/人（见图 4），同比增长 17.80%。

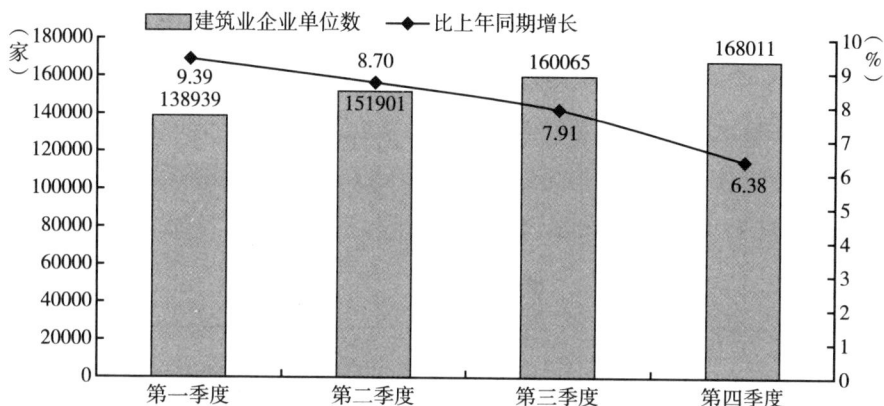

**图 3　2024 年我国建筑业企业单位数累计值及增长率**

资料来源：国家统计局。

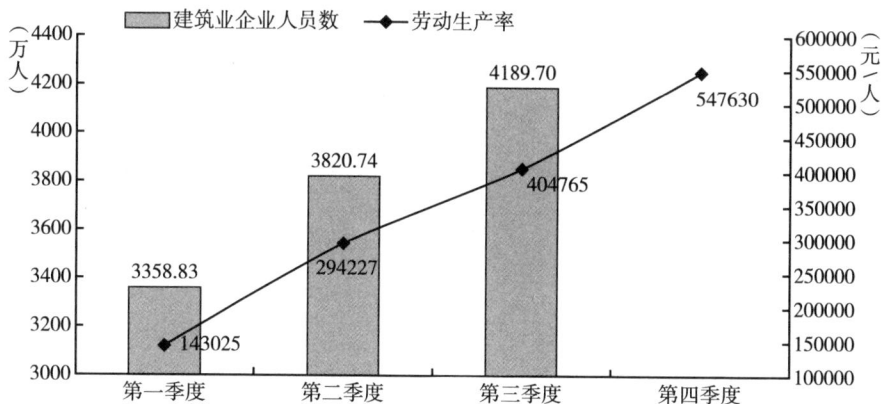

**图 4　2024 年我国建筑业企业人员数（第一至第三季度）和劳动生产率**

资料来源：国家统计局。

### 4. 房屋建筑施工面积、竣工面积

2024 年，我国房屋施工面积累计值达 136.83 亿平方米，同比降低 10.62%。其中，新开工面积累计值 32.89 亿平方米，比上年同期降低 18.59%；房屋竣工面积累计值 34.37 亿平方米，同比降低 12.63%（见图 5）。

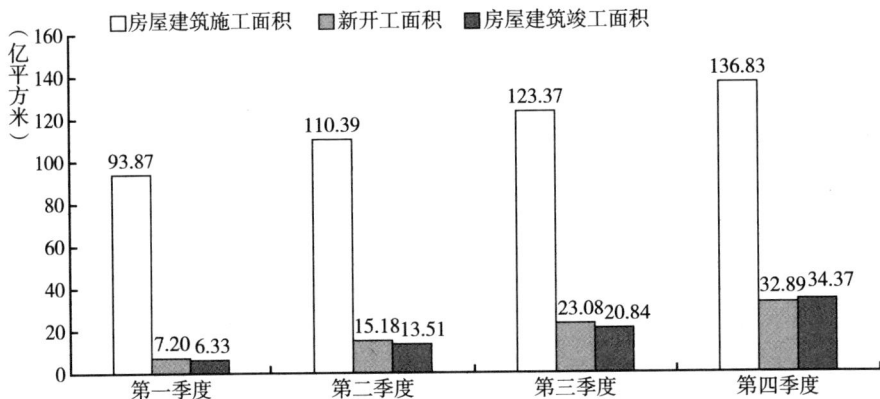

**图 5　2024 年我国房屋建筑施工、竣工和新开工面积**

资料来源：国家统计局。

2024 年，我国建筑业在复杂多变的市场环境中承压前行。受国内外经济形势及政策调整等多重因素影响，建筑市场需求出现波动，新签订单量面临一定压力。不少建筑企业在项目获取上遇到挑战，市场竞争越发激烈。然而，在这一背景下，国有建筑企业，尤其是建筑央企，凭借其雄厚的实力、丰富的经验和良好的信誉，表现出了更强的韧性和市场竞争力。它们不仅在逆境中稳住阵脚，还积极寻求新的发展机遇，通过优化业务结构、创新管理模式等方式，努力提升企业的核心竞争力。

在行业整体业绩面临挑战的同时，随着国家对基础设施建设的持续投入和一系列支持政策的出台，建筑企业的现金流状况得到了一定程度的改善。同时，建筑企业也在积极探索新的融资渠道和方式，以降低资金成本，提高资金使用的灵活性和效率。综上所述，2024 年我国建筑业虽然面临诸多挑战，但在国企表现稳健和行业整体资金状况逐步好转的情况下，仍保持一定

的发展韧性和潜力，未来有望在政策支持和市场需求回暖的推动下，实现更加稳健的发展。

# 二 陕西省建筑业发展情况回顾

## （一）新中国成立以来至改革开放前陕西省建筑业发展情况

### 1. 发展历程

（1）新中国成立至"一五"计划结束（1949~1957年）

新中国成立初期，陕西省建筑业基础薄弱，规模较小。随着"一五"计划的实施，国家将156项重点建设项目中的24项布点在陕西。大量建筑队伍调入，组建了专业配套的建筑安装企业与事业单位，陕西省建筑业开始迅速发展，为陕西的工业建设和城市基础设施建设奠定了基础。

（2）"二五"计划开始至改革开放前夕（1958~1978年）

"二五"时期，建筑行业管理体制变革，实行"统一计划，分级管理"，取消甲、乙方和包工包料，建筑施工企业经济效益下降，生产时而停滞时而发展。此后的一段时间内，受政治运动和经济调整等因素影响，陕西省建筑业发展较为缓慢，但仍在曲折中前行，为国家和地方的基础设施建设及国防建设等作出了一定贡献。

### 2. 发展成就

从产业规模看，新中国成立以来至改革开放前陕西省建筑业总产值实现了跨越。从新中国成立初期至1962年底，全省建筑业总产值突破1亿元大关。其中，西安作为陕西省的省会城市，其建筑业在此期间也得到了迅猛发展。1950年，西安市全市建筑业企业仅5家，且均为国有企业，施工人数1050人，完成建筑业总产值271万元。"一五""二五"时期，西安被列为重点工业建设城市之一，国家156项重点项目中有17项在西安陆续启动，西安开始了大规模经济建设。截至1978年，西安市共有建筑业企业68家，从事建筑业活动的平均人数为7.67万人，完成建筑业总产值2.54亿元。

新中国成立以来至改革开放前，陕西省建筑业走过了不平凡的发展历程，建筑业改革和生产取得了巨大成就。"一五"时期因国家重点项目布局得以迅速起步，奠定基础。虽然"二五"时期至改革开放前受管理体制变革、政治运动和经济调整等影响发展较慢，但是陕西建筑业仍在困境中努力前行，为后续发展积累了经验，其发展历程对研究陕西省建筑行业发展具有重要意义。

## （二）改革开放至党的十八大前陕西省建筑业发展情况

### 1. 发展历程

（1）起步探索阶段（1978~1990年）

改革开放初期，陕西省建筑业在计划经济向市场经济转型的背景下开始摸索前行。建筑企业逐步恢复生产秩序，尝试引入一些新的管理理念和施工技术。然而，受限于当时的体制机制和经济基础，建筑业发展相对缓慢，企业规模较小，市场竞争意识淡薄。一些国有建筑企业开始尝试内部承包责任制等初步的改革举措，为激发企业活力进行了有益探索。

（2）快速发展阶段（1991~2000年）

随着市场经济体制的逐步确立，陕西省建筑业迎来了快速发展的黄金时期。建筑市场日益活跃，企业数量迅速增加，民营建筑企业开始崭露头角并逐渐成为行业发展的重要力量。在这一阶段，建筑企业积极拓展业务领域，不仅在省内承担了大量的基础设施、工业建筑和民用住宅项目，还开始逐步向周边省份拓展市场。同时，建筑技术和管理水平也有了显著提升，新技术、新工艺得到广泛应用，项目管理逐步走向规范化、科学化。

（3）转型提升阶段（2001~2011年）

进入21世纪，中国加入WTO以及西部大开发战略的深入实施，为陕西省建筑业带来了前所未有的机遇与挑战。一方面，建筑企业面临着国内外市场竞争加剧的压力，促使其加快转型升级步伐；另一方面，大规模的基础设施建设和城市化进程为建筑业提供了广阔的发展空间。建筑企业开始注重品牌建设和技术创新，加大了对人才培养和引进的力度，积极推行现代企业制度，提高企业的核心竞争力。在这一时期，陕西省建筑业在高层建筑、大型桥梁、轨道交通等领域取得了一系列突破，部分企业开始走向国际市场，参与国际工程承包。

### 2. 发展成就

**（1）企业数量与从业人员大幅增加**

改革开放以来，陕西省建筑业企业数量呈现快速增长的趋势。从1978年的少量国有建筑企业，发展到如今涵盖各类所有制形式的数千家企业。2012年，全省具有资质等级的总承包和专业承包建筑企业数量为379家，建筑业企业单位数高达1249家，建筑业企业从业人员多达79.63万人（见图6、图7）。

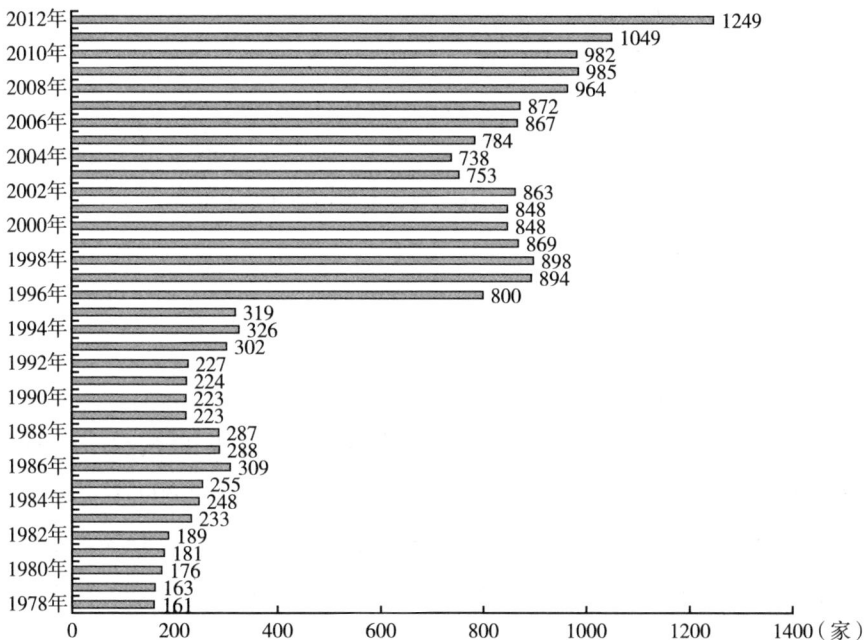

**图6 1978～2012年陕西省建筑业企业单位数**

资料来源：国家统计局。

**（2）总产值稳步增长**

改革开放以来，陕西省建筑业总产值持续攀升，1978～1990年年平均增长11.6%，1991～2008年年平均增长速度高达27.6%，并在2012年达

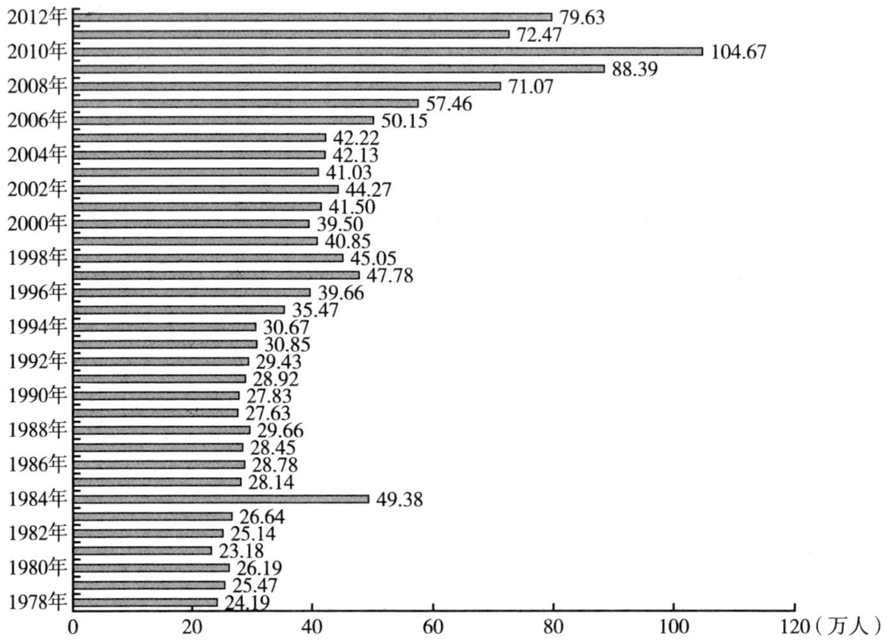

**图7　1978~2012年陕西省建筑业企业从业人员**

资料来源：国家统计局。

到3529.39亿元（见图8）。

（3）企业资质与实力增强

众多建筑企业通过不断努力，提升了自身的资质等级和综合实力。陕西省建筑业企业自有施工机械设备年末总台数由1994年的60938台增加到2012年的221012台，建筑业企业资产合计从1993年的96.09亿元稳步提升到2012年的2748.63亿元。截至2012年末，陕西省全省资质以上总承包和专业承包建筑业企业数量为1343家，一些大型企业具备了承担各类复杂工程项目的能力，包括超高层建筑、大型交通枢纽、水利水电工程等。

（4）技术创新成果丰硕

建筑企业加大了对技术研发的投入，取得了一系列技术创新成果。在建筑结构设计、施工工艺、建筑材料等方面不断创新，如新型混凝土技术、钢结构施工技术的应用，提高了建筑工程的质量和安全性。同时，一些企业积极开展

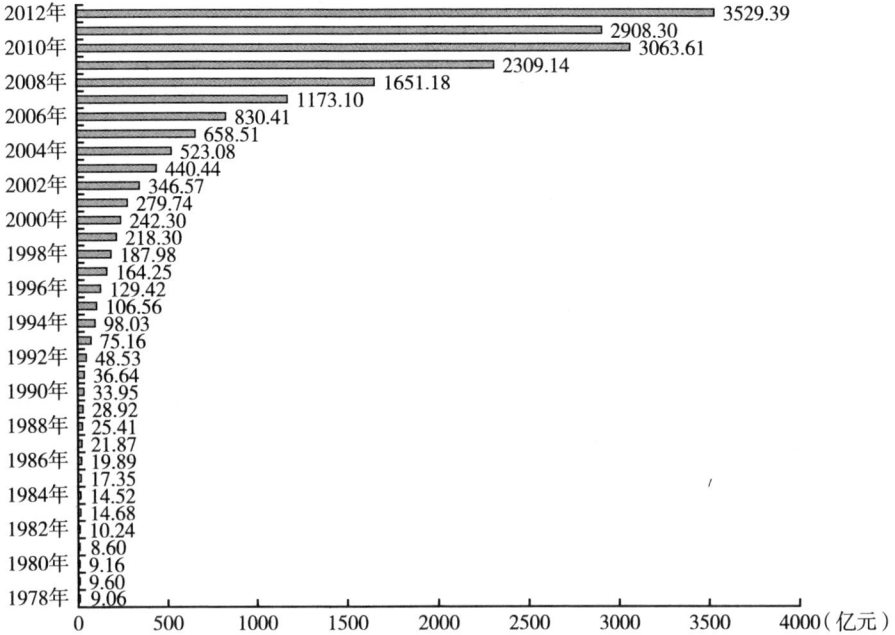

**图8　1978~2012年陕西省建筑业总产值**

资料来源：国家统计局。

与高校、科研机构的合作，推动产学研结合，促进了科技成果的转化和应用。

（5）省外和国际市场拓展取得突破

陕西省部分优秀建筑企业积极实施"走出去"战略，在省外市场参与了大量的基础设施建设和工业项目建设，取得了显著成绩。同时，一些企业还涉足国际市场，参与国际工程承包和劳务合作，在东南亚、非洲等地区承接了多个工程项目，提升了陕西省建筑业在国际上的知名度和影响力。

改革开放至党的十八大前，陕西省建筑业在改革开放的推动下经历了起步探索、快速发展和转型提升阶段，取得了显著成就，包括企业数量与从业人员大幅增加、总产值稳步增长、企业资质与实力增强、技术创新成果丰硕以及省外和国际市场拓展取得突破。陕西省建筑业在机遇与挑战中砥砺前行，实现了诸多突破与发展，为行业的持续进步奠定了坚实基础。

## （三）党的十八大至2023年陕西省建筑业发展情况

党的十八大以来，陕西省建筑业蓬勃发展，已发展成为地区经济的重要支柱，并取得了显著成就。城市高楼拔地而起，凝聚了建筑行业在设计理念、施工技术、材料应用等方面的创新成果；交通基建不断延展，高速公路里程持续增长，桥梁与隧道建设攻克诸多技术难关，铁路干线的建设与改造更是打通区域经济发展的脉络；民生项目如各类保障性住房、教育设施、医疗设施等稳步推进并惠及广大民众。这些成就全方位彰显了建筑业强大的实力与行业担当，也为未来建筑业的高质量发展奠定了坚实基础。

**1. 建筑业发展质量明显提升**

党的十八大以来，陕西省建筑业经济效益平稳增长、综合实力稳步提升、"走出去"战略扎实推进，发展质量明显提升。

**（1）经济效益平稳增长**

党的十八大以来，陕西省建筑业总产值持续增长，从2017年全省完成建筑业总产值6227.47亿元，同比增长16.9%，到2020年全省建筑企业实现建筑业总产值8501.13亿元，再到2023年全省建筑业总产值达到10340.51亿元（见图9），建筑业增加值占全省GDP的比重也不断提高，对经济增长的贡献明显。

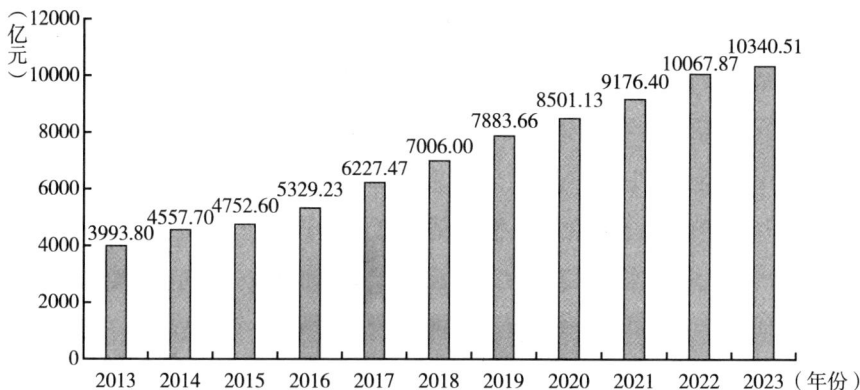

**图9 2013～2023年陕西省建筑业总产值**

资料来源：陕西省统计局。

①经济增长带动建筑业需求。陕西省宏观经济的快速发展为建筑业带来了巨大的需求。随着经济总量的不断增长，基础设施建设需求持续增加。党的十八大以来，全省追赶超越步伐不断加快，2017年经济总量迈上2万亿元台阶，从1万亿元到2万亿元只用了6年；2021年突破3万亿元，从2万亿元到3万亿元仅用了4年。陕西地区生产总值2023年达到3.38万亿元，占全国的比重为2.7%，经济增长保持中高速。经济的增长促使房地产开发投资额增加，2012~2021年，房地产业也在经济发展的带动下蓬勃发展，为建筑业提供了广阔的市场空间。同时，城市化进程的加快，如城市地下综合管廊建设、城市绿地建设等项目的不断涌现，进一步推动了建筑业的发展。

②建筑业对经济的支撑作用。建筑业在陕西省经济发展中发挥着重要的支撑作用。首先，建筑业创造了大量的就业机会。2023年第四季度，全省建筑业企业人员数累计值达到140.16万人，较2012年同期增加17.93万人。其次，建筑业带动了相关产业的发展，如钢铁、水泥、建材等行业。此外，建筑业的发展还促进了区域经济的增长，提高了地方财政收入。2023年，陕西省建筑业总产值累计值10340.51亿元，较2022年同期相比增加了272.64亿元，占全省GDP的比重超30%，凸显了建筑业在经济发展中的支柱地位。

（2）综合实力稳步提升

党的十八大以来，陕西省建筑业围绕产业结构调整目标，奋力做优做强，综合实力得到稳步提升。

①企业数量与结构变化。党的十八大以来，陕西省建筑业企业数量呈现快速增长态势。2023年，全省建筑业企业单位数为4334家（见图10）。从企业结构来看，国有及国有控股建筑业企业实力不断增强。2023年，全省国有及国有控股建筑业企业单位数为415家，国有及国有控股建筑业企业总产值为7184.59亿元，占全省建筑业总产值的69.5%，同比增长11.4%，增速高于全省平均水平6.4个百分点，有力地拉动了全省建筑业总产值增长7.4个百分点，成为行业稳定发展与转型升级的引领者。其中，西安作为省会城市优势显著，其建筑业总产值占全省的60%以上，并且全省特一级大型建筑企业也大多聚集于此（见图11）。

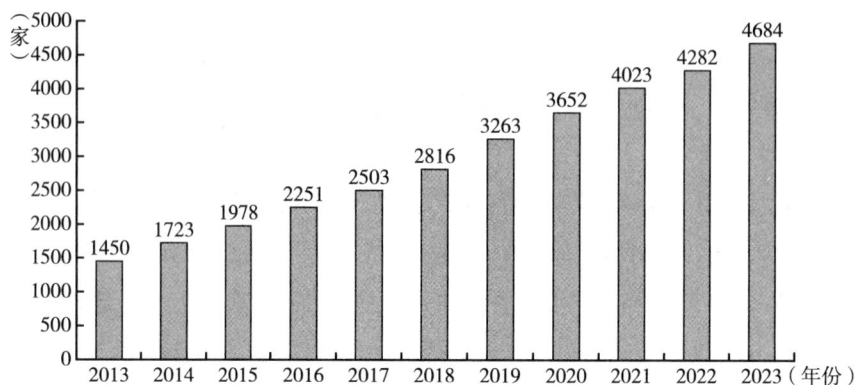

**图10  2013~2023年陕西省建筑业企业单位数**

资料来源：陕西省统计局。

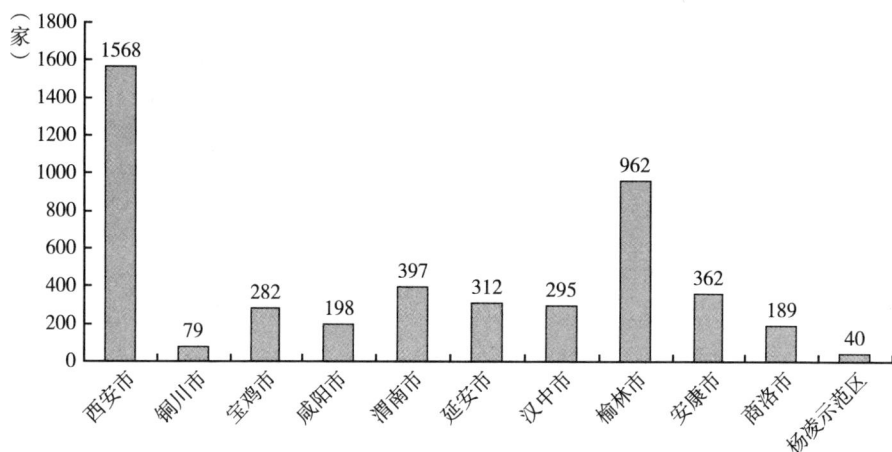

**图11  2023年陕西省各市（区）建筑业企业数**

资料来源：陕西省统计局。

②建筑业行业市场容量达到新高度。全省稳投资措施持续落地见效，重点项目建设实施加快，全省建筑业企业签订合同额稳步增加。2023年陕西省建筑业企业签订合同额为26498.63亿元，同比增长8.1%，较2012年陕西省建筑业企业签订合同额增加19954.13亿元（见图12）。

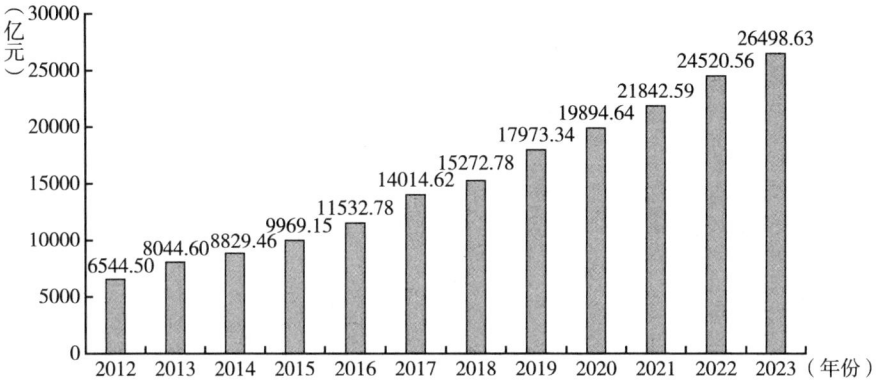

**图12 2012~2023年陕西省建筑业企业签订合同金额**

资料来源：陕西省统计局。

③建筑业企业直接从事主营业务活动的平均人数稳中有升。2012~2023年，陕西省建筑业企业直接从事主营业务活动的平均人数和建筑业企业人员数呈现阶段性波动。2012~2014年呈上扬态势；2014~2015年，平均人数有所回落；2015~2019年，得益于行业环境改善、市场需求拉动，人数再度回升；2019~2022年，受市场下行压力、产业结构调整等因素制约，平均人数出现小幅下滑。2022年之后，随着中央一系列促进房地产市场平稳健康发展政策的落地实施，行业发展信心得以提振，此前招工难的困境有所缓解（见图13）。

（3）"走出去"战略扎实推进

陕西省高度重视建筑企业外地市场拓展，积极出台各项"走出去"鼓励政策，企业市场开拓成效显著。2023年，陕西省建筑业在外省完成的产值为4077.01亿元，占全省建筑业总产值的比重为39.4%，较2022年同期增加了294.66亿元，较2012年同期增加了3010.29亿元（见图14）。陕西省建筑企业工程活动覆盖了全国31个省（区、市），同时依托龙头骨干企业拓展海外市场，例如陕西建工集团，其海外业务已拓展至32个国家和地区。这意味着陕西的建筑企业不仅在省内市场占据重要地位，在全国其他地区甚至海外市场也凭借自身的技术、管理与品牌优势，赢得了可观的市场份

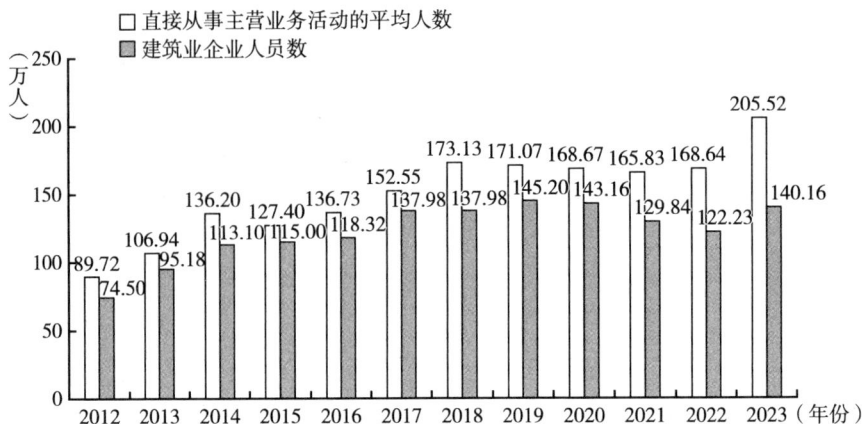

**图13 2012～2023年陕西省建筑业企业直接从事主营业务活动的平均人数和建筑业企业人员数**

资料来源：国家统计局。

额，拓展了发展空间，提升了陕西建筑业在全国的影响力与知名度，也为行业引入了更多先进理念与竞争活力，促进其不断创新与进步。

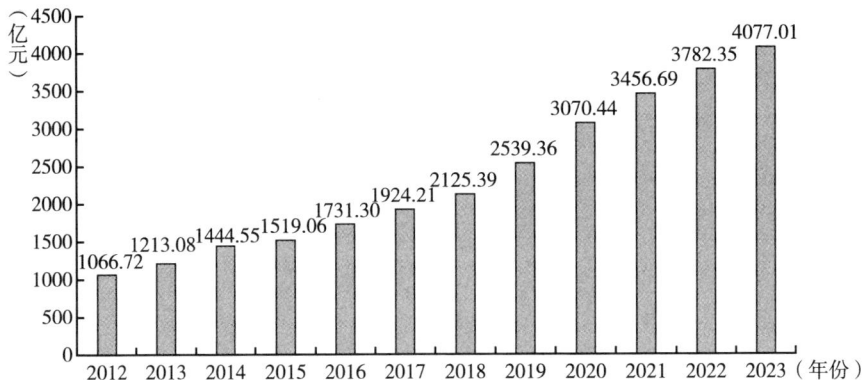

**图14 2012～2023年陕西省建筑业在外省完成的产值**

资料来源：国家统计局。

### 2. 基础设施持续完善，建设成就惠及民生

党的十八大以来，陕西省建筑业圆满完成了一系列关系民生的基础建设

工程，极大地改善了城乡居民居住环境。

（1）基础设施更加完善

陕西省在建筑业基础设施建设方面，不断优化投资结构，在地铁、机场、公路等项目建设带动下，基础设施投资持续增长，城市更新步伐加快，老旧小区旧貌换新颜、绿地广场接连落成，城市风貌焕然一新。

党的十八大以来，陕西综合运输体系建设逐步加快，交通网络建设成就斐然，公路交通四通八达。"三纵六横八放射"综合运输大通道已经形成，2023年末全省公路通车里程达18.78万公里；其中高速公路从无到有，2023年末通车里程6739公里，实现了全省县县通高速。铁路交通便捷高效，全省铁路营业里程达6439公里，其中高速铁路营业里程超1000公里，以西安为中心的"米"字形高铁路网主骨架全面落地。航空网络全球通达，2023年末全省民用航空航线达319条，通航城市205个，旅客吞吐量4493.7万人次，其中西安咸阳国际机场旅客吞吐量突破4000万人次，居全国第9位。城市轨道交通快速发展，自2011年西安地铁开通运营以来，截至2023年末，地铁运营线路9条，运营里程305公里，2023年全年客运量达12.9亿人次，已成为城市出行的重要载体。

公共设施领域投资大幅增长。随着城镇化水平不断提高，全省公共设施领域投资持续增加，城乡一体化建设步伐加快。2023年，全省城镇化率已达到65.2%，同时加力推进保障性住房、"平急两用"公共基础设施、城中村改造"三大工程"等项目的建设，加强生态环境治理和秦岭生态环境保护。2013~2023年，全省公共设施管理业投资年均增长19.4%。

（2）居民住房更加宜居

2023年，全省扎实推进"保交楼"工作，大力开展城镇燃气安全专项整治，扎实开展住建领域安全隐患排查整治，不断强化市政设施安全运行监管，有效提升建设工程消防安全审验效能，扎实抓好房屋安全工作。全省1.33万栋经营性自建房、2.52万栋非经营性自建房安全隐患完成整治销号；全省农村危房改造5295户、农房抗震改造9583户，群众住房安全更有保障。

全省大力实施城市更新行动。2023年，全省新开工改造城镇老旧小区2016个，位列全国第8，23.14万户居民得到了实惠；创建美丽宜居示范村229个，建设现代宜居农房3334户；公布省级历史文化名城2个、名镇5个、名村11个、历史文化街区7片，建档保护城市古树名木1139株；建成"口袋公园"151个、城市绿道388公里，城市生活污水处理率和垃圾无害化处置率分别达到97.14%和100%。

（3）吸纳就业作用显著

随着房地产市场的逐渐回暖，很多年轻人又愿意投身建筑行业。同时，陕西省也采取了包括培训服务与保障制度在内的众多措施，促进更多的社会力量投身建筑业。2023年第四季度，陕西省建筑业直接从事主营业务活动的平均人数累计值为205.52万人，达历史新高。建筑业吸纳农村转移劳动力就业的作用也在不断增强。

当下，站在新起点，面对全球复杂形势与人民对美好生活的向往，陕西省建筑业始终把握稳中求进的工作基调，夯实发展基础；高举改革创新大旗，深挖技术、管理、商业模式创新潜力，激发行业活力；聚焦产业结构优化，出台政策、加强行业管理，提升市场竞争力。未来，陕西省建筑业将沿着高质量发展之路笃定前行，为我国迈向"建造强国"全力贡献"陕西力量"。

# 三　2024年陕西省建筑业发展报告

2024年，陕西省坚持以习近平新时代中国特色社会主义思想为指导，认真落实党中央、国务院决策部署和省委、省政府工作要求，锚定高质量发展首要任务，持续深化"三个年"活动，随着宏观政策效应持续释放、新质生产力加速发展，陕西省经济持续回升向好，呈现总体平稳、质效齐升的良好发展态势。2024年，全省实现地区生产总值35538.77亿元，按不变价格计算，同比增长5.3%。分三次产业看，第一产业增加值2621.96亿元，增长3.5%；第二产业增加值14518.97亿元，增长6.1%；第三产业增加值

18397.84 亿元，增长 5.0%。陕西省 2024 年经济运行情况呈现三个特点：一是"稳"，宏观调控稳健有效，经济大盘稳中加固，经济发展的支撑性、均衡性更加凸显；二是"进"，经济增长步伐加快，产业结构持续优化，经济发展的动力更足、后劲更强；三是"好"，民生福祉持续改善，高质量发展和现代化建设取得新成就。

### （一）2024年陕西省建筑业发展情况

#### 1. 整体发展情况

2024 年，陕西省建筑业展现出了稳健的发展态势，总产值达到 10705.18 亿元。从产值构成来看，建筑工程产值占据主导地位，达到 9469.70 亿元，占比 88.46%。安装工程和其他产值则分别实现了 808.72 亿元和 426.75 亿元的产值，同比分别增加 7.96 亿元和 86.84 亿元，占比分别为 7.55% 和 3.99%，展现出良好的增长势头。特别是装饰装修产值，达到了 299.79 亿元，同比增加 36.26 亿元。同时，企业在外省完成的产值也实现了 196.89 亿元的增长，达到 4273.9 亿元，显示出陕西省建筑业企业较强的市场拓展能力（见图 15）。

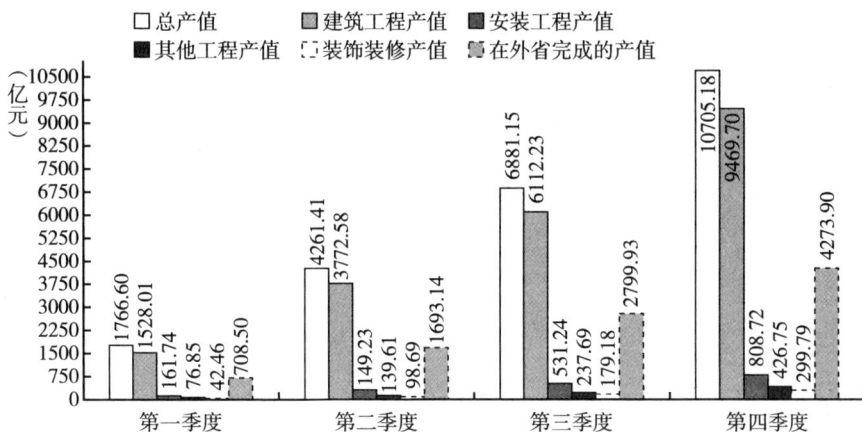

图 15　2024 年陕西省建筑业总产值及分项情况

资料来源：国家统计局。

在企业数量方面，2024 年，陕西省建筑业企业单位数增加至 4786 家，然而直接从事生产经营活动的平均人数减少至 157.74 万人。

在签订合同方面，2024 年，陕西省建筑业签订合同额达到 26029.12 亿元，同比减少 469.51 亿元。其中，上年转接合同额占比为 52.64%，本年新签合同额占比为 47.36%，显示出良好的业务延续性和稳定性，为未来的发展奠定了坚实基础（见图 16）。

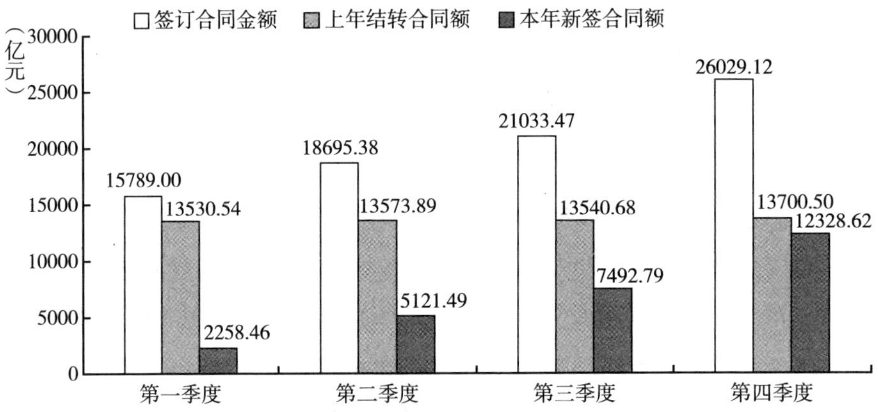

**图 16　2024 年陕西省建筑业企业签订合同额情况**

资料来源：国家统计局。

在房屋面积方面，2024 年，陕西省房屋建筑施工面积增加至 37786.00 万平方米（见图 17），较上年同期减少了 1146.77 万平方米；新开工面积同比出现了 13.71% 的下滑；竣工面积同比出现了 5.02% 的下滑。

**2. 区域发展情况**

**（1）关中地区**

关中地区涵盖西安、咸阳、宝鸡、渭南、铜川等地，在经济发展、产业结构优化升级、基础设施建设、区域协同发展、创新驱动发展战略实施、生态环境质量改善以及对外开放水平提升等方面取得了显著成就。

西安作为陕西省的省会城市，建筑业发展尤为突出。截至 2024 年 11 月初，西安市完成建筑业总产值 4322.21 亿元，同比增长 3.3%，贡献税收

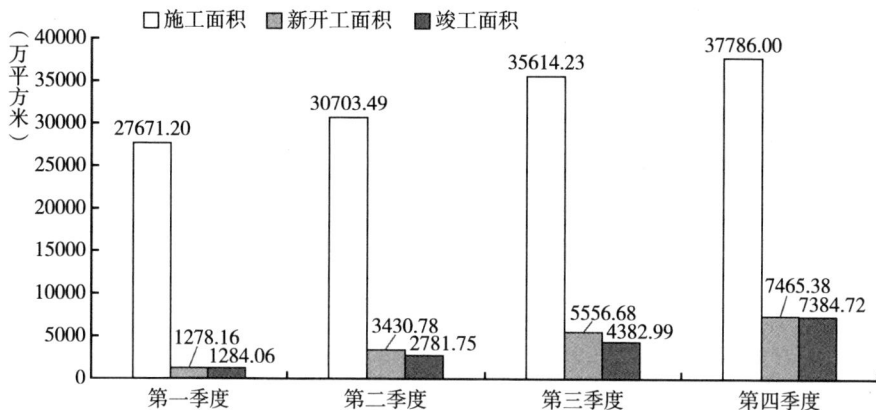

**图17　2024年陕西省房屋建筑面积情况**

资料来源：国家统计局。

162.2亿元，同比增长7.2%。

2024年，咸阳市建筑业继续保持平稳运行，上半年全市建筑业增加值同比增长6.7%。资质以上总专包建筑业实现总产值397.50亿元，同比增长7.9%。建筑业企业签订合同额2156.6亿元，增长6.4%。

2024年前三季度，宝鸡市建筑业总产值同比降低9.4%；渭南市资质以上建筑业企业完成总产值224.73亿元，虽同比下降4.3%，但降幅较上半年收窄11.4个百分点，其中一级资质企业完成建筑业总产值117.22亿元，下降4.5%，降幅较上半年收窄20.7个百分点。

2024年前三季度，铜川市建筑业呈现稳健发展态势。据统计，全市市内建筑企业总产值达40.48亿元，较上年同期增长10.1%，增速稳居全省第3。其中，建筑工程产值实现31.28亿元，同比增速高达18.2%，展现出强劲的增长势头；安装工程产值达到7.82亿元，同比增长12.3%。在合同签订方面，全市建筑企业共签订合同额96.27亿元，同比增长15%。值得一提的是，本年新签合同额达到52.73亿元，同比增长34.7%，为铜川市建筑业的未来发展奠定了坚实基础。

（2）陕南地区

陕南地区包括汉中、安康、商洛等地，近年来，陕南地区建筑业呈现稳定发展的态势。随着城市化进程的加快和基础设施建设的持续投入，建筑企业数量逐年增多，规模也不断扩大。

2024 年，汉中市建筑业在有力政策扶持下稳步前进。汉中市人民政府办公室印发了《汉中市推动建筑业高质量发展的实施意见》，明确到 2026 年要实现智能建造与建筑工业化协同发展取得积极进展、建筑产业结构持续优化等目标。各地发展亮点纷呈，汉台区住建局加大企业培育力度，2024 年新增资质以上建筑业企业 13 家，全年争取到中央预算内资金、专项债及一般债券等共计超 7.45 亿元；宁强县 2024 年前三季度建筑业发展良好，15 家资质建筑企业实现建筑业总产值 15.24 亿元，同比增长 18.5%，但也面临新开工面积下降、企业培育不足及资金周转困难等问题。在行业管理与项目建设上，汉台区严格落实扬尘治理"6 个 100%"要求，推进"智慧工地2.0 平台"建设，执行施工现场扬尘治理"红、黄、绿"牌管理制度。

2024 年，安康市建筑业加快发展，新签订合同额快速增长，2024 年全市资质以上建筑业企业完成总产值 223.46 亿元，增长 10.3%，位居全省第3。建筑业企业签订合同总额 508.36 亿元，增长 12.4%，其中，本年新签订合同额 257.59 亿元，增长 28.1%。

2024 年前三季度，商洛市建筑业承压增长，房地产业筑底企稳。全市资质以上建筑企业完成总产值 119.4 亿元，同比增长 2.3%，但比上半年回落 1.7 个百分点，排名从全省第 6 下降到第 8。签订的合同额 241.64 亿元，同比增长 36.4%。1~9 月房地产销售面积下降 22.8%，增速位于全省第 5。市场主体增加较快，"五上"企业扩增。其中，月报新增"五上"企业 62家，包括建筑业 34 家、房地产业 7 家，市场数量增多，活力增强。

（3）陕北地区

陕北地区包括榆林、延安等地，陕北地区建筑业发展迅速。当地丰富的能源资源，特别是榆林的煤炭、石油、天然气产业蓬勃发展，带动了大规模的基础设施建设和工业建筑需求。例如，榆林市建筑行业产值在过去十年间实现了数倍增长，大量的工业园区、能源化工基地设施建设项目纷纷落地。同时，延安也在城市建设和红色旅游基础设施建设的推动下，建筑产业不断扩张，建筑企业数量大幅增加，为建筑行业的持续繁荣提供了坚实的基础。

2024年上半年，陕北地区建筑业总产值呈稳步增长良好态势。延安市建筑业完成产值64.19亿元，同比增长12.3%。增幅较一季度提升7.2个百分点，较上年同期提升6.1个百分点，分别高于全国、全省7.5个和13.7个百分点，在全省排名第2。

2024年，榆林市建筑业呈现多方面的良好发展态势。企业与产值方面，榆阳区第一季度在库总承包和专业承包建筑企业达437家，较上年一季度增加54家；完成建筑业总产值52.39亿元，同比增长6.38%；签订合同额455.18亿元，同比增长37.88%。质量安全与行业交流上，成功举办"2024年建筑业百城联动安全建设大讲堂·榆林站"活动，陕煤建设榆林公司获得多项荣誉并取得多项成果。项目建设领域，经开区23个市级重点项目1~10月开复工率达100%，完成投资105亿元，完成年度计划的92%，同时有企业资质升级。人才与就业方面，建筑行业招聘职位量较2023年增长8%，51.6%的岗位薪资为4500~8000元/月。此外，榆林市强调新型建材领域的固体废物利用，推动再生资源的深加工产业链发展，促进建筑业绿色低碳转型。

### 3. 主要市场发展情况

（1）劳动力市场

陕西省建筑业作为国民经济的重要支柱产业，近年来发展态势虽稳却面临诸多挑战。从劳动力市场概况来看，其从业人数变化与第二产业紧密相关，2023年建筑业从业人员为138.5万人，占第二产业比重下滑。在劳动力供给上，2023年从业人数较2022年下降21.14%，人员结构呈现年龄断层、技能"金字塔"形分布、学历水平低等问题。需求方面，2023年预测需求超市场从业人员数，出现短缺现象。薪资水平上，工资增速波动大，应付职工薪酬先降后升，且人工成本受多重因素影响。农民工方面，总量有波动，流动呈返乡趋势，工资水平有所上升但福利保障差。整体而言，目前陕西建筑业劳动力市场存在结构不合理、流动缺乏规划、劳务分包管理不善、劳动生产率低、培训财政支持不足以及社会福利保障不完善等问题。

（2）勘察设计市场

近年来，陕西省勘察设计行业发展态势良好。在规模上，企业数量稳步增长，2023年达744家，从业人数超13万，人才队伍壮大，专业素质提升，注册执业人数增加，还涌现出一批行业大师。技术方面，数字化、信息化技术广泛应用，创新能力逐步提升，在交通、建筑等领域取得突破，产学研合作也不断推进。市场需求上，基础设施建设需求旺盛，业务领域向新能源、智慧城市等多元方向拓展。然而，行业发展也面临挑战，如市场竞争激烈，省内外企业竞争加剧；技术创新能力不足，研发投入少且成果转化慢；高端人才匮乏，引才难、培养机制不完善且流失严重；行业监管体系有待完善，监管力度有待加大。

（3）建设工程咨询市场

陕西建设工程咨询行业当下呈现多维度发展态势。省内工程咨询企业主要集中于西安，受房地产遇冷影响，2023年起行业整体规模增速放缓。工程造价企业因门槛放宽数量增加，头部与中小规模企业差异化发展；工程监理企业数量增加，需求波动大，且正转向综合化服务。同时，造价与监理行业人才竞争激烈，随着新兴建筑领域发展，建设工程咨询市场对相关专业及复合型人才需求迫切。

在全过程工程咨询方面，陕西虽项目数量增长，但在全国竞争力方面有待提升。其服务模式以一体化和联合体为主，委托方式多样，对单位资质、人员资格及酬金计取都有明确规定，且政策贴合地方市场。展望未来，行业需大量复合型人才，要加快产业链整合，推进"传统咨询"向"数字咨询"转型，集成绿建生态技术，还应抓住"一带一路"机遇开拓跨国业务，以实现行业的持续发展与升级。

（4）建筑材料市场

2024年，陕西省建筑材料市场充满挑战。在生产端，1~8月规模以上建材工业增加值增速同比下降0.3个百分点，8月当月同比下降1.6个百分点。在重点监测的 31 种建材产品中，17 种产量同比下降，其中规模以上水泥企业产量为 1.79 亿吨，同比下降 2.0%；平板玻璃产量为 8227.6 万重量箱，同比下降 7.2%。价格方面，8 月建材工业出厂价格指数为 91.8，比上年同月下降 6.8%，1~8 月建材工业出厂价格较上年同期下降 6.3%。传统建材销量下滑明显，2024 年上半年西部水泥在陕西的水泥及熟料总销量为 875 万吨，同比下降 8.3%；截至 2024 年 7 月 9 日，陕西混凝土均价约为 360 元/米³，环比下降 0.55%，同比下跌 5.88%。与之形成对比的是，新型建筑材料占比不断增加，1~8 月，轻质建材、隔热保温材料等 6 个新型建材行业营业收入、利润总额同比均保持增长。尽管政策支持力度不断加大，政府出台了绿色建筑、装配式建筑等相关政策，但市场仍受多重因素制约。房地产施工面积和竣工面积同比下降，导致市场需求结构改变，行业竞争激烈，部分混凝土企业因回款问题停供，市场价格混乱。同时环保政策的严格执行增加了企业成本与运营难度。

（5）建设工程市场

2024 年，陕西省建设工程市场呈现多面发展态势。固定资产投资增长 4.7%，增速列全国第 11 位、西部第 5 位。其中，房地产领域不太乐观，1~9 月房地产投资额较上年同期减少，施工、新开工、竣工面积以及销售面积和销售额均有不同程度下降。1~6 月建筑业总产值有所减少，但企业数量增加。在重点项目建设方面成果显著，西延、西十等高铁项目及黄河古贤水利枢纽工程等加快建设或开工，600 个省级重点建设项目截至 11 月底完成投资 4782 亿元，年度投资完成率为 98%。同时，全省围绕构建现代化产业体系，出台一系列政策举措，激发社会资本投资活力，为建设工程市场发展提供了有力保障。

## （二）2024年陕西省建筑业发展特征

### 1. 综合实力稳步提升

2024 年，陕西省建筑业发展动力强劲，综合实力稳步提升，总产值持续增长。在基础设施建设领域，众多项目高效推进，有力地强化了全省的发展根基；从经济增长维度看，其作为重要产业带动了上下游产业发展，创造了大量经济价值；在城市化进程中，通过积极参与城市建设，显著提升了城市品质和功能。各区域建筑业总产值均呈上升趋势，增速稳定，其中西安市建筑业总产值在全省占比较高且持续稳定增长，对全省经济贡献突出。

2. 企业数量不断增长，但从业人员数量有所下降，且从业人员专业素质有待提高

近年来，随着国家持续推动市场准入门槛降低和一系列鼓励创新创业政策的出台，陕西省建筑业各行业迎来了前所未有的发展机遇，特别是勘察设计、工程咨询等专业技术服务领域，企业数量呈现快速增长的态势。然而，随着行业技术的日新月异和业务需求的不断复杂化，建筑业对从业人员的数量及专业素质提出了新的要求，因此这种企业数量的快速增长并未如预期般带动从业人员数量的同步上升，反而出现了轻微的下降趋势。在这一背景下，陕西省建筑业当前劳动力结构中技能不匹配问题突出，高端人才短缺问题也越发严峻，从业人员专业素质亟须提升。

3. 市场竞争日益激烈，区域发展呈现差异化态势

当前，陕西省建筑业面临激烈的市场竞争。在勘察设计行业，项目获取难度显著加大，利润空间受到严重压缩；建筑材料行业同样承受巨大压力，原材料价格波动频繁；环保要求日益提高，使企业生产成本不断攀升，利润空间受到严重挤压。工程咨询行业则面临更为复杂的市场环境，为满足客户提出的更高要求，企业必须全程提供高质量、专业化的服务，然而，这种高标准的服务要求，使行业竞争进一步加剧，企业间差异化竞争策略的重要性越发凸显。

此外，受经济基础和资源条件、政策支持和投资环境、人才和技术水平等因素的影响，陕西建筑业区域发展呈现差异化态势，具体表现为各地区建筑业总产值、产业结构、企业数量和规模存在显著差异，形成了以关中为主，陕南陕北为辅的产业格局。

4. 新技术应用日益广泛，但企业创新能力有待加强

当前，新技术的快速发展正以前所未有的速度引领陕西省建筑业的深刻

变革，特别是在勘察设计、建筑材料等多个关键领域，BIM（建筑信息模型）、3D打印、智能建材等新技术应用日益广泛，成为推动行业转型升级的重要力量。这些新技术不仅提升了工作效率和产品质量，还促进了绿色发展和可持续发展。然而，尽管新技术应用广度不断拓展，陕西省许多企业在创新能力培育上仍显不足，缺乏足够的深度投入和积累。一些企业在新技术应用上停留在模仿和跟随阶段，缺乏自主研发的核心技术和创新能力，导致产品同质化严重，市场竞争力不足。因此，加强创新能力培育，加大新技术研发投入，成为各行业企业提升核心竞争力和实现可持续发展的关键。

# 四 2025年陕西省建筑业发展展望

2024年，陕西省住房和城乡建设系统紧扣习近平总书记重要指示批示精神以及党中央、国务院决策部署，秉持稳中求进工作总基调，在稳增长、惠民生、防风险、促转型等方面成效显著，为"十四五"规划目标任务的推进奠定了坚实基础，推动住房和城乡建设事业迈向高质量发展的新征程。

在此期间，陕西省建筑业着力于加快转型升级，大力发展新型建造方式，优化建筑市场环境，化解房地产风险和开展"三大工程"建设。一是对照《陕西省建材行业碳达峰实施方案》，认真贯彻实施《绿色建筑评价标准》。二是按照省委、省政府工作要求，深入推进智能建造与新型建筑工业化，加快形成新质生产力，增强产业链科技创新支撑能力，努力实现建筑业量的合理增长和质的有效提升。三是印发《支持民营建筑业企业强信心稳增长促转型十条措施》和《关于开展全省房屋建筑和市政基础设施工程建设领域市场秩序专项整治工作的通知》，以规范陕西省建筑市场秩序，优化建筑业发展环境。四是积极稳妥防范化解房地产风险，抓好"保交楼""保交付"工作。开展住建领域安全生产治本攻坚三年行动，坚决遏制重特大事故发生。五是切实落实好"三大工程"，结合国家政策要求，建立完善政策体系，做好项目储备申报，全力做好保障性住房、城中村改造资金保障，实现尽快全部开工，尽快形成新增工程量。同时，加大宣传报道力度，积极营造全社会关心、支持、参与"三大工程"的良好氛围。

2025 年是"十四五"规划收官之年，也是为"十五五"规划开好局打下基础的关键之年，做好住房和城乡建设工作意义重大。展望 2025 年，为保证陕西省建筑业能够持续稳定发展，陕西省将重点从以下几个关键领域发力。

## （一）促进建筑业转型升级

首先，陕西省将全面深化建筑业改革，变革建造方式，改革工程监理、工程造价、竣工验收等制度，健全工程质量安全保障体系，大力发展现代化建筑产业。其次，陕西省将以更高质量的制度供给激发建筑企业和从业人员的强大活力。全面梳理建筑业法规和文件，凡是影响活力和积极性的，该改的改、该废的废。再次，陕西省将着力于整体提升工程建设标准，国家标准提高底板、行业标准相应提升，鼓励支持制定团体标准、企业标准，以标准提升引领建筑产业升级。此外，陕西省将更大范围推广智能建造、绿色建造、装配式建筑，构建完备的新型建筑工业化政策体系和产业体系，装配式建筑占新建建筑的比重超过 30%，并选择一些基础好的地区，支持打造形成现代化建筑产业链。最后，陕西省应把绿色建筑培育发展成新的经济增长点，2025 年实现绿色建筑规模化发展，全省城镇新建建筑全部执行绿色建筑标准和建筑节能标准，推进建筑领域节能降碳，开展建筑光伏高质量发展试点。

## （二）提升住宅品质

2025 年，陕西省将积极贯彻落实国家新修订的《住宅项目规范》等住宅标准，提高住宅建设标准。构建支持住房品质提升的制度体系，鼓励建筑企业在设计、施工过程中注重细节，提升住宅品质。此外，陕西省还将支持房企，特别是大型房企打造一批好房子样板，把保障房率先建成好房子。同时还应大力推进老旧住宅更新改造，推广装配式装修，把老房子、旧房子变成好房子。

## （三）提升房屋建筑管理智慧化水平

陕西省将进一步建立房屋使用全生命周期安全管理制度。依托第一次全国自然灾害综合风险普查数据和底图，全面动态掌握房屋建筑安全隐患底数，重点排查老旧住宅电梯、老旧房屋设施抗震性能、建筑消防设施、消防登高作业面和疏散通道等安全隐患，形成房屋建筑安全隐患数字档案。建立房屋建筑信息动态更新机制，强化数据共享，在城市建设、城市更新过程中同步更新房屋建筑的基础信息与安全隐患信息，逐步建立健全覆盖全面、功能完备、信息准确的城市房屋建筑综合管理平台。健全房屋建筑安全隐患消除机制，提高房屋建筑的抗震、防雷、防火性能，坚决遏制房屋安全事故发生。

## （四）推动智能建造与建筑工业化协同发展

陕西省将着力于培育智能建造产业集群，打造全产业链融合一体的智能建造产业体系，推动建筑业工业化、数字化、绿色化转型升级。深化应用BIM技术，提升建筑设计、施工、运营维护协同水平。大力发展数字设计、智能生产和智能施工，加快构建数字设计基础平台和集成系统。推动部品部件智能化生产与升级改造。推动自动化施工机械、建筑机器人、3D打印等相关设备集成与创新应用。推进智慧工地建设，强化信息技术与建筑施工管理深度融合，进一步提升安全监管效能。

## （五）全面推进城市更新

随着城市体检和更新一体化机制的深入推进，建筑企业将积极参与问题查找和方案制定，针对老旧小区、老化燃气管道、黑臭水体等问题精准发力，全面完成2000年底前建成的城镇老旧小区改造任务，基本完成老化燃气管道更新改造和县级城市建成区黑臭水体消除工作，在既有建筑改造利用、老旧街区更新等民生工程中大展身手，提升建筑品质和城市形象。同时，可持续的城市更新模式和政策法规的建立，将为建筑业提供稳定的政策支持和规范的市场环境。建筑企业还将积极探索居民自主更新改造老旧住宅的合作模式，拓展业务领域。在城市管理新模式和"新城建"的推动下，陕西省建筑业将加速数字化转型，积极参与数字家庭、智慧住区、房屋建筑管理智慧化等项目建设，助力打造高水平"数字住建"，全方位提升建筑行业的数字化、网络化、智能化水平，实现高质量发展。

### （六）促进房地产市场稳定与发展

陕西省将全面落实国家的"四个取消、四个降低、两个增加"系列政策，通过取消、降低相关限制和成本，增强住房公积金支持等措施，刺激刚性和改善性住房需求；同时，大力推进城中村和危旧房改造，通过货币化安置等方式，改善居民居住条件，释放住房需求，为建筑业带来新的项目机遇。此外，陕西省将着力优化住房供应体系，加快保障性住房建设，以满足城镇住房困难工薪群体的需求；同时，建立要素联动新机制，促进房地产供需平衡和市场稳定；并严格执行房屋全生命周期安全管理制度，完善房地产全过程监管，整治市场秩序。这将促使建筑企业更加注重房屋质量和安全，积极引入先进技术与管理经验，革新生产工艺，优化施工流程，从而全方位提升建筑品质，增强企业在市场中的核心竞争力，实现建筑业与房地产市场的协同共进、良性发展。

综上所述，陕西省建筑业将在政策引领、市场需求驱动和技术创新支撑下，实现全方位的转型升级和高质量发展，为陕西省住房和城乡建设事业的持续进步贡献重要力量，也为"十五五"规划的顺利开局奠定坚实基础。

**参考资料**

《中国建筑业发展统计公报》，https：//data. stats. gov. cn/easyquery. htm？cn＝B01。

《2024 年上半年建筑业发展统计分析》，https：//mp. weixin. qq. com/s/7wJcqTjGU5s NpWp4QxKJ1A。

《建筑业持续发展，建设成就惠及民生——新中国 75 年经济社会发展成就系列报告之七》，https：//www. stats. gov. cn/sj/sjjd/202409/t20240911_1956382. html。

《国家数据》，https：//data. stats. gov. cn/easyquery. htm？cn＝E0103。

《陕西省建筑业发展现状分析》，http：//tjj. shaanxi. gov. cn/tjsj/tjxx/qs/201305/t2013 0527_ 1626045. html。

2012~2023 年《陕西统计年鉴》，http：//tjj. shaanxi. gov. cn/tjsj/ndsj/tjnj/。

《上半年全省建筑业生产形势稳中趋缓》，http：//tjj. shaanxi. gov. cn/tjsj/tjxx/qs/ 202309/t20230918_ 2301083. html。

《2024 年 1~9 月核心指标》，http：//tjj. shaanxi. gov. cn/tjsj/jdsj/qs_ 440/202411/ t20241107_ 3161360. html。

《陕西：强技赋能 职业培训让农民工成为技能人才》，https：//rst. shaanxi. gov. cn/ newstyle/pub_newsshow. asp？id＝1016390&chid＝100082。

# 政策篇

# B.2
# 2024年陕西省建筑行业重要
# 政策法规解读

彭 涛 汪嘉豪*

**摘 要：** 建筑业作为国民经济的重要支柱产业，在推动经济增长、社会就业及城镇化建设方面发挥了关键作用。然而，行业长期存在发展质量与效益不足的问题。近年来，国家和地方政府出台了多项政策与法规，旨在通过推动建筑工业化、数字化、智能化升级，实现建筑业的高质量发展。本报告聚焦2024年陕西省建筑行业政策法规，从国家与地方两个层面系统梳理政策内容，分析其实施背景、核心目标及具体措施，并评估其对行业转型升级的影响。研究发现，未来建筑业发展的关键方向包括智能施工、装配式建筑推广、建筑信息模型（BIM）技术普及以及建筑机器人应用等，同时也需面对市场竞争加剧、转型升级压力大的现实挑战。一系列相关政策也对陕西省建筑业未来转型升级起到了引导作用，为行业实践与

---

\* 彭涛，西安交通大学教授，西北政法大学博士研究生导师，主要研究方向为政府法治、商事诉讼；汪嘉豪，北京德恒（西咸新区）律师事务所律师。

政策优化提供了理论依据与实践参考。

**关键词：** 建筑业政策　绿色建筑技术　智能建造

# 一　近年来的建筑行业政策概述

建筑业在国民经济中扮演着举足轻重的角色，其在经济增长动能的释放、就业压力的有效缓解、新型城镇化建设的持续推进、人民生活质量的稳步提升以及全面建成小康社会目标的实现中发挥了至关重要的作用。这种综合性的贡献为社会经济高质量发展奠定了坚实基础，彰显了其不可替代的战略价值。2020年《关于推动智能建造与建筑工业化协同发展的指导意见》由住房和城乡建设部同有关部门联合发布，该指导意见明确指出建筑业仍然是我国国民经济的重要支柱性产业。尽管我国建筑业在国民经济中扮演着重要角色，但其生产方式仍较为粗放，与高质量发展的目标存在差距。因此，我国建筑业的发展策略应包括推动工业化、数字化、智能化的进一步升级，加快建造方式的变革，以推动行业的高质量发展。同年8月住建部连同九部门发布《关于加快新型建筑工业化发展的若干意见》，明确指出新型建筑工业化的实现依赖于新一代信息技术的推动，以工程全寿命期的系统化集成设计和精益化施工为主要方法，整合工程全产业链、价值链和创新链，以达到高效益、高质量、低消耗和低排放的建筑工业化目标。

2022年住建部又下发了《"十四五"建筑业发展规划》，明确指出了"十四五"期间我国建筑业应做出的三项转变，一是政府层面应完成由传统监管机制向现代化监管转变，二是企业层面应加快建筑业企业模式创新与转型，三是生产方式层面应由传统方式向建筑业信息化、现代化转变。其中提出的措施有以下九项：一是从绿色建筑走向绿色建造；二是加快智能建造与新型建筑工业化协同发展；三是加快推进建筑信息模型（BIM）技术在工程全寿命期的集成应用；四是加强产业人才队伍建设；五是健全建筑行业市场机制;六是不断加强对工程建设组织模式的改进;七是健全工程质量安全保障体系;八是要体现建筑行业协会的指导引领作用;九是加快建筑业"走出去"步伐。这些举措以建筑业高质量发展为主题,着力深化供给侧结构性改革,明确其作为行业转型升级的核心任务。同时,智能建造与新型建筑工业化的协同发展被确立为推动行业变革的关键驱动力。本次转型的核心目标是实现绿色低碳发展,全面提升发展质量和效益,促进行业从传统的高速增长模式向高质量发展转型,从"量"的外延式扩张向"质"的内涵式提升迈进,为建筑业的可持续发展提供坚实支撑。

## 二 2024年建筑行业中央部门重点法规解读

2023年12月1日,国家发展改革委会同相关部门,在《国务院关于发布实施〈促进产业结构调整暂行规定〉的决定》的基础上共同修订形成《产业结构调整指导目录(2024年本)》(以下简称《目录(2024年本)》)。《目录(2024年本)》依照是否符合有关法律法规规定、是否对经济发展有重要促进作用、是否为工艺技术落后产业以及是否属于严重资源浪费等标准,将建筑产业分为鼓励、限制和淘汰三类,先进建造技术与绿色建筑技术研发与应用被列入鼓励目录中。2024年中央部门层面在建筑行业领域发布了一系列法规、政策等指导性文件,对落实建筑产业高质量发展改革进行了进一步的探索与优化(见表1)。

表1 中央部门重点政策法规

| 文件 | 发文字号 |
| --- | --- |
| 《绿色建材产业高质量发展实施方案》 | 工信部联原〔2023〕261号 |
| 《关于印发〈房屋建筑和市政基础设施项目工程建设全过程咨询服务合同(示范文本)〉的通知》 | 建办市〔2024〕8号 |
| 《关于印发〈绿色低碳转型产业指导目录(2024年版)〉的通知》 | 发改环资〔2024〕165号 |
| 《关于开展房屋市政工程安全生产治本攻坚三年行动的通知》 | 建质〔2024〕27号 |
| 《住房城乡建设部关于修改〈建设工程消防设计审查验收工作细则〉并印发建设工程消防验收备案凭证、告知承诺文书式样的通知》 | 建科规〔2024〕3号 |

| 文件 | 发文字号 |
|---|---|
| 《住房城乡建设部办公厅关于印发建设工程质量检测机构资质申请表和资质证书格式的通知》 | 建办质〔2024〕23号 |
| 《加快推动建筑领域节能降碳工作方案》 | 国办函〔2024〕20号 |
| 《关于创新完善体制机制推动招标投标市场规范健康发展的意见》 | 国办发〔2024〕21号 |
| 《对外承包工程项目备案和立项管理办法》 | 商务部令2024年第2号 |
| 《住房城乡建设领域公共信用信息目录(2024年版)》 | 建办厅〔2024〕35号 |
| 《住房城乡建设部办公厅关于实施〈建设工程质量检测管理办法〉〈建设工程质量检测机构资质标准〉有关问题的通知》 | 建办质〔2024〕36号 |
| 《关于推进新型城市基础设施建设打造韧性城市的意见》 | 国务院公报2024年第35号 |

## （一）《绿色建材产业高质量发展实施方案》

《关于完整准确全面贯彻新发展理念做好碳达峰碳中和工作的意见》（中发〔2021〕36号）和《2030年前碳达峰行动方案》（国发〔2021〕23号）为建材行业的绿色低碳发展提供了战略指导和行动框架。这些文件的发布，无不体现着建材行业在国家碳达峰碳中和工作中的重要地位，也强调了通过提高能源利用效率和降低碳排放来推动绿色建材产业的发展。

国家将绿色建材作为建材工业转型以及建筑行业供给侧结构性改革的主要抓手之一，证明了绿色建材是建材工业转型的趋势，并且绿色建材的应用与发展对于城乡建设的绿色发展和美丽乡村建设也具有深远的影响。为贯彻党中央、国务院关于实现碳达峰碳中和的战略方针，工信部联合其他九个部门发布了《绿色建材产业高质量发展实施方案》。该方案系统性地规划了绿色建材产业的发展目标，要求到2026年实现年营业收入突破3000亿元，并确保2024~2026年年均增长率保持在10%以上。此外，方案提出要培育超过30个特色产业集群，建设不少于50个绿色建材应用示范工程，将政府采购政策推广至100个以上城市，并力争获得12000张绿色建材产品认证证书。通过这些举措，绿色建材产业将进一步增强其在推动建材行业高质量发展与提升建筑品质中的作用，成为加速新型工业化建设的重要支撑力量。

## （二）《加快推动建筑领域节能降碳工作方案》

建筑领域是能源消耗和二氧化碳排放大户，在推动绿色低碳和高质量发展的背景下，加快建筑领域的节能降碳工作显得尤为关键，这对于实现碳达峰碳中和目标具有重大意义。国家发展改革委与住房和城乡建设部的《加快推动建筑领域节能降碳工作方案》（国办函〔2024〕20号）（以下简称《工作方案》）专注于提高建筑能源利用效率和降低碳排放水平，部署了12项具体且可操作的重点任务，这些任务将为未来一段时间内提升建筑领域的绿色低碳发展质量提供重要的指导。

首先，针对新建建筑的节能与降碳，《工作方案》区分了城镇和农村的不同需求，并设定了具体目标。对于城镇，它提倡采用节能设计理念，使用绿色建材，以及推广节能型施工设备和高效的能源管理系统。特别是对于京津冀、长三角等条件成熟的地区，鼓励其成为超低能耗建筑的先行者。在农村地区，《工作方案》强调了根据当地条件和农民意愿，提升建筑的保温和通风性能，以改善居住条件。

其次，对于既有建筑的改造，《工作方案》强调了对城镇建筑进行全面的能效评估，并据此制定改造计划。它还提出了对建筑内部的用能设备如空调、照明、电梯进行升级，以及对外墙保温和门窗进行改造的措施。北方地区的城市，如果有中央财政的支持，还应提高冬季清洁取暖的能效标准。农村房屋的改造也应基于农民的自愿和经济考虑，进行针对性的改造。

再次，为了促进建筑用能的低碳化，《工作方案》鼓励使用可再生能源，如太阳能、地热能等，并要求各地规划明确的实施时间表和路线图。同时，它也提出了对供暖系统的改革，包括推进供热计量和按供热量收费，以及实施两部制热价，以激励节能。

最后，为了提高建筑运行的能效，《工作方案》根据中央财经委员会的指导，提出了推广高效节能家电和淘汰落后设备的措施。它还强调了建立公共建筑节能监管体系的重要性，包括实施室内温度控制、数字化管理和能耗限额管理，以提高建筑的整体能源效率。

### （三）《国务院办公厅关于创新完善体制机制推动招标投标市场规范健康发展的意见》

2024年5月，《国务院办公厅关于创新完善体制机制推动招标投标市场规范健康发展的意见》（以下简称《招投标健康发展意见》）指出，首项任务是完善法律制度，包括修订和完善《政府采购法》与实施条例以及《招标投标法》等相关法律法规，打破原有制度对高标准市场体系建设的桎梏，以制度保障促进市场体系改革升级。该措施的引入表明，未来的招标投标将执行更高的规范性和法治化标准。同时，为确保市场的充分竞争与市场活力，政策要求在市场运行规则方面落实对公平竞争规则的审查，在政府服务层面建立和完善对不正当交易壁垒的投诉、处理及回应机制，对于违反公平竞争规定的现象应做到一经发现立即处理。此举也有助于防止市场被大型头部企业垄断，保护中小企业的利益。

政策文件中提出了一项关键措施，即加快实现全国招标投标交易主体信息的互联互通，并确保信息的互认与共享。这意味着，为了提高招标投标系统的透明度和效率，政府将致力于打破现有的"信息孤岛"，通过建立统一的数据共享平台，实现全国各地区、各部门之间招标投标交易主体信息的无缝对接和实时更新。此外，政策还提出了持续清理妨碍全国统一大市场建设和公平竞争的规定、做法，并对存在所有制歧视、行业壁垒、地方保护等不合理限制的法规政策文件进行全面排查和修订。为支持创新和技术进步，政策鼓励首台（套）重大技术装备参与招标投标，并对其视同满足市场占有率、使用业绩等要求，以减轻企业的负担。

最后，为支持中小建筑企业的发展，在工程建设招投标领域，该文件列举了一系列精准针对中小建筑企业的扶持政策，其中就包括完善评标体系、预留项目份额以及提高首付款比例等措施。这一系列措施的落地将有效减轻中小企业的经营压力，也将实质性地支持中小企业的发展，并提高其在市场中的活跃度。同时，此次政策探索在国有企业履行社会责任的考核内容中也增设了支持中小企业参与招投标情况，以鼓励国有企业在招标投标活动中更加积极地支持中小企业。

《招投标健康发展意见》提出了对建筑业招投标市场的重要指导原则，强调了坚持全国一体化的策略是推动该市场发展的关键。这一策略的核心在于打破长期以来形成的行政区划和行业界限，这些分割不仅限制了市场的自然竞争，也影响了资源的有效配置。通过消除这些条块分割和行业壁垒，可以提升招标投标过程的透明度和公正性，确保所有参与者能够在一个公平的环境中竞争。

### （四）《住房城乡建设领域公共信用信息目录（2024年版）》

党的二十大报告明确指出，社会信用体系在社会主义市场经济体制中占据着基础性地位，它对于全国统一大市场的构建和营商环境的优化这两个改革目标的实现具有十分关键、提纲挈领的作用。此外根据党中央、国务院关于信用管理强化的要求，公共信用管理应实现界限清晰、目录完备和过惩相称。国家发展改革委和中国人民银行联合发布的《全国公共信用信息基础目录（2024年版）》，对13大类公共信用信息进行了规范。住房和城乡建设部进一步细化了本领域的信用信息，并发布了《住房城乡建设领域公共信用信息目录（2024年版）》（以下简称《住建信用信息目录》），旨在为住房城乡建设领域的公共信用信息归集提供纲领性支撑。

《住建信用信息目录》对于市场主体维护合法权益、合理规避经营风险以及优化整个市场的经营环境都具有重要意义。该目录对住房城乡建设领域公共信用信息的边界进行了系统性界定，从源头上减少了信用信息滥用的风险。信用信息的统一归集与共享，不仅为信用修复的时效性和规范化运作提供了有力保障，还为行业信用治理奠定了制度基础。信用机制作为一种重要的治理工具，在推动诚信市场秩序构建的过程中，将持续发挥关键的引导与调节作用，并进一步优化行业信用生态，为住房城乡建设领域的高质量发展注入动力。

各地区归集信用信息的动态性与及时性，对于建筑行业中各企业信用风险的及时预警以及精准防控至关重要，有利于预防和解决系统性风险，提高其指导性与前瞻性，实现"数据领先于监管，监管领先于风险"的理念。此外，依托信用信息的归集与共享，"信用信息流"实现了对建设项目事前、事中、事后监管环节的有机贯通，从根本上破解了"审批不监管、监管无手段"的体制性难题。这一机制在推动"宽准入、严监管、重处罚"的监管新模式落地过程中发挥了关键作用，通过信息化和信用化手段，强化了监管的科学性与执行力，助力监管效能的全面提升。

构建全国统一的社会信用体系是推动我国企业"走出去"战略的一项基础性工程，其意义深远而广泛。国内统一的信用评级制度能够有效彰显中国建筑企业的综合竞争力和诚信水平。在企业国际化的浪潮中，将中国信用评级标准推广至全球，不仅能够对现行国际信用评级体系形成竞争与补充，还能为规范企业在海外的商业行为提供明确导向，提升企业国际化经营的合法性和可持续性，提高企业在国际竞争和争议解决中的风险识别和防范能力，增强其话语权。

### （五）《关于推进新型城市基础设施建设打造韧性城市的意见》

《关于推进新型城市基础设施建设打造韧性城市的意见》（以下简称《意见》）旨在通过智能化、数字化和网络化的手段推动城市基础设施的转型升级，构建具有强大适应性和快速恢复能力的韧性城市。该文件的核心目标是深化城市安全韧性提升行动，推动新一代信息技术与城市基础设施建设的深度融合，构建智能高效的新型城市基础设施体系，明确到 2027 年取得明显进展，到 2030 年建成一批高水平韧性城市，实现城市运行更加安全、有序、智慧和高效。为实现这些目标，《意见》提出了包括智能化市政基础设施建设、智慧城市基础设施与智能网联汽车协同发展、智慧住区建设、房屋建筑管理智慧化水平提升、数字家庭建设、智能建造与建筑工业化协同发展以及城市信息模型（CIM）平台完善等11 项重点任务。

这一政策对我国建筑业发展具有深远的指导意义。一方面，它强调智能建造与建筑工业化协同发展，要求培育智能建造产业集群，推动建筑业工业化、数字化、绿色化转型升级，促使建筑企业加大在信息技术、智能设备和绿色建造技术方面的投入，提升行业整体技术水平。另一方面，通过智能化市政基础设施建设和改造以及城市信息模型平台的完善，建筑业能够更精准地规划、设计和管理城市基础设施，从而提升建筑质量和城市运行的安全性。此外，《意见》提出推动绿色建造政策和技术体系建立，加快绿色建造方式推广，为建筑业提供绿色转型方向，促使企业在项目中更多地采用环保材料和技术。文件还强调完善建筑市场体系，包括法律法规、资质管理、工程担保和信用管理等方面，为建筑业创造更加公平、透明的市场环境。同时，为应对新型城市基础设施建设的需求，文件提出加大人才培养力度，注重培养掌握新一代信息技术、工程建设和城市管理等多学科知识的复合型人才，为建筑业提供人才支撑，推动行业创新发展。随着新型城市基础设施建设的推进，建筑业将获得更多的市场机会，特别是在智慧城市建设、智能网联汽车基础设施、数字家庭等领域。

## 三 陕西省建筑业相关政策解读

可以看出，先进建造技术与绿色建筑技术是未来一段时间内的产业发展方向。因此2024年不论是国家整体布局，还是陕西省内的规划发展，几乎都围绕这两个方面进行。陕西省内在建筑行业领域也针对上述两个方面，对中央部门下达的指令文件进行了进一步的细化与落实，具体政策法规的发布情况见表2。

表2 陕西省内重点政策法规

| 文件 | 发文字号 |
| --- | --- |
| 《陕西省建设领域推广应用及限制禁止使用技术目录(第二批)》 | 陕建科发〔2024〕1003号 |
| 《推动全省工程勘察设计行业高质量发展的若干措施》 | 陕建发〔2024〕38号 |
| 《陕西省智能建造与新型建筑工业化产业链专家团队管理办法(试行)》 | 陕建发〔2024〕82号 |

| 文件 | 发文字号 |
|------|---------|
| 《支持民营建筑业企业强信心稳增长促转型的十条措施》 | 陕建发〔2024〕1083 号 |
| 《省外建设工程质量检测机构进陕备案程序规定》 | 陕建发〔2024〕97 号 |
| 《陕西省建设工程质量检测机构资质标准管理实施办法》 | 陕建发〔2024〕105 号 |
| 《招标投标领域推行暗标评审实施意见》 | 陕发改法规〔2024〕1860 号 |
| 《陕西省住房和城乡建设厅科技项目管理办法》 | 陕建科发〔2024〕17 号 |

## （一）《陕西省建设领域推广应用及限制禁止使用技术目录（第二批）》

为推动城乡建设绿色发展，提升建设工程品质，加快推广应用绿色建筑和装配式建筑先进技术和产品，限制和淘汰落后技术，促进行业高质量发展，陕西省住房和城乡建设厅根据《陕西省民用建筑节能条例》等有关规定，组织编制了《陕西省建设领域推广应用及限制禁止技术目录（第二批）》。该文件发布之后，陕西省内各级有关机关、行业协会以及有关单位都积极组织了学习。

该目录对于陕西省内建筑行业的发展产生了积极影响，也体现了陕西省住房和城乡建设厅对于推动建筑行业绿色发展和高质量发展的坚定决心。该目录通过明确推广应用先进技术，不仅激励了建筑行业采用更环保、更高效的技术和工艺，促进技术革新和产业升级，还有助于提升建筑质量，延长建筑使用寿命，保障人民群众生命财产安全。同时，通过限制和淘汰落后技术，该目录规范了市场秩序，避免了低质低价竞争，提升了整个行业的健康水平，并且响应了国家推动绿色建筑和装配式建筑发展的政策导向，为实现碳达峰碳中和战略贡献了力量。该目录的实施将促进技术创新，鼓励企业加大研发投入，推动新技术的形成和应用，同时对建筑行业从业者提出了更高的要求，需要他们不断学习新技术以适应行业发展，推动绿色建筑理念的普及和实践，促进建筑行业可持续发展。此外，随着新技术的推广，相关的法规和政策也将不断完善，以适应行业发展需要，推动陕西省建筑行业与国际接轨，促进技术和产品的国际化，从而推动行业向更高质量、更可持续的方向发展。

## （二）《推动全省工程勘察设计行业高质量发展的若干措施》

《推动全省工程勘察设计行业高质量发展的若干措施》是陕西省住建厅为贯彻习近平总书记关于推动高质量发展的重要讲话精神，落实省委、省政府关于构建现代化产业体系的要求而出台的一系列具体措施。该政策旨在推动工程勘察设计行业的转型升级和高质量发展，以下为此次提出的一些主要措施。

推动勘察设计企业做优做强，该措施鼓励形成特色产业体系，支持大型企业综合化发展和中小企业专业化发展。同时，支持西安市打造"设计之都"，提升市场竞争力。在支持民营企业发展方面，该措施提出全面落实支持民营企业的政策措施，鼓励民营企业参与投标或承揽业务，不得设置不平等限制条件。并且该措施强调了要实施"走出去"战略，加强与兄弟省份合作，支持企业参与境外工程项目，提供政策咨询和项目信息，促进企业和个人无门槛流动。此外，推动数字化与绿色低碳转型也是此次措施发布的一大亮点，该措施指出要支持企业建立数字化集成设计平台，推广 BIM 技术应用，并探索数字化审图。鼓励设计阶段融入绿色建材、绿色建造等技术要求，推动装配式建筑和可再生能源应用。鼓励实行全过程工程咨询服务，引导企业整合资源，形成全过程咨询服务能力。

## （三）《陕西省智能建造与新型建筑工业化产业链专家团队管理办法（试行）》

《陕西省智能建造与新型建筑工业化产业链专家团队管理办法（试行）》贯彻了省委、省政府关于进一步提升产业链发展水平的要求，加强和规范智能建造与新型建筑工业化产业链专家团队的建设管理，优化专家的遴选和评价机制，并健全专家团队的监督制度，促进陕西智能建造与新型建筑工业化工作的健康发展。

该办法的实施，意味着陕西省住房和城乡建设厅将加强对智能建造与新型建筑工业化领域专家队伍的建设与管理，通过明确专家团队的组建、使用和管理职责，确保专家在参与相关活动时能够遵循客观公正、科学严谨的态度，提供高质量的决策咨询服务。专家团队将参与政策研究、技术咨询、标准制定、课题调研及试点评审等活动，为智能建造与新型建筑工业化产业链的发展提供专业支持。

此举对陕西省建筑业的未来发展具有深远影响。首先，它有助于提升决策的科学性和专业性，通过专家团队的智力支持，可以确保相关政策和技术标准的制定更加符合行业发展趋势和实际需求。其次，通过规范管理，可以提高专家团队的工作效率和服务质量，促进产业链的创新和技术进步。最后，专家团队的建设和管理也将为行业培养和吸引更多优秀人才，推动行业整体水平的提升。

综上所述，该办法的发布和实施，将为陕西省智能建造与新型建筑工业化产业链的发展提供坚实的人才和智力支持，推动建筑业向高质量发展转型，为实现建筑业的现代化和绿色发展奠定基础。

### （四）《支持民营建筑业企业强信心稳增长促转型十条措施》

为了促进民营建筑业企业的壮大与发展，陕西省住建厅、交通运输厅、水利厅等部门出台了《支持民营建筑业企业强信心稳增长促转型十条措施》，旨在通过不同方式提高这些企业的市场竞争力和品牌影响力。在与省发展和改革委员会、财政厅等部门的协调工作中，住房和城乡建设厅努力确保民营建筑企业在经营过程中能够有一定的项目保障，在年度建设计划中能够获得一定比例的重要基础设施工程或部分标段。无论是独立参与还是与大型骨干企业组成联合体，通过推动企业间的强强联合，并支持成立大型投资建设集团，该政策成功地集中了包括企业资质、人才、技术、资金和管理在内的多种资源，提升了整体的市场竞争力。

同时，政策还注重搭建国企与民企之间的帮扶互助平台，推动双方加强合作，实现互利共赢。特别是鼓励省级重点培育的国有建筑业企业与省内的优势民营建筑业企业建立战略合作关系，通过点对点的帮扶，支持后者在工程承揽、人才培养、技术创新和项目管理等方面取得进步。

此外，为了支持优势民营企业提档升级，政策提出了持续的培育计划和优化的帮扶措施，比如实施"一企一策"和"上门服务"，以及在资质申办、创优评杯等方面提供加强的跟踪服务。同时，政策对不同信用风险类别的企业采取差异化监管措施，帮助企业提升资质等级和管理能力。

该政策还关注到了建筑业企业专业作业资质备案制的落实。特别是针对陕西省建筑劳务用工制度的改革和劳务资质的取消，住建部门将快速响应并解决建筑劳务企业跨省承揽业务时遇到的限制，将施工劳务企业资质转为专业作业资质，并简化审批流程，旨在降低企业的准入门槛，为中小民营建筑业企业提供更多的发展机会。

### （五）《省外建设工程质量检测机构进陕备案程序规定》

《省外建设工程质量检测机构进陕备案程序规定》旨在规范省外检测机构在陕西省从事工程质量检测活动的管理，确保工程质量检测的专业性和准确性。根据规定，省外检测机构必须向陕西省住房和城乡建设主管部门备案，经过核准后，方可在陕西开展相关检测活动。备案过程要求提供完备的资料，包括但不限于申请表、资质证书、授权文件、仪器设备清单、办公和检测场所证明以及技术人员的职称和社保文件等。

备案程序规定明确了省外检测机构在备案时应满足的条件，如在陕西省设立分支机构，并确保人员、设备、检测场所等方面满足相关要求。此外，规定还要求省外检测机构在取得备案手续后，如一年内未发生违法违规行为，则备案手续自动延期，延期后的备案有效期与原资质有效期一致。

此外，规定还指出，省外检测机构在备案手续有效期内，如果需要变更分支机构负责人、检测场所、仪器设备等重大事项，或者申请增项备案，都应当办理相应的变更手续。该规定的实施，对于提升工程质量检测的专业水平，保障建设工程质量具有重要意义，不仅有助于统一监管标准，还能促进省外检测机构与陕西省的深度融合，推动地区建筑行业的健康发展。同时，这也为省外检测机构提供了明确的操作指南，使其能够更加顺畅地在陕西省开展业务。

## （六）《陕西省建设工程质量检测机构资质标准管理实施办法》

《陕西省建设工程质量检测机构资质标准管理实施办法》是为了加强建设工程质量检测的管理、提升检测机构的专业水平、确保建设工程质量，而制定的一系列标准和程序。该办法涵盖了资质等级与范围、申请条件、申请程序、监督管理等方面，旨在规范检测机构的行为，提高工程质量检测的专业性和准确性。

该办法系统性地规范了检测机构资质管理，将资质分为综合类和专项类两大类别，并对各类资质的标准和业务范围做出了明确规定。单位申请检测机构资质须具备独立法人资格，同时应满足配置专业技术人员、仪器设备、检测场所及质量保证体系等多方面条件，以保障检测机构资质体系的科学性和实施的可操作性。此外，还规定了资质证书的有效期、变更和失效的条件，以及资质延续的程序。为强化监督管理，县级及以上住房和城乡建设主管部门承担着对本行政区域内建设工程质量检测活动的监管职责，并可授权所属的建设工程质量监督机构具体实施相关工作，以提高监管的专业性与实效性。另外，该办法还规定了检测机构及其人员的禁止行为，以及违反规定时的法律责任。

该办法旨在促进技术创新，鼓励企业加大研发投入，推动新技术的形成和应用。通过规范管理，可以提高检测机构的工作效率和服务质量，促进产业链的创新和发展。通过加强监督管理，可以确保检测机构及其人员遵守法律法规，提高整个建筑行业的监管水平。此外，该办法还鼓励和支持优势民营企业通过提档升级来提升资质等级水平和项目建设管理能力，响应国家关于促进民营经济发展的号召，为构建公平竞争的市场环境提供政策支持。

# 四 总结与展望

随着文中提及的一系列政策和措施的实施，陕西省建筑业正迎来转型升级的关键时期。从绿色建材的推广到智能建造技术的创新，从工程勘察设计行业的高质量发展到民营建筑企业的扶持，每一项政策都旨在推动行业向更加环保、高效、智能的方向发展。这些政策不仅有助于提升建筑业的整体竞争力，更响应了国家对于实现碳达峰碳中和目标的号召。

首先，绿色建材的推广使用，不仅能够减少建筑过程中的能源消耗和环境污染，还能提高建筑物的使用寿命和居住舒适度。按照《绿色建材产业高质量发展实施方案》的预计，到2026年，绿色建材的年营业收入将超过3000亿元，年均增长10%以上。其次，智能建造技术的应用，将极大地提高建筑施工的效率和安全性。通过BIM技术、机器人施工、3D打印等先进技术的应用，陕西省的建筑业将实现更加精细化、智能化的管理。这不仅能够减少人为错误、提高施工质量，还能降低施工成本、提高工程效益。最后，工程勘察设计行业的高质量发展，要求建筑业采用更加科学合理的设计方案。推动勘察设计企业做优做强，鼓励形成特色产业体系，培养出更多具有国际竞争力的设计团队，将有助于提升陕西省建筑业的整体设计水平，推动建筑作品的创新和多样化。

民营建筑企业的扶持政策，将有助于激发市场活力，促进公平竞争。政府提供更多的市场机会和政策支持，有助于陕西省的民营建筑企业获得更加广阔的发展空间。这不仅能够促进企业的发展壮大，还能为陕西省的经济发展注入新的活力。陕西省建筑业有望在这些政策的引领与支撑下，构建更加绿色、智能、高效的建筑产业体系，为全省乃至全国的经济发展作出更大的贡献。同时，这些政策也将为建筑业从业者提供更多的发展机会和职业成长空间，促进人才的培养和行业的健康发展。

此外，未来几年政策引领建筑业发展方向主要可以归集为以下几个方面。首先，以智能施工为核心，构建数字设计、智能生产、智能施工一体化体系，全面推进智能建造产业基地建设。其次，加快 BIM 技术的推广与深化应用，通过全过程数字化成果交付，提升工程建设的智能化与精细化水平。同时，支持大型设计企业搭建数字化协同设计平台，推动建筑、结构、设备管线与装修等各专业的一体化集成设计，助力行业高效协同。大力推广装配式建筑，加速高品质钢结构住宅的普及和示范工程建设。最后，以建筑机器人为技术突破点，聚焦与装配式建筑协同应用，逐步替代"危、繁、脏、重"类施工作业，并积极推广智能塔吊、智能混凝土泵送设备等先进装备，全面提升工程建设领域的机械化、智能化发展水平。

陕西省建筑业仍面临一系列的挑战和机遇。一方面，随着技术的不断进步和市场需求的变化，建筑企业需要不断适应新的发展趋势，提高自身的创新能力和竞争力。另一方面，随着政策的不断优化和市场的不断扩大，省内的建筑企业也将有更多的机会参与国内外的重大工程项目，实现更加广阔的发展。

## 参考资料

《打破数据"孤岛"以信用监管助推住房城乡建设事业高质量发展》，https://www.mohurd.gov.cn/xinwen/gzdt/202407/20240730_779360.html。

《〈绿色建材产业高质量发展实施方案〉解读》，https://www.gov.cn/zhengce/202401/content_6925437.htm。

《七项举措促招标投标领域改革创新》，http://www.cfgw.net.cn/epaper/content/202405/10/content_66054.htm。

颜海、张春雷：《以工业化、信息化、集约化推动桥梁绿色建造的发展》，《绿色建造与智能建筑》2024年第4期。

王丛虎、骆飞：《多维度推进招标投标市场高质量发展》，《中国招标》2024年第7期。

# B.3
# 2024年房地产调控政策对
# 陕西省建筑业的影响

庞　博[*]

**摘　要：** 本研究聚焦于房地产调控政策对陕西建筑业发展的影响及相关问题与对策，旨在揭示两者之间的内在联系，并提出促进建筑业健康发展的有效建议。研究通过对党的十八大至2023年房地产调控政策的回顾，梳理其发展脉络与阶段性特征，进而深入分析2024年我国房地产调控政策在金融、住房保障、市场调控、行业转型等方面的创新举措与实施情况，并着重探讨其对陕西建筑业在投资融资、税收制度、保障性住房建设、市场需求等方面产生的影响。研究发现，当前房地产调控政策面临供给面支持不足、市场需求不振、融资环境复杂、政策效果滞后等问题，严重制约了建筑业的发展。针对这些问题，研究提出应加大供给面政策支持、优化供需结构与市场信心、改善融资环境、加强政策协调落实以及促进建筑业转型升级等建议，以期为政府制定科学合理的房地产政策、推动陕西建筑业持续健康发展提供理论依据与实践指导。

**关键词：** 房地产调控政策　建筑业　陕西省

## 一　党的十八大至2023年房地产调控政策回顾

房地产调控政策是指国家通过制定和实施一系列措施，对房地产市场进

---

* 庞博，博士，西安财经大学管理学院讲师，主要研究方向为城乡规划、城市更新。

行干预和管理，以达到稳定市场、保障居民住房需求、促进经济健康发展的目的。这些政策通常涉及多个方面，包括土地供应、房地产开发、购房限制、税收调整、金融政策等。它们直接影响了房地产市场的需求量，进而间接对作为房地产业下游产业的建筑业产生显著影响。

党的十八大以前，我国房地产调控政策历经从促进市场发展到抑制房价过快上涨的过程。起初，为拉动经济增长、改善居住条件，房地产市场得到大力支持，规模迅速扩张，市场化程度持续加深。一系列刺激政策密集出台，虽有效避免了市场过度低迷，却也引发后续房价波动加剧、市场秩序混乱等问题。尽管后续政策不断探索优化，试图平衡市场发展与稳定，但仍面临诸多挑战。

2012年，党的十八大胜利召开，为解决此前房地产市场积累的深层次问题，调控政策紧密围绕国家发展战略目标，持续动态调整与完善，精准契合不同时期复杂多变的市场形势与经济发展需求，大致可划分为以下几个阶段。

### （一）2013~2016年：去库存主导下的调控演进

2013~2016年，房地产调控以去库存为核心。2013年，政策在控房价的同时，推进保障性住房建设，增加供给，满足中低收入群体需求，并严格实施差别化信贷政策，打击投机购房，为后续去库存奠定基础。2014年，市场形势变化，部分城市库存压力增大，呼和浩特等地取消限购，央行放宽首套房认定标准，精准刺激需求，稳定市场预期，标志去库存政策启动。2015年，政策力度加大，鼓励房企降价促销，加快库存消化，推动行业兼并重组，提高产业集中度，同时完善住房公积金制度，央行降息降准，降低购房成本和门槛，激活市场交易，缓解库存压力。2016年，政策继续深化，坚持去库存方向，注重因城施策，制定差异化调控政策，确保去库存精准高效，避免市场波动和风险。这一时期，建筑企业业务重心随政策向保障性住房建设偏移，保障性住房项目的增多稳定了建筑业业务量。

## （二）2017~2018年："房住不炒"定位确立与长效机制构建起步

2017~2018年，房地产调控政策进入关键的转型与发展阶段，其显著标志是"房住不炒"定位的确立以及长效机制的初步构建。2017年，"房住不炒"理念普及，各地实施限购、限贷、限售等措施，打击投机炒房，稳定市场秩序，同时加强保障性住房建设，推动租赁市场发展。2018年，政策保持连续稳定，强调因城施策，明确城市政府主体责任，完善住房市场与保障体系，严格监管市场，整治乱象，防范风险，确保市场健康有序运行。这一时期，建筑行业开始更加注重产品质量与服务，以满足民生需求为导向，推动业务模式创新。

## （三）2019~2021年：长效机制持续推进与精准调控

2019~2021年，房地产调控政策深入推进长效机制建设，并强化精准调控。2019年，坚守"房住不炒"定位，落实长效管理机制，明确房地产不可短期刺激经济。同时，推进保障性住房建设和棚户区改造，精准支持合理自住需求，通过因城施策确保市场平稳，防止大幅波动。2020年，围绕"稳地价、稳房价、稳预期"目标，调控政策精细化：加强房地产金融管理，防范风险，保障市场平稳运行；此外，推进老旧小区改造，改善居民环境，为市场稳定与升级注入新动力。2021年，"房住不炒"定位不变，调控持续加码。多地调整限购年限，加强金融管理，规范金融秩序，防止信贷资金违规流入。同时，完善新建商品住房价格指导与监管机制，强化房-地联动调控，增加住宅用地供应，优化供应结构，全方位促进市场平稳健康发展。这一时期，建筑企业面临的资金结构优化压力，促使其提升资金管理能力，适应金融监管变化。

## （四）2022~2023年：市场调整与政策扶持协同推进

2022~2023年，面对房地产市场的复杂变化与下行压力，政策及时调整，呈现市场应对与政策扶持协同共进的特点。2022年，政策基调转向以宽松为主。央行两次降准、三次下调LPR，为市场提供了较为宽松的货币金融环境。各地纷纷出台政策松绑"五限"措施，推行二手房"带押过户"等创新举措，从需求端和供给端双向发力，政策重点逐渐从"救项目"向"救企业"转变，全力稳定房地产市场，防止市场过度下滑引发系统性风险。2023年，全国房地产调控政策出台频次超800次，覆盖300多个城市。政策工具丰富多样，涵盖金融支持、供需调节、城中村改造等关键领域。各地因城施策，松绑步伐显著加快，通过取消限购、降低首付比例、放宽公积金使用等手段，积极刺激市场需求，稳定市场信心，努力推动房地产市场逐步回暖复苏，促进房地产市场与宏观经济协调稳定发展。这一时期，政策扶持帮助建筑企业抵御市场寒冬，避免因资金链断裂导致的倒闭，维持行业基本稳定。

回顾党的十八大至2023年期间的房地产调控政策演变历程，其始终围绕着民生保障、市场稳定、经济协调发展等核心目标，与时俱进、精准施策，逐步构建起一套较为完善的房地产长效调控机制。这一机制不仅对房地产市场的稳健发展与秩序规范起到关键作用，为其可持续发展筑牢根基，推动行业迈向高质量发展新阶段，同时也深刻影响着建筑业的发展轨迹。在这期间，建筑业的业务重心不断调整，从保障性住房建设的投入，到对产品质量、服务以及业务模式创新的重视；从资金结构的优化，到在政策扶持下抵御市场风险，维持行业稳定。调控政策促使建筑业不断适应市场变化，实现自身的转型升级，为未来在新的市场环境下持续健康发展奠定了坚实基础。

## 二　2024年我国房地产调控政策分析

2024年，我国房地产政策围绕盘活市场存量、防风险、构建发展新模式以及满足居民住房需求等多项目标展开，通过多维度、全方位的布局与创新，致力于实现房地产市场的平稳健康发展、住房保障体系的完善、行业的转型升级以及居民住房需求的有效满足，对我国房地产市场的长远发展产生深远且积极的影响。

## （一）金融政策创新促稳

2024年12月9日中央经济工作会议明确提出，要发挥好货币政策工具总量和结构双重功能，适时降准降息，保持流动性充裕。这与当前金融政策方向高度契合。中国人民银行设立了3000亿元保障性住房再贷款，助力地方国资收储存量商品房，为去库存提供新资金渠道，同时契合构建租购并举住房制度、推动房地产发展新模式的要求。"金融17条"聚焦住房租赁市场，通过创新信贷产品和服务、拓宽投融资渠道等，推动其发展，既解决部分群体住房难题，也优化房地产市场结构，又符合完善住房供应体系的整体规划。

房贷利率政策频繁下调且力度较大，自2024年初以来，全国平均房贷利率已累计下调超1个百分点。9月进一步优化个人房贷利率定价机制，并延长部分房地产金融政策期限，稳定市场预期，减少利率风险不确定性，以此激活房地产市场活力，促进其与金融市场的良性互动，满足居民多样化住房需求，助力房地产市场平稳健康发展，也为防范房地产等重点领域风险、应对市场变化提供金融层面的有力支撑。11月，全国人大常委会批准6万亿元债务限额，直接增加10万亿元地方化债资源，有效缓解了地方财政压力，盘活部分资金。这使地方政府有更多资金与精力支持房地产市场健康发展，也为后续发行专项债收储存量房、推进城中村和危旧房改造、货币化安置提供助力，推动房地产行业"止跌回稳"。与前几年相比，2024年的金融政策支持方式从单一房贷利率调整到精细化调控，显得更为创新和多元。

## （二）住房保障体系强化

2024年，住房保障体系建设得到显著强化与拓展，这与党的二十届三中全会对于住房保障相关部署紧密相关。同时，2024年12月9日中央经济工作会议强调加力实施城中村和危旧房改造，充分释放刚性和改善性住房需求潜力。国家加大保障性住房建设和供给，支持地方政府和国企收购存量商品房转为保障性住房。同时，构建"保障+市场"双轨并行供应体系，建立"人、房、地、钱"联动新机制，并健全房屋全生命周期制度，确保保障体系可持续性。金融监管总局要求加快房地产融资协调机制落地，提高项目"白名单"对接效率，大力支持保障性住房等"三大工程"建设，为保障性住房建设提供了有力的金融支持。

这些举措拓宽了住房保障体系覆盖范围，提升了保障质量和运营效率，更好地满足了中低收入群体及新市民的住房需求，积极应对了工薪群体的刚性需求和城乡居民的改善性需求，促进了房地产市场在保障民生和稳定发展中的作用。与以往相比，2024年的住房保障政策不仅注重建设规划和资金投入，还将存量商品房纳入房源体系，提高了资源利用效率，并在制度建设和运营管理上更加完善。

## （三）市场调控自主深化

2024年，住建部明确表示支持城市用好房地产市场调控自主权，各地可根据自身房地产市场供求关系、库存状况、经济发展水平等实际情况灵活调整住房限购、限售、限价等政策措施，从而精准地适应各地房地产市场的差异化需求。地方政府在土地供应方面也被赋予更多自主权，各地坚持以人定房、以房定地，统筹"市场+保障"的住宅用地供应安排，完善住宅用地供应调节机制，使住宅用地供应更加贴合市场需求和城市发展规划，促进城市间房地产市场的差异化发展和整体的均衡稳定，更好地应对不同城市房地产市场面临的新形势、新变化，保障房地产市场的平稳有序运行。12月9日中央经济工作会议还指出要合理控制新增房地产用地供应，盘活存量用地和商办用房，推进处置存量商品房工作。这进一步为地方政府在土地供应和市场调控方面提供了明确指引。

与前几年相比，2024年因城施策的范围进一步扩大，使地方能够更精准地根据本地房地产市场的特点和发展阶段制定政策，有利于促进城市间房地产市场的差异化发展和整体的均衡稳定。

## （四）行业转型品质提升

以往的房地产行业政策侧重于市场供需调控和行业规模稳定增长，2024

年则转向行业内部转型和品质提升，强调房屋长期使用价值和居住体验。2024 年 12 月 9 日中央经济工作会议着重提出推动构建房地产发展新模式，有序搭建相关基础性制度。住建部提出构建房地产发展新模式，旨在引导房地产企业从传统的开发销售模式向多元化经营模式转变，更加注重住房品质、社区服务、长期运营管理以及社会责任承担。如"房屋体检""房屋养老金""房屋保险"制度有助于保障房屋全生命周期的质量与安全、提升居民居住体验和维护房产价值。建设绿色低碳智能安全的"好房子"则能满足居民对高品质居住环境的追求，同时也有助于推动建筑业向绿色、智能方向转型升级。通过政策引导，房地产行业有望实现从量的扩张到质的提升的转变，以更好地应对内外部形势、产业趋势等变化，落实好防范化解房地产相关风险等重点任务，为居民提供更优质、舒适、安全的居住产品和服务。

2024 年，陕西省紧密贴合国家房地产调控导向，深度践行因城施策原则，全力推动房地产市场平稳健康发展，以满足居民住房需求，并助力行业转型升级。在金融信贷方面，陕西省积极推进房贷利率市场化进程，严格遵循全国政策要求，大幅下调购房首付比例至 15%，同时取消利率下限，有效增强了金融机构的定价权和资源配置效率，使金融对房地产市场的支持更加灵活、高效，能及时适应市场的变化趋势。各地市积极响应，渭南市从多个维度创新优化公积金使用方式，全方位助力住房公积金缴存人实现住房需求，有力推动了租购并举住房体系的构建，切实解决市民住房难题。西安市发布多项综合政策，其中 2024 年 10 月 17 日出台的八条利好政策，从刺激市场需求、平衡供需关系、提升市场活跃度以及提高住房品质满意度等多个方面协同发力，全面促进房地产市场高质量发展，共同致力于房地产市场的平稳运行。

## 三　2024 年房地产调控政策对陕西建筑业发展的影响

建筑业是房地产开发的重要组成部分，其生产活动与房地产项目的建设密切相关。房地产调控政策作为政府对房地产市场宏观调控的重要手段，主要从调控供给端与需求端两方面对建筑业产生影响。其中，供给端的调控主要包括投资融资力度、优化税收制度与强化保障性住房建设，需求端的调控主要包括激活市场需求。

## （一）调控投资融资力度

2024年初以来，国家层面着重构建房地产融资协调机制，通过这一举措为房地产项目开辟稳定且多元的资金通路，大力支持地方国资收储存量商品房，有效盘活存量资产并优化资源配置，同时积极推进住房"以旧换新"等创新政策模式，全方位促进房地产市场资金的良性循环与高效周转。2024年10月，房地产企业债券融资总额为289.7亿元，同比增长3.2%，已连续2个月同比正增长，显示出融资市场初步出现一些回暖迹象。此外，截至10月16日，"白名单"房地产项目已审批通过贷款2.23万亿元，预计到2024年底，"白名单"项目贷款审批通过金额将超过4万亿元。陕西省层面紧密契合国家战略，深入落实"白名单"政策，推出完善融资机制等关键政策，优化省内房地产企业的融资环境，增强其资金吸纳与运作能力。其中，截至2024年2月23日，全省11个市（区）均建立房地产融资协调机制，提出可以给予融资支持的房地产项目首批"白名单"并推送商业银行，共涉及114个项目。西安市已于2024年1月31日向金融机构推送了第一批54个房地产融资协调机制项目名单，融资需求约179.84亿元，接下来将完善房地产融资协调机制，逐批次提出可以给予融资支持的房地产项目名单，一视同仁满足不同所有制房地产企业合理融资需求。这将使房企资金流动性得到改善，一大批延期项目有望复活，促进房地产与金融良性循环，推动当地建筑业相关项目的复工与交付。

投资方面，2024年，全省房地产开发企业完成投资3294.52亿元，同比增长0.5%，增速较前三季度提升0.5个百分点，比全国平均增速高11.1个百分点，位居全国第4。相较于2023年22.95%的下降率而言，陕西省房地产投资的下降趋势已显著缓解，这在一定程度上表明了当前陕西省房地产市场正在政策调控下逐步调整，未来有望迎来更稳定的发展态势。同时，2024年陕西省建筑业企业签订合同额累计值达26029.12亿元，同比减少

469.51 亿元，这要求未来的政策强化合同履约保障，提升行业竞争力，通过税收优惠、技术创新激励等措施，鼓励企业拓展市场，确保建筑业持续健康发展（见表1）。

表 1　2023~2024 年陕西省房地产开发投资额与建筑业企业签订合同额

单位：亿元

| 年份 | 房地产投资额 | 建筑业企业签订合同额 |
|---|---|---|
| 2023 | 3278.40 | 26498.63 |
| 2024 | 3294.52 | 26029.12 |

资料来源：国家统计局。

房地产施工方面，2024 年，陕西省房屋新开工面积 7465.38 万平方米，较上年同期减少了 1185.91 万平方米，同比下降 13.7%；房屋施工面积 37786.00 万平方米，较上年同期减少了 1146.77 万平方米，同比下降 2.95%；房屋竣工面积 7384.72 万平方米，较上年同期减少了 390.08 万平方米，同比下降 5.02%（见表2）。这些数据表明短期内房地产市场供给端趋紧，会影响供需平衡与价格走势，同时也表明陕西省建筑业正面临新项目启动放缓、现有项目进度受阻及市场供应减少等多重挑战，对建筑业整体发展构成较大压力。

表 2　2023~2024 年陕西省房屋新开工面积、施工面积与竣工面积

单位：万平方米

| 年份 | 房屋新开工面积 | 房屋施工面积 | 房屋竣工面积 |
|---|---|---|---|
| 2023 | 8651.29 | 38932.77 | 7774.80 |
| 2024 | 7465.38 | 37786.00 | 7384.72 |

资料来源：陕西省统计局。

（二）优化税收制度

2024 年，陕西省建筑业受益于住房交易契税优惠政策与增值税政策的

适时调整，迎来了积极的发展动力。针对个人购买家庭唯一住房实施的住房交易契税减收政策，显著减轻了购房者的经济负担。据统计，西安等城市在政策落地后，热点区域的购房意向登记人数出现了环比增长的显著趋势，这一变化极大地提升了房地产市场的活跃度。受此影响，不仅建筑企业订单量增多、业务量攀升，建筑品质也有所提升，上下游产业的协同发展更有所增进，建筑业整体增添了新的活力。

同时，土地增值税预征率下限的降低也产生了显著的正面效应。在全国范围内，该税种的预征率下限下调了 0.5 个百分点，这一调整有效缓解了陕西省内房地产开发企业的资金压力。在政策红利的推动下，房地产市场的活跃度进一步提升，进而促进了相关产业的协同发展。例如，2024 年 1~9 月，陕西省建筑业的装饰装修产值达到了 179.18 亿元，与上年同期相比增加了 1.64 亿元，彰显了政策调整对产业链上下游的积极拉动作用。

### （三）强化保障性住房建设

"保交楼"政策有力地推动了陕西省在建商品房项目的建设与交付，为建筑业带来了显著的业务增量。2023 年，西安"保交楼"项目交付 8.6 万余套，超额完成年度任务，完成总任务的 91.9%；342 个"回迁安置"项目全面开工，建成 90 个项目 12.8 万余套安置房。2024 年，西安"保交楼"项目共涉及 8 个区、县、开发区的 14 个具体项目 7661 套住宅。2024 年，全省完成"保交楼"项目 198 个 20.1 万套、"保交房"项目 561 个 10.3 万套。

此外，陕西省加强商品住房全流程监管政策，促使建筑企业不断提升项目管理的规范化和精细化水平。在 2024 年的"保交楼"项目中，各企业更加注重工程质量和安全管理，如西安市的"保交楼"项目要求严格实施"三表一图"工作机制，强化项目监管，确保按设计和规范标准施工，把好竣工验收关口，防止出现降标减配问题。这一系列措施促使建筑企业提高自身管理水平和信誉度，有助于其在市场竞争中树立良好的品牌形象，进而获得更多的市场份额和发展机会。

### （四）激活市场需求

在激活市场需求层面，国家层面主要借助住房"以旧换新"、强化保障性住房建设供给以及下调首付比例与贷款利率等政策举措予以实现。陕西省层面积极响应国家政策号召，取消限购、限售、限价及相关标准，切实降低购房成本并减少购房限制条件，同时适度放宽交易政策以进一步激发购房需求。这些政策对建筑业产生了多方面影响，其实施成效主要可通过房地产市场销售量与销售额直观体现。

随着政策效应逐步显现，商品房销售市场回暖。2024年，陕西省商品房销售面积达2487.57万平方米，较上年同期减少223.76万平方米，同比下降8.3%，降幅比前三季度收窄6.9个百分点，比全国高4.4个百分点，相较于2023年18.06%的下降率而言，降幅有所收窄。其中商品房现房销售面积445.48万平方米，累计增长37.1%。2024年，陕西省商品房销售额达2655.43亿元，较上年同期减少了318.09亿元，同比下降10.7%。这表明尽管房地产市场销售规模仍在收缩，但得益于调控政策的作用，其在整体下降的格局中展现出向好的调整迹象。从建筑业的角度审视，商品房销售额的同比下滑，在短期内确实给建筑业带来了项目数量缩减以及资金回笼周期延长等现实压力。不过，随着房地产调控政策的落地实施，销售数据降幅收窄以及现房销售面积稳步增长等积极变化，也为建筑业的发展营造了相对有利的环境，预示着建筑业在后续发展中可能迎来业务转机和发展契机（见表3）。

表3 2023~2024年陕西省商品房销售面积、商品房销售额

单位：万平方米，亿元

| 年份 | 商品房销售面积 | 商品房现房销售面积 | 商品房销售额 |
| --- | --- | --- | --- |
| 2023 | 2711.33 | 324.82 | 2973.52 |
| 2024 | 2487.57 | 445.48 | 2655.43 |

资料来源：国家统计局。

房地产调控政策的成效不仅体现在房地产市场的销售数据上，其对就业的带动作用同样重要。2024年，陕西省建筑业企业单位数量增至4786家，同比增加456家，显示出政策在促进建筑业规模扩张方面的积极效果，吸引了更多企业进入建筑领域，反映了市场整体活力的提升和预期的改善。

## 四　房地产调控政策面临的问题及原因分析

建筑业作为房地产业的紧密下游产业，其发展轨迹与房地产市场的起伏休戚相关，在2024年呈现明显的波动特征。国家为了遏制房地产市场的持续下滑态势，积极出台了诸如放松限购、下调贷款利率等一系列旨在刺激地产需求的政策，然而从实际成效来看，并未达到理想的预期效果，这对建筑业也产生了多方面复杂且深远的影响。

### （一）供给面政策支持力度有待加大，建筑业企业发展步伐受限

当前，国家出台的多项政策主要集中在刺激市场需求方面，如放松限购、下调贷款利率等，而在供给侧的支持上有待提高。缺乏有效的供给侧政策，使许多房地产开发商在项目开发过程中面临资金短缺、融资困难等问题，导致新楼盘的开工速度明显放缓，建筑项目的增量大幅减少。尤其是中小开发商，由于资金链紧张，不得不延迟或搁置新项目的启动，造成建筑企业原本预期的项目订单流失，陷入业务断档的困境。随着大量设备与人力闲置，企业运营成本上升，盈利能力大幅下降，进一步加剧了建筑业的压力。

### （二）房地产市场供需结构存在偏差，建筑业市场需求规模有限

尽管房地产调控政策在一定程度上激活了市场需求，但整体市场仍然面临供需失衡，影响了建筑业的长期发展。尤其是在二线、三线城市，由于房地产库存积压，购房需求不足，房地产开发企业的建设项目难以满足市场需求，导致建筑企业订单不足。此外，由于市场的不确定性，许多建筑企业面临项目滞销和资金无法及时回笼的问题，进一步加剧了市场的萎缩。这种供

需不平衡和市场信心不足的局面，使建筑企业难以获得稳定的施工任务，行业整体面临较大的发展压力。

### （三）融资环境复杂，建筑业企业资金链紧绷

融资环境的复杂性与房企融资的艰难处境，给建筑业带来了巨大挑战。国家在宏观层面已明确经营性物业贷用途、构建房地产融资协调机制并给予政策性银行资金支持等。但实际上，这些政策主要惠及大型优质房企，广大实力较弱的中小房企依旧深陷融资困境。中小房企因资金短缺，难以按时支付建筑企业工程款。这直接导致建筑企业资金回笼周期大幅延长，现金流状况堪忧。不少建筑企业为维系与房企的合作关系，被迫自行垫付大量资金，使企业财务负担加剧，资金链断裂风险大增，企业的生存与发展遭受严重威胁。行业内不稳定因素增多，建筑企业在承接项目时越发谨慎，业务拓展计划也被迫搁置或调整，整体发展步伐受到极大阻碍。

### （四）政策效果显现需要时间，建筑业发展需要耐心

房地产调控政策的效果通常需要较长时间才能逐步显现，建筑业也需要经历一段调整期。虽然一些积极的政策已经实施，但市场的全面恢复仍然是一个长期过程。在政策对房地产市场需求的促进下，建筑业的订单和项目数量可能逐步回升，但这一过程受多方面因素影响，需要时间消化过剩库存，恢复市场信心。尤其是在资金流动性不足和项目延期的背景下，建筑企业的生存和发展面临较大不确定性。因此，建筑业在调整过程中仍需保持耐心，政策效果的逐步显现将为行业带来长期的稳定发展机会。

## 五 完善房地产政策，促进陕西建筑业健康发展的建议

### （一）加大供给面政策支持力度

政府应依据陕西房地产市场状况优化土地供应，使土地供应契合需求，

减少闲置。给予开发商适当财政补贴，缓解资金压力，促进项目推进。完善税收政策，按项目类型与开发进度给予优惠，提升企业投资意愿，为建筑业增添活力，例如对装配式建筑企业在土地出让金、税收等方面予以优惠，刺激其扩大规模，带动建筑业发展。

### （二）优化供需结构，提升市场信心

一方面，政府应实施精准去库存与需求引导协同政策。对省内二、三线城市房地产库存精准分类，针对不同类型库存采取改造补贴、完善配套等措施。另一方面，政府应进一步推出构建市场信心稳定与资金回笼保障政策，如搭建权威信息发布平台，加强舆论引导；督促房企建立资金监管制度，确保工程款支付；鼓励金融机构创新产品，为建筑企业提供应收账款质押贷款等服务，保障其资金回笼与流动性，助力建筑业应对市场波动，实现稳健发展。

### （三）优化融资环境，拓宽房企融资渠道

融资环境对建筑业的发展至关重要。为优化融资环境，政府应鼓励金融机构创新金融产品，为房企提供更多元化的融资选择。同时，政府应加强银企合作，推动银行与房企建立长期稳定的合作关系，降低房企融资成本。此外，政府还应支持符合条件的房企通过上市融资，拓宽资金来源，提高资金利用效率。这些措施将有助于解决房企融资困难的问题，促进建筑业的持续健康发展。

### （四）加强政策协调与落实

政策协调与落实是确保房地产政策有效性的关键。为加强政策协调与落实，政府应加强中央与地方、各部门之间的政策协调，确保政策的一致性和有效性。同时，政府需要提高政策执行力，加强对政策执行情况的监督和检查，确保政策在基层得到有效落实。此外，政府还有必要建立政策执行反馈机制，及时收集和分析政策执行中的问题，为政策调整提供依据。

## （五）促进建筑业转型升级

面对当前房地产市场的新变化和新挑战，建筑业需要加快转型升级步伐。为促进建筑业转型升级，政府应鼓励技术创新，加大对建筑业技术创新的支持力度，推动绿色建筑、智能建筑等新型建筑业态的发展。同时，政府可以借助政策扶持和市场引导，培育一批具有核心竞争力的建筑业龙头企业，进而提高行业整体竞争力。此外，政府还应加强人才培养和引进，提高行业整体人才素质和技术水平，为建筑业的持续健康发展提供有力保障。

**参考资料**

《住房城乡建设部召开视频调度会议 推动城市房地产融资协调机制加快落地见效》，https：//www. gov. cn/lianbo/bumen/202402/content_6933496. htm。

《下调25BP！5年期以上LPR大幅调降 房贷利率政策下限将调至3. 75% 实体融资成本进一步降低》，https：//www. cls. cn/detail/1598701。

《房贷"组合拳"落地追踪 公积金贷款政策持续优化》，http：//henan. china. com. cn/m/2024-05/20/content_42795253. html。

《国常会：进一步优化房地产政策 持续抓好保交楼、保民生、保稳定工作》，https：//baijiahao. baidu. com/s？id=1794294204857426989&wfr=spider&for=pc。

《因城施策！住建部重磅发声，充分赋予城市房地产调控自主权》，https：//www. stcn. com/article/detail/1105194. html。

《国家金融监管总局：加快推进城市房地产融资协调机制落地见效，提高项目"白名单"对接效率》，https：//baijiahao. baidu. com/s？id = 1793407044719472756&wfr = spider&for=pc。

《保障性住房再贷款加快落地，实施效果有待观察》，http：//www. fangchan. com/news/4/2024-06-14/7207201506725270279. html。

《住建部：推动市县收购已建成存量商品房用作保障性住房》，https：//baijiahao. baidu. com/s？id=1802436351570744447&wfr=spider&for=pc。

《政治局会议定调，房地产持续"化风险"，收储或加速落地》，https：//baijiahao. baidu. com/s？id=1806002033911185803&wfr=spider&for=pc。

《高质量发展看中国丨房地产发展将有哪些新模式？官方解读》，https：//baijiahao. baidu. com/s？id=1808176486678301675&wfr=spider&for=pc。

《四项金融支持房地产政策重磅发布 存量房贷利率10月31日前批量下调》，https：//www.beijing.gov.cn/ywdt/zybwdt/202409/t20240930_3909763.html。

《住房城乡建设部：支持城市特别是一线城市用好房地产市场调控自主权》，https：//www.gov.cn/lianbo/bumen/202409/content_6977691.htm。

《国务院新闻办就促进房地产市场平稳健康发展有关情况举行发布会》，https：//www.gov.cn/zhengce/202410/content_6981046.htm。

《陕西取消首套、二套房商业性个人住房贷款利率政策下限》，http：//www.shaanxi.gov.cn/xw/sxyw/202405/t20240526_2330518.html。

《陕西省个人住房贷款政策调整!》，https：//baijiahao.baidu.com/s？id=1812609077623789098&wfr=spider&for=pc。

# B.4
# 金融财税政策对陕西省建筑业发展的影响

毕超 刘煜*

**摘 要：** 2024年，陕西省金融财税政策与全国金融财税政策形势变化步调基本一致，陕西省各级地方政府对建筑业的金融财税政策支持力度不断加大，政策形式与内容也日趋优化，从行业与市场两个方面不断加强对建筑业发展的政策支持。在金融财税政策的支持下，陕西建筑业发展规模持续扩张，表现为建筑业总产值及其占GDP的比重、企业数量、从业人员、竣工面积数量都在增加，但同时陕西建筑业发展后劲略显不足。总体而言，陕西建筑业金融财税政策面临三大问题：一是建筑业融资支持政策体系有待完善，二是建筑业绿色智能转型支持政策体系亟须加强，三是建筑业金融财税政策长效机制有待强化。为此，建议陕西省加快完善建筑业融资支持政策体系，不断加大建筑业绿色智能转型政策力度，建立健全建筑业金融财税政策长效机制。

**关键词：** 建筑业 金融政策 财税政策

建筑业金融财税政策是指针对建筑业制定的一系列金融、财政和税收方面的政策规定。具体地说，建筑业金融政策包括鼓励银行业金融机构在授信额度、担保方式、利率优惠等方面对有市场、有信用的建筑业企业予以支持；支持建筑业企业通过股票市场、债券市场实现直接融资，拓展融资渠道等。而建筑业财税政策主要涉及税种、税率以及特定的税收政策，如增值税

---

* 毕超，陕西师范大学国际商学院副教授，主要研究方向为房地产投融资、可持续增长；刘煜，陕西师范大学国际商学院，主要研究方向为财务管理、产业投融资。

相关政策，允许部分符合规定的建筑服务选择适用简易计税方法；企业所得税相关政策，如对新购进设备、器具的税前扣除政策；此外还有针对跨地区经营建筑企业项目部的所得税征收管理政策等。这些政策旨在促进建筑业健康发展，提高建筑企业竞争力，推动行业转型升级。本报告将从金融财税政策视角出发，在系统梳理国家及陕西省金融财税政策形势演变的基础上，剖析金融财税政策变化对陕西建筑业发展的影响，提出如何通过完善金融财税政策体系，推动陕西建筑业健康可持续发展。

# 一 建筑业金融财税政策形势分析

## （一）2023年建筑业金融财税政策演变

2023年，国家层面的建筑业金融财税政策主要涉及两大类：第一类是与建筑业市场供给侧相关的政策，第二类则是与建筑业市场需求侧相关的政策。第二类政策是关注的重点，政策力度相对较大。但是总体来看，2023年度建筑业金融财税政策以稳定市场为主。

第一类与供给侧相关的政策主要涉及如何降低建筑业运营交易成本。2023年1月，国家发展改革委、住房和城乡建设部、银保监会等13个部门发布《关于完善招标投标交易担保制度进一步降低招标投标交易成本的通知》（发改法规〔2023〕27号），通知提出严格规范招标投标交易担保行为，招标人、招标代理机构以及其他受委托提供保证金代收代管服务的平台和服务机构应当严格遵守招标投标交易担保规定，招标人应当同时接受现金保证金和银行保函等非现金交易担保方式；全面推广保函（保险），鼓励招标人接受担保机构的保函、保险机构的保单等其他非现金交易担保方式缴纳投标保证金、履约保证金、工程质量保证金。通知要求于2023年5月底前落实有关工作安排、阶段性进展和成效，对建筑业招投标行为进行了规范，优化了建筑业发展环境。

在第二类与需求侧相关的政策中，国家有关部门主要从两个方面着手，对有关支持政策进行优化调整。一方面，高度重视房地产市场的稳定发展，分别从住房按揭贷款、二手房交易方面对有关政策进行了优化调整。其中，2023 年 8 月，中国人民银行等三部委联合发布《关于优化个人住房贷款中住房套数认定标准的通知》，坚持"房子是用来住的、不是用来炒的"定位，对个人住房贷款中住房套数认定标准等规定进行了优化调整，提出居民家庭申请贷款购买商品住房时，家庭成员在当地名下无成套住房的，不论是否已利用贷款购买过住房，银行业金融机构均按首套住房执行住房信贷政策。2023 年 12 月，全国住房城乡建设工作会议在京召开，会议总结了 2023 年的政策与成效，包括降低房产首付比例和利率、实施支持居民换购住房有关个人所得税政策、降低二手房买卖中介费等政策工具，把建筑业企业资质审批时间缩短到了 2 个月。另一方面，积极支持开展保障性住房建设、城市更新与城中村改造等重大民生工程项目。2023 年 7 月，国务院办公厅印发《关于在超大特大城市积极稳步推进城中村改造的指导意见》，提出坚持多渠道筹措改造资金，既可以由城市政府筹措资金，也可以引入社会资金，银行业金融机构将给予政策性和商业性贷款支持；对于整治提升类的城中村改造项目，建立政府与村民、社会力量改造资金共担机制。2023 年 9 月，财政部等三部门发布《关于保障性住房有关税费政策的公告》，对保障性住房相关的财税政策进行了优化调整：保障性住房项目用地免征城镇土地使用税和相关印花税；配套建造的保障性住房按比例免征相关税费；转让旧房为保障性住房且增值未超 20% 的，免征土地增值税；回购保障性住房继续作为房源的，免征契税；个人购买保障性住房的，契税减按 1% 征收；保障性住房项目免收行政事业性收费和政府性基金。

### （二）2024年建筑业金融财税政策演变

2024 年，建筑业金融财税政策仍可划分为供给侧与需求侧两大类，且依然以需求侧政策调整优化为重点。在中央政府对逆周期调节政策不断加强的背景下，总体呈现稳中有进的态势。

建筑业供给侧支持政策重点是提升建筑业装备水平，对有关装备购置税费政策进行调整。2024 年 9 月，国家税务总局、工业和信息化部发布《免征车辆购置税的设有固定装置的非运输专用作业车辆目录》，对符合条件的建筑业专用车辆（如高空工作车、同步碎石封层车、稀浆封层车）给予购置税免征政策。该政策有力地减轻了建筑业装备水平提升的成本。财政部等三部委于 2024 年 11 月发布《关于促进房地产市场平稳健康发展有关税收政策的公告》，对个人购买家庭唯一住房，面积为 140 平方米及以下的，减按 1% 的税率征收契税；面积为 140 平方米以上的，减按 1.5% 的税率征收契税；对个人购买家庭第二套住房，面积为 140 平方米及以下的，减按 1% 的税率征收契税；面积为 140 平方米以上的，减按 2% 的税率征收契税。

2024 年 12 月，第十四届全国人民代表大会常务委员会第十三次会议通过《中华人民共和国增值税法》，废止了《中华人民共和国增值税暂行条例》。原条例规定，纳税人销售建筑服务以及销售不动产税率为 11%，新增值税法将此税率更改为 9%，大大降低了建筑企业的增值税成本。除此之外，2024 年国家发展改革委对《西部地区鼓励类产业目录（2020 年本）》进行了修订，新型建筑产业被纳入陕西省鼓励产业目录，减按 15% 的税率征收企业所得税。该政策有助于进一步减轻陕西建筑企业税负。

建筑业市场需求侧主要包括三个维度的支持政策举措。第一个维度是对房地产市场的政策支持。一方面，着手加强对房地产项目的金融支持。2024 年 6 月，国家金融监管总局与住房和城乡建设部联合发布《关于进一步发挥城市房地产融资协调机制作用满足房地产项目合理融资需求的通知》，强调金融机构需遵循市场化、法治化原则，独立评审并自主决策对"白名单"项目的融资需求。项目确定后，将由一家主办银行负责其后续融资，并建立绿色通道，允许单列授信额度，指导金融机构建立对房地产项目融资的科学决策。另一方面，着手加强对购房人的政策支持。2024 年 9 月，中共中央政治局会议提出，要促进房地产市场止跌回稳，调整住房限购政策，降低存量房贷利率。

第二个维度是加强对租赁性住房和保障性住房发展的支持。2024 年 1月，中国人民银行与国家金融监督管理总局联合发布《关于金融支持住房租赁市场发展的意见》，该意见旨在通过金融支持加快住房租赁市场发展，培育多主体供给、多渠道保障的住房制度。意见强调，要支持住房租赁供给侧结构性改革，加大住房租赁开发建设信贷支持力度，满足团体批量购买租赁住房的合理融资需求，支持发放住房租赁经营性贷款，支持发行住房租赁担保债券，稳步发展房地产投资信托基金，引导各类社会资金有序投资住房租赁领域。2024年5月，中国人民银行宣布拟设立3000亿元保障性住房再贷款，利率1.75%，期限1年，可展期4次，以支持地方国有企业以合理价格收购已建成未出售商品房，用作配售型或配租型保障性住房。

第三个维度是加强对绿色建筑行业发展的支持。2024年3月，国家发展改革委、住房和城乡建设部联合发布《加快推动建筑领域节能降碳工作方案》（国办函〔2024〕20号），提出总体要求是到2025年，建筑领域节能降碳制度体系更加健全，城镇新建建筑全面执行绿色建筑标准，新建超低能耗、近零能耗建筑面积比2023年增加0.2亿平方米以上，完成既有建筑节能改造面积比2023年增加2亿平方米以上，建筑用能中电力消费占比超过55%，城镇建筑可再生能源替代率达到8%；同时提出要加大政策资金支持力度，完善实施有利于建筑节能降碳的财税、金融、投资、价格等政策，加大中央资金对建筑节能降碳改造的支持力度，落实支持建筑节能、鼓励资源综合利用的税收优惠政策。随后，中国人民银行联合相关部门印发《关于进一步强化金融支持绿色低碳发展的指导意见》，明确提出鼓励金融机构利用绿色金融，加大建筑等领域绿色发展和低碳转型的信贷支持力度。在北京、广东等地，当地住建部门、金融管理部门纷纷推出相关指导意见，明确绿色信贷在建筑领域的支持范围，通过"碳减排支持工具"等结构性货币政策工具激发金融机构支持绿色建筑的积极性。

### （三）2024年陕西建筑业金融财税政策形势演变

2024年以来，陕西省各级地方政府对建筑业的金融财税政策支持力度不断加大，政策形式与内容也日趋优化。在省级层面，陕西省政府有关部门主要从行业与市场两个方面着手，不断加强对建筑业发展的政策支持。

在建筑业行业发展方面，一方面，不断降低建筑企业运营成本。2024年3月，陕西省住房和城乡建设厅等部门联合印发了《支持民营建筑业企业强信心稳增长促转型十条措施》，落实担保保函制度减轻企业负担，全省房屋建筑和市政工程领域全面推行保函（保险）替代现金缴纳投标、履约、工程质量、农民工工资等保证金，各有关单位和部门应积极支持建筑业企业特别是民营企业自主选择银行保函、担保公司保函或保证保险替代现金的保证形式，进一步缓解企业流动资金压力，有效降低制度性成本。另一方面，不断降低企业融资成本。2024年7月，陕西省制造强省建设领导小组办公室印发《陕西省智能建造与新型建筑工业化产业链提升方案》，提出引导银行增加优惠利率贷款投放，鼓励金融机构向建筑工业化重点项目、"专精特新"企业发放贷款。通过创新金融服务，广泛运用碳中和债券、供应链票据融资等方式，推动建筑产业链、供应链同金融链融合，带动链上中小企业融资，降低全链条融资成本。

在建筑业市场发展方面，重点是优化房地产相关政策，促进建筑业市场发展。2024年8月，陕西省自然资源厅联合省高院等六部门印发《关于进一步提升不动产登记便利度持续优化营商环境的通知》，从"抵押登记进银行""带押过户"等六个方面推动全省不动产登记营商环境持续优化，深化协同不动产抵押融资服务。

在地市级层面，部分城市也探索出台了促进建筑业行业发展的金融财税政策。其中，西安市作为省会城市，出台的支持政策力度相对较大。一方面，不断加大对绿色建筑行业发展的支持。2023年11月，西安市住房和城乡建设局与西安市金融工作局联合发布了《关于开展绿色金融支持绿色建筑发展工作的通知》，提出支持和鼓励金融机构向符合支持范围的项目给予重点支持，提供用于项目投资、建设、建材生产、建造和改造等全生命周期的金融服务，支持和鼓励金融机构在授信额度方面，优先保障支持范围内的项目信贷投放；在利率定价方面，持续释放 LPR 改革潜力，引导金融机构降低贷款利率，促进企业综合融资成本降低；在贷款受理审批方面，采取"绿色通道"模式，优先受理、优先审批、优先投放。

另一方面，不断加强对房地产市场企稳回升的政策支持。2024年5月，西安市发布《关于进一步促进房地产市场平稳健康发展的通知》，全面取消西安市住房限购措施，居民家庭在全市范围内购买新建商品住房、二手住房不再审核购房资格，支持房地产企业、经纪机构、金融机构合作建立"以旧换新"购房模式，对房产交易流程开展全链条优化。同时，还对公积金使用政策进行了优化调整：首次使用公积金贷款购房的，首付比例不低于20%；结清首次公积金贷款后，再次使用公积金贷款购房的，首付比例不低于25%。

此外，针对建筑与房地产行业发展形势变化，延安市于2024年3月召开房地产融资协调机制工作推进会，提出建立融资协调机制，积极破解建筑与房地产企业融资困境，促进市场平稳健康发展。榆林市则从营商环境角度着手，于2024年10月召开相关会议，提出通过推进行业信用体系建设，支持行业信用自律。

## 二 建筑业金融财税政策对陕西建筑业发展的影响

### （一）陕西建筑业发展规模持续扩张

#### 1.建筑业总产值波动增长

2024年一季度末，陕西省建筑业总产值累计值为1766.60亿元，同比增长1.83%；二季度末建筑业总产值累计值为4261.41亿元，同比下降2.51%；三季度末，建筑业总产值累计值为6881.15亿元，同比增长0.34%，总体来说2024年陕西省建筑业总产值呈平稳增长态势。

#### 2.建筑企业数量稳定增长

2024年前三季度，陕西省建筑企业数量总体呈现增加态势。其中，一季度建筑业企业单位数为3905家；二季度增加至4214家，环比增长8%；三季度增至4478家，环比增长6%，尽管增速有所收窄，但仍保持了相对较高的增速。

### 3. 建筑业从业人员数量持续增加

2024 年一季度末，陕西省建筑业企业人员数为 83.25 万人；二季度末从业人员数量持续增长，达到 92.05 万人，环比增长 11%；三季度末，建筑业企业人员数量进一步攀升至 102.45 万人，环比增长 11%，持续保持中高速增长。

### 4. 建筑业总产值占 GDP 的比重稳步提升

2024 年一季度，陕西建筑业总产值占 GDP 的比重为 22.36%，至二季度，该比重上升至 26.21%，三季度末该比重进一步上升至 27.77%。总体来说，陕西建筑业占 GDP 的比重持续稳步提升，为陕西稳增长发挥了重要支撑作用。

### 5. 房屋建筑竣工面积持续增加

2024 年一季度，陕西省房屋建筑竣工面积为 1284.06 万平方米，二季度竣工面积上涨至 1497.79 万平方米，第三季度持续上涨，至 1601.24 万平方米，体现了陕西建筑业投资与运行效率相对较高。

## （二）陕西建筑业发展后劲略显不足

### 1. 建筑业企业签订合同金额呈下降趋势

2024 年一季度，陕西省建筑业企业签订的合同金额达到了 15789 亿元，二季度合同金额下降为 2906.38 亿元，三季度继续下降至 2338.09 亿元。即使考虑到一季度有未完工程结转本年度的影响，总体来看，陕西建筑业企业签订合同金额呈现明显的下降趋势，未来行业发展潜力受到一定的制约。

### 2. 建筑工程占比持续增加

2024 年一季度，陕西建筑工程产值占比为 86.49%，二季度占比增加至 88.53%，三季度进一步增加至 88.83%。安装工程产值由一季度的占比 9.16%，降至三季度的 7.72%。其他产值也由一季度占比 4.35%，降至三季度的 3.45%。这说明陕西建筑业在设备安装方面的比重相对较低，建筑智能化水平有待进一步提升。

# 三 陕西建筑业金融财税政策存在的问题及深层原因

## （一）建筑业融资支持政策体系有待完善

建筑业作为典型的资金密集型行业，其运营与发展对金融资源的依赖程度极高，资金流的稳定与充足是确保项目顺利推进、企业稳健运行的关键所在。然而，当前陕西省在金融财税政策层面对建筑业的支持保障力度尚显不足，存在明显的短板与局限。

具体而言，现有的金融财税政策体系未能充分贴合建筑企业的实际运营状况与多样化金融需求，导致企业在融资、投资、风险管理等多个环节面临诸多挑战。建筑企业因项目周期长、资金需求量大等特点，对长期、稳定的资金来源有迫切需求，但当前金融市场的融资渠道相对单一，且融资成本偏高，难以有效满足企业的融资需求。对于民营建筑施工企业来说，为了保证企业运行过程中的流动资金，一般会向银行等金融机构进行贷款，但大多数项目工程的施工时间较长，垫付款量大，导致应收账款回收的风险比较大，民营建筑施工企业难以保证企业的银行信用，增加了融资的难度，需要进一步的金融财税政策来解决这个问题。对于建筑业农民工来说，存在拖欠工资现象。建筑工程用工关系复杂，总包、分包，大包、小包，这种层叠关系导致资金链十分脆弱，一旦有环节出现财务问题，容易导致拖欠农民工工资问题发生。同时一些政府监管部门主要集中在年底对农民工工资拖欠的情况进行检查，对各建筑项目的日常检查存在不到位的情况，监管存在一定的漏洞。

背后的深层原因主要体现在以下三个方面。第一，企业融资能力下降。宏观经济的放缓在一定程度上制约了陕西省建筑业的发展，全国和陕西省的GDP增速、固定资产增速回落，陕西省建筑行业的总产值增速也有放缓态势，制约了企业的融资能力。第二，我国金融财税体制的约束。当前我国金融资源供给仍以商业银行为主，而商业银行的政策权限仍主要集中于国家和商业银行总行层面，地方政府的权限相对较小。而在财税政策方面，同样面临类似问题，地方政府政策操作空间相对较小。第三，地方财力约束。地方政府通常依靠财政资金撬动金融资源，因此地方财力大小直接制约着金融财税政策效力的发挥。陕西地方经济在全国处于中游水平，相应的财政力量相对薄弱，导致难以有力地为建筑业融资提供财政支持。

## （二）金融财税政策助力建筑业绿色智能转型力度亟须加强

当前，我国建筑业正处于转型的关键时期，亟须向绿色、智能与可持续等方向迈进。目前陕西省建筑企业数字化程度还不能满足实际发展需求，具体表现为缺少新型建筑工业化及智能建造等复合型人才；现有监管体系信息化水平仍需提高；市场监管信息化平台有待完善和整合；数字化成果交付、审查体系有待建立。同时，传统建筑企业对数字化认知不足、信息化进程缺乏整体规范、缺乏充足的数字化项目资金预算等，使高层领导者转型意愿不强，建筑企业难以在数字化背景下进行业务转型。

随着建筑行业的转型升级，其对金融服务的创新性与灵活性提出了更高要求。尽管国家层面的建筑业金融财税政策基调是明确的，同时国家也要求各地在政策制定与执行过程中因城施策、灵活精准，然而，陕西建筑业金融财税政策仍缺乏灵活性与创新性，现有政策在引导金融机构创新服务模式、支持新兴业态发展方面尚显滞后。为此，陕西省建筑业需紧跟国家与时代步伐，确保所制定的政策与国家政策相契合，这无疑加大了建筑业金融财税政策制定的难度。

背后的深层原因体现在如下几个方面。第一，政策具有复杂性。建筑业绿色智能转型涉及多个领域和环节，如绿色建筑材料的研发与应用、智能建造技术的推广、节能减排措施的实施等。这要求地方政府在制定金融财税政策时综合考虑多个方面，确保政策的全面性和有效性。然而，这种复杂性增加了政策制定的难度。第二，受财政压力制约。地方政府在推动建筑业绿色智能转型过程中，需要投入大量资金用于技术研发、设备更新、人才培养等方面。然而，在财政收入有限的情况下，地方政府可能面临较大的财政压力。第三，技术不确定性也会影响政策制定。建筑业绿色智能转型涉及种类繁多且不断更新换代的技术。地方政府在制定政策时，难以准确预测未来技术的发展趋势和市场需求，其政策制定面临不确定性。

### （三）建筑业金融财税政策长效机制有待强化

当前，陕西建筑业金融财税政策长效机制尚不完善，这在一定程度上制约了行业的持续健康发展。政策实践中，地方政府支持建筑业发展的金融财税政策仍以短期调控为主要目标。在具体形式上，以转发中央政策以及指导性意见类政策为主，具有可操作性的具体政策举措相对较少，金融财税政策长效机制相对匮乏。

其背后的深层原因主要体现在如下两个方面。一方面，政策创新性不足。在具体政策制定过程中，地方政府通常需紧密结合本地建筑业发展的实际情况，采取精准有效的政策措施。然而陕西省在执行国家建筑业政策和制定地区建筑业政策的过程中，一定程度上仍局限于对国家政策的简单遵循和复制，未能根据本省各地区实际情况进行创新性调整。另一方面，现有政策执行不力。如针对部分开发商恶意拖延结算进度、试图规避支付工程结算款法定义务的问题，陕西省及西安市先后出台相关政策，明确要求工程项目在竣工并完成备案之前，必须先行完成竣工结算的备案工作。然而，在具体执行过程中，不同地方政府对该政策的实施尺度存在明显差异，使部分开发商得以规避政府规定的严格约束。

## 四 完善金融财税政策促进陕西建筑业健康发展的建议

### （一）加快完善陕西建筑业融资支持政策体系

第一，完善金融支持政策体系。一是拓宽融资渠道，支持银行、保险和融资性担保机构在合规审慎的前提下，积极开发适合建筑业特点的产品，以满足建筑企业的多元化融资需求。二是优化贷款条件，对生产经营正常、信用良好的建筑企业，银行机构应给予一定的贷款额度支持；支持建筑企业以建筑材料、工程设备等为抵押物，或凭应收账款、施工许可证、建设工程施工合同等材料申请质押贷款。三是建立信用体系，住建部门定期向金融部门推送建筑企业的信用考核情况和重点支持"白名单"，作为银行机构提供金融服务的重要依据。

第二，加大财税支持政策力度。一是严格落实针对建筑企业，特别是中小建筑企业的相关税收减免、税收返还等优惠政策，减轻其税负压力。二是鼓励建筑企业进行技术创新和产业升级，对符合条件的研发支出给予加计扣除等税收优惠。三是完善税收征管，优化税收征管流程，提高税收征管效率，降低建筑企业办税成本。

第三，加强政银企合作。通过签订战略合作协议等方式，加强政府、银行、建筑企业之间的合作，为建筑企业融资提供便利。具体来说，可以根据建筑业产业政策，建筑业企业的综合实力评价、企业拓展市场能力、企业的财务经营状况和资信情况，以及合作银行有关信贷政策，共同研究确定优先支持的优质建筑企业名单，由经办行与建筑企业签订银企合作协议，在资金投入、信贷规模、利率和手续费等方面实行有效的差别化服务政策。合作银行还可以利用自身的信息渠道、资金运营和管理技术，以广泛的网络优势为陕西省优质建筑企业提供投资咨询、财务顾问、中间业务等金融服务。为保证框架协议的顺利实施，政银企之间还应建立联席会议制度，建立有效的沟通、联系机制，及时研究解决合作过程中的问题。

第四，借力"专项债"，帮助落实财政金融政策。专项债作为跨周期宏观调控的重要金融工具，是建筑业业务转型的风向标、模式创新的助推器。建筑企业作为施工单位，要对项目现金流测算、项目偿债收入来源等方面深入分析，对于所建设的项目用于偿还项目融资本息的现金流收入来源要做到"心中有数"。专项债券于2015年起迈进"自发自还"时代，这不仅对发债政府的承债能力提出要求，也考验了建筑企业项目策划、操盘能力。这就要求建筑企业不能仅作为单一的施工企业，也要适时转换角色，运用"甲方思维"去管控、运营项目，在条件允许下，可协助政府谋划项目偿债收入管理机制。

第五，优化与规范建筑市场环境。加强建筑施工企业劳务管理，从现阶段包工头形式的劳务队伍中，将有一定资质能力的施工队伍纳入"小微企业"管理，引导其注册为专业的劳务分包公司，依法获得用工权；为劳务分包公司提供税收政策上的扶持，在一定时期内适当降低税率，从而增强其竞争力。

第六，加强工程建设领域工程款支付担保管理。工程款支付担保可以采用银行保函、担保公司担保、第三方担保等方式，也可以用工程款支付保证保险替代。工程款支付担保保证期限原则上应与施工合同约定的期限保持一致，预计施工工期延期的，建设单位应在银行保函、保证保险、担保保单到期前办理延期手续。

第七，构建建筑业数据资产安全分类分级体系。建筑业数据资产包括工程数据、项目管理数据、供应链数据、客户和市场数据、运营和维护数据等。可通过收集、整理建筑工程相关数据资产，构建分层分类目录，并对数据进行重要等级划分，实现对建筑工程数据资产的精准分类和合理分级，提高管理效率和使用价值。

### （二）不断加大建筑业绿色智能转型财税金融政策力度

第一，鼓励支持金融机构创新金融产品，为建筑业智能化绿色化转型提供更多元化的金融支持。一是完善专项贷款政策，设立建筑业智能化绿色化转型专项贷款，为符合条件的企业提供低息或无息贷款，降低企业融资成本。二是优化信贷支持政策，鼓励金融机构对智能化绿色化转型项目给予优先贷款支持，并适当延长贷款期限。三是建立建筑业智能化绿色化转型融资担保机制，为符合条件的企业提供融资担保服务，降低企业融资风险。四是推行绿色建造方式，鼓励政府投资项目优先采用绿色建材。

第二，充分发挥金融财税政策引导作用，以新质生产力推动建筑业转型发展。对绿色建筑、超低能耗建筑、装配式建筑等给予税收减免或补贴政策，鼓励建筑企业积极参与绿色建筑建设；加大对龙头骨干企业的扶持力度，积极引导中小建筑企业向"专精特新"方向发展；激励技术创新，设立科技创新奖励基金，对企业研发智能化绿色化技术、购买相关设备给予税收抵免或加计扣除政策。

第三，加强政策的协同效应，共同推动建筑业转型发展。一是充分发挥政府采购政策作用，政府采购时优先考虑智能化绿色化转型的建筑产品和服务，为相关企业提供市场需求支持。二是提高财政资金的使用效率，确保资金精准投放于建筑业智能化绿色化转型项目，同时加强财政资金的监管和审计，防止资金挪用和滥用。三是支持建筑业企业与高校、科研机构等开展产学研合作，推动科技成果转化和应用。四是加大对建筑业智能化绿色化转型领域人才的培养和引进力度，提升行业整体技术水平和管理能力。

第四，政府部门牵头制定建筑行业数字化转型技术标准，明确技术要求和规范；加强对建筑企业数字化转型的监管和指导，推动企业合规运营。设立数字化转型示范项目，帮助企业更好地理解数字化转型的价值和实施路径；加强与建筑企业高层管理者的合作与沟通，增强他们对数字化转型的信心和支持。建立激励机制，对符合条件的企业给予资金支持和政策倾斜，激励企业加大对数字人才培养的投入和支持力度。

第五，要实现建筑行业的健康持续发展，需要借助新的创新要素——数据要素。数字建筑体系是支撑行业数据资产入表的核心，运用大数据分析和人工智能等技术手段，可以对建筑数据进行深度挖掘和分析，发现其中有价值的信息和潜在规律。这些信息不仅可以用于指导建筑项目的决策和管理，还可以为数据资产入表提供有力支持。

第六，鼓励金融机构在风险可控的前提下，开展针对建筑业的绿色金融体制机制创新，积极推进"1+N+X"绿色金融组织体系建设。其中，"1"是指设立建筑业绿色金融专职部门，"N"是指培育专业化建筑业绿色金融分支机构，"X"是指创建建筑业绿色低碳网点。完善建筑业绿色金融专项管理机制，鼓励金融机构制定建筑业绿色金融战略规划，规范开展绿色建筑金融数据统计、风险管理、信息披露等工作。加强建筑业绿色分支机构专项扶持，要求各金融机构在资源、考核、审批、产品、风控、团队等方面给予绿色分支机构优先保障。推进专项改造实现建筑业运营碳中和，要求各金融机构分期分批推进分支机构绿色建筑改造，使绿色分支机构成为建筑业绿色运营的标杆网点。

### （三）建立健全建筑业金融财税政策长效机制

结合陕西建筑业市场特征，为实现建筑业金融财税政策长效调控目标，建议从以下几方面着手。

第一，完善政策体系，夯实制度基础。陕西省政府及相关部门应加强对建筑业金融财税政策的研究，设立专项研究基金，支持高校、研究机构及企业开展相关政策研究，为政策制定提供科学依据。在中央政策的基础上，结合陕西省实际情况，制定具有地方特色的具体政策举措，明确政策目标、实施路径和保障措施。

第二，增强政策制定的科学性和民主性。利用现代技术手段提高决策准确性，并广泛听取社会各界意见，使政策更加贴近实际需求。同时加强政策评估和反馈机制建设，定期评估政策实施效果，及时发现问题并进行调整，确保政策能够适应环境的变化。

第三，提升政策的稳定性和连续性。通过建立健全法律法规体系，确保政策具有坚实的法律支撑，并加大政策执行力度，以维护政策的严肃性和权威性。同时强化政策监督和问责机制，对政策执行不力行为进行严厉查处，推动政策得到有效执行。

第四，鼓励政策创新和适应性调整。探索适应新形势的政策实施方式，根据环境变化和市场需求及时对政策进行调整和优化，以形成灵活、高效、可持续的政策体系，从而更好地服务于经济社会发展大局，推动国家治理体系和治理能力现代化。

第五，完善"走出去"发展服务机制。可以定期组织开展"联盟拓市"活动，搭建平台支持省内建筑业企业广泛开展合作、共同承揽海外项目；鼓励承揽共建"一带一路"国家现代交通、数字通信、智慧城市等基础设施和光伏、风电等绿色低碳新能源项目。加快培育外向型建筑业企业，支持综合实力强的施工总承包企业积极开拓国际工程市场。

**参考资料**

叶帮斌：《稳住房地产做强建筑业创新投融资推进宜昌住建领域高质量发展》，《中华建设》2024 年第 3 期。

叶浩文、苏衍江：《以新质生产力推动建筑业转型发展研究与探索》，《施工企业管理》2024 年第 10 期。

施彬、胡志雄、薛连：《政策工具视角下建筑业信用政策成效研究》，《重庆建筑》2023 年第 5 期。

李明娟、樊森森：《甘肃建筑业：绿色发展引领转型升级》，《甘肃经济日报》2024 年 10 月 22 日。

石如璧：《互联网时代传统建筑企业的转型与高质量发展》，《建筑结构》2022 年第 18 期。

樊自甫、陶友鹏、龚亚：《政府补贴能促进制造企业数字化转型吗？——基于演化博弈的制造企业数字化转型行为分析》，《技术经济》2022 年第 11 期。

刘谦：《数字建筑助力行业数据资产化》，《软件和集成电路》2024 年第 10 期。

肖楠楠：《"专项债"发行背景及对建筑业的启发》，《施工企业管理》2024 年第 1 期。

徐莉、张运梅、曹新渝：《建筑业农民工工资支付保障问题研究——以沧州市为例》，《投资与合作》2020 年第 12 期。

戴国华：《建筑业营业税改征增值税对企业影响的思考》，《财务与会计》2012 年第 3 期。

# B.5
# 投资结构变化对陕西省建筑业发展的影响

谢 晋*

**摘 要：** 本报告梳理了 2023~2024 年陕西省投资现状，对近两年投资亮点进行了总结。通过数据对比，得出陕西省固定资产投资对陕西省经济不仅有促进器的作用，还有稳定器的作用，且陕西省投资具有以政府为主导、民间为支撑的特点。陕西省建筑业投资结构存在诸多问题，包括区域投资不平衡、领域投资失衡、融资渠道单一、技术创新投资不足问题等。展望未来，对陕西省建筑业投资提出以下几点建议：一是打好政策组合拳，加强基础设施薄弱区域以及农村地区的投资；二是加强基础设施、公用设施投资，发展绿色建筑和智能建筑；三是发行债券、股权融资，通过设立专项基金、提供融资担保等方式，支持中小型建筑企业的发展；四是加强建筑业新质生产力投资；五是挖掘建筑业投资新亮点、发展新机遇。

**关键词：** 固定资产投资 投资结构 房地产

## 一 2023~2024 年陕西省投资现状

### （一）陕西省投资现状综述

2023~2024 年，陕西全力推动高质量项目建设提速增效，固定资产投资增速从 2023 年的 0.2% 增长到 2024 年的 5.2%，持续向好的态势逐步巩固。

2023 年，陕西省固定资产投资同比增长 0.2%。从产业来看，第一产业

---

\* 谢晋，陕西省社会科学院金融研究所助理研究员，主要研究方向为区域金融。

投资同比增长 5.9%，第二产业投资同比增长 4.8%，第三产业投资同比下降 2%。从主要领域来看，工业投资同比增长 4.8%，基础设施投资同比增长 8%，房地产开发投资同比下降 14.8%。2023 年，陕西省投资主要有以下几个特点：第一，第二产业投资同比增长 4.8%，拉动全省投资增长 1.4 个百分点，投资带动作用强劲；第二，国有控股投资同比增长 4.3%，国有企业的引领带动作用持续发挥，能源、电网、交通等重大项目加快推进；第三，基础设施投资增长较快；第四，财政资金保障有力，提前完成新增专项债券 815 亿元的发行工作，有力保障项目建设。

2024 年，陕西高质量发展扎实推进，带动固定资产投资增速逐月回升，结构不断优化。全省固定资产投资同比增长 5.2%，居全国第 11 位。与 2023 年相比，陕西省固定资产投资结构有以下新的特点。一是多数地区投资呈增长态势。关中地区固定资产投资同比增长 3.1%，陕南地区投资增长 12.2%，陕北地区投资增长 7.6%。全省 11 个市（区）中，10 个地区固定资产投资保持增长态势，其中有 7 个地区增速超过 10%。二是建安投资拉动作用显著。2024 年，全省建安投资同比增长 4.7%，增速较前三季度提高 1.3 个百分点，占全部投资的比重为 73.8%。三是民间投资持续向好。2024 年，全省民间投资同比增长 6.9%，高于全部投资 1.7 个百分点。其中：基础设施民间投资增长 15.0%，增速提高 4.6 个百分点；房地产开发民间投资下降 8.4%，降幅扩大 5.3 个百分点。

## （二）房地产市场投资

2024 年，陕西省房地产市场呈现积极变化，房地产开发投资增速扭负为正，商品房销售面积降幅总体呈现逐步收窄趋势，企业到位资金情况有所改善，房地产施工面积和新开工面积降幅收窄，待售面积小幅上升，整体来看全省房地产市场逐步恢复。

### 1. 房地产开发投资平稳增长

2023 年，陕西房地产开发投资有所下降，房地产企业实际到位资金降幅收窄。2023 年，全省房地产开发投资同比下降 14.8%。土地购置费同比下降 17.8%，降幅比上年收窄 5 个百分点。房地产开发企业到位资金同比下降 3.4%，降幅比上年收窄 15.3 个百分点。2024 年，全省房地产开发企业完成投资 3294.52 亿元，同比增长 0.5%，比全国平均增速高 11.1 个百分点，增速位居全国第 4。

2. 房地产企业实际到位资金降幅收窄

从资金面来看，2024 年，全省房地产开发企业到位资金 3549.57 亿元，同比下降 14.3%。从资金构成来看，国内贷款 453.32 亿元，同比增长 2.1%，占到位资金的 12.8%；自筹资金 1463.04 亿元，同比下降 11.5%，占到位资金的 41.2%；定金及预收款 938.47 亿元，同比下降 21.7%，占到位资金的 26.4%；个人按揭贷款 465.66 亿元，同比下降 24.3%，占到位资金的 13.1%。

# 二 陕西省投资促进经济发展

## （一）陕西省固定资产投资情况

固定资产投资通过基础设施建设、房地产等直接拉动经济增长。固定资产投资能产生乘数效应，带动钢铁、水泥、机械设备等上下游产业发展，促进地区经济形成"投资—生产—消费"的良性循环。2012～2024 年，陕西固定资产投资增速呈下降趋势，增速从 2012 年的 28.9% 下降到 2024 年的 5% 左右，而同期陕西 GDP 的增速也相应从 10% 以上降低到 5% 左右（见图 1）。

固定资产投资不仅是经济发展的主要动力，而且其内部结构的改变也有经济稳定器的作用。房地产开发固定资产投资与基础设施固定资产投资是固定资产投资的重要组成部分，2018～2020 年房地产开发固定资产投资增速较高，平均增速在 10% 以上，同期基础设施固定资产投资增速较低。相反，2022～2023 年房地产开发固定资产投资增速为负时，基础设施固定资产投资增速提高（见图 2）。可以看出，陕西房地产开发与基础设施投资互为补充，对经济社会稳定发展有平衡作用。

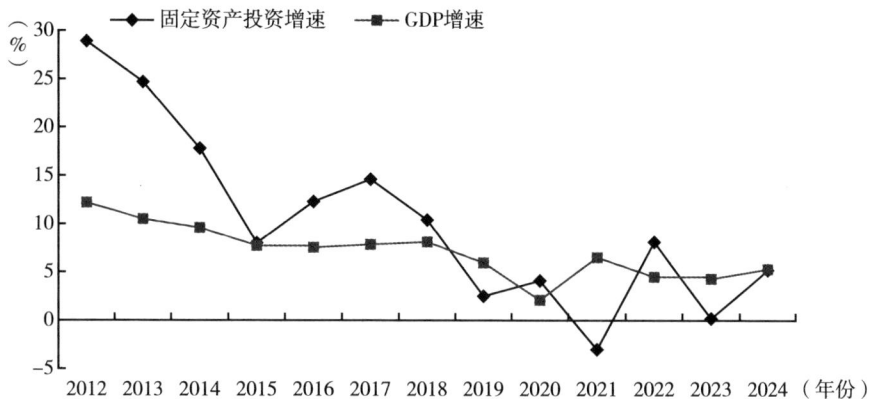

**图 1　2012~2024 年陕西固定资产投资增速与 GDP 增速**

资料来源:《陕西统计年鉴》及陕西统计局官网。

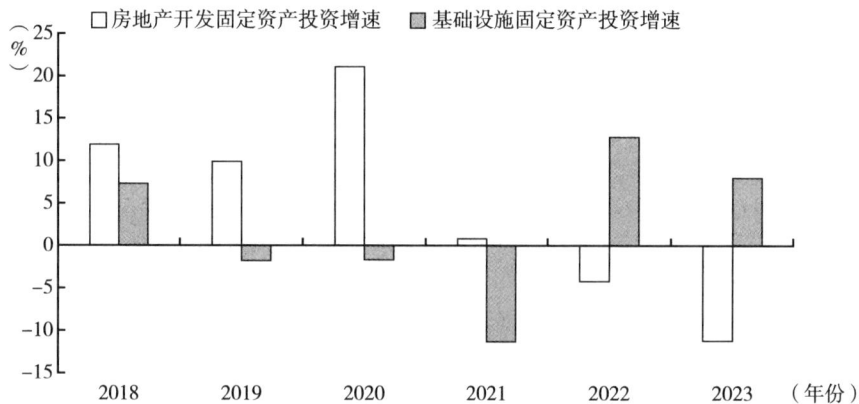

**图 2　2018~2023 年陕西房地产开发固定资产投资增速与基础设施固定资产投资增速**

资料来源:《陕西统计年鉴》。

## (二)陕西省投资的特点

### 1. 政府投资占主导

政府主导投资是近年来建筑业高质量发展的重要支撑,尤其是在基础设施建设、保障房建设、老旧小区改造、城市更新改造等方面。2024 年,陕西顶格落实中央一揽子稳增长政策措施，争取用于项目建设方面的政策性资金 1460 亿元，加快"两重"项目建设，积极推广 REITs、PPP 等新投融资模式。

2024 年政府主导投资成效显著。西延、西十、西康、康渝、延榆等高铁项目及府谷、定边、宝鸡等支线机场加快建设，西安咸阳国际机场三期扩建工程已基本完工。黄河古贤水利枢纽开工建设，东庄水利枢纽大坝浇筑超过 770 米，引汉济渭二期主配水工程主体完工。镇安抽水蓄能电站 4 台机组全部并网发电，山阳、佛坪等抽蓄电站相继建设，陕电送皖、陕北至关中第三输电通道开工建设。截至 11 月底，600 个省级重点建设项目完成投资 4782 亿元，年度投资完成率达 98%，用地、环评手续保障率分别达 96.7%、94.5%，重点监测指标全部高于序时进度。

**2. 民间投资是重要补充**

2024 年，全省民间投资同比增长 6.9%，高于全部投资增速 1.7 个百分点，拉动全省投资增长 2.7 个百分点。分领域来看，工业民间投资同比增长 12.3%，基础设施民间投资增长 15.0%，房地产开发民间投资下降 8.4%。

## 三 投资结构对陕西省房地产发展的影响

投资结构指在一段时期内，全社会或某一经济主体在不同领域、部门、项目之间的投资分配比例及其相互关系。投资结构的不同反映资金流向和资源配置的差异，投资结构的合理性对行业发展的质量和效率有直接的影响。

### （一）房地产企业资金来源

房地产企业本年度实际到位资金是衡量企业资金实力和开发能力的重要指标，其规模和结构直接影响企业的经营和发展。通过分析实际到位资金的变化，可以了解房地产市场的运行状况、企业的财务健康状况以及政策调控的效果。房地产企业本年度实际到位资金主要包括自筹资金、定金及预收款、国内贷款、个人按揭贷款等。陕西省房地产本年度实际到位资金从

2017 年增长到 2021 年，之后转为下降，2022~2024 年的平均降幅在 10%以上（见图 3）。房地产企业本年度实际到位资金的下降反映了房地产市场的深度调整现状，表明房地产企业开发新项目的能力转弱。

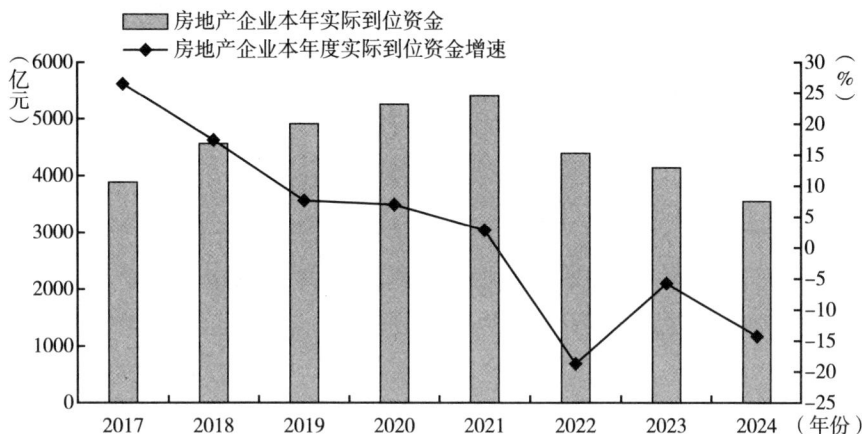

**图 3　2017~2024 年陕西房地产本年度实际到位资金及其增速**

资料来源：国家统计局、陕西统计局官网。

### 1. 房地产企业自筹资金

房地产企业自筹资金是指通过自身经营活动积累，并用来投资到本年度房地产开发项目中的资金。从图 4 可以看出，从 2017 年到 2021 年，房地产企业自筹资金从 1631.29 亿元增长到 2631.46 亿元，在 5 年间增加了 1000 多亿元，反映了当时房地产企业有较强的销售经营能力及健康的现金流。但随后，随着房地产市场的调整，房地产企业自筹资金在三年内便下降到 1463.04 亿元，已经低于 2017 年的水平。作为房地产开发资金的主要来源，房地产企业自筹资金占全体房地产本年度实际到位资金的占比基本维持在 40%以上。

### 2. 房地产开发企业定金及预收款

定金及预收款是房地产企业在销售商品房过程中向购房者收取的定金和预付款，是房地产企业重要的资金来源之一。定金及预收款为房地产企业提供了大量的现金流，支持项目的开发建设和日常运营。通过销售回款，企业可以减少对银行贷款等外部融资的依赖，降低财务成本，减少融资压力。同

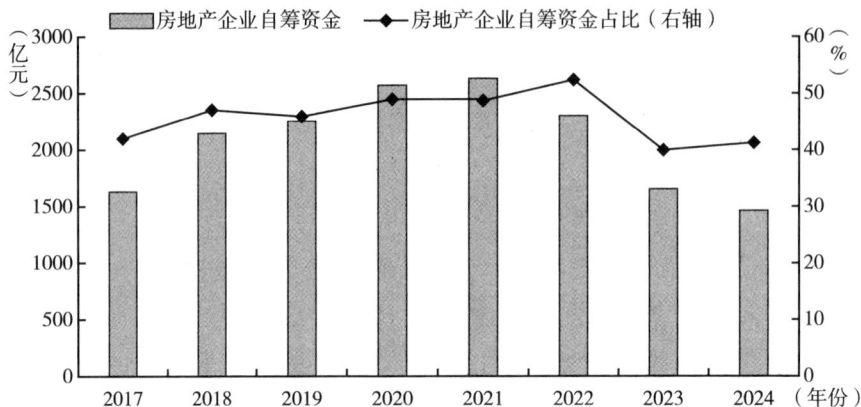

**图4 2017~2024年陕西房地产企业自筹资金及其占比**

资料来源：国家统计局、陕西统计局官网。

时，定金及预收款市场热度指标，可以反映房地产市场的需求状况。定金及预收款增加通常表明市场活跃、购房需求旺盛。从图5中可以看出，2018年和2021年房地产企业定金及预收款占比曾达到实际到位资金的30%，但之后略有下降，反映出房地产市场交易活跃度下降。

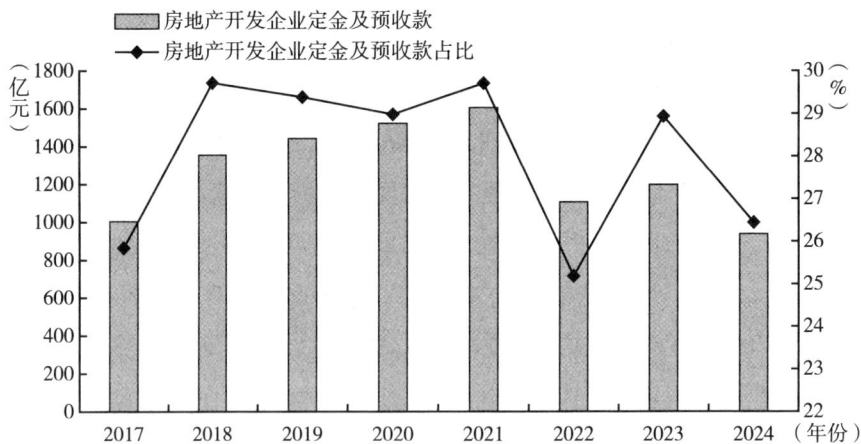

**图5 2017~2024年陕西房地产开发企业定金及预收款情况**

资料来源：国家统计局、陕西统计局官网。

### 3.房地产开发企业国内贷款

房地产开发企业国内贷款是指房地产企业从国内银行和非银行金融机构获得的贷款，用于支持房地产开发、建设和运营。国内贷款是房地产开发企业的重要融资渠道之一，对企业的经营和发展具有重要意义。通过国内贷款，企业可以利用财务杠杆，提高自有资金的使用效率，同时相较于信托、债券等其他融资渠道，贷款的利率通常较低，有助于降低企业的融资成本。

从图6中可以看出，2017~2022年陕西房地产开发企业国内贷款金额及占比均持续降低，至2022年金额仅为242.08亿元，占比为5.51%。2023年随着对房地产政策的优化调整，国内贷款几乎翻倍，占比也超过了12%。

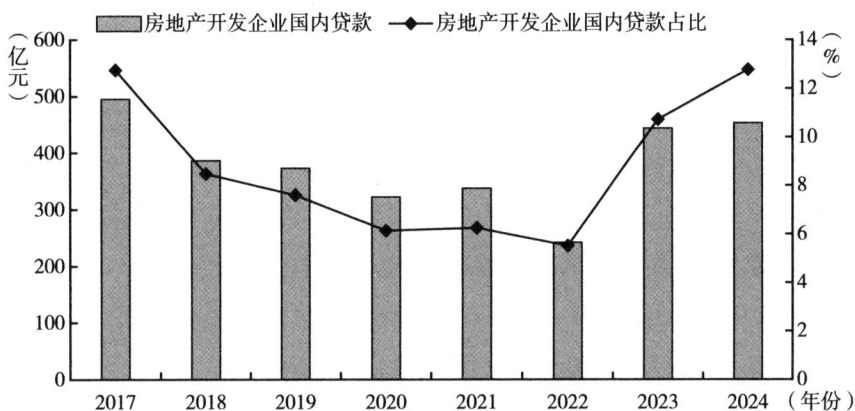

**图6 2017~2024年陕西房地产开发企业国内贷款及其占比**

资料来源：国家统计局、陕西统计局官网。

### 4.房地产企业个人按揭贷款

房地产企业个人按揭贷款是指购房者通过银行或其他金融机构申请按揭贷款，用于支付购房款，并由银行直接将贷款资金支付给房地产企业，个人按揭贷款是房地产企业销售回款的重要组成部分。从图7中可以看出，2017~2024年陕西房地产企业个人按揭贷款金额基本保持稳定，占比也维持在10%以上。

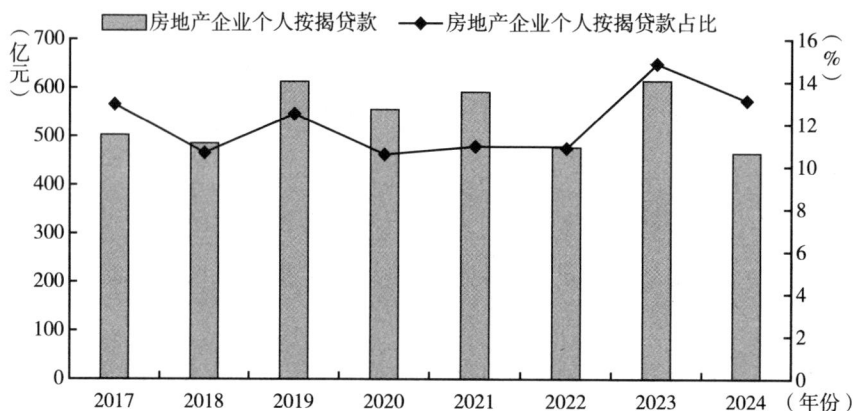

图 7　2017～2024 年陕西房地产企业个人按揭贷款及其占比

资料来源：国家统计局、陕西统计局官网。

## （二）从房地产项目投资金额来看

按照投资金额的不同区间，将房地产项目投资金额进行分类。不同的项目投资金额对房地产企业有不同的资金量需求，项目投资金额越大，对企业自身资金实力、融资能力的要求越高。

从表 1 可以看出，2017～2023 年 10 亿元以上房地产投资额占比从 62.74% 上升到了 72.12%，5 亿~10 亿元、1 亿~5 亿元、5000 万~1 亿元等投资额占比均有所下降，反映了陕西房地产行业市场集中度在持续提升，项目大、投资额高的现象越来越明显。陕西的房地产业特点为中小型企业数量多，大型企业相对较少，这种结构性矛盾，对中小房地产开发企业的发展不利。

表 1　2017～2023 年陕西房地产项目投资额占比

单位：%

| 年份 | 10 亿元以上 | 5 亿~10 亿元 | 1 亿~5 亿元 | 5000 万~1 亿元 | 3000 万~5000 万元 | 3000 万元以下 |
|---|---|---|---|---|---|---|
| 2017 | 62.74 | 18.30 | 17.17 | 1.39 | 0.30 | 0.10 |
| 2018 | 66.61 | 15.61 | 16.30 | 1.18 | 0.25 | 0.07 |
| 2019 | 66.09 | 16.96 | 15.79 | 0.94 | 0.16 | 0.06 |

| 年份 | 10亿元以上 | 5亿~10亿元 | 1亿~5亿元 | 5000万~1亿元 | 3000万~5000万元 | 3000万元以下 |
|------|-----------|-----------|----------|-------------|----------------|-------------|
| 2020 | 68.45 | 15.92 | 14.34 | 1.08 | 0.16 | 0.06 |
| 2021 | 71.20 | 14.78 | 13.03 | 0.79 | 0.15 | 0.04 |
| 2022 | 71.72 | 15.95 | 11.61 | 0.60 | 0.09 | 0.04 |
| 2023 | 72.12 | 16.44 | 10.48 | 0.71 | 0.21 | 0.04 |

资料来源：国家统计局。

# 四　陕西省建筑业投资结构存在的问题

建筑业作为国民经济的重要支柱产业，其投资结构直接影响行业的健康发展和经济的高质量增长。当前陕西建筑业投资结构存在诸多问题，包括区域投资不平衡、投资领域失衡、融资渠道单一、技术创新投资不足等。这些问题不仅制约了建筑业的可持续发展，也对经济增长产生了影响。

## （一）区域投资不平衡

陕西建筑业投资在区域分布上存在不平衡现象。关中地区经济发展水平较高、城市化水平较高，建筑业投资规模较大，而陕北和陕南地区则相对滞后。这种不平衡导致区域经济发展差距进一步拉大，同时也限制全省了建筑业的整体发展潜力。

关中地区的基础设施建设和房地产开发市场较为成熟发达，但由于房地产市场低迷影响大，近年来投资较为疲软。以2024年为例，关中地区固定资产投资同比增长3.1%，陕南地区投资增长12.2%，陕北地区投资增长7.6%，关中地区固定资产投资的增速最低。

陕南地区建筑业投资主体资质低、规模小、竞争力不足，缺少有竞争力的行业龙头企业。加之陕南地区绿色循环发展定位，环保要求较高，对建筑业企业的管理和施工能力提出了更高的要求。陕北地区作为能源基地,工业建筑投资旺盛,但由于项目投资规模大、特种作业资质等要求限制,当地民营建筑企业很难参与。

## (二)投资领域失衡

在投资领域方面,陕西建筑业存在明显的失衡现象。首先,住宅建筑投资占比过高,而基础设施和公共建筑投资相对不足。2023年,全省基础设施投资同比增长8%,公共设施管理业投资增长2.2%;2024年1~11月全省基础设施投资同比增长3.9%,而公共设施管理业投资同比下降8.0%,这种失衡导致住宅市场过度开发,而基础设施和公共服务设施建设滞后,难以满足经济社会发展的需求。

其次,建筑业新质生产力没有完全形成,在绿色建筑、智能建筑等新兴领域的投资占比仍然较低。尽管政府出台了一系列政策鼓励绿色建筑和智能建筑的发展,中小建筑企业对此仍持观望态度。

## (三)融资渠道单一

陕西建筑业企业的融资渠道较为单一,主要依赖自筹资金和银行贷款。这种单一的融资模式不仅增加了企业的财务风险,也限制了企业的投资能力。陕西中小建筑企业由于规模较小、信用评级较低,难以通过银行贷款获得足够的资金支持,主要依赖自筹资金,资金压力较大。特别是在房地产市场调控政策收紧的背景下,银行对建筑企业的贷款审批更加严格,融资难度加大。建筑企业在资本市场上的融资渠道较为有限,债券、股权融资等多元化融资方式的应用不足,限制了企业的融资能力。

## (四)技术创新投资不足

技术创新是建筑业转型升级的关键,但陕西建筑业在技术创新方面的投入明显不足。许多企业仍然依赖传统的施工技术和管理模式,导致市场竞争力较弱。在绿色建筑、智能建筑等领域,陕西中小企业的技术水平与国内先进水平相比仍有较大差距。同时，由于技术研发成本高、风险大，许多企业对新技术持保守态度，导致技术推广难度较大。

# 五　陕西省建筑业高质量发展的建议

虽然陕西省建筑业发展面临着区域投资不平衡、投资领域失衡、融资渠道单一等问题和困难，但2024年金融、财政、房地产等政策红利持续释放，积极因素累积增多，市场活力不断提振，推动投资动能持续增强。面对建筑业发展的新时期、新机遇，本报告对陕西省建筑业高质量发展提出以下对策建议。

## （一）优化区域投资布局

为了实现建筑业协调发展，首先需进一步优化区域投资布局，打好政策组合拳，通过税收优惠、土地政策倾斜等方式增加基础设施薄弱区域投资。如在陕南地区加强生态旅游、康养旅游、旅居养老基础设施、示范基地建设，促进当地社会经济发展，并在此基础上有序开展城市更新建设，提升城市品质，形成建筑业投资促进经济发展、经济发展反哺建筑业升级的良性循环。其次需要深入贯彻《陕西省集中财力支持"千万工程"的实施意见》，加大对农村地区的投资力度，推动城乡基础设施和公共服务设施的一体化建设。通过农村公路、水利、电力等基础设施项目的投资，缩小城乡差距，促进农村地区经济发展，加快建设彰显三秦风韵的宜居宜业和美乡村，全面推进乡村振兴。

## （二）调整投资领域结构

投资领域失衡导致住宅建筑投资占比过高，而基础设施和公共建筑投资相对不足。为了实现建筑业的高质量发展，需要调整投资结构，增加对基础设施和新兴领域的投资。一是增加基础设施投资，加大对交通、水利、能源等基础设施的投资力度，满足经济社会发展的需求。通过高铁、高速公路、机场等大型基础设施项目的投资，提升区域经济活力。二是推动公共设施建设，增加对教育、医疗、文化等公共建筑的投资，改善民生福祉，提升居民生活质量。

### （三）拓宽融资渠道

融资渠道单一是制约建筑业高质量发展的重要因素。增强企业的融资能力，需要拓宽融资渠道，降低其融资成本。一是鼓励企业通过发行债券、股权融资等方式拓宽融资渠道。可以通过设立建筑产业基金，吸引社会资本参与建筑业投资。二是通过设立专项基金、提供融资担保等方式，支持中小型建筑企业的发展。可以通过与政策性担保公司的合作向中小型企业提供低息贷款，降低其融资成本。三是鼓励有实力的建筑企业在资本市场上进行创新融资，例如通过资产证券化、REITs 等方式筹集资金。

### （四）加大建筑业新质生产力投资

技术创新是建筑业转型升级的关键。为了提升行业的技术水平，需要加大技术创新投资，推动新技术、新工艺的应用。鼓励企业增加技术研发投入，提升自主创新能力，发展建筑业新质生产力，以科技创新和数字化转型推动陕西省建筑业转型升级，向绿色化、智能化方向发展。

### （五）挖掘建筑业投资新亮点

首先，城市更新、"三大工程"、县城新型城镇化、乡村全面振兴会带来建筑业发展新的机遇。基建投资在一段时间内仍旧会保持高强度，并且呈现交通和城乡建设等传统基建提质，新能源充电桩、大数据中心等新基建增速，水利与能源等安全基建加量的特点。

其次，建筑业未来发展方向是工程总承包和全过程工程咨询，这给大型建筑企业提供新的投资机会。建筑企业需要进一步延伸服务链条，将业务从工程建设全过程拓展到全生命周期服务。在存量房屋建筑和基础设施越来越多的背景下，检测监测、运营管护等业务市场需求越来越大，这对于中小建筑企业也是新的投资机遇。

最后，陕西建筑企业应该紧跟"一带一路"倡议，选择政局稳定、经济良好的国际市场主动"走出去"。中小建筑企业可采取"抱团出海"或"借船出海"的策略，积极参与国际项目投资。

**参考资料**

《1～11月全省固定资产投资运行情况》，http：//tjj. shaanxi. gov. cn/tjsj/tjxx/qs/202409/t20240925_2697856. html。

《"深化'三个年'活动、推动高质量发展"系列主题新闻发布会（第二十七场）》，https：//www. shaanxi. gov. cn/szf/xwfbh/202412/t20241226_3269586_wap. html。

《2024年全省国民经济运行情况》，https：//tjj. shaanxi. gov. cn/tjsj/tjxx/qs/202501/t20250120_3399596. html。

# 市场篇 ◪

# B.6
# 陕西省建筑业劳动力市场现状及发展分析

赵 维 赵若淇*

**摘 要：** 本研究聚焦陕西省建筑业劳动力市场，全面剖析其发展现状、供求关系、薪资水平以及农民工情况。研究发现建筑业劳动力市场存在的主要问题包括劳动力结构不合理、劳动力流动缺乏规划、劳务分包管理不健全、劳动生产率低下、劳务培训财政支持不足以及社会福利保障不完善。针对这些问题，本研究从建立健全劳动保障制度、加强劳务分包监督与管理、推进建筑工人职业化转型、优化劳动力结构提高效率、建立劳动力数字化管理台账、加强对企业的财政金融支持等方面提出陕西省建筑业行业劳动力市场健康可持续发展的对策建议。

**关键词：** 建筑业 劳动力市场 陕西省

* 赵维，渭南师范学院经济与管理学院副教授，商务部国际贸易经济合作研究院在站博士后，主要研究方向为产业经济、劳动经济；赵若淇，渭南师范学院经济与管理学院讲师，主要研究方向为产业经济。

# 一　陕西省建筑业劳动力市场概况

建筑业作为陕西省国民经济的重要支柱产业，近年来一直保持着稳定的增长态势。2023年，陕西省建筑业增加值达到2954.98亿元，建筑业增加值占全省GDP比重达到8.75%。然而，随着城市化进程的加速和建筑行业的发展，陕西省建筑业劳动力市场面临诸多挑战和机遇。一方面，建筑劳务市场竞争日趋激烈，建立各自的劳务品牌，推动更高质量就业，成为当务之急；另一方面，建筑行业正面临数字化转型的挑战和机遇，绿色建筑、智能建筑等概念逐渐普及。此外，陕西省政府也在积极推动建筑业劳务用工制度改革，通过政策引导和资金支持，促进劳务企业转型和建筑工人技能提升。由此，研究陕西省建筑业劳动力市场现状和发展不仅有助于优化建筑业劳动力结构，提升建筑业整体竞争力，也有助于推动建筑行业的数字化转型，解决农村劳动力的就业问题，促进区域经济高质量发展。

# 二　陕西建筑业劳动力市场主要问题

当前，陕西建筑业劳动力市场的主要问题包括劳动力结构不合理、劳动力流动缺乏规划、劳务分包管理制度不健全、劳动生产率较低、劳务培训财政支持不足、社会福利保障不完善等六个方面。

## （一）劳动力结构不合理

陕西建筑业劳动力呈现明显的年龄结构不合理特征。老一代建筑工人占据较大比例，他们凭借多年经验在行业中持续工作，但随着年龄增长，体力和精力逐渐下降，对高强度、高风险的建筑施工任务适应性变弱。而年轻劳动力的补充极为有限，年轻人多倾向于选择工作环境舒适、发展前景广阔的新兴行业，导致建筑业缺乏新鲜血液注入，面临青黄不接的困境。在技能层面，高技能专业人才稀缺，中低端劳动力过剩。一方面，具备先进建筑技术、新型材料应用以及复杂工程管理能力的高级技术人员和管理人员供不应求，制约了陕西建筑业向高端化、智能化迈进的步伐。另一方面，大量普通工人仅掌握基本的手工操作技能，难以满足现代化建筑项目对高精度、高效率施工工艺的要求，造成劳动力资源的低效利用与浪费。

## （二）劳动力流动缺乏规划

由于陕西各地经济发展不平衡以及建筑项目分布不均，劳动力在地域间呈现无序流动状态。部分地区建筑项目集中开工时，大量劳动力蜂拥而至，导致当地住房、物价等生活成本急剧上升，同时也给交通、治安等带来巨大压力。而当项目完工或减少时，这些劳动力又迅速撤离，造成当地劳动力市场的大幅波动，影响了建筑企业的稳定生产与持续发展。在建筑行业内部，劳动力跳槽现象频繁且缺乏规划。一些工人受短期利益驱使，在不同建筑企业或工程项目之间随意转换，没有考虑自身技能提升与职业发展的连贯性。这种无序跳槽不仅使工人自身难以积累深厚的行业经验和专业技能，也导致建筑企业在人员培训和团队建设上的投入付诸东流，增加了企业的人力成本与管理难度，降低了整个行业的生产效率与工程质量稳定性。

## （三）劳务分包管理制度不健全

在总包与分包合作过程中，存在诸多不规范行为。部分总包企业对分包企业监管不力，在工程进度、质量、安全等方面缺乏有效的约束机制，导致分包企业过度追求利润而偷工减料、违规施工。而分包企业在与总包企业的利益博弈中往往处于弱势地位，常常面临工程款拖欠等问题，这又进一步影响到其对劳动力工资的支付，引发劳动纠纷，破坏了建筑业劳动力市场的和谐稳定。同时众多分包企业规模大小不一、资质参差不齐。部分小型分包企业缺乏完善的内部管理制度，在人员招聘、培训、调配等环节随意性较大，无法保障劳动力队伍的稳定性与专业性。一些不具备相应资质的企业或个人通过非法挂靠等手段参与劳务分包，扰乱了市场正常秩序，增加了工程质量与安全隐患。

## （四）劳动生产率低下

2023 年，陕西省建筑业劳动生产率为 506000 元/人，较 2022 年同期减少了 89680 元/人，反映出劳动力效率问题或者劳动力市场的变化。这些变化可能受到多种因素的影响，包括劳动力结构、技术进步、企业管理效率等。一方面，技术装备水平落后。陕西许多建筑企业尤其是中小建筑企业，在施工过程中仍然依赖传统的劳动密集型生产方式，现代化机械设备和先进施工技术的应用程度较低。这使得建筑工程的施工效率难以提高，大量劳动力耗费在低附加值的体力劳动上，例如在混凝土浇筑、墙体砌筑等工序中，人工操作占比较大，不仅延长了施工周期，还增加了劳动力成本，降低了劳动生产率。另一方面，组织管理效率低下。建筑企业的组织管理模式陈旧，缺乏科学合理的项目规划与施工组织设计。在施工现场，常常出现工序衔接不畅、工种配合不协调等问题，导致窝工现象时有发生。同时，企业内部信息沟通不畅，决策执行缓慢，无法及时根据工程进展情况调整劳动力资源配置，进一步制约了劳动生产率的提升。例如在大型建筑综合体项目中，由于各专业施工队伍之间缺乏有效的协同管理机制，常常出现交叉作业混乱、返工率高的情况，严重影响了工程进度与劳动生产率。

## （五）劳务培训财政支持不足

陕西建筑业企业在发展过程中面临较为严重的融资困境。一方面，建筑行业项目周期长、资金回笼慢，企业自身资产负债率较高，可抵押物有限，难以满足银行等金融机构的贷款要求。另一方面，金融市场对建筑业的风险评估较为保守，融资渠道相对狭窄，除了银行贷款外，企业很难通过发行债券、股权融资等方式获取资金支持。这使得建筑企业在技术研发、设备更新、人才引进等方面资金投入不足，限制了企业的发展壮大，进而影响到劳动力市场的稳定与繁荣。

此外，政府在财政政策上对建筑业劳动力市场的扶持力度相对较小。在职业技能培训方面，财政补贴资金有限，无法满足大规模建筑工人技能培训的需求，导致培训设施陈旧、师资力量不足，培训质量难以保证。在鼓励企业吸纳劳动力就业方面，缺乏有效的税收优惠、财政奖励等政策措施，企业积极性不高，难以形成良好的就业吸纳机制。同时，对于建筑行业的科技创新与产业升级项目，财政资金支持相对分散，无法集中力量打造具有竞争力的建筑产业集群，制约了建筑业劳动力市场的整体发展水平。

### （六）社会福利保障不完善

陕西建筑业劳动力中，社会保险参保情况不容乐观。大量农民工等一线建筑工人由于工作流动性大、企业参保意识淡薄以及社保政策宣传不到位等原因，参保率较低。养老保险、医疗保险、工伤保险等基本社会保险的缺失，使得建筑工人在面临年老、疾病、工伤等风险时缺乏有效的保障，增加了社会不稳定因素。例如在建筑施工过程中，一旦发生工伤事故，如果工人未参加工伤保险，企业往往无力承担高额的医疗费用和赔偿费用，工人及其家庭将陷入困境。

除了社会保险外，建筑工人其他福利待遇方面也严重不足。住房公积金制度在建筑业的推行力度较小，大部分建筑工人无法享受住房公积金贷款购房的优惠政策。同时，建筑企业在带薪休假、节日福利、职业健康体检等方面也落实不到位，工人的劳动权益得不到充分保障，导致劳动力队伍的归属感和忠诚度较低，人员流失严重，不利于建筑业劳动力市场的健康可持续发展。

## 三 陕西建筑业劳动力市场对策建议

### （一）建立健全劳动保障制度

一方面，全面推行农民工工资专用账户管理制度。可以要求建筑企业在项目开工前，在银行开设专门用于支付农民工工资的账户，由建设单位按照工程进度将工资款足额拨付至该账户。银行负责对账户资金进行监管,确保专款专用,仅用于农民工工资发放,每月按时足额代发农民工工资,杜绝企业挪用资金导致工资拖欠的现象。另一方面,建立农民工工资保证金制度。建筑企业在承接项目时,需按照工程合同造价的一定比例向指定账户缴存保证金。若企业出现拖欠农民工工资情况,可从保证金中先行支取,用于支付工资。保证金的缴存比例应根据企业信用等级、过往支付记录等因素动态调整,信用良好的企业适当降低缴存比例,失信企业则提高比例,促使企业重视工资支付。总之,应从改革建筑业政策法规、管理制度、组织方式、管理模式着手,从上游建设单位欠工程款(无钱付/有钱不付)、总承包单位欠劳务公司款、劳务公司负责人欠薪员工三方面考虑,并将实名制和社会保障措施包含在内,彻底解决农民工欠薪问题。

此外,政府要加强对建筑企业为员工缴纳社保情况的监督检查。劳动监察部门定期检查建筑企业的社保缴纳记录,对于未按规定为员工缴纳社保的企业,责令限期整改,并给予相应处罚。同时,简化审批试点公司劳保费项目返还审批程序,改善农民工居住条件,优先将试点公司长期在城市稳定就业与生活的农民工居住问题纳入城市住宅保障范围。此外,建筑企业可以建立补充商业保险制度,为员工购买意外伤害保险、重大疾病保险等商业保险,作为社会保险的补充。

## (二)健全劳务分包监督与管理

政府部门应加快完善建筑劳务分包相关的法律法规,明确劳务分包企业的资质标准、准入门槛、责任划分等内容。在准入方面,依据建筑行业的不同专业领域、工程规模以及技术复杂程度,进一步细分劳务企业的资质类别与等级,建立多部门协同的审核机制,除建设主管部门常规审核外,引入劳动保障部门对劳务企业用工规范性审核以及税务部门对企业纳税合规性审查。只有当各部门均出具审核通过意见后,劳务企业方可获得准入资格。在日常监管方面应加强对劳务分包企业的资质审核,定期检查其资质条件是否符合要求。例如,规定劳务分包企业必须具备一定数量的专业技术人员和相应的施工设备，并且每年进行资质复查。同时，建立多部门联合监管机制，加强对劳务分包市场的监督管理。建设主管部门、劳动监察部门、税务部门等联合执法，严厉打击违法分包、转包等行为。对于存在违法分包行为的企业，给予高额罚款、吊销资质等严厉处罚。

## （三）推进建筑工人职业化转型

政府应联合行业协会、大型建筑企业及专业院校，依据建筑行业不同工种、不同技术层级，制定全面且细致的职业技能标准。从初级工到高级技师，明确各等级工人在理论知识、实操技能、项目经验等方面的达标要求。设立专业的职业技能鉴定机构，采用理论考试、实操考核、项目案例分析等多元评价方式，为建筑工人提供公正、权威的技能认证。工人取得相应技能证书后，可在行业内通用，并作为求职、薪酬提升的关键依据。同时针对在职建筑工人，搭建线上线下融合的继续教育平台。线上开发建筑技能培训App，涵盖各类工种课程视频、虚拟仿真操作练习等资源；线下定期组织专家深入工地开展短期培训和专题讲座，并将学习与技能证书挂钩，推进建筑工人职业化转型。

## （四）优化劳动力结构提高生产效率

政府可以通过政策引导和资金支持，推动建筑业劳动力结构优化。通过政府与企业的引导，成立以企业为主的专业队伍，加大培训力度，提升职业技能，培养大批陕西籍优秀建筑产业工人，创建有全国影响力的陕西建筑劳务企业品牌；设立专项基金，对建筑企业购买先进建筑设备给予补贴，企业可以与金融租赁公司合作，通过租赁的方式使用设备，降低一次性购买设备的资金压力，提高行业劳动生产率和技术装备率。陕西省建筑业协会等行业组织可以制定和推广建筑工人职业技能标准和评价规范，促进建筑工人技能的提升和认证。此外，行业组织应积极推动建筑劳务企业转型为具有稳定劳动关系的公司化、专业化企业，健全建筑业职业技能培训体系，深化职普融通、校企合作，大力开展建筑工人职业技能培训。对于一线工人，应加强基本建筑技能培训，如砌砖、抹灰等精细化操作培训；对于技术人员和管理人员，应注重先进建筑技术、项目管理知识的更新，如 BIM 技术、绿色建筑理念等的培训；可以在社交媒体上重点宣传建筑行业的现代化工作场景，如使用先进的建筑设备、智能化的施工管理系统等，改变年轻人对建筑行业"脏、累、苦"的传统印象。同时建立老年建筑工人退休返聘机制，对于经验丰富的老年工人，在他们退休后，可以根据项目需求，以顾问或技术指导的身份返聘，充分发挥他们的经验优势。

## （五）建立劳动力数字化管理台账

建立建筑业劳动力省市级甚至国家级数字化台账，深度整合劳动力信息资源。在数据采集上，除常规个人身份、技能资质、就业经历与健康状况外，可拓展至工人的培训需求偏好、职业发展期望等维度，以便企业能更精准地为其规划成长路径。在管理流程方面，与建筑项目管理软件无缝对接，依据项目进度自动筛选适配劳动力，实现一键调配，并实时跟踪其在项目中的工作时长、效率数据等，便于及时调整人员安排策略。同时，设立工人自主查询端口，使其能随时了解自己的工作履历、技能提升轨迹以及薪酬福利明细，增强其对自身职业发展的掌控感与归属感，从而全面提升建筑业劳动力管理的精细化、智能化水平，为行业稳定高效发展筑牢根基。

## （六）加大对企业的财政金融支持力度

财政支持方面，陕西省财政厅可联合住建厅等相关部门，专门针对建筑企业的劳务培训设立固定资金池。根据建筑企业参与培训的人次、培训课程的时长与质量、培训后的技能提升效果等多维度指标，按季度或年度给予企业直接的现金补贴。对积极投入劳务培训的建筑企业，在企业所得税、增值税等方面给予一定期限的减免或优惠税率。金融支持方面，金融机构尤其是银行，应积极响应建筑行业劳务培训需求，定制专属贷款产品，切实减轻企业还款压力。建筑企业凭借严谨的培训规划、精细的预算安排以及过往培训成效，向银行申请资金，用于打造专业化内部培训场地，购置如建筑模拟操作软件、装配式建筑实训模型等前沿设备，保障培训硬件达标。此外还可引入产业基金。由政府牵头，汇聚大型建筑企业、金融资本之力，创设建筑劳务培训产业基金，建立高素质劳务团队。

# 四　陕西建筑业劳动力市场展望

## （一）政策支持为劳动力发展提供保障

陕西省住建厅、交通厅、水利厅、通信管理局等多部门联合印发的《支持民营建筑业企业强信心稳增长促转型十条措施》，持续推动建筑业转型升级和提质增效。这些政策措施不仅稳定和扩充了建筑业的就业规模，优化了劳动力市场结构，还为从业者拓宽了职业路径，提供了更多的发展机会。政策支持将为陕西建筑业劳动力市场的发展提供坚实的保障。

## （二）技术转型需要数字化人才

随着"双碳"目标的推进和装配式建筑的快速发展，预计到2025年，装配式建筑占新建建筑比重将超过30%，城市中心城区住宅建筑全装修将普及，这将导致传统建筑劳动力需求下滑，而掌握新型建筑技术、绿色节能技术的专业人才将变得越发抢手。同时，智能建造与新型建筑工业化的协同发展，使BIM技术、物联网、大数据等深度融入建筑全生命周期，催生出建筑信息模型设计师、智能建造工程师等新兴岗位。劳动力必须具备数字化技能与创新思维，才能契合产业智能化转型的步伐。

## （三）劳动力培训机制不断完善

在新的市场需求下，劳动力素质提升成为关键。建筑企业将投入更多资源构建长效培训机制，强化对农民工及全体从业人员的专业技能与安全教育培训。通过系统化的培训，帮助员工熟练掌握新型建筑技术与工艺，提升生产效率和工程质量。这不仅有助于企业自身的发展，也将推动整个行业的技术进步和质量提升。

### （四）劳务用工制度更加规范

建筑业企业专业作业资质备案制的落地，降低了准入门槛，激活了中小民营建筑业企业的活力。这不仅为市场注入了新鲜血液，还促使劳务用工管理走向规范化、有序化。通过改革，可以减少劳务分包中的不规范行为，提高劳务市场的透明度和公平性，为劳动力提供更加稳定和可靠的工作环境，全方位推动陕西建筑业劳动力市场迈向新的高度。

## 参考资料

《陕西统计年鉴》，http：//tjj. shaanxi. gov. cn/。

《中国建筑业统计年鉴》，http：//cnki. nbsti. net/CSYDMirror/trade/Yearbook/Single/N2006010078？z＝Z005。

《2023 年农民工监测报告》，https：//www. stats. gov. cn/sj/zxfb/202404/t20240430_1948783. html。

《2022 年农民工监测调查报告》，http：//tjj. shaanxi. gov. cn/tjsj/tjxx/qg/202304/t20230428_2284637. html。

《2021 年农民工监测调查报告》，http：//tjj. shaanxi. gov. cn/tjsj/tjxx/qg/202205/t20220517_2221243. html。

《陕西省 2023 年企业薪酬调查信息》，https：//rst. shaanxi. gov. cn/newstyle/pub_news show. asp？chid＝100077&id＝1031280。

# B.7
# 陕西省勘察设计行业发展现状及趋势研究

杨大伟　石会娟　李军社*

**摘　要：**　陕西省勘察设计行业近年来发展迅速，企业数量稳步增长，营业收入稳中有升，行业规模趋于稳定，人才队伍不断壮大，专业素质显著提高，技术创新能力逐步增强，数字化、信息化技术广泛应用。然而，行业仍面临市场竞争激烈、技术创新能力不足、高端人才短缺等挑战。未来，陕西省勘察设计行业将朝着数字化、绿色化、专业化和国际化方向发展，BIM、大数据、人工智能等技术将推动行业转型升级，绿色建筑、生态保护等领域成为重要发展方向。为应对挑战，建议加强技术创新与数字化转型，优化人才引进与培养机制，推动绿色发展与生态保护技术创新，拓展市场竞争力与国际化发展，助力行业高质量发展。

**关键词：**　勘察设计　技术创新　数字化转型　陕西省

## 一　陕西省勘察设计行业发展现状

### （一）行业规模与企业收入

#### 1. 企业数量不断增长

2013 年以来，陕西省的勘察设计行业快速发展，勘察设计企业的数量也呈

---

* 杨大伟，西安工业大学城乡规划系副教授，主要研究方向为城市规划与设计、大数据与城市智能；石会娟，陕西市政建筑设计研究院有限公司正高级工程师，主要研究方向为城市规划与设计、历史文化名城保护；李军社，机械工业勘察设计研究院有限公司高级工程师，主要研究方向为城市更新、生态环境保护。

现稳步增长的态势。截至 2023 年，陕西省共有 744 家具有资质的勘察设计企业参与统计，比上年增长 7 家，行业规模增速放缓，保持相对稳定状态（见图 1）。

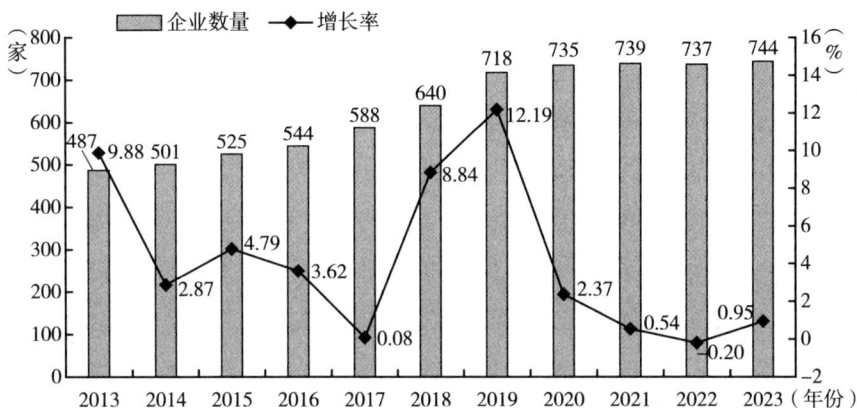

**图 1　2013~2023 年陕西省勘察设计企业数量及增长率**

资料来源：中国勘察设计协会编《工程勘察设计行业年度发展研究报告（2023）》。
本文图表资料来源均为此，不再赘述。

随着陕西经济与城市化发展，众多国有及民营企业投身勘察设计行业。全省勘察设计业务覆盖建筑、交通、市政、电力、石油化工等多个主要行业（见表 1）。从企业类型看，呈现大型综合性与中小型专业企业并存格局。大型企业如中铁第一勘察设计院，技术、经验、人才优势明显，能承接各类大型项目且技术领先全国。中小型企业虽规模、资源有差距，但凭借灵活应变与专业化服务，填补特定领域需求，在城市规划、环保设计等细分市场具有竞争力，推动行业多元化发展。

**表 1　2013~2023 年陕西省勘察设计企业细分领域数量**

单位：家

| 细分领域 | 2013 年 | 2014 年 | 2015 年 | 2016 年 | 2017 年 | 2018 年 | 2019 年 | 2020 年 | 2021 年 | 2022 年 | 2023 年 |
|---|---|---|---|---|---|---|---|---|---|---|---|
| 其他行业 | 2 | 2 | 2 | 4 | 4 | 7 | 7 | 7 | 7 | 7 | 9 |
| 通信行业 | 2 | 2 | 2 | 2 | 2 | 2 | 2 | 2 | 2 | 2 | |
| 环境工程 | 2 | 2 | 2 | 2 | 2 | 2 | 2 | 2 | 2 | 2 | 3 |

续表

| 细分领域 | 2013 年 | 2014 年 | 2015 年 | 2016 年 | 2017 年 | 2018 年 | 2019 年 | 2020 年 | 2021 年 | 2022 年 | 2023 年 |
|---|---|---|---|---|---|---|---|---|---|---|---|
| 矿山行业 | 2 | 2 | 2 | 2 | 2 | 2 | 2 | 2 | 2 | 2 | 2 |
| 冶金行业 | 2 | 2 | 2 | 2 | 2 | 2 | 2 | 2 | 2 | 2 | 2 |
| 石油化工行业 | 2 | 2 | 2 | 2 | 2 | 2 | 2 | 2 | 2 | 2 | 2 |
| 电力行业 | 3 | 3 | 3 | 3 | 3 | 3 | 3 | 3 | 3 | 3 | 3 |
| 水利行业 | 4 | 4 | 4 | 4 | 4 | 4 | 4 | 4 | 4 | 4 | 4 |
| 交通行业 | 31 | 31 | 33 | 37 | 39 | 42 | 42 | 42 | 42 | 42 | 42 |
| 市政行业 | 52 | 52 | 56 | 59 | 60 | 68 | 71 | 71 | 70 | 70 | 72 |
| 建筑行业 | 385 | 399 | 417 | 427 | 468 | 506 | 581 | 598 | 603 | 601 | 603 |

### 2. 企业营收稳中有升

截至 2023 年，陕西省勘察设计行业营业收入达到 2831.4 亿元，延续了以往的增长态势，但增速明显趋缓，降至 5.8%（见图 2）。由于政策性开发性金融工具和地方专项债的加快使用，全省基础设施投资同比增长 11.2%，增速连续加快，比 2022 年大幅度提高 8.8 个百分点。

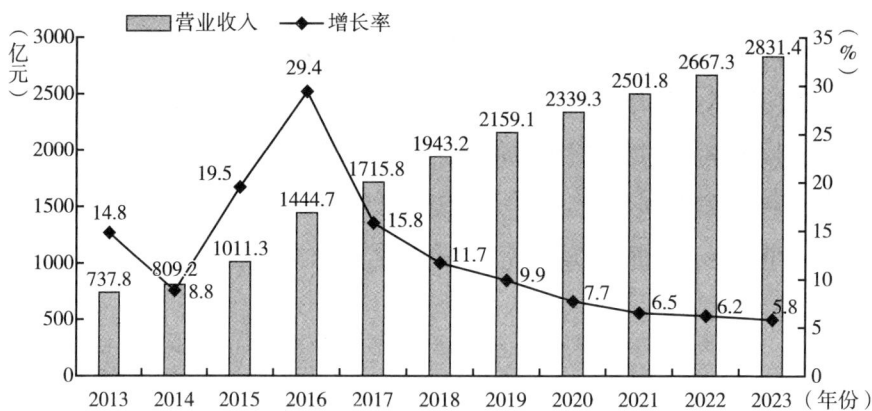

图 2　2013~2023 年陕西省勘察设计行业营业收入及增速

从细分行业来看，2023 年各行业增速有所回落，其中工程勘察和专项设计较上年增长 8.6%、10%。另外，建筑设计类营业收入再创新高，达到

1628.2 亿元，在行业营业收入中占比达到 57.5%，专项设计、工业工程设计、交通设计类分别实现营业收入 542.7 亿元、242.6 亿元和 234.4 亿元（见表2）。

表2 2013~2023 年陕西省勘察设计行业细分行业营业收入

单位：亿元

| 细分领域 | 2013 年 | 2014 年 | 2015 年 | 2016 年 | 2017 年 | 2018 年 | 2019 年 | 2020 年 | 2021 年 | 2022 年 | 2023 年 |
|---|---|---|---|---|---|---|---|---|---|---|---|
| 建筑设计类 | 253.7 | 291.1 | 431.2 | 825.1 | 1053.5 | 1265.3 | 1351.3 | 1453.3 | 1511.9 | 1593.8 | 1628.2 |
| 专项设计类 | 221.6 | 232.9 | 252.2 | 275.3 | 293.6 | 300.1 | 363.8 | 379.2 | 466.7 | 493.2 | 542.7 |
| 工业工程设计类 | 111.9 | 113.1 | 131.3 | 128.3 | 130.3 | 133.2 | 177.9 | 196.2 | 204.9 | 222.9 | 242.6 |
| 交通设计类 | 86.4 | 101.2 | 116.1 | 119.2 | 119.7 | 121.1 | 123.7 | 158.2 | 160.5 | 190.2 | 234.4 |
| 市政设计类 | 40.3 | 44.2 | 48.3 | 62.1 | 77.3 | 81.9 | 93.3 | 102.7 | 105.2 | 111.1 | 122.6 |
| 工程勘察类 | 23.9 | 26.7 | 32.2 | 34.7 | 41.4 | 41.6 | 49.2 | 50.3 | 52.6 | 56.1 | 60.9 |

## （二）人才队伍与专业素质

### 1. 人才队伍不断壮大

陕西省勘察设计行业的人才队伍规模不断扩大，吸引了大量的专业人才投身于该领域，为行业发展提供了坚实的智力支持。近年来，行业从业人员数量持续增长，截至 2023 年末，陕西省勘察设计行业的从业人员为 13.18 万人，较 2022 年上涨了 0.84%（见图3）。企业平均规模约为 165 人，与全国水平基本持平。

### 2. 专业素质不断提高

截至 2023 年底，陕西省勘察设计行业共有专业技术人员 5.66 万人，其中勘察行业约为 1.41 万人、设计行业约为 4.25 万人。近年来，专业技术人员中初级职称、中级职称和高级职称人数持续上升，2023 年，行业企业共有高级职称人数 1.07 万人，在专业技术人员中占比 18.9%，较 2022 年提升 0.7 个百分点；共有中级职称人数 2.11 万人，占比 37.3%，提升 1.0 个百分点；共有初级职称人数 1.42 万人，占比 25.1%，降低 0.3 个百分点。

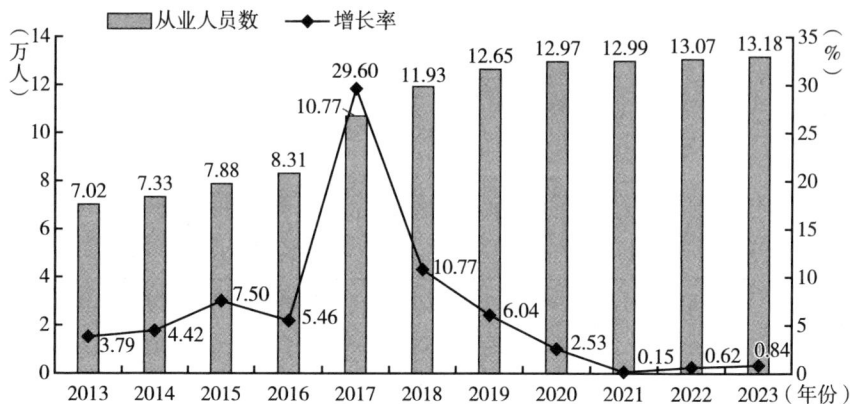

图 3　2013~2023 年陕西省勘察设计企业行业从业人员数及增速

截至 2023 年底，勘察设计行业共有注册执业人员 1.88 万人，较 2022 年增长 4.7%。从执业比重来看，从业人员执业比重和专业技术人员执业比重一直呈逐年上升趋势。

**3. 勘察大师不断涌现**

在陕西省勘察设计行业人才队伍壮大与专业素质提升的良好态势下，行业内涌现出一批具有卓越专业能力与丰富实践经验的全国级勘察设计大师。这些大师不仅在各自领域有着深厚的造诣，更凭借其精湛技艺与创新精神，引领着行业的技术革新与发展方向。

截至 2023 年底，陕西省勘察设计行业已累计评选出以张锦秋、赵元超为代表的一批院士及国家级勘察设计大师。他们广泛分布于勘察、设计等各个细分领域，在重大工程项目中发挥了关键作用。例如，在中国国家版本馆西安分馆建设项目中，张锦秋先生凭借其对地形、地貌的精准判断与创新的设计理念，成功解决了项目中的技术难题，确保了项目的顺利推进，并多次获得全国性奖励，为行业树立了标杆。

**（三）技术水平与创新能力**

**1. 新技术应用日益广泛**

勘察设计行业的技术应用取得了显著进步，数字化和信息化成为行业发展的主流趋势。建筑信息模型（BIM）技术得到深度应用，截至2023年底，陕西省内超过90%的大型勘察设计项目都采用了BIM技术。BIM技术通过构建三维数字模型，全面集成设计的各个环节，不仅能精准模拟施工过程，减少设计变更（据统计，应用BIM技术后，项目设计变更平均减少30%~40%），还能通过协同设计提升团队的合作效率和信息共享水平，项目团队沟通效率平均提升约40%。地理信息系统（GIS）技术逐步推广，在城市规划等领域提供精准的地理数据。目前，陕西省超过80%的城市规划项目中应用了GIS技术，其可视化功能有助于优化设计并降低人为误差，使设计方案的准确性提升约25%。同时，遥感技术的应用使卫星图像解析成为可能，为项目提供宏观环境数据，尤其是在生态保护领域发挥了重要作用。2022年，陕西通过遥感技术发现并及时处理了80余起生态保护相关的潜在问题，为生态保护项目提供了有力的数据支持。三维激光扫描技术则以高精度测绘生成三维地形模型，为大型复杂工程的数据采集提供支持，特别是在复杂地质条件和地下空间勘察设计中具有重要意义。在复杂地质条件的勘察项目中，三维激光扫描技术使数据采集效率提高了约50%，数据精度达到毫米级，提升了项目前期数据采集的准确性和效率。

2. 创新能力逐步提升

勘察设计企业高度重视技术创新，大力投入新技术开发，取得了显著成果，技术水平居全国前列。在交通工程领域，近年来，陕西省在高速公路、铁路和城轨等项目的技术研发投入逐年递增，2023年研发投入达到12.8亿元，较上年增长10.93%，实现了多项重要突破。例如，在西安外环高速公路建设中，研发的新型路面材料使道路使用寿命延长了13.1%，后期维护成本降低了7.9%。在建筑工程领域，企业积极探索绿色建筑与智能建筑。目前，陕西省绿色建筑占新建建筑的比例已达到80%以上，采用节能材料和优化结构设计，打造节能环保的绿色建筑；同时，引入物联网和自动控制技术，建设智能建筑，智能建筑在商业建筑中的应用比例达到50%，显著提升功能性和环境友好性，为建筑行业的绿色化和智能化发展注入新动能。此外，行业积极推进产学研合作，与多所知名高校建立科研平台，共同开展科研项目。目前，陕西省已有超过 200 家勘察设计企业与 13 所高校建立了长期合作关系，2021~2023 年累计开展科研项目近百项，推动研究成果快速转化应用，将高校研究成果融入企业实践。与此同时，科研管理机构通过政策引导和资金支持，鼓励企业加强创新与合作，使行业技术创新能力持续增强。

### （四）市场需求与业务领域

#### 1. 基础设施建设需求旺盛

近年来，伴随陕西经济的快速发展和城市化进程的加速，交通、市政、环保等基础设施建设领域的需求持续增长。"十四五"期间，陕西省新增高速公路里程 1000 公里以上，铁路营业里程达到 6500 公里左右，城市轨道交通运营里程达到 300 公里左右。仅 2023 年，陕西省就有多个高速公路项目开工建设，总投资额超过 500 亿元。2023 年，陕西省城市道路新建和改造里程达到 500 公里以上，新增桥梁数量超过 20 座。西安市近年来大力推进城市轨道交通建设，地铁线路不断增加，目前已开通运营的线路达到 8 条，总里程超过 300 公里，有效缓解了城市交通压力，不断改善市民的生活质量。基础设施建设需求为勘察设计行业提供了广阔的市场空间和业务领域的拓展机会，推动企业在技术水平和服务能力上不断提升，不仅稳固了行业的收入来源，也促进了全省基础设施水平的整体提高。

#### 2. 业务领域不断拓展

勘察设计行业正从传统领域向多元化方向拓展。在新能源领域，为响应国家绿色能源和低碳经济的号召，行业积极参与志丹 200MW/600MWh 构网型独立储能项目、吴起 250MW/750MWh 构网型独立储能项目等省内外光伏、风电等清洁能源项目的前期勘测和系统设计。在智慧城市领域，陕西省已有超过 30 个城市开展了智慧城市建设试点，其中西安市的智慧城市建设投入资金超过 50 亿元。行业运用物联网和数据分析技术，助力智能化基础设施建设，实现城市数据的综合管理与实时优化，显著提升城市管理的智能化水平，为居民生活带来便利。在地下空间开发领域，由于城市土地资源日益紧张，地下综合管廊、停车场和商业空间的设计已成为新兴方向。这些新兴领域的快速发展，不仅显著提升了企业的技术水平和市场竞争力，还推动行业向高科技、智能化和绿色化方向迈进，进一步扩展了服务范围。

## 二　陕西省勘察设计行业发展面临挑战

### （一）市场竞争激烈

#### 1. 省内同行竞争加剧

随着陕西省勘察设计企业数量的不断增长，省内竞争日趋激烈。一些企业通过低价竞争承揽项目，这种方式虽然在短期内占据了市场，却导致成本被压缩，设计质量和服务水平下降，返工率和施工难度随之增加，扰乱了行业市场秩序。中小型企业因缺乏核心竞争力，在技术研发、创新能力和服务质量上与大型企业存在明显差距。相比之下，大型企业依托雄厚的技术储备、丰富的项目管理经验以及高水平的人才团队，在复杂项目中占据显著优势，而中小型企业由于技术创新能力和高端人才匮乏，在竞标中常处于劣势。

#### 2. 省外企业竞争压力

随着工程建设市场的逐步开放，大量省外企业涌入陕西。这些企业多来自经济发达地区，具备先进的技术实力、雄厚的资金支持和较大的品牌影响力，在交通和能源等高技术要求领域竞争力更为突出。其品牌影响力来自参与众多知名项目的丰富经验以及广泛的客户资源，这使其市场地位远超本地企业。在资金方面，省外企业储备充足，投标策略更加灵活，而陕西本地企业在资金密集型项目中面临筹资难题，抗风险能力较低，因此逐渐被边缘化。

## （二）技术创新能力不足

### 1. 研发投入相对较少

与发达地区相比，陕西勘察设计企业在研发投入方面明显不足，导致技术创新能力相对薄弱。许多企业更加注重项目的获取与运营，而对技术研发投入较少，缺乏长期的战略规划。研发工作往往以项目需求为导向，短期化倾向明显，这种局限性削弱了企业的核心竞争力，也制约了行业的长远发展。在复杂地质勘查技术、高性能建筑材料应用、信息化与数字化技术应用等关键领域，本地企业与先进企业之间仍存在显著差距。

### 2. 技术成果转化缓慢

陕西勘察设计行业在技术创新成果转化方面也面临较大挑战。尽管一些企业在多个领域开展了积极探索和研发，但由于缺乏成熟的成果转化机制和配套支持，这些创新成果往往停留在试验阶段，难以实现规模化应用，导致无法产生预期的经济和社会效益。这一问题在一定程度上制约了行业整体技术水平的提升和创新能力的发展。

### 3. 数字化转型困难

陕西勘察设计企业在数字化技术应用方面，整体水平较为有限。多数企业仅将数字化技术用于简单的绘图与文档处理，BIM 技术、GIS 技术、数字化模拟分析等先进数字化技术普及率较低。对于复杂项目的全流程数字化管理，如从项目规划、设计到施工和运营维护阶段的一体化数字技术整合，更是缺乏实践经验，使企业在面对数字化要求高的项目时，难以展现出足够的竞争力。

## （三）高端人才数量较少

### 1. 高端人才引进困难

陕西省勘察设计行业在高端人才的引进方面面临较大挑战。与经济发达地区相比，本地企业在薪酬待遇、科研资源和职业发展机会等方面竞争力较弱，难以吸引顶尖技术人才和管理人才。这导致企业在复杂工程项目的设计与管理中缺乏具有国际视野和高水平专业能力的核心团队，制约了行业向高端化发展的步伐。

### 2. 人才培养机制不完善

尽管陕西拥有丰富的教育和科研资源，但本地勘察设计企业与高校和科研院所之间的合作深度不足，未能充分利用现有资源培养高水平专业技术人才。同时，企业内部的人才培养机制也较为滞后，缺乏系统性的人才培养计划和技术梯队建设计划，导致现有人才储备难以满足行业转型升级对高端技术和管理能力的需求。

### 3. 人才流失问题严重

由于经济发达地区提供了更好的发展条件，陕西勘察设计行业还面临高端人才外流的问题。一些具有经验的技术骨干和管理人员选择到待遇更高、发展机会更多的地区或企业工作，这进一步加剧了本地高端人才的短缺，削弱了行业在激烈市场竞争中的综合实力。

## 三 陕西省勘察设计行业发展趋势

### （一）数字化、信息化发展

#### 1. BIM 技术的应用

BIM 技术的引入，为勘察设计行业带来了革命性的变革。通过创建数字化的三维模型，BIM 能够在项目各阶段实现全方位的信息集成与共享，显著提升设计和管理的精确度及效率。随着陕西省基础设施建设和城市化进程的加速，BIM 技术的应用前景愈加广阔，将成为未来勘察设计企业核心竞争力的重要组成部分。

通过 BIM 技术，陕西勘察设计行业可实现三维可视化、协同设计和信息共享，有效提高设计精确度，显著减少设计错误和变更需求。BIM 模型直观的三维可视化功能，能够清晰呈现复杂工程方案，帮助各方更好理解设计意图。同时，通过协同设计，BIM 可实现部门和团队之间的无缝合作，提升工作效率。其信息共享平台还可确保项目数据实时更新、各方数据保持同步，显著减少信息传递中的误差。

2. 大数据与人工智能的应用

大数据和人工智能技术的快速发展，为勘察设计行业的智能化转型创造了巨大机遇。大数据技术通过整合海量的勘察数据、设计案例和项目历史数据，提供强有力的数据支撑，使设计过程更加科学化、精准化。人工智能技术则通过智能化的决策支持，为设计人员提供高效的辅助工具，不仅提升设计的科学性和合理性，还加速了行业效率的全面提升。

大数据彻底变革了传统的信息获取与分析模式。设计团队可以快速整合多源数据，建立详尽的数据库，并在设计阶段深度挖掘项目区域的环境特征、地质风险和历史趋势，从而提高设计方案的针对性和适应性。与此同时，人工智能技术利用深度学习算法，从大量设计案例和历史数据中提取经验和规律，生成智能化设计方案或辅助决策，可极大地提高设计效率。

未来，随着大数据和人工智能技术的日益成熟，陕西勘察设计行业将实现智能化的深入发展。从数据采集、分析到设计决策和优化管理，整个流程将更加高效精准，为提升设计质量和项目安全性提供坚实保障。

3. 数字化管理平台的建设

数字化管理平台的建设使用将成为勘察设计企业管理升级的重要方向。该平台可系统整合项目管理、质量管理、人力资源管理等核心业务，使企业内部流程更加高效透明，在减少管理成本的同时提升运营效率和市场竞争力。未来，勘察设计企业将持续加强数字化管理平台的建设使用，通过精细化和智能化管理提升整体运营水平，为行业发展注入新的动力。

（二）绿色化、可持续发展

1. 绿色建筑设计

绿色建筑设计既符合全球低碳环保的发展趋势，又满足了人们对健康、舒适和可持续生活环境的需求。未来，勘察设计企业将在项目规划和建筑设计中更加注重节能、环保和低碳等方面的性能，积极采用绿色建筑材料和技术，全面提升建筑的能源利用效率，降低建筑活动对自然环境的影响，推动行业向更加可持续和生态友好的方向发展。

在建筑节能方面，企业应优先应用先进的节能设计理念和技术措施，如优化建筑结构设计、提升能源系统效率等。在环保建筑材料的应用上，优先选用可再生、低污染和低能耗的建筑材料，如高性能混凝土、低挥发性有机化合物（VOC）涂料、再生钢材和本地化建筑材料。这些措施不仅能够减少资源浪费，还能降低建筑全生命周期的碳排放，进一步推动绿色建筑的普及。

### 2. 生态环境修复与保护

陕西省拥有丰富的自然资源和独特的生态环境，保护与修复这些宝贵的资源对维持生态平衡、保持生物多样性，以及促进区域经济可持续发展和提高居民生活质量具有重要意义。

在山水林田湖草沙一体化保护和修复方面，勘察设计企业将积极参与并为这一系统性生态工程提供技术解决方案。山水林田湖草沙是一个相互联系、相互影响的完整生态系统，通过综合治理能够有效提高生态系统的稳定性和恢复力。通过一体化的保护措施，陕西省的自然生态系统将逐步恢复，为维护生态平衡和环境稳定提供有力支持。

在城市黑臭水体治理方面，勘察设计企业将发挥重要作用，通过参与水体的监测、治理及长期维护，为改善城市环境提供科学支持。企业采用先进的水质监测和分析手段，全面了解污染源和污染程度，制定针对性的治理方案，确保治理效果的长效性。黑臭水体的治理不仅能够改善城市的环境面貌，还将为居民创造更加健康和宜居的生活环境。

在生态环境监测和管理方面，勘察设计企业将通过提供技术支持助力陕西省的环境保护。企业可以建设生态监测平台，实现对水质、空气、土壤等生态要素的动态监测，及时掌握生态变化情况，并提供科学依据支持生态恢复和保护工作。通过持续的监测与科学管理，生态保护工作将更加精准和高效，有效助力全省生态环境质量的提升。

## （三）专业化、多元化发展

### 1. 专业化发展趋势

随着市场竞争的加剧，勘察设计企业正逐步向更加专业化的细分领域发展，以提升特定领域的技术水平和服务质量，形成独特的竞争优势。当前，工程项目日益复杂，客户需求也在不断提高，这对企业的技术能力、管理水平和创新能力提出了更高要求。为了在激烈的市场竞争中脱颖而出，勘察设计企业需要明确自身的专业定位，聚焦某一领域或几个细分领域进行深入研究和开发。通过建立高水平的专业技术团队，企业能够打造核心竞争力和品牌特色，进一步巩固市场地位。

### 2. 多元化发展趋势

尽管传统勘察设计业务是企业发展的基础，但单一业务模式已难以应对当前复杂市场环境下客户多元化的需求。因此，勘察设计企业需在核心业务的基础上，向工程总承包（EPC）、项目管理、全过程工程咨询等业务领域延伸，逐步打造一站式综合服务模式。

EPC 将成为勘察设计企业发展的重要方向之一。通过拓展 EPC 业务，企业可以在项目设计、施工和管理中提供全方位服务，不仅拓展服务深度与广度，还能增加项目附加值，为企业带来更高的经济回报。在 EPC 项目中，勘察设计企业可为业主提供全面的技术支持和管理服务，确保项目高质量、高效率完成，同时为业主节约时间与资源。通过多元化布局，企业将更好地满足市场需求，提高抗风险能力，为长远发展奠定坚实基础。

## （四）国际化发展

### 1. 参与共建"一带一路"

共建"一带一路"倡议为陕西省勘察设计企业的国际化发展提供了前所未有的机遇。随着共建"一带一路"国家和地区对基础设施建设、互联互通和经济合作需求的增长，陕西省勘察设计企业凭借历史和地缘优势，以及近年来积累的丰富技术和管理经验，能够在国际舞台上展现实力。勘察设计企业将积极参与共建国家的铁路、公路、港口、机场等基础设施项目建设，输出中国的技术和标准，提升国际影响力与品牌知名度。

交通设施作为互联互通的关键部分，对经济发展和资源流通具有重要意义。在铁路、公路等交通设施领域，陕西勘察设计企业将利用项目经验和技术优势，为共建国家提供技术支持与专业服务。在港口和机场建设中，企业也将发挥重要作用，通过提供高效的设计方案，帮助共建国家改善物流通道和基础设施，推动跨境运输和国际贸易便利化。

2. 加强国际合作与交流

勘察设计企业将与全球顶尖工程设计、建筑和技术公司建立合作，通过联合研发和技术共享提升技术水平和创新能力。通过引进国际先进技术，企业可在绿色建筑、低碳设计和智能化管理领域实现技术突破，增强实施复杂项目的竞争力，同时推动技术的本地化应用，提高企业在国际市场中的适应性和灵活性。

积极参与国际学术交流活动也是企业国际化战略的重要部分。通过参加国际会议、学术研讨会和展览，企业可展示技术成果和创新案例，提升国际知名度。此外，企业还将逐步掌握 ISO 标准、欧盟建筑规范等国际行业标准，确保设计和施工方案符合国际规范，从而提升其在海外项目中的竞争力与执行力。

# 四　政策建议

为实现陕西省勘察设计行业在"十五五"至 2035 年的发展目标，政府、行业协会和企业各方的共同努力至关重要。政府应加强行业监管，完善资质管理和市场准入制度，打击资质挂靠等违规行为，规范市场秩序。针对技术创新不足的问题，政府可以加大对勘察设计行业技术研发的扶持力度，通过设立专项资金、鼓励产学研合作等措施，推动技术创新能力的提升。行业协会作为沟通企业与政府的桥梁，也应积极发挥作用，通过组织行业培训、技术交流、标准化制定等活动，帮助企业提高技术水平，推广先进技术，推动行业整体技术水平的提升。协会还可以建立企业信用评价体系，提升行业的诚信和规范水平，为市场的公平竞争提供保障。

对于企业而言，提升自身的技术创新能力是关键。勘察设计企业应加大对技术研发的投入，培养和引进高端人才，积极开展产学研合作，特别是在BIM、GIS、绿色建筑技术等关键领域实现突破。通过自主创新，企业能够不断提高核心竞争力，在激烈的市场竞争中脱颖而出。同时，企业还应加强数字化管理平台的建设，实现项目管理、质量管理、人力资源管理等方面的数字化，提升管理效率和决策水平。企业还应与上下游企业加强合作，整合产业链资源，建立长效合作机制，提升综合实力，为客户提供更加优质的服务。

展望未来，随着数字化、绿色化、专业化和国际化的深入推进，陕西省勘察设计行业有望迈入新的发展阶段。行业的创新能力和服务水平将不断提高，市场竞争将更加公平有序，企业的国际影响力将进一步扩大。在行业相关各方的共同努力下，陕西省勘察设计行业将迎来更加健康、可持续的发展前景，为全省的经济发展、城市建设和生态环境保护作出更大的贡献。

**参考资料**

《陕西省 2023 年国民经济和社会发展统计公报》，陕西省统计局，2024。

《建筑信息模型（BIM）应用标准》，中国建筑工业出版社，2022。

《2023 年全国勘察设计行业发展报告》，中国勘察设计协会，2024。

《数字化勘察设计关键技术及典型应用场景研究》，中国勘察设计信息网，http：//zkschina. com. cn/vision/show-793. html。

《设计企业工程总承包业务发展路径与进化策略》，中国勘察设计信息网，http：//zkschina. com. cn/vision/show-874. html。

# B.8

# 陕西省建设工程咨询市场现状及发展趋势

王之怡 李泉柏 楚芳芳*

**摘 要：** 在传统建设工程咨询行业亟待向全过程工程咨询转型的当下，本报告通过梳理陕西省建设工程咨询市场的政策要点，分析陕西省建设工程咨询行业发展状况，对比陕西省与其他试点地区在全过程工程咨询运行方面的差异，厘清陕西省建设工程咨询市场现状。同时对陕西省建设工程咨询行业发展进行展望，提出培养复合型人才、整合产业链、推进数智一体化、绿建生态技术集成以及开拓跨国业务等发展方向。

**关键词：** 建设工程咨询 全过程工程咨询 陕西省

## 一 建设工程咨询市场的政策要点

### （一）推行全过程工程咨询的相关政策

从 2017 年起步至今，我国全过程工程咨询服务经历了概念提出、试点推广、全面实施三个阶段。2017 年 2 月，国务院办公厅发布《关于促进建筑业持续健康发展的意见》（国办发〔2017〕19 号），首次从国家层面提出鼓励发展全过程工程咨询。同年 5 月，住房和城乡建设部发布《关于开展

---

\* 王之怡，渭南职业技术学院副教授，主要研究方向为建设工程咨询行业发展与政策；李泉柏，中铁第一勘察设计院集团有限公司高级建筑师，主要研究方向为全过程工程咨询体系构建；楚芳芳，陕西铁路工程职业技术学院副教授，主要研究方向为工程咨询数字化与绿色转型。

全过程工程咨询试点工作的通知》（建市〔2017〕101号），选取八个省市40家企业开展全过程工程咨询试点工作，由此拉开了全过程工程咨询发展的序幕（见表1）。当前各省市均已发布全过程工程咨询推进方案、服务技术标准和合同体系，全过程工程咨询服务已经步入全面实施阶段。我国大力推广全过程工程咨询服务既是顺应市场环境变化的应对，也是工程咨询企业自身转型升级发展的选择。

表1　国家层面推行全过程工程咨询的相关政策

| 时间 | 政策 | 部门 | 主要内容 |
| --- | --- | --- | --- |
| 2017年2月 | 《关于促进建筑业持续健康发展的意见》 | 国务院办公厅 | 要求培育全过程工程咨询,完善工程建设组织模式 |
| 2017年5月 | 《关于开展全过程工程咨询试点工作的通知》 | 住建部 | 选取八个省市40家企业开展为期两年的试点工作 |
| 2019年3月 | 《关于推进全过程工程咨询服务发展的指导意见》 | 国家发改委、住建部 | 从鼓励发展多种形式全过程工程咨询、重点培育全过程工程咨询模式、优化市场环境等方面提出政策措施 |
| 2020年4月 | 《房屋建筑和市政基础设施建设项目全过程工程咨询服务技术标准》 | 中国工程咨询协会 | 明确投资决策综合咨询、工程建设全过程咨询的内容程序以及成果 |
| 2021年4月 | 《建设项目全过程工程咨询管理标准》 | 中国工程建设标准化协会 | 明确全过程工程咨询项目管理、组织架构以及各个环节咨询与管理标准 |
| 2023年8月 | 《全过程工程咨询服务规程》 | 中国勘察设计协会 | 完成基本模式定义,给出服务内容清单和成果清单。提供工作目标、基本任务和交付成果等各阶段咨询服务操作大纲 |

我国全过程工程咨询业务发展迅猛。2020年全国公开招标的全咨项目为1598项，2021年全国公开招标的全咨项目有2337项（同比增长46%），2022年全国公开招标的全咨项目有9965项（同比增长326%），2023年全国通过招投标平台发布的全过程工程咨询项目总数已经达到了12338项（同比增长率24%），总体呈现增长态势（见图1）。

陕西省经过争取国家试点、组织调研、编制文件、多方推动，现已基本

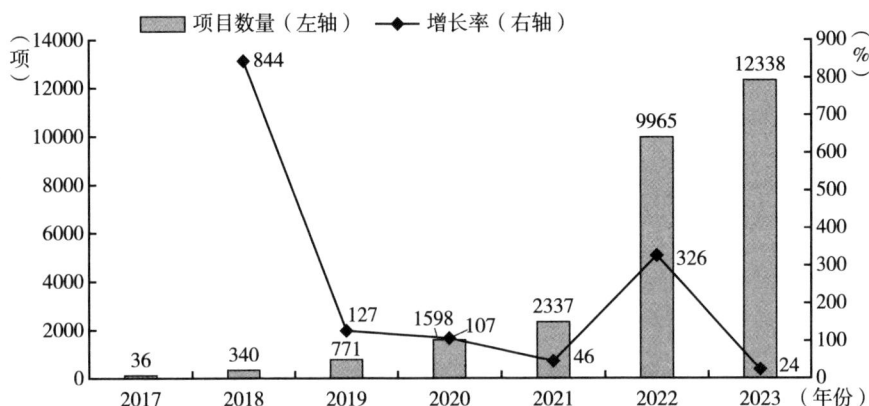

图 1    2017~2023 年我国全咨项目数量及增长率

资料来源：中导智慧城市规划设计研究院《中国全过程工程咨询业研究报告（2024年）》。

形成了地方全过程工程咨询的政策体系与实践基础。2018 年 10 月，住建部将陕西列为全过程工程咨询试点省份。随后依据国家相关政策文件，陕西制定了符合本省实际的政策，在全省范围内开始推进全过程工程咨询的发展（见表 2）。

表 2    陕西省推行全过程工程咨询的相关政策

| 时间 | 政策 | 部门 | 主要内容 |
|---|---|---|---|
| 2018 年 10 月 | 《关于开展全过程工程咨询试点的通知》（陕建发〔2018〕388 号） | 陕西省住建厅 | 各市(区、县)住房和城乡建设主管部门要积极与财政、税务、审计等相关部门统筹协调,优先在政府投资建设项目中采用全过程工程咨询组织管理模式,做好政策指导工作,着力研究解决试点过程中出现的问题,确保试点工作有效推进 |
| 2019 年 1 月 | 《陕西省全过程工程咨询服务导则(试行)》 | 陕西省住建厅 | 明确了服务各环节标准、流程与职责等 |
| 2019 年 1 月 | 《陕西省全过程工程咨询服务合同示范文本(试行)》 | 陕西省住建厅 | 提供了标准合同条款,明晰双方权责 |

| 时间 | 政策 | 部门 | 主要内容 |
|---|---|---|---|
| 2020 年 8 月 | 《关于在房屋建筑和市政基础设施工程领域加快推进全过程工程咨询服务发展的实施意见》(陕建发〔2020〕1118 号) | 陕西省住建厅、陕西省发改委 | 明确了工作目标、任务和保障措施等,为全过程工程咨询的发展提供了政策依据和指导 |
| 2024 年 5 月 | 《关于在房屋建筑和市政基础设施工程领域推进全过程工程咨询服务发展的实施意见》 | 西安市住建局 | 明确了 2024～2028 年的工作目标,包括孵化项目、培育企业、建立制度规范等;制定了保障措施,以推动全过程工程咨询服务的发展 |

## （二）推行绿色低碳建造咨询服务的相关政策

绿色低碳是实现经济社会高质量发展的必然要求。党的二十大报告指出,"推动经济社会发展绿色化、低碳化是实现高质量发展的关键环节"。2023 年 8 月,国家发展改革委等 10 个部门印发《绿色低碳先进技术示范工程实施方案》,要求到 2025 年,通过实施绿色低碳先进技术示范工程、一批示范项目落地实施、一批先进适用绿色低碳技术成果转化应用、若干有利于绿色低碳技术推广应用的支持政策、商业模式和监管机制逐步完善,为重点领域降碳探索有效路径。到 2030 年,通过绿色低碳先进技术示范工程带动引领,先进适用绿色低碳技术研发、示范、推广模式基本成熟,相关支持政策、商业模式、监管机制更加健全,绿色低碳技术创新能力和产业国际竞争优势进一步加强,为实现碳中和目标提供有力支撑。

绿色低碳建造咨询服务强调采取绿色化、低碳化的技术措施和管理方法为建设过程提供咨询服务,其咨询服务不仅包含以绿色建筑为核心展开的绿色类咨询服务,还包括从策划到运维全过程中涉及的绿色低碳建造咨询服务,涵盖的范围和服务业务更加广泛和全面,但是目前绿色低碳建造咨询服务暂未完全形成,还需继续深入研究和探索。我国在推行绿色低碳建设的过程中,不断探索和优化绿色低碳理念在工程建设中的融入与发展,从国家到地方均出台了一系列相关的政策文件（见表 3）。

表3 国家层面推行绿色低碳建造咨询服务的相关政策

| 时间 | 政策 | 部门 | 主要内容 |
|---|---|---|---|
| 2021年9月 | 《关于完整准确全面贯彻新发展理念做好碳达峰碳中和工作的意见》 | 国务院 | 实施工程建设全过程绿色建造 |
| 2021年10月 | 《关于推动城乡建设绿色发展的意见》 | 中共中央办公厅、国务院办公厅 | 推广绿色化、工业化、信息化、集约化、产业化建造方式,加快推行工程总承包,推广全过程工程咨询 |
| 2022年6月 | 《城乡建设领域碳达峰实施方案》 | 住房和城乡建设部、国家发展改革委员会 | 推进绿色低碳建造,制定完善绿色建筑、零碳建筑、绿色建造等标准 |
| 2023年8月 | 《绿色低碳先进技术示范工程实施方案》 | 国家发展改革委等10个部门 | 通过实施绿色低碳先进技术示范工程,布局一批技术水平领先、减排效果突出的示范项目 |

## (三)推行数智化工程咨询服务的相关政策

在数字中国战略的背景下,推行数智化工程咨询服务是传统建设工程咨询行业转型升级的必然要求,是建筑业高质量发展的前瞻决策。2024年2月,住房和城乡建设部发布的《"数字住建"建设整体布局规划》是建筑业开展信息化、数字化工作的指导性文件。文件指出要"推动工程造价咨询服务和工程建设模式转型升级"(见表4)。建设工程咨询行业正朝着数智化方向发展,对工程咨询服务的质量、效率和专业性提出了更高要求。推行数智化工程咨询服务,有助于行业顺应发展趋势,实现转型升级,更好地服务国家重大建设项目。

表4 国家层面推行数智化工程咨询服务的相关政策

| 时间 | 政策 | 部门 | 主要内容 |
|---|---|---|---|
| 2021年12月 | 《"十四五"数字经济发展规划》 | 国务院 | 提出"促进数字技术在全过程工程咨询领域的深度应用,引领咨询服务和工程建设模式转型升级"是全面深化重点产业数字化转型的重要组成部分 |

续表

| 时间 | 政策 | 部门 | 主要内容 |
|---|---|---|---|
| 2022 年 3 月 | 《关于加快推进工程咨询业高质量发展的指导意见》 | 中国工程咨询协会 | 深入推进"数字化+"工程咨询,加速提升工程咨询业数字化能力与水平,共同培育数字化咨询服务新产品、新业态、新模式,探寻行业新的增长动能与发展路径,提升服务质量、效率与满意度 |
| 2024 年 2 月 | 《"数字住建"建设整体布局规划》 | 住房城乡建设部 | 推动工程造价咨询服务和工程建设模式转型升级。推广"工程总承包+全过程工程设计咨询服务"的工程项目管理模式。推进工程项目施工全过程、全要素数字化管理,探索可视化、数字孪生、大数据分析等技术在工程项目管理中的应用,提高虚实互动水平与工程项目决策效率 |

## 二　陕西省建设工程咨询行业发展现状

### (一)工程咨询行业整体规模增速放缓

陕西建设工程咨询企业主要集中在西安。西安基础设施建设项目数量可观,为工程咨询行业提供了丰富的市场资源和良好的发展环境。同时,西安拥有众多高校和科研机构,能够为工程咨询行业提供人才支持,吸引了大量工程咨询企业聚集。陕西其他地区的工程咨询行业发展相对较为缓慢,企业数量和市场规模相对较小。这与各地的经济发展水平、基础设施建设投资规模等因素密切相关,导致工程咨询业务在区域之间的分布存在明显差异。

本报告提取全国投资项目在线审批监管平台工程咨询企业备案数据,分析陕西省工程咨询业的发展状况。2019 年陕西备案工程咨询企业数量为 514家,2024 年达到 2040 家,年均备案企业增量超 300 家,整体呈现逐年上升的趋势,尤其是从 2021 年开始,增长幅度较为明显。在 2022 年增加数量达到高峰后,2023 年和 2024 年呈现出下降趋势,行业增长速度有所放缓(见图 2)。究其原因,房地产行业一直是工程咨询的重要需求方,但近年来房地产业发展遇冷，导致工程咨询业务量减少。据《陕西统计年鉴》数据，陕西省2021年完成房地产开发投资额4441亿元，2022年完成4162亿元，2023年完成3278亿元。2023年陕西房地产开发投资额相比2022年减少884亿元，这是2023年起陕西备案工程咨询企业数量减少的重要原因。

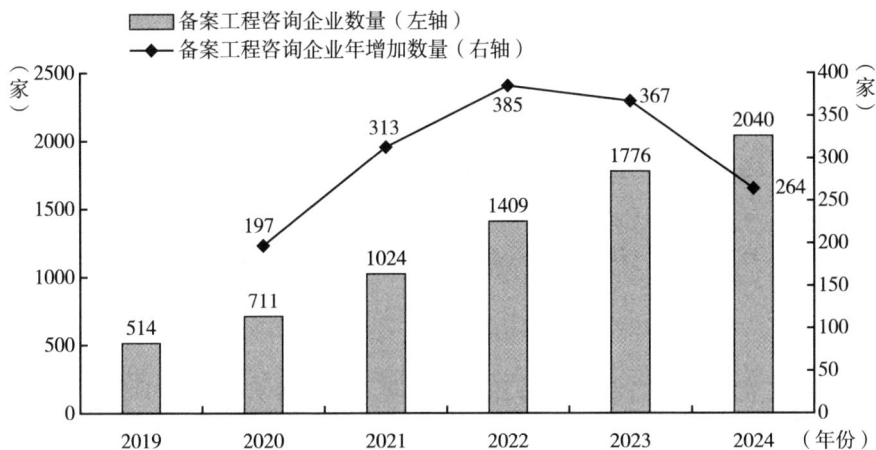

**图2　2019~2024年陕西省备案工程咨询企业总数和增加数量**

资料来源：根据全国投资项目在线审批监管平台工程咨询企业备案数据整理计算得出。

## （二）工程造价企业呈现差异化发展态势

住房和城乡建设部2020年对《工程造价咨询企业管理办法》《注册造价工程师管理办法》作出重要修改，放宽了工程造价咨询企业的准入门槛。在《工程造价咨询企业管理办法》方面，降低甲乙级资质企业的人员数量等标准，甲级企业专职人员从不少于20人降至12人，乙级企业也相应精简，取消出资相关特殊比例要求，提高乙级企业业务承接限额至2亿元以下，还放宽办公场所要求、调整申报材料及承诺事项等。工程造价行业准入门槛降低后，更多企业有机会进入陕西工程造价咨询市场。住建部《2023年工程造价咨询统计公报》显示，2023年陕西共有435家登记工程造价咨询业务的企业，相比2019年增加了182家，企业数量呈逐年递增趋势（见图3）。

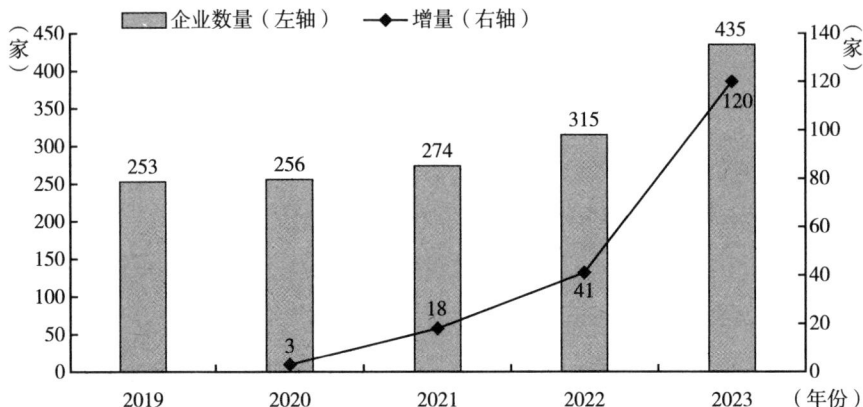

**图3 2019~2023年陕西省建设工程造价企业数量及变化情况**

资料来源：住建部2019~2023年全国建设工程造价咨询统计公报。

陕西工程造价行业呈现差异化发展态势。头部企业发展优势明显，如中国建筑西北设计研究院、西安铁一院工程咨询管理有限公司等大型企业凭借品牌影响力、专业技术实力、丰富的项目经验和完善的服务体系，不断巩固优势，拓展业务领域和市场份额，向全过程工程咨询等多元化服务发展，在市场中占据主导地位。中小规模企业则聚焦特定领域、区域或提供特色服务来争取市场份额。随着陕西省区域协调发展战略的推进，宝鸡、咸阳、渭南等周边城市的基础设施建设不断加快，当地的中小规模工程造价企业凭借地域优势和对本地市场的熟悉，积极拓展业务，与西安等中心城市的企业形成差异化竞争。

## （三）工程监理企业逐渐向综合化的服务模式转变

根据住建部《2023年全国建设工程监理统计公报》，全国具有资质的建设工程监理企业共有19717家（其中综合资质企业349家、甲级资质企业5833家、乙级资质企业12623家）。从监理企业财务情况来看，2023年具有建设工程监理资质的企业承揽监理合同额2024.2亿元，同比减少1.6%，具有建设工程监理资质的企业全年监理收入1676.4亿元，与上年基本持平。2023年陕西共有 1018 家具有建设工程监理资质的企业参加了统计,相比于 2022 年增加了 149 家。图 4 为 2019~2023 年陕西建设工程监理企业数量及变化情况,可以看出陕西工程监理企业数量呈逐年增长的趋势,但增量有所波动。

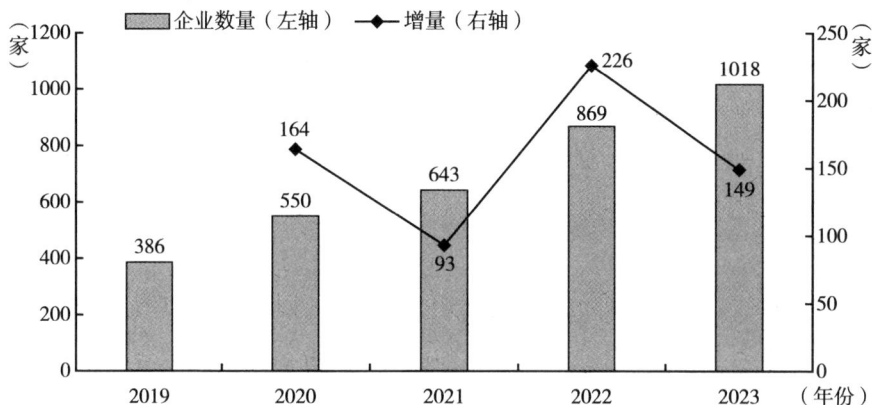

**图 4  2019~2023 年陕西省建设工程监理企业数量变化情况**

资料来源:住建部 2019~2023 年《全国建设工程监理统计公报》。

陕西监理行业市场需求呈现较大波动。2019~2022 年,西安监理岗位的招聘需求量整体呈下降趋势,2020 年下降 46%,2021 年下降 26%,2022 年下降 43%。但 2023 年出现了明显的增长,较 2022 年增长了 140%。2019~2022 年监理行业自身处在转型阶段,一方面,受全球形势等影响,许多企业投资趋于保守,一些大型基建和商业建设项目资金筹备难度加大,不得不延缓甚至取消项目计划,对监理岗位的需求自然随之锐减。另一方面,传统的监理模式逐渐向全过程工程咨询等更综合化的服务模式转变。在这个过程中,不少小型监理企业难以适应新变化,导致整体招聘需求下降。2023 年,陕西地区众多重点项目集中开工建设,如西安一些老旧小区改造升级、城市轨道交通的延伸拓展等项目,都急需大量专业监理人员参与,所以监理岗位需求量出现了明显的反弹式增长。

## (四)工程造价、工程监理行业人才竞争激烈

陕西 2020 年放宽工程造价咨询企业准入门槛后,乙级资质企业数量增

多，这在一定程度上会使企业对从业人员的需求有所增加，以满足业务扩张的需要，促使从业人员数量上升，但随着时间推移和市场的逐渐饱和，增长趋势渐缓。从一级造价工程师数量变化上看，2023年陕西一级造价工程师考试合格人员为2651人，2022年为2261人，2021年为2362人，2020年为2795人，2019年为1404人。从数据可以看出，2020~2023年陕西每年一级造价工程师增加数量约为2500人，工程造价行业从业人员整体素质得到提高。从薪资变化上看，据职友集数据，2024年西安造价员平均工资为4500~8000元/月，年薪为5万~10万元。与2023年相比，平均工资整体持平。

陕西注册监理工程师数量总体保持增长。从注册监理工程师数量上看，2023年陕西注册监理工程师考试通过人数为5548名，占全国合格总人数的比例约为6%。从薪资变化上看，据职友集数据，2024年西安工程监理公司工程监理员平均工资为3800元，年薪为4万~5万元，较2023年下降了29%，说明新增的注册监理工程师为陕西监理行业注入了新的专业人才力量，同时也使行业内的竞争更加激烈。随着监理行业的发展，越来越多的企业进入市场，竞争日趋激烈，为了在竞争中获得项目，一些监理企业采取低价策略，导致整个行业的利润水平下降，从而影响了员工的薪资待遇。

随着陕西省装配式建筑、绿色建筑、智能建筑等新兴领域的快速发展，建设工程咨询对具备相关专业知识和经验的企业从业人员需求更为迫切。同时，工程造价、工程监理从业人员可向工程咨询、项目管理等相关领域拓展，实现多元化发展，此举不仅有利于从业者个人拓宽职业路径、提升综合能力与竞争力，更为推进陕西全过程工程咨询产业注入发展动力。

## 三　陕西全过程工程咨询运行情况分析

陕西作为住建部全过程工程咨询试点省份，虽开展全咨项目数量呈现快速增长势态，但在全国范围内的竞争力仍有待提高。中导智慧城市规划设计研究院全咨中心数据显示，2021年，全国开展全过程工程咨询服务项目

2337 项，其中陕西省全咨项目实施数量为 39 项，全国排名第 14。2022 年，全国开展全过程工程咨询服务项目达 9965 项，其中浙江省全咨项目实施数量达到 1555 项，居全国首位，陕西省 137 项，全国排名第 19。尽管陕西开展全咨项目数量呈增长态势，但全国排名有所下降，反映出陕西在全过程工程咨询服务领域虽有发展，但与其他省份相比，发展速度相对较慢，市场潜力还有待进一步挖掘，未来在提升服务质量、拓展业务范围等方面仍有较大空间。

根据我国 19 个试点省（区、市）实际情况与全过程工程咨询相关的政策文件，下面从服务模式、委托方式、单位资质（资信）要求、人员资格要求和酬金计取方式 5 个方面将陕西省与其他试点地区进行对比分析。

### （一）服务模式

从表 5 中试点省（区、市）全过程工程咨询服务模式统计情况可以看出，陕西、江苏、浙江等 15 个试点省（区、市）明确全过程工程咨询服务模式主要有两种，分别是一体化模式和联合体模式。湖南只有一体化模式。四川规定联合体模式由两家单位组成，其他地区对联合体数量未做出明确规定。

陕西、浙江、福建等 12 个试点省（区、市）明确提出承接全过程工程咨询业务的企业与施工企业和材料设备供应单位之间不得存在利益关系。其中，上海、浙江、广西 3 个地区还禁止与同一项目的设计企业存在利益关系。广东、贵州、河南等 7 个地区规定同一项目的全过程咨询单位不得与承包人具有利益关系，其他地区未明确规定。

**表 5　试点省（区、市）全过程工程咨询服务模式统计**

| 序号 | 试点省（区、市） | 全过程工程咨询服务模式 | | 禁止与相关单位存在利益关系 | | | 不得与承包人具有利益关系 |
|---|---|---|---|---|---|---|---|
| | | 一体化模式 | 联合体模式 | 设计企业 | 施工企业 | 材料设备供应单位 | |
| 1 | 北京 | 未明确 | | | | | |
| 2 | 上海 | 未明确 | | √ | √ | √ | |
| 3 | 江苏 | √ | | √ | | | |

续表

| 序号 | 试点省（区、市） | 全过程工程咨询服务模式 | | 禁止与相关单位存在利益关系 | | | 不得与承包人具有利益关系 |
|---|---|---|---|---|---|---|---|
| | | 一体化模式 | 联合体模式 | 设计企业 | 施工企业 | 材料设备供应单位 | |
| 4 | 浙江 | √ | √ | √ | √ | √ | |
| 5 | 福建 | √ | √ | | √ | √ | |
| 6 | 湖南 | √ | | | | | |
| 7 | 广东 | √ | √ | | | | √ |
| 8 | 四川 | √ | √ | | √ | √ | |
| 9 | 广西 | √ | √ | √ | √ | √ | |
| 10 | 陕西 | √ | √ | | √ | √ | |
| 11 | 安徽 | √ | √ | | | | |
| 12 | 贵州 | √ | √ | | √ | √ | √ |
| 13 | 河南 | √ | √ | | √ | √ | √ |
| 14 | 黑龙江 | √ | √ | | √ | √ | √ |
| 15 | 吉林 | √ | √ | | √ | √ | √ |
| 16 | 内蒙古 | √ | √ | | √ | √ | √ |
| 17 | 宁夏 | √ | √ | | | | |
| 18 | 山东 | √ | √ | | √ | √ | √ |
| 19 | 重庆 | 未明确 | | | | | |

资料来源：《中国工程咨询发展报告（2024）》。

## （二）委托方式

从表6中试点省（区、市）全过程工程咨询委托方式统计情况可以看出，陕西、江苏、浙江等16个地区明确规定依法必须招标的项目应通过招标方式委托全过程工程咨询服务，其中陕西、广东、安徽、河南4个地区明确依法必须招标的项目可采用竞争性谈判或者政府购买服务方式委托全过程咨询服务。对于依法无须招标的项目，陕西、江苏、浙江等地区明确可以直接委托全过程工程咨询服务。

在允许分包（转委托）方面，陕西、江苏、福建等11个试点地区规定，在保证整个工程项目完整性的前提下，按照合同约定或经建设单位同意，可将自有资质证书范围外的咨询业务依法依规择优分包（转委托）给具有相应资质或能力的单位。

**表6　试点省（区、市）全过程工程咨询委托方式统计**

| 序号 | 试点省（区、市） | 全过程工程咨询委托方式 | | | 依法必须招标项目的单项咨询业务是否需要单独招标 | 是否允许分包（转委托） |
| --- | --- | --- | --- | --- | --- | --- |
| | | 依法必须招标的项目 | | 依法无须招标的项目 | | |
| | | 招标 | 竞争性谈判 | 直接委托 | | |
| 1 | 北京 | 未明确 | | | | |
| 2 | 上海 | 未明确 | | | 否 | 未明确 |
| 3 | 江苏 | √ | | √ | 否 | 是 |
| 4 | 浙江 | √ | | √ | 未明确 | 未明确 |
| 5 | 福建 | √ | | 未明确 | 否 | 是 |
| 6 | 湖南 | √ | | √ | 否 | 未明确 |
| 7 | 广东 | √ | √ | √ | 未明确 | 是 |
| 8 | 四川 | √ | | √ | 否 | 未明确 |
| 9 | 广西 | √ | | √ | 否 | 是 |
| 10 | 陕西 | √ | √ | √ | 未明确 | 是 |
| 11 | 安徽 | √ | √ | √ | 否 | 是 |
| 12 | 贵州 | √ | | √ | 未明确 | 是 |
| 13 | 河南 | √ | 政府购买服务 | √ | 否 | 是 |
| 14 | 黑龙江 | √ | | √ | 未明确 | 是 |
| 15 | 吉林 | √ | | √ | 否 | 是 |
| 16 | 内蒙古 | √ | | 未明确 | 未明确 | 未明确 |
| 17 | 宁夏 | √ | | √ | 否 | 未明确 |
| 18 | 山东 | √ | | √ | 未明确 | 是 |
| 19 | 重庆 | 未明确 | | | | |

资料来源：《中国工程咨询发展报告（2024）》。

## （三）单位资质（资信）要求

从表7试点省（区、市）全过程工程咨询服务单位资质（资信）要求统计情况可以看出，陕西、上海、江苏等13个地区规定企业开展全过程咨询服务需要具备勘察、设计、监理、招标代理、造价咨询、工程咨询等工程建设类资质（资信）中的一项或者多项资质（资信）。其中工程监理占比100%，工程设计和造价咨询占比85%，工程咨询和工程勘察占比38%，招标代理占比23%，工程施工占比15%。

陕西、上海、江苏等9个地区明确允许企业具备1项资质（资信）即可开展全过程工程咨询服务。四川要求企业具备工程建设类2项及以上的资质（资信）。广西和河南的规定较为特殊，要求企业具备工程设计、工程监理、造价咨询2项及以上的甲级资质，或具备单一资质且年营业收入在行业排名为各省辖市、省直辖县（市、港区）前三的企业。

表7 试点省（区、市）全过程工程咨询服务单位资质（资信）要求统计

| 序号 | 试点省（区、市） | 工程咨询 | 工程勘察 | 工程设计 | 工程监理 | 造价咨询 | 招标代理 | 工程施工 | 资质（资信）数量 |
|---|---|---|---|---|---|---|---|---|---|
| 1 | 北京 | 未明确 | | | | | | | |
| 2 | 上海 | | | √ | | | | | 1项 |
| 3 | 江苏 | | | √ | √ | √ | | | 1项 |
| 4 | 浙江 | | | √ | √ | √ | | | 1项 |
| 5 | 福建 | 未明确 | | | | | | | |
| 6 | 湖南 | 未明确 | | | | | | | |
| 7 | 广东 | √ | √ | √ | √ | √ | √ | √ | 1项 |
| 8 | 四川 | √ | | | | | | | 2项及以上 |
| 9 | 广西 | | | √ | √ | √ | √ | | 1项/2项及以上 |
| 10 | 陕西 | √ | | √ | √ | √ | | | 1项 |
| 11 | 安徽 | | | | | | | | 1项 |
| 12 | 贵州 | √ | √ | √ | √ | √ | | | 1项 |
| 13 | 河南 | | | √ | √ | √ | | | 1项/2项及以上 |
| 14 | 黑龙江 | | √ | | | | | | |
| 15 | 吉林 | √ | √ | √ | √ | √ | √ | √ | 1项 |
| 16 | 内蒙古 | 在资质范围内完成相应业务 | | | | | | | |
| 17 | 宁夏 | | | √ | √ | √ | | | 1项 |
| 18 | 山东 | 全过程工程咨询企业提供勘察、设计、监理等服务时，其自身或联合体一方应当具有与工程规模及委托内容相适应的资质条件 | | | | | | | |
| 19 | 重庆 | 未明确 | | | | | | | |

资料来源：《中国工程咨询发展报告（2024）》。

## （四）人员资格要求

根据表8试点省（区、市）全过程工程咨询人员资格要求统计情况可以看出，绝大多数试点省（区、市）要求全过程咨询项目负责人至少具备一项工程建设类执业资格（一级注册建造师、一级注册建筑师、注册造价工程师等）。其中，贵州、黑龙江、吉林等7个省（区）要求负责人既具备工程建设类注册执业资格，又具备工程类、工程经济类高级职称和类似工程经验。除项目负责人以外，浙江、广西、安徽和内蒙古还对其他管理人员或专业负责人资格有明确规定。

**表8　试点省（区、市）全过程工程咨询人员资格要求统计**

| 序号 | 试点省（区、市） | 项目负责人资格要求 | | 其他管理人员或专业负责人资格要求 | 建筑师负责制 |
|---|---|---|---|---|---|
| | | 工程建设类执业资格 | 具有工程类、工程经济类高级职称，并具有类似工程经验 | | |
| 1 | 北京 | 未明确 | | | |
| 2 | 上海 | 未明确 | | | |
| 3 | 江苏 | √ | √ | | √ |
| 4 | 浙江 | √ | | √ | |
| 5 | 福建 | √ | | | √ |
| 6 | 湖南 | √ | | | √ |
| 7 | 广东 | √ | √ | | √ |
| 8 | 四川 | √ | | | √ |
| 9 | 广西 | √ | | √ | |
| 10 | 陕西 | √ | | | √ |
| 11 | 安徽 | √ | | √ | √ |
| 12 | 贵州 | √ | √ | | √ |
| 13 | 河南 | √ | | — | √ |
| 14 | 黑龙江 | √ | √ | | √ |
| 15 | 吉林 | √ | √ | | √ |
| 16 | 内蒙古 | √ | | √ | √ |
| 17 | 宁夏 | √ | | | √ |
| 18 | 山东 | √ | √ | | √ |
| 19 | 重庆 | 未明确 | | | √ |

资料来源：《中国工程咨询发展报告（2024）》。

陕西、江苏、福建等 13 个地区明确鼓励、倡导采用建筑师负责制，在全过程工程咨询中发挥建筑师的主导作用。其中，除江苏和四川外，均明确鼓励在民用建筑或建筑项目中推行建筑师负责制。江苏对以设计单位为主体实施全过程工程咨询的项目，提倡建筑师作为项目负责人并发挥主导作用；四川未明确建筑师负责制的适用项目。

### （五）酬金计取方式

从表 9 试点省（区、市）全过程工程咨询服务酬金计取方式统计情况可以看出，除北京、上海、重庆未明确酬金计取方式，江苏只明确附加酬金计取方式外，其他地区提出的全过程工程咨询服务酬金计取方式可以划分为两类：基本酬金、基本酬金+附加酬金。基本酬金计取方面，陕西、浙江、福建等 15 个试点地区明确了具体计取方式，提出可采用各专项咨询服务酬金叠加的计取方式，浙江、四川、广西等 9 个省（区）提出可按人工成本费用法的计取方式，湖南提出可按工程概算比例计算的计取方式。

附加酬金计取方面，陕西、江苏、福建等 16 个地区均明确了具体计取方式。其中，除浙江外的 15 个地区鼓励根据节约投资额以奖励形式计取，浙江、广西、黑龙江、吉林、宁夏、山东 6 个地区提出可在基本酬金的基础上增加相应统筹管理费用。

**表 9　试点省（区、市）全过程工程咨询服务酬金计取方式统计**

| 序号 | 试点省（区、市） | 基本酬金计取方式 | | | 附加酬金计取方式 | |
|---|---|---|---|---|---|---|
| | | 工程概算比例 | 人工成本费用法 | 各专项咨询服务酬金叠加 | 奖励（按节约投资比例） | 统筹管理费 |
| 1 | 北京 | 未明确 | | | | |
| 2 | 上海 | 未明确 | | | | |
| 3 | 江苏 | 未明确 | | | √ | |
| 4 | 浙江 | | √ | √ | | √ |
| 5 | 福建 | | | √ | √ | |
| 6 | 湖南 | √ | | √ | √ | |
| 7 | 广东 | | | √ | √ | |

续表

| 序号 | 试点省（区、市） | 基本酬金计取方式 | | | 附加酬金计取方式 | |
|---|---|---|---|---|---|---|
| | | 工程概算比例 | 人工成本费用法 | 各专项咨询服务酬金叠加 | 奖励（按节约投资比例） | 统筹管理费 |
| 8 | 四川 | | √ | √ | √ | |
| 9 | 广西 | | √ | √ | √ | √ |
| 10 | 陕西 | | | √ | √ | |
| 11 | 安徽 | √ | √ | √ | √ | |
| 12 | 贵州 | | | √ | √ | |
| 13 | 河南 | √ | | √ | √ | |
| 14 | 黑龙江 | √ | √ | √ | √ | √ |
| 15 | 吉林 | √ | √ | √ | √ | √ |
| 16 | 内蒙古 | | | √ | √ | |
| 17 | 宁夏 | √ | √ | √ | √ | √ |
| 18 | 山东 | √ | √ | √ | √ | √ |
| 19 | 重庆 | 未明确 | | | | |

资料来源：《中国工程咨询发展报告（2024）》。

陕西全过程工程咨询地方政策在满足国家层面政策要求的前提下，更适应地方市场状况，倾向于提供更具体、更详细的操作指南和服务指南，全过程工程咨询服务模式和委托方式多样灵活；同时，明令禁止咨询企业与施工企业、材料设备供应单位存在利益勾连，防范潜在利益输送，维护项目公正、透明，契合行业良性发展诉求。从业单位资质（资信）要求贴合工程咨询行业常规标准，有利于吸纳多元企业参与，形成适度竞争格局，契合陕西企业现状，平衡了行业准入门槛与发展活力。项目负责人需持有工程建设类执业资格，同时，积极倡导建筑师负责制，紧跟行业先进理念，有利于发挥建筑师专业优势，提升建筑设计品质与项目整体协调性。酬金计取采用各专项咨询服务酬金叠加计取方式，同时，按节约投资比例奖励附加酬金，既保障了咨询企业合理收益，又契合业主控制成本、提质增效的期望。总体来讲，陕西全过程工程咨询运行贴合试点政策共性，立足本省建设市场实情灵活调整，在规范、效率、效益间寻求平衡。

这些举措有助于确保陕西全过程工程咨询的高质量和有效性，促进建设咨询行业的健康发展。

# 四　陕西建设工程咨询行业展望

## （一）全过程工程咨询对复合型人才需求大幅增长

建设工程咨询行业向全过程工程咨询转型，要求从业人员具备多方面专业知识和技能，既懂工程技术，又懂经济管理、法律法规等知识。未来五年，人才仍然是工程咨询业的第一生产力，尽管科技的发展和智能化的应用将不断推动行业的进步，人工智能和大数据等新技术将对工程咨询人才队伍形成冲击，从而提高从业门槛，但人才作为工程咨询业最重要的生产力仍然不可替代。

陕西省积极推广全过程工程咨询模式，鼓励企业提供涵盖项目前期策划、勘察设计、招标代理、造价咨询、工程监理、项目管理等全过程的一体化建设工程咨询服务，推动企业业务向多元化、综合性方向发展。因此，市场对复合型建设工程咨询人才的需求将大幅增长。

## （二）建设工程咨询行业加快产业链整合

国内建设工程咨询市场对全面、跨阶段、一体化的全过程咨询服务需求不断增加，逐步形成对全过程工程咨询服务的普遍需求。在此形势下，全过程工程咨询服务的发展是对整个建设工程咨询产业链的一次重要变革。开展全过程工程咨询可以实现建设项目效能最大化，满足工程高质量建设的需求，适应未来项目高质量实施的发展要求。

陕西全过程工程咨询服务在全国范围内竞争力仍有待提高，传统建设工程咨询企业需要不断创新工程咨询模式，以适应全过程咨询服务的变革要求，加快整合传统建设工程咨询产业链，普及全过程工程咨询，在市场实践层面完成真正意义上的全过程咨询服务有效供给。

### （三）从传统咨询向数字咨询转型

随着数字中国建设进入走实向深新阶段，智慧城市、数字基建等行业数字化、信息化建设成为引领创新发展的新引擎、新动力。在智能建造的背景之下，未来全过程咨询服务将与更多的数字化技术融合，实现线上线下实时交互与监管，例如未来随着建造机器人被广泛应用到施工现场，将做到工程项目的"零距离"管控，真正实现全过程数字化管理。

建设工程咨询行业正经历着从传统咨询向数字咨询的深刻转变，这一转型不仅仅是技术层面的革新，更是思维模式、服务方式及业务模式的全面升级。传统咨询依赖于人工分析、经验判断和面对面交流，而数字咨询则充分利用大数据、人工智能、云计算等先进技术，实现数据的深度挖掘、智能分析和远程协作，为客户提供更加精准、高效、个性化的咨询服务。

陕西推进建设工程咨询数智一体化意义重大。将数字技术与建设工程咨询服务深度融合发展有巨大潜力和发展空间。数字技术在建设工程咨询服务中的深度应用，将催生出数字化的建设工程咨询服务新市场，提升建设咨询服务效率及质量，持续激发建设工程咨询新动能，助力陕西从"建造大省"向"建造强省"迈进。

### （四）建设工程咨询服务与绿建生态技术有效集成

陕西建设工程咨询服务与绿建生态技术的有效集成，是实现建筑行业可持续发展的重要举措。在"双碳"目标之下，建筑业作为重要碳排放领域，陆续发布了碳减排行动方案等重点政策以及相关技术路线图和标准体系。目前，围绕低碳的工程咨询项目更多体现在设计阶段，未来为了真正践行降碳减排要求，需要将低碳技术与工程全过程管理进行集成，形成"数字化+绿色化"全过程咨询服务，比如依托智能化监测系统，对建筑能耗、室内空气质量、水资源利用效率实时追踪。依托数据分析，优化调整供暖供冷、照明时长等，且围绕绿建技术定期评估运维效果，及时升级更新设备，让建筑长期维持绿色高效运行状态，实现咨询服务与绿建生态全程紧密融合、协同发力。

### （五）跨国型服务开拓建设工程咨询行业新版图

长期以来，由于国内市场空间较大，陕西建设工程咨询企业普遍以本土业务为主。随着我国对共建"一带一路"国家和地区基础设施投资和产业开发向纵深推进，以及陕西建设工程咨询企业综合实力的持续增强，未来五年是建设工程咨询业"走出去"，开展国际咨询业务、占领国际建设工程咨询市场的重要阶段。陕西已形成一批品牌型建设工程咨询单位，它们将以建设世界一流工程咨询单位为目标，加快对国际市场的布局。

**参考资料**

《中国工程咨询发展报告（2024）》，中国国际工程咨询有限公司，2024。

《中国全过程工程咨询业发展报告（2024）》，中导智慧城市规划设计研究院，2024。

《全国建设工程监理统计公报》（2019～2023），https：//www. mohurd. gov. cn/gongkai/fdzdgknr/sjfb/tjxx/tjgb/index. html。

《全国建设工程造价咨询统计公报》（2019～2023），https：//www. mohurd. gov. cn/gongkai/fdzdgknr/sjfb/tjxx/tjgb/index. html。

# B.9
# 陕西省建筑材料市场现状及发展趋势

马 健*

**摘　要：** 本报告主要研究陕西建筑材料市场的现状及发展趋势，包括市场供需情况、价格走势、政策环境以及行业竞争格局等，覆盖传统建材和新型建筑材料领域。本报告采用数据分析、市场调研和行业访谈相结合的方式。研究发现，陕西省建筑材料市场面临需求下滑、供应过剩等问题，市场竞争激烈，行业集中度较低，企业面临成本上升和利润空间压缩的挑战。从政策环境来看，绿色建材认证体系不断完善，推动了行业向环保化、智能化方向发展。短期内，市场需求仍将受到经济环境和政策调整的影响，随着基础设施建设和房地产市场的不断发展，市场有望逐步回暖。长期来看，绿色建材、智能化建材和定制化服务将成为行业发展的重要方向。本报告提出以下对策建议：一是加强技术创新，推动建筑材料行业向绿色化、智能化转型；二是优化产业结构，提高行业集中度，增强企业竞争力；三是加强政策引导，支持绿色建材的推广应用。

**关键词：** 建筑业　建筑材料市场　陕西省

## 一　陕西省建筑材料市场现状

建筑材料是建筑业发展的基础，为建筑工程提供了必要的物资保障。建材市场的繁荣为建筑业提供了丰富的选择，满足了不同工程对材料性能、质

---

\* 马健，博士，西安建筑科技大学建筑学院副教授，主要研究方向为建筑设计、建筑策划、房地产开发。

量、价格等方面的需求，建材市场的稳定发展也为建筑业的可持续发展提供了有力保障。

作为国民经济的支柱产业之一，陕西省建筑业不仅直接贡献了大量的经济产值，还通过产业链上下游的带动作用，促进了相关产业的协同发展。陕西建筑业实现的总产值和增加值均保持稳步增长，对全省 GDP 的贡献率显著，为经济增长和社会全面发展提供了强有力的支撑。华经产业研究院数据显示，2024 年 1~9 月陕西省建筑业总产值为 6881.15 亿元，较上年同期增加了 23.11 亿元。陕西建筑业在 2024 年保持了增长的态势，但增速有所放缓，反映出行业整体面临一定的下行压力。

## （一）建筑材料生产持续放缓

2024 年 1~8 月，基础设施建设投资涨幅趋缓，房地产市场延续下行态势，工业领域消费需求稳中有升，国际市场需求继续收缩。

据国家统计局数据，2024 年 1~8 月，规模以上建材工业增加值同比下降 0.3%，增速比 1~7 月继续回落 0.2 个百分点，8 月当月同比下降 1.6%，降幅收窄，低于全国工业增加值增速。8 月，在重点监测的 31 种建材产品中，有 14 种产品产量同比增长，17 种产品产量同比下降。其中，规模以上水泥企业产量 1.79 亿吨，同比下降 2.0%，降幅环比收窄；平板玻璃产量 8227.6 万重量箱，同比下降 7.2%，降幅环比扩大，平板玻璃市场需求偏弱。

## （二）建材产品出厂价格保持低位

据国家统计局数据，2024 年 8 月建材工业出厂价格指数为 91.8，比上年同月下降 6.8%。在建材 13 个分类行业中，除建筑技术玻璃、纤维增强塑料、非金属矿采选业 3 个行业出厂价格比上年同月增长以外，其他行业产品出厂价格均同比下降。其中，受国内水泥市场需求偏弱影响，8 月水泥工业出厂价格指数为 80.2，比上月下降 4.3%，比上年同月下降 15.4%。1~8 月建材工业出厂价格比上年同期下降 6.3%，降幅略有扩大。

陕西省建筑业面临挑战和风险，经济增长放缓、房地产市场下行等导致市场规模收缩。建材市场呈现结构优化升级的趋势。新型环保材料、节能材料以及智能化材料逐渐占据市场主流，传统材料市场份额逐渐下降。

### （三）需求结构升级，新兴建材利润增长较快

据国家统计局数据，2024年1~8月，规模以上建材企业营业收入同比下降7.3%，利润总额同比下降23.2%。8月煤炭需求旺盛，燃料价格回升，企业用能成本增加。1~8月，仅轻质建材、隔热保温材料、技术玻璃、纤维增强塑料、卫生陶瓷和非金属矿采选业等6个行业营业收入、利润总额同比均保持增长，平板玻璃行业利润总额同比由负转正，涨幅较大。随着发展方式转变、需求结构升级，绿色建材、矿物功能材料、新材料等新兴建材产业加快发展，需求增加。

### （四）传统建筑材料销量下降，新型建筑材料占比增加

陕西市场常见的建筑材料主要包括水泥、钢材、混凝土，以及新型建筑材料如绿色建材和装配式建材等。

根据国家统计局数据，2023年全国规模以上水泥产量20.2亿吨，比上年下降0.7%，为2011年以来最低水平。西部水泥等企业的数据显示，陕西水泥销量在近年来保持相对稳定，但同比增速有所放缓。根据西部水泥发布的2024年中期业绩报告，2024年上半年水泥及熟料总销量为875万吨，同比下降8.3%。随着环保政策的持续收紧和错峰生产政策的实施，预计未来水泥产量会进一步受到限制。长期来看，随着绿色建筑和装配式建筑的发展，市场对高品质、低能耗水泥的需求会增加。

近年来，钢材价格波动较大，但总体需求保持稳定。据中钢协数据，2023年我国粗钢产量为101908万吨，同比持平；钢材产量为136268万吨，同比增长5.2%。根据商务部重要生产资料市场监测系统的数据，陕西钢材市场主要品种的价格和成交量受多种因素影响，如宏观经济环境、季节性因素、供需关系等。随着新型城镇化和绿色建筑的发展，市场对高品质、高性

能钢材的需求可能会增加。钢材市场的价格波动预计将继续受国际大宗商品价格、国内经济形势和供需关系等多种因素影响。

根据百年建筑网的数据，陕西省混凝土价格总体呈现偏弱下行态势。截至 2024 年 7 月 9 日，陕西混凝土均价约为 360 元/米$^3$，环比下降 0.55%，同比下跌 5.88%。这主要是市场需求不足、新项目缺乏启动资金以及回款周期较长等因素导致的。市场竞争激烈和供大于求的局面可能会持续存在，导致混凝土价格难以大幅上涨。长期来看，随着绿色建筑和装配式建筑的发展，市场对高性能、环保型混凝土的需求会增加。

新型建筑材料在陕西市场的占比逐渐增加，已有不少企业开始生产和推广新型建筑材料。陕西秦创原新型建材产业是陕西省重点发展的产业之一，以先进基础材料、新型功能材料、前沿新材料为主攻方向，构建"源头创新—技术转化—产业化—产业集群"的新材料未来产业培育链路，在政策支持、创新平台建设、重点发展领域等方面都取得了显著进展。陕西建工新型建材有限公司主营业务涉及装配式建筑领域技术咨询、研发设计、智能生产、物流运输、装配施工等全产业链，建有采用国内外先进生产工艺、高效节能的全自动生产线，以及 PC、市政、模具、桁架筋四大生产车间，预制构件年产能近 20 万立方米，曾荣获"2024 年度陕西省绿色发展创新引领企业"称号。陕西生态水泥股份有限公司业务涉及生态水泥、余热发电、循环经济及化工/化学等领域，推动循环经济发展。陕西鼎鑫新材料科技有限公司专注于新材料技术的研发与应用，业务包括新材料、水性涂料、低碳环保等，产品具有环保、低碳等特点。陕西建筑产业投资集团有限公司积极推动建筑产业现代化，致力于绿色建筑和装配式建筑的发展，主营业务包括装配式钢结构、绿色建筑、装配式建筑等。陕西天力恒泰新型建材有限公司拥有自动化高标准厂房和全自动智能化生产线，产品获得绿色建材产品认证（三星级），具有年产装配式建筑预制构件 30 万立方米等生产能力，主要产品包括预制板（外墙板、内墙板、叠合板、楼梯）、蒸压加气混凝土砌块等绿色建材产品。

随着国家对绿色建筑和可持续发展的重视以及环保政策的不断升级，新型建筑材料的市场需求将会持续增长。陕西地区基础设施建设的加速推进为建筑材料工业提供了广阔的市场空间。例如，交通、能源、水利等领域的重点项目建设带动了建筑材料需求的增长。房地产市场的稳定发展和城市更新的大力实施也是推动建筑材料工业发展的重要因素。

### （五）政策支持发挥重要作用

#### 1. 绿色建筑标准相关政策

《绿色建筑评价标准》对新建民用建筑在节能、节水、节材、节地以及室内环境质量等方面提出了具体要求，推动了绿色建材的研发和应用。绿色建筑标准的实施增加了市场对绿色建材的需求，如保温隔热材料、节能门窗、环保涂料等，同时，也推动了建筑材料生产企业向绿色、低碳方向转型。

《绿色建筑标识管理办法》有助于提升绿色建筑的社会认知度和市场接受度。绿色建筑标识的认证和管理增强了市场对绿色建筑和绿色建材的信心，促进了绿色建筑市场的规范化发展。

#### 2. 装配式建筑推广政策

《关于推动全省装配式建筑绿色高质量发展的实施意见》（陕西省住房和城乡建设厅等部门印发，2023年4月）明确了装配式建筑的发展目标：到2025年装配式建筑占新建建筑比例达到30%以上（单体装配率不低于50%）。该政策提升了装配式建筑的市场占比，促进了装配式建筑的技术创新和质量提升，推动了相关建材市场的繁荣。

《陕西省智能建造与新型建筑工业化产业链提升方案》（陕西省制造强省建设领导小组办公室印发，2024年7月）提出建立完善的政策体系和产业体系，推动建筑工业化、数字化、智能化升级，提高装配式建筑比例和质量，推广装配化全装修模式，加强节水与可再生能源应用等。这些目标旨在促进陕西省建筑业的高质量发展，提升产业链整体效能，并推动相关产业协同发展。

### 3. 其他相关政策

资源规划政策。陕西省及西安市在土地招拍挂中明确了装配式建筑的要求，并优先保障装配式建筑项目和产业土地供应。这一政策为装配式建筑项目提供了土地保障，降低了项目用地成本，促进了装配式建筑项目的落地和实施。

税收和资金奖补政策。陕西省对符合条件的装配式建筑项目和绿色建材生产企业给予税收优惠政策扶持和适当资金奖补，降低了装配式建筑项目的建设成本和绿色建材的生产成本，提高了项目的经济效益和市场竞争力。

## 二　新型建材的研发与应用

### （一）全球建筑材料领域的技术创新层出不穷

全球新型建材市场规模在 2023 年已突破 1800 亿美元，预计在未来几年内将保持增长趋势。中国新型建材行业的市场规模同样快速增长，到 2023 年已超 1000 亿元，占整个建筑行业的比重约为 10%。根据中研普华产业研究院发布的《2024−2029 年中国新型建筑材料行业深度调研及投资机会分析报告》，2024 年中国新型建材行业的总产值预计将超过 2.35 万亿元。其中，防水密封材料新型建材渗透率在 95% 以上，市场规模达 1080.2 亿元左右；新型墙体市场规模约 15200 亿元，占总市场规模的 63.7%。新型建筑材料品种繁多，功能多样。从功能上分，有墙体材料、装饰材料、门窗材料、保温材料、防水材料、黏结和密封材料，以及与其配套的各种五金件、塑料件和辅助材料等。从材质上分，有天然材料、化学材料、金属材料、非金属材料等。主要的新型建材包括隔音材料、防火材料、保温隔热材料、智能材料等。

### （二）陕西省新型建筑材料产业快速发展

陕西省积极推进与新型建筑材料相关的项目，如绿色建筑科技示范工程、节能建筑科技示范工程等。陕西省还注重传统建筑材料的升级和改造，通过技术改造和创新，提升传统建筑材料的环保性能和品质。陕西省在新型建筑材料项目方面取得了显著的进展，这些项目的实施不仅提升了建筑业的环保性能和品质，还为市场的可持续发展提供了有力支持。

陕西省2024年重点建设项目计划中，新型建材项目共有15个，包括续建项目和新开工项目。续建项目有：岐山县装配式建筑新型墙体材料生产项目、礼泉县海螺绿色建筑预制混凝土构件生产基地、咸阳4500吨/天新型干法水泥熟料生产线技改项目、铜川年产500万吨骨料生产项目、铜川年产10万立方米预制混凝土装配式建筑构件生产项目、汉中市汉台区低碳新型建材循环利用示范园、南郑区建筑幕墙门窗生产基地、石泉县弘斯尚新材料绿色产业园、汉中桑溪毕机沟矿区1100万吨/年采选项目、商洛西峪建筑石料用灰岩矿开发利用项目、兴平敏华家居智造基地。新开工项目包括：渭南高新区陕新建材新材料产业基地、汉中年产600万平方米无机人造石项目、麟游县煤基固废新材料产业园、商洛年产100万吨高端铸造型砂项目。

陕西新型建筑材料产业的代表性企业主要有如下四家。

①陕西建工新型建材有限公司是专业从事装配式建筑领域技术咨询、研发设计、智能生产、物流运输、装配施工等全产业链融合的综合性企业。可实现预制构件年产能近20万立方米。该公司坚持"科技引领、产品多元"发展战略，先后完成装配整体式混凝土体系、装配式钢结构体系、综合管廊等科研攻关，主编、参编国家及省级工程建设标准数十项，获得国家专利授权20余项。

②陕西中天建筑工业有限公司主要开展PC构件生产、机电工业化等业务。该公司PC年规划产能20万平方米，是陕西省首家通过三星级绿色建材认证的PC生产企业，被认定为"西安市装配式建筑产业孵化基地""陕西省装配式建筑产业基地""陕西省高新技术企业"。

③陕西投资远大建筑工业有限公司致力于建筑工业化体系产品研发、设计服务咨询、PC拆分深化设计、PC构件生产、装配式建筑安装等全流程服务。该公司配置自动化"5+1"型生产线及年设计产能16万立方米的商混站，为西北地区规模最大的PC构件生产基地。该公司以装配式建筑研究院

为核心，专注于绿色建筑产业化技术研发、应用和推广，建立了规范化、标准化、流程化、精细化企业管理制度和内部管理体系。

④陕西凝远新材料科技股份有限公司秉承"让世界所有的建筑完全工业化"的企业使命，着力构建以设计院为一头、混凝土预制构件 PC 和砂加气混凝土 AAC 为两翼的装配式建筑"一头两翼"发展格局。该公司持续强化制造环节，致力于构建上下游完整产业链，向纵向一体化延伸发展，紧跟国家政策，积极探索实践，全面推进智能工厂建设。

这些代表性企业在陕西新型建筑材料产业中发挥着重要作用，不仅推动了产业的发展和升级，还为市场提供了高质量的新型建筑材料产品。同时，这些企业也注重技术创新和研发投入，不断提升自身的竞争力和市场地位。

## （三）新型建筑材料的市场前景

### 1.新型建筑材料研发方向

新型建筑材料更加注重高性能和多功能化。例如，高强度、轻质化、耐腐蚀、防火、隔热、隔音等性能将成为研发重点。同时，集成多种功能的建筑材料也将逐渐增多，以满足建筑设计和使用的多样化需求。随着环保意识的增强，绿色建材将成为研发的主流方向。这些材料具有低能耗、低污染、可再生、可回收等特点，有助于降低建筑全生命周期的环境影响。新型建材将更多地融入智能化和信息化技术。例如，可通过集成传感器、执行器等元件，使建筑材料具有感知、分析、响应外界环境变化的能力，实现建筑的智能化控制和管理。

### 2.智能建造技术的推广

《中共中央办公厅、国务院办公厅关于推进新型城市基础设施建设打造韧性城市的意见》提出，推动智能建造与建筑工业化协同发展。培育智能建造产业集群，打造全产业链融合一体的智能建造产业体系，推动建筑业工业化、数字化、绿色化转型升级。深化应用建筑信息模型（BIM）技术，提升建筑设计、施工、运营维护协同水平。大力发展数字设计、智能生产和智能施工，加快构建数字设计基础平台和集成系统。推动部品部件智能化生产与升级改造。推动自动化施工机械、建筑机器人、3D 打印等相关设备集成与创新应用。推进智慧工地建设，强化信息技术与建筑施工管理深度融合，进一步提升安全监管效能。

3. 绿色建筑材料得以广泛应用

随着国家对绿色建筑和可持续发展的高度重视，一系列政策文件的出台，为绿色建材的发展提供了强有力的支持。陕西省在推动建筑业高质量发展的过程中，明确提出了绿色建筑的发展目标。例如，《关于推动建筑业高质量发展的实施意见》提到，到 2025 年，绿色建筑实现规模化发展，城镇新建建筑执行绿色建筑标准和建筑节能标准达 100%，直接推动绿色建筑材料在陕西建筑业中的广泛应用。

陕西绿色建筑代表性项目有如下几项。①高新·天谷雅舍是西安第一个"被动式超低能耗绿色健康建筑"项目，也是陕西目前最大规模的"被动房住区"。该项目采用了世界领先的超低能耗技术和国家三星绿建标准，集成数十项领先技术，致力于打造具有适老养生、健康住宅、生态住宅等特色的全生命周期社区。②西咸新区沣西新城被动式超低能耗游泳中心使用了可调节外部阳光照射功能的天窗和幕墙，在冬季营造出温室阳光房的效果，解决蓄热和部分采暖问题。同时，该建筑通过南向可开启的幕墙、屋顶可开启的天窗以及北向可开启的高窗，在春、夏、秋季强化自然通风，解决除湿和制冷问题。该项目在节能方面表现出色，综合节能率达到 91.64%，建筑本体节能率为 46.49%，可再生能源发电量为 50.52 万千瓦时/年。③西安际华园滑雪场项目采用了极具针对性的围护结构设计和关键部位冷热桥设计来降低建筑本体能耗，同时屋面太阳能光电一体化系统提高了可再生能源利用率。该项目综合节能率达到 100%，充分展示了被动式超低能耗建筑的节能潜力。

节能环保材料如低能耗保温隔热材料、高性能节能玻璃、绿色涂料等，将因政策推动和市场需求的增加而发展。可再生材料如竹材、再生塑料、生物基材料等，因其环保性和可再生性，将受到更多关注和应用。采用工业废弃物或再生资源生产的绿色混凝土和水泥，将逐渐替代传统材料，成为市场新宠。

**4. 装配式部品部件占比不断提高**

2016 年以来，国家密集出台了一系列政策文件，大力推动装配式建筑的发展。陕西省在装配式建筑领域也取得了显著进展，装配式建筑新开工面积占新建建筑总面积的比例将不断提高，带动对预制构件（包括预制混凝土构件、预制钢结构构件等）、连接件和紧固件、配套材料（如防水密封材料、保温隔热材料）等装配式建筑专用材料的需求增长。陕西省内已经建成了多家装配式预制构件规模生产企业，这些企业具备先进的生产技术和设备，能够生产出高质量的装配式部品部件。例如，陕西泾阳年产 60 万立方米装配式部品项目包括加气板材和砂浆两大生产项目，采用先进的生产技术和管理模式，实现了从原材料进厂到成品自动打包出库的全流程自动化运行。

# 三　建筑材料市场发展趋势

## （一）建筑材料市场呈现复杂且动态的竞争格局

### 1. 新材料、新技术带来新机遇

随着科技进步，新材料、新技术不断涌现，为建材市场带来了新机遇。具有创新能力的企业通过研发新型建材或改进生产工艺，将更低成本、更高性能的产品推入市场，从而打破现有竞争格局。随着全球对环保和可持续发展的重视，绿色建材的需求持续增长为新进入者提供了市场切入点，特别是专注于绿色、低碳、环保建材研发和生产的企业。未来建材市场会出现更多的跨界合作与融合。例如，传统建材企业与科技公司、互联网企业等进行合作，共同开发智能化、数字化的建筑材料解决方案。跨界合作会催生新的竞争者进入传统建材市场。

### 2. 现有企业需加强技术创新和研发投入

为了保持市场竞争力，现有企业需进一步加强技术创新和研发投入，不断推出新产品、新技术，以满足市场需求。包括改进生产工艺、提高产品质量、降低生产成本等方面。现有企业可通过拓展市场和渠道来增强市场竞争力。例如，通过线上线下融合的方式，扩大销售网络；通过国际合作与交流，开拓海外市场；通过加强与下游企业的合作，实现供应链协同等。品牌建设和市场营销是企业提升市场竞争力的重要手段。企业需要加强品牌建设、提升品牌知名度和美誉度，吸引更多消费者关注。随着环保和可持续发展成为全球共识，现有企业将更加注重环保和可持续发展方面的投入，包括采用环保材料、推广绿色建材、实施节能减排等措施。

### 3. 新型建筑材料行业市场集中度提升

新型建材行业市场集中度提升，以中国建材、中国建筑、中国铁建等为代表的大型国企凭资金、技术、品牌优势占据市场的主导位置；民企以灵活性和创新能力逐渐崛起；外资企业则在高端、智能建筑领域具有竞争力。上游产业链主要包括原材料供应和新型建材的研发与生产，原材料的质量和供应稳定性对新型建材产品的质量和成本具有重要影响，大型企业通过整合上下游资源形成产业链优势。中游产业链聚焦于新型建材产品的加工制造环节，涵盖了多个细分领域，企业之间的竞争主要体现在产品质量、生产效率和成本控制等方面。下游产业链是新型建材产品的应用领域，主要包括房地产、基础设施建设、工业厂房建设以及家装消费等，企业之间的竞争主要体现在项目管理能力、施工质量和成本控制等方面。

行业竞争呈现区域化特征，江苏、浙江、广东等沿海地区新型建材行业发展快，市场竞争激烈。中西部地区发展相对滞后，但随着新型城镇化建设的推进和基础设施建设的加强，市场需求将持续增长，为行业发展提供新的机遇。技术竞争是关键，BIM、装配式建筑等创新技术可提高施工效率和质量，降低成本，领先企业已取得显著成果。例如中国建筑在上海和深圳等地成功实施的模块化建筑项目，展现了其在该领域的深厚积累与前瞻视野。

### （二）绿色建材市场快速发展

#### 1. 环保法规将提高整个行业的环保水平

环保法规促使企业加大在绿色建材研发上的投入，推动新型环保材料不断涌现。环保法规提高了建材行业的准入门槛，要求企业必须具备相应的环保资质和认证才能进入市场，有助于淘汰落后产能，推动行业的优胜劣汰，提高整个行业的环保水平。

2.市场对绿色、环保、可持续建筑材料的需求增长

随着全球环保意识的提高和可持续发展理念的普及，市场对绿色、环保、可持续建材的需求将持续增长。随着建筑设计和使用需求的多样化，市场对绿色建材的需求也呈现多元化的趋势。例如，绿色墙体材料、绿色装饰材料、绿色保温材料等细分领域的需求都在不断增长。

# 四　对策与建议

## （一）积极应对市场竞争

近年来，由于全球经济复苏、基础设施建设加速以及资源开采难度增加，部分原材料价格呈现上涨趋势。预计原材料价格在未来一段时间内会继续波动或上涨。企业需密切关注原材料价格变化，加强供应链管理，优化采购策略，以应对原材料价格上涨带来的成本压力。

当前建材市场竞争激烈，市场集中度低，企业数量众多。新进入者增加加剧了市场竞争。同时，行业内企业之间的价格战、技术竞争和服务竞争也日益激烈，企业面临较大的市场压力。随着市场规模的扩大和技术的不断进步，新进入者可能通过技术创新、差异化竞争等手段挑战现有企业。企业需加强品牌建设、技术创新和市场拓展，提高产品附加值和市场竞争力，以应对激烈的市场竞争。

随着全球环境问题的加剧和人们环保意识的提高，建筑材料行业将面临更加严格的环保监管和更高的环保标准。企业需加大环保投入，加强环保技术研发和应用，推动绿色建材的研发和应用，以满足市场需求和环保要求。

## （二）新的发展机遇

工业和信息化部等十部门发布的《绿色建材产业高质量发展实施方案》，明确提出到 2026 年绿色建材年营业收入超过 3000 亿元的目标，并配套了一系列支持措施。这些政策为绿色建材市场提供了广阔的发展空间。政府对基础设施建设的持续投入也为建筑材料市场提供了机遇。

随着全球城市化进程的加速，城市人口不断增加，对住房、交通、公共设施等基础设施的需求持续增长。这将直接推动建材市场的增长。随着居民收入水平的提高和消费观念的转变，人们对居住环境的要求越来越高。高品质、高性能的建筑材料逐渐成为市场的新宠。这种消费升级趋势为建材市场提供了新的增长点。新兴市场如非洲、东南亚等地区经济发展迅速，基础设施建设需求巨大，为建材企业提供了广阔的国际发展空间。

随着科技的进步，新材料、新技术不断涌现，为建材行业带来了革命性的变化。例如，碳纤维、纳米材料、智能材料、工业固废综合利用建材、高强钢筋、高性能混凝土、高性能砌体材料、高效保温材料、结构保温一体化墙板、高性能系统门窗、建筑光伏一体化、真空绝热玻璃、建筑垃圾综合利用与生态材料等绿色建材技术产品的研发和应用不仅提高了建筑材料的性能和质量，还推动了建筑业的转型升级。智能化、自动化生产技术的应用提高了建筑材料的生产效率和产品质量。通过引入先进的生产设备和技术手段，企业可以实现大规模、高效率的生产，降低生产成本并提高市场竞争力。

建筑材料产业链上下游企业之间的协同发展也为市场带来了机遇。通过加强产业链合作和资源整合，企业之间可以实现优势互补和互利共赢。国际合作与交流为建筑材料企业提供了学习先进技术和经验的机会。

## （三）策略及建议

### 1. 政策制定

修订和完善现有政策法规，以适应建筑材料行业快速发展的需求。确保政策具有前瞻性、科学性和可操作性，为行业提供稳定、透明的法律环境。

制定专门针对绿色建材、新型建材的扶持政策，鼓励企业加大研发投入，推动行业绿色转型和高质量发展。通过设立专项基金、提供税收优惠、贷款贴息等方式，为建筑材料企业提供资金支持，降低其研发、生产和市场推广成本。加大对中小企业和初创企业的扶持力度，鼓励其创新发展，形成良性竞争的市场格局。加强与国际接轨，借鉴发达国家的经验，制定和修订具有权威性和可操作性的建筑材料标准。提高产品质量和技术水平，保障消费者权益。推动绿色建材标准的制定和实施，引导企业向绿色、低碳、环保方向发展。

2. 市场监管

完善市场准入机制，加强对建材企业的资质审核和认证。确保进入市场的企业具备相应的技术实力和生产条件，保障产品质量和安全。建立行业信用体系，公开曝光严重违法失信企业，加大对违法失信企业的处罚力度，形成有效的市场约束机制。加强对建筑材料产品质量的监督抽查和检验检测工作，确保产品质量符合相关标准和要求。建立健全质量追溯和召回机制，保障消费者权益。加强对施工过程的监管，确保建筑材料在使用过程中符合设计要求和施工标准，提高工程质量和安全性。加大对假冒伪劣、以次充好等违法行为的打击力度，维护市场秩序和公平竞争。

3. 技术创新支持

鼓励建材企业与高校、科研院所等建立紧密的合作关系，共同开展技术研发和创新活动。整合优势资源，提高行业整体技术水平。支持企业建立技术研发中心、实验室等创新平台，加强人才培养和引进工作，为技术创新提供有力支撑。鼓励企业加大研发投入力度，支持其开展关键共性技术、核心技术的攻关和突破。通过政府引导资金、风险投资等方式为企业提供资金支持。推动行业共性技术服务平台建设，为企业提供技术研发、测试验证等公共服务，降低企业创新成本。加强科技成果转化的政策支持和市场引导，推动先进科技成果在建材行业的应用和推广。建立科技成果转化机制和市场服务体系，提高科技成果的转化率和经济效益。

### 4. 企业转型的策略建议

企业需深入分析行业趋势、市场需求及自身优劣势，明确转型升级的方向和目标。调整产品结构，加大高附加值、高技术含量产品的研发和生产力度。同时，逐步淘汰落后产能和低附加值产品，提升整体产业水平，通过提供优质的产品和服务，树立品牌形象，增强市场竞争力。利用大数据、云计算、人工智能等现代信息技术手段，推进企业数字化转型。优化供应链管理、生产流程管理、市场营销等环节，提高运营效率和市场响应速度。

提高研发投入比例，确保技术创新活动的资金需求。通过设立专项研发基金、与高校及科研机构合作等方式，加强技术创新能力建设。建立完善的技术创新体系和激励机制，激发员工的创新热情和创造力。加强知识产权的申请、保护和管理工作，确保企业创新成果得到有效保护。积极应对知识产权纠纷，维护企业合法权益。密切关注国内外建筑材料领域的前沿技术动态和发展趋势，及时调整技术创新方向和重点。加强与行业内外优秀企业的交流与合作，共同推动技术创新和产业升级。

对市场进行细分和定位，明确目标市场和目标客户群体。根据市场需求和竞争态势，制定针对性的市场拓展计划和营销策略。拓展多元化销售渠道，包括线上电商平台、线下专卖店、代理商等多种模式。通过多渠道销售，提高产品覆盖率和市场占有率。加强市场营销和品牌推广工作，提高品牌知名度和美誉度。通过参加行业展会、举办产品发布会、开展线上线下营销活动等方式，吸引潜在客户和合作伙伴的关注和合作。积极开拓国际市场，寻找新的增长点。通过参加国际展会、建立海外销售网络、开展国际贸易合作等方式，拓展海外市场和客户资源。

# 五　结论与展望

## （一）市场需求下降、竞争加剧

陕西建材市场需求受到房地产、基础设施建设等多个领域的影响。2024

年，陕西省房地产施工面积和竣工面积同比下降，显示出市场需求的结构性变化。省级重点项目和重点工程仍然是建筑材料需求的重要支撑。建筑材料行业面临资金紧张、市场竞争加剧等问题。部分混凝土企业因项目长期未回款而停供；部分企业低价投标竞争，导致市场价格混乱。环保政策对行业影响显著，企业需严格执行错峰生产制度和环保标准，增加了生产成本和运营难度。

## （二）机遇与挑战并存

### 1. 市场需求回暖，价格趋于稳定

随着经济复苏和一系列提振经济政策的实施，陕西省建材市场或将迎来新的需求爆发点。特别是重大项目的需求支撑，将带动混凝土等建材价格稳中偏强运行。经历了一段时间的价格波动后，预计建材价格将逐渐回归理性，企业需根据市场需求和生产成本做出更合理的定价决策。

### 2. 环保政策推动技术创新与产业升级

环保政策将对建筑材料市场产生深远影响。企业需积极响应环保政策，加强环保投入和管理，确保生产过程的绿色化和低碳化。陕西省需加大投入，推广新型建材和技术，提高建筑行业的施工效率和质量。新型建材的研发和应用将促进市场的健康发展。

### 3. 市场竞争加剧

随着市场需求的回暖和新技术的应用，建材市场的竞争将进一步加剧。企业需不断提升产品质量和服务水平，增强市场竞争力。

## （三）市场预测

### 1. 规模持续增长

随着全球及中国经济的复苏以及城市化进程的加快，建材市场需求将持续增长。特别是在新兴市场、基础设施建设和公用事业等领域，建筑材料将发挥重要作用。

## 2. 绿色环保成为主流，技术创新推动产业升级

环保意识的提升和环保政策的推动，使绿色、低碳、环保的建筑材料成为市场主流。这些材料不仅能降低建筑物的能耗和碳排放，还能提高建筑物的能效和使用寿命。科技进步将推动建筑材料行业的技术创新和产业升级。新型材料、智能制造和数字化技术等的应用，将提高建筑材料的性能、降低成本并提高生产效率。

## 3. 市场需求多样化、国际合作与贸易加强

随着人们生活水平的提高和建筑需求的多样化，建材市场将呈现多元化发展趋势，市场将出现更多定制化、个性化的产品。随着全球化的深入发展，国际建材市场的合作与贸易将进一步加强。中国企业应更多参与国际竞争，同时引进国外先进技术和管理经验，提升自身竞争力。

## （四）研究展望

### 1. 绿色建筑材料

加强对绿色建筑材料的研究与开发，包括绿色保温材料、节能玻璃、太阳能板等。研究这些材料的性能、生产工艺和应用效果，推动其在建筑行业的广泛应用。

### 2. 高性能建筑材料

研究新型高性能建筑材料，如碳纤维复合材料、纳米材料等。这些材料具有轻质、高强度、耐高温、耐腐蚀等特性，能够满足现代建筑对材料性能的多样化需求。

### 3. 智能化建筑材料

研究智能化建筑材料，如智能玻璃、智能墙体材料等。这些材料能够自动感应环境变化、远程控制、节能降耗等，可为现代建筑提供更多便利和舒适。

### 4. 建筑材料循环利用

研究建筑材料的循环利用技术和方法，提高建筑废弃物的回收利用率。研究再生材料的性能和应用效果，推动建筑行业的可持续发展。

未来，建筑行业将继续向智能化、绿色化方向发展。建筑信息模型（BIM）、物联网、大数据等技术将广泛应用于建筑设计、施工和管理各个环节，提高建筑效率和质量。同时，全球对环境保护日益重视，绿色建筑将成为主流，推动建筑行业可持续发展。

## 参考资料

《2024 年第三季度陕西省建筑业企业总产值、企业概况及各产业竣工情况统计分析》，https：//www. huaon. com/channel/distdata/1026550. html。

《2024 年新型建材市场分析：新型建材总产值将超过 2. 35 万亿元》，https：//www. chinabgao. com/info/1251082. html。

冯少杰：《2024 年新型建筑材料行业发展现状、竞争格局及未来发展趋势与前景分析》，https：//www. chinairn. com/hyzx/20241105/1757508. shtml。

《陕西发布 2024 年重点建设项目计划清单：建材项目 15 个》，https：//www. 100njz. com/a/24032910/FAAFA23DC0249EF3. html。

《示范产业基地，秦汉新城 4 家企业入选！》，https：//news. hsw. cn/system/2023/1117/1689726. shtml。

《陕西建筑市场调查研究与趋势预测报告（2024-2030 年）》，https：//pdfs. cir. cn/JianZhuFangChan/20/陕西建筑行业趋势_3582820. pdf。

# B.10
# 陕西省建设工程市场现状及发展趋势研究

党 斌*

**摘　要：**　　陕西省建筑业总产值持续攀升，已成为省内重要的经济支柱之一。随着城市化加速和基础设施建设需求增长，建筑业在促进就业、推动经济增长方面发挥了重要作用。同时，陕西正加快构建以"双碳"节能为引领的绿色化建造体系，布局拓展产业链条，协同引领产业聚集，积极引入BIM技术、装配式建筑等现代建筑技术，加强上下游企业的合作与联动，形成完整的产业链条，提升整体竞争力，推广绿色建材和可再生能源应用，推动行业效率和质量的提升。未来，随着绿色化、工业化、智能化等趋势的不断推进以及国际化视野的拓展，陕西建筑业将迎来更加广阔的发展前景。

**关键词：**　绿色化　工业化　智能化　建筑业

　　建筑工程产业是国民经济的重要支柱，涵盖房屋、基础设施等建筑的设计与施工，涉及原材料供应、设计咨询、施工建设、物业管理等多个环节。近年来，随着城镇化进程的加速和绿色、智能建筑理念的普及，建筑工程产业正经历深刻变革，向更高效、环保、可持续的方向发展。

　　陕西省坚持稳住经营主体，出台《支持民营建筑业企业强信心稳增长促转型十条措施》，加快构建新型建筑产业体系，大力支持刚性和改善性住房需求，推动"认房不认贷"等政策落实落地，房地产市场在较大压力下

---

＊ 党斌，商洛学院副教授，中国建筑学会工业化建筑学术委员会理事，中国图学学会土木分会委员，中国图学学会BIM专委会委员，陕西省建设教育协会专家库BIM专家，主要研究方向为BIM综合应用、绿色建筑技术应用及评价体系。

保持总体平稳。2024 年上半年，陕西省建筑业总产值为 4261.41 亿元，较上年同期减少了 109.9 亿元，但劳动生产率为 335101 元/人，较上年同期增加了 5382 元/人。2024 年 1~9 月，陕西省建筑业总产值为 6881.15 亿元，较上年同期增加了 23.11 亿元，劳动生产率为 460972 元/人，较上年同期增加了 25444 元/人。

# 一　陕西省建筑业发展基本情况

## （一）国民经济总体情况

2023 年是全面贯彻党的二十大精神的开局之年，面对复杂严峻的内外部环境和艰巨繁重的改革发展稳定任务，坚持稳中求进工作总基调，完整、准确、全面贯彻新发展理念，陕西省全力推进"三个年"活动，全省经济回升向好，结构持续优化，动能积聚增强，高质量发展迈出坚实步伐。

根据核算，2023 年，陕西省全年生产总值为 33786.07 亿元，比上年增长 4.3%。其中，第一产业增加值为 2649.75 亿元，增长 4.0%，占生产总值的比重为 7.8%；第二产业增加值为 16068.9 亿元，增长 4.5%，占生产总值的比重为 47.6%；第三产业增加值为 15067.42 亿元，增长 4.1%，占生产总值的比重为 44.6%。人均生产总值 85447.82 元，比上年增长 4.3%。

## （二）固定资产投资情况

2023 年，陕西省固定资产投资同比增长 0.2%，其中第二产业投资带动作用强劲，国有控股投资、工业投资、基础设施投资增长较快，投资结构持续优化，但民间投资活力不足，房地产开发投资持续回落，投资企稳回升的态势仍需进一步巩固。

分产业看，第一产业投资同比增长 5.9%，拉动全省投资增长 0.2 个百分点；第二产业投资同比增长 4.8%，拉动全省投资增长 1.4 个百分点；第三产业投资同比下降 2%，下拉全省投资 1.3 个百分点。

分主要领域看，工业投资同比增长 4.8%，基础设施投资同比增长 8%，房地产开发投资同比下降 14.8%。基础设施投资增长较快，分行业看，占比最高的公共设施管理业投资增长 2.2%；铁路运输业投资同比增长 48.6%，西延、西十、西康高铁建设提速，带动有力；道路运输业投资增长 2.5%，京昆线蒲城至涝峪公路提前建成通车，包茂高速曲江至太乙宫段改扩建、鄠邑经周至至眉县等高速公路项目建设进度加快；航空运输业投资增长 40.8%，西安咸阳国际机场三期建设提速；水利管理业同比增长 7.5%，引汉济渭工程、东庄水利枢纽工程、榆林黄河东线马镇饮水工程等项目建设步伐加快。

分区域看，关中地区投资同比增长 0.1%，陕南地区投资同比增长 1.2%，陕北地区投资同比增长 2.3%。

### （三）陕西省建筑业产值保持持续增长

2023 年，陕西省建筑业总产值达到 10315.36 亿元，同比增长 2%，其中，建筑工程产值 9200.45 亿元，同比增长 3%；竣工产值 3245.85 亿元，同比增长 3%；在省外完成产值 4077.01 亿元，同比增长 7%。

分企业类型看，国有及国有控股建筑企业总产值达到 7184.59 亿元，同比增长 8%。其中，建筑工程产值 6509.15 亿元，同比增长 9%；竣工产值 2257.54 亿元，同比增长 7%；在省外完成产值 3714.86 亿元，同比增长 10%。

2013~2023 年，陕西省建筑业总产值增长 1.5 倍，国有企业产值增长 2 倍（见图 1），建筑业产值呈倍数增长趋势，可见建筑业在国民经济中的重要地位。

### （四）房地产投资有所减缓

2023 年陕西省房地产投资额 2943.3 亿元，较 2022 年同期减少了 1311.49 亿元，同比下降 30.8%，其中住宅投资额 2276.77 亿元，较 2022 年同期减少了 972.98 亿元，同比下降 29.9%。

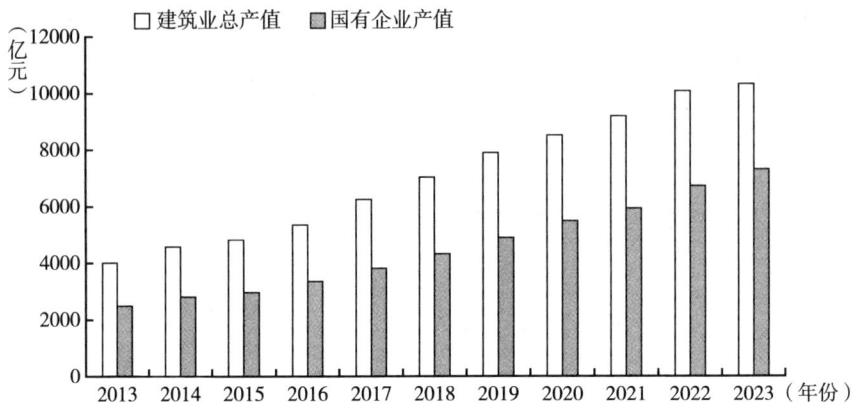

图1　2013~2023年陕西省建筑业总产值及国有企业产值增长情况

资料来源：

2023年陕西省房地产施工面积28573.06万平方米，较2022年同期减少了138.55万平方米，同比下降0.5%；新开工面积4270.16万平方米，较2022年同期减少了143.23万平方米，同比下降3.2%；竣工面积2172.16万平方米，较2022年同期增加了195.96万平方米，同比增长9.9%。

## （五）建筑业合同额持续增长

2023年，陕西省建筑企业签订合同额26498.63亿元，同比增长8%，其中本年新签合同额15021.45亿元，同比增长5%。建筑企业房屋建筑施工面积38932.77万平方米，同比下降3%，其中房屋建筑新开工面积8651.29万平方米，同比下降9%。分企业类型看，国有及国有控股建筑企业签订合同额达到21363.31亿元，同比增长12%。2023年，陕西省建筑企业新签订合同额15021.45亿元，同比增长5%。分企业类型看，国有及国有控股建筑企业新签订合同额达到11869.71亿元，同比增长11%。

## （六）建筑企业数量和总产值持续增长

2014~2023年，陕西省具有资质等级的建筑企业数量和总产值都成倍增加。截至2023年，全省资质以上总承包和专业承包建筑业企业达4684家，是 2014 年具有资质等级建筑业企业数的 2.67 倍（见图 2），实现建筑业总产值 10315.36 亿元，是 2014 年的 2.26 倍（见图 3）。其中，新增一级资质企业 218 家，特级资质企业由 2012 年的 5 家增至 9 家，西安的建筑企业产值占全省总产值的 63.1%，全省特一级大型建筑企业多集中于此。同时，全省新增各类注册执业人员 5.26 万人，为建筑业提供了坚实的人才保障。100 家重点监测企业完成产值 2806.35 亿元，同比增长 1.8%，低于全省建筑业总产值增速 4.1 个百分点。

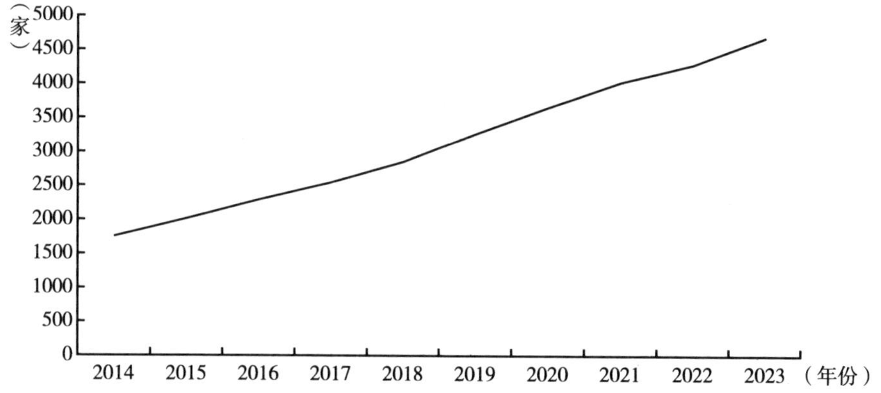

图 2　2014~2023 年陕西省具有资质等级的建筑业企业数

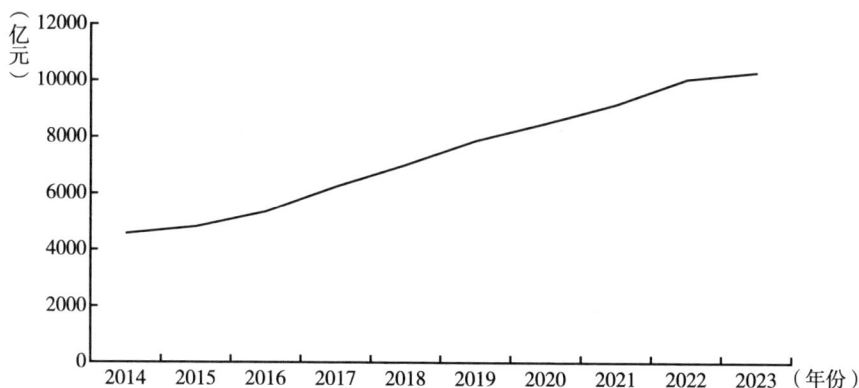

图 3　2014~2023 年陕西省建筑业总产值变化情况

## （七）陕西省建筑业施工面积小幅下降

2014~2023年，陕西省建筑企业房屋建筑施工面积总体呈上涨趋势。2023年，陕西省建筑企业房屋建筑施工面积39671.49万平方米，相对2022年的40252.75万平方米下降1.44%（见图4）。分企业类型看，国有及国有控股建筑企业房屋建筑施工面积29688.31万平方米，比2022年减少482.22万平方米。2023年，陕西省建筑企业房屋建筑新开工面积8651.29万平方米，同比下降9%。分企业类型看，国有及国有控股建筑企业房屋建筑新开工面积6026.87万平方米，同比下降4%。2023年，全省城镇以上各种经济类型的建筑企业完成各类房屋竣工面积7790.95万平方米，是1978年的28倍；建筑施工企业建成的住宅竣工面积为5373.5万平方米，比2008年增长了1.7倍。

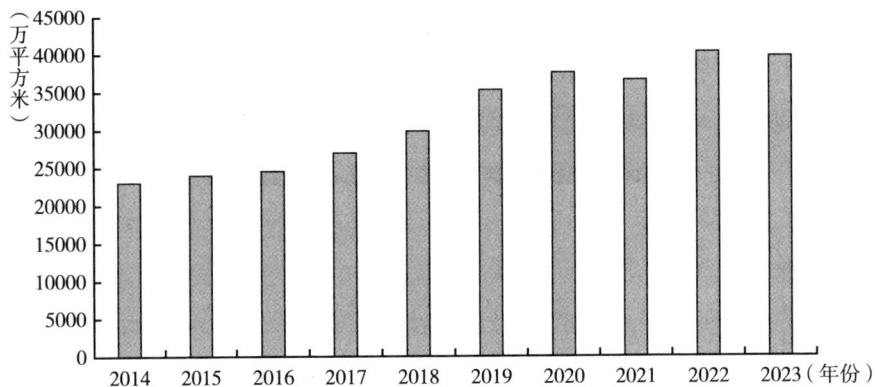

图4 2014~2023年陕西省建筑企业房屋建筑施工面积变化情况

## （八）建筑业企业人员稳定增长

2023年，陕西省建筑企业从业人员总数为138.72万人，较2012年增加58.94万人，同比增长14%。国有及国有控股建筑企业总数达429家，同比增长17%；从业人员为76.5万人，同比增长22%。

2023 年，陕西省建筑企业直接从事生产经营活动的人数为 205.5 万人，同比增长 21%。分企业类型看，国有及国有控股建筑企业直接从事生产经营活动的人数 116.3 万人，同比增长 28%。2023 年，陕西省建筑企业按总产值计算的劳动生产率为 503140 元/人，同比下降 15%。分企业类型看，国有及国有控股建筑企业按总产值计算的劳动生产率为 617981 元/人，同比下降 15%。2023 年，陕西省建筑企业人均竣工产值为 157934 元/人，同比下降 13%。分企业类型看，国有及国有控股建筑企业人均竣工产值 194182 元/人，同比下降 16%。2023 年，陕西省建筑企业人均施工面积 189.4 米²/人，同比下降 20%。分企业类型看，国有及国有控股建筑企业人均施工面积 254.1 米²/人，同比下降 23%。

## 二　行业发展特点分析

### （一）建筑企业规模不断扩大

#### 1. 企业规模进一步扩大

2023 年，陕西省资质以上总承包和专业承包建筑业企业有 4684 家，比 2012 年增加了 3341 家，增长了 2.5 倍。分企业类型看，国有及国有控股建筑企业总数为 415 家，同比增长 17%。2023 年，陕西省建筑企业从业人员为 140.2 万人，同比增长 14%。分企业类型看，国有及国有控股建筑企业从业人员为 76.5 万人，同比增长 22%。这表明陕西省建筑行业的企业规模正在不断扩大，国有企业的增长更为显著。

#### 2. 产值稳定增长

2023 年，陕西省建筑业总产值达到 10340.51 亿元，同比增长 2%。其中，建筑工程产值为 9200.45 亿元，同比增长 3%，显示出建筑行业在整体经济中的重要地位和稳定增长趋势。国有及国有控股建筑业企业表现突出，总产值占全省建筑业总产值的 69.5%，同比增长 11.4%，拉动全省建筑业总产值增长 7.4 个百分点。

## （二）房地产销售持续下行

受全国房地产市场下行影响投资增速回落，陕西省房地产开发和销售保持低迷态势，2023 年陕西省商品房销售面积 2711.33 万平方米，较 2022 年同期减少 597.39 万平方米，同比下降 18.1%，其中商品房现房销售面积 324.82 万平方米，较 2022 年同期减少 41.23 万平方米，同比下降 11.3%；商品住宅销售面积 2446.14 万平方米，较 2022 年同期减少 508 万平方米，同比下降 17.2%，其中商品住宅现房销售面积 226.24 万平方米，较 2022 年同期减少 50.29 万平方米，同比下降 18.2%。商品房销售额 2973.52 亿元，较 2022 年同期减少 296.96 亿元，同比下降 9.1%；商品住宅销售额 2721.1 亿元，较 2022 年同期减少 237.65 亿元，同比下降 8%（见图 5）。

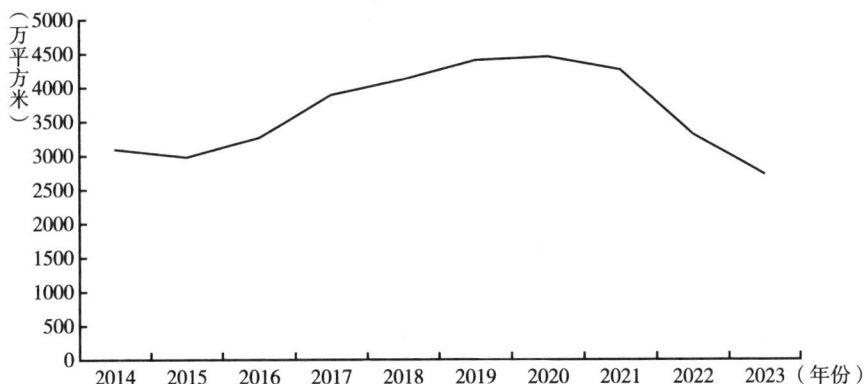

**图 5 2014~2023 年陕西省商品房销售情况**

## （三）省外市场拓展能力增强

受全省投资下行和建安投资负增长影响，部分重点监测企业生产回落明显，如中铁一局集团、中铁二十一局集团路桥工程有限公司、陕西建工第七建设集团有限公司、陕西建工集团股份有限公司等，导致全省建筑业总产值增速放缓。产值主要集中在房屋建筑和土木工程建筑两个行业，二者产值合计占全省的比重超过 90%，且特一级大型建筑企业主要集中在西安，西安建筑业产值占全省的 63.1%。

多数建筑企业积极拓展省外市场，省外业务扩展增速明显。2023 年，陕西省建筑企业在省外完成的产值为 4077.01 亿元，同比增长 7%，其中国有及国有控股建筑企业在省外完成的产值为 3714.86 亿元，同比增长 10%。建筑企业签订合同额 26498.63 亿元，同比增长 8%，其中国有及国有控股建筑企业签订合同额达到 21363.31 亿元，同比增长 12%。这表明陕西省建筑企业的市场拓展能力增强，省外业务成为增长的新动力。

## （四）民营企业活力不足

经济增长面临一定压力，潜在增速有所放缓，导致民营企业对未来经济形势的预期较为谨慎，投资信心不足，更倾向于保守经营，减少投资风险。2023 年，陕西省房地产开发投资同比下降 14.8%，使得与之相关的上下游产业民间投资也受到牵连，如建筑、建材、家居等行业。房地产行业在经济中占比较大，其市场的不景气对民间投资产生了较大影响。

2023 年下半年以来全省房地产开发投资增速由正转负，降幅仍在不断扩大，与全国水平差距进一步拉大，位次后移。企业国内贷款、自筹资金、个人按揭和其他到位资金增速回落，影响房地产企业开发到位资金进一步下降，导致企业资金链紧张，影响项目的正常开发和运营。

## （五）装配式等绿色产业集群初步形成

2023 年，全省装配式建筑业产值约 375.4 亿元，同比增长 16.8%。装配式建筑不仅在城市的高楼大厦、市政工程中广泛应用，还逐渐走进农村，应用于乡村的基础设施改造升级、民生保障设施建设、乡村景观建造等方面，形成了一定规模的装配式建筑构件生产企业集群，涵盖了设计、生产、施工等各个环节。这些企业通过技术创新和规模化生产，提高了装配式建筑的整体效率和质量，但也存在各地装配式建筑政策规定执行、项目建设推进等方面还有较大差距，装配式建筑发展定位低、重视不够，工作机制不够健全完善，项目建设差距较大等问题，装配式建筑占比远未达到发展规划目标。

陕西省注重绿色建筑的发展，累计安排省级可再生能源、建筑产业现代化等财政专项资金1.3亿元，绿色建筑面积达2854.82万平方米。2023年，全省新开工改造城镇老旧小区2016个，位列全国第8，23.14万户居民得到了实惠；创建美丽宜居示范村229个，建设现代宜居农房3334户；公布省级历史文化名城2个、名镇5个、名村11个、历史文化街区7片，建档保护城市古树名木1139株；建成"口袋公园"151个、城市绿道388公里，城市生活污水处理率和垃圾无害化处置率分别达到97.14%和100%。

## （六）技术创新与质量提升

2023年，陕西省共有10项工程获得中国建设工程鲁班奖，3个项目获得詹天佑奖。陕西建工（延安）新型建材公司生产的吴起五谷城100兆瓦风电项目混凝土塔筒，采用分片预制装配式混凝土塔筒与常规钢制塔筒结合的方式，通过钢混过渡段衔接并施加预应力系统，提高了塔筒抗弯能力，且成本降低约10%。陕建二建集团承建的浐灞保障房冯家滩二期项目采用装配式建造技术，实现了设计模块化、工厂预制化、现场装配化、建造过程信息化，减少了现场浪费，提高了建筑质量，缩短了施工周期。陕西建工新型建材有限公司在西安市地铁10号线一期工程预制桥面板生产中，采用"梳子"状模具工艺，使部分侧模具实现通用性，组模效率大大提升。陕建八建集团累计获得近200项国家发明及实用新型专利，获全国和省级科学技术奖10余项，主编参编行业标准10余项，取得省级工法60余项等。陕西建筑产业投资集团所属企业陕建新型建材公司的"预制化疗设备屏蔽房施工技术"荣获2023年陕西省企业"三新三小"创新竞赛一等奖，陕建装配智造公司的"对废旧模具的改造再利用"技术荣获二等奖。

陕建十三建集团24项成果获评"2023年陕西省工程建设优秀QC小组"，该集团还被评为"2023年陕西省工程建设质量管理小组活动先进企业"。浐灞保障房冯家滩二期项目被选为"2023年度陕西省新型建筑工业化示范项目现场观摩会分会场"，展示了在智能建造与新型建筑工业化方面的先进理念和亮点做法，包括信息化管理、BIM 技术应用、安装质量样板、智能建筑等九大板块，为其他企业提供了借鉴。中建西北院"基于精益设计的总承包项目集成质量管理模式"案例成功入选 2023 年陕西质量变革创新十大典型案例。

### （七）政策支持与营商环境优化

政府出台《支持民营建筑业企业强信心稳增长促转型十条措施》，稳住经营主体。持续深化建筑业"放管服"改革，如精简优化工程建设项目审批流程，推行施工图无纸化申报和网上多图联审等。但也存在一些问题，如建筑市场甲方欠款较多，建筑原材料价格不断上涨，多数建筑企业需要垫资施工，经营压力较大，影响企业的资金周转和持续发展。

综上所述，2023 年，陕西省建筑业在产值增长、企业规模扩大、合同额增加等方面取得显著成就。然而，劳动生产率的下降和施工面积的减少也提示了进一步提升效率和优化资源配置的重要性。未来，陕西省建筑业应继续关注市场需求变化，加强技术创新和管理提升，以实现更高质量的发展。

## 三　行业发展趋势

### （一）规模与产值持续增长

陕西省建筑业总产值不断攀升，2023 年，全省资质以上总承包和专业承包建筑业企业共实现建筑业总产值 10315.36 亿元，比 2012 年增长了 1.9 倍，且装配式建筑业产值增长迅速，同比增长 16.8%。未来随着新型城镇化的推进以及基础设施建设的持续投入，建筑业规模和产值有望继续保持增长态势。

中共陕西省委办公厅、陕西省政府办公厅印发的《关于推动建筑业高质量发展的实施意见》提出，到 2025 年，全省建筑业年总产值将突破 1 万亿元,力争达到 1.2 万亿元,实现千亿级企业 3 家、100 亿元以上企业 15 家的目标;将建立精准服务企业名录库,采取"一企一策"帮扶举措,帮助企业提升资质水平,支持企业做大做强;同时,鼓励省内民营建筑企业单独或与央企、国企合作参与新兴领域项目建设,推动建筑企业发展壮大。

### (二)技术创新驱动升级

建筑企业对 BIM、装配式建筑、绿色建筑等高新技术的应用将更加广泛,如陕西建工产业平台在 BIM 技术和装配式建筑技术方面取得显著成效,不仅提高了工程质量和效率,还减少了环境污染和安全隐患,推动建筑业向智能化、绿色化、工业化方向发展。

#### 1. 智能建造与数字化应用深化

数字化技术正在深刻改变建筑行业的生产方式,数字化转型是不可逆的趋势。BIM、物联网、云计算、大数据等技术在建筑设计、施工、管理中的应用,将提升项目的整体效率和精确性。通过数字化技术,企业能够更好地控制项目成本、优化设计方案,甚至在施工过程中实现智能化管理,降低风险和减少浪费。智能建造技术的应用也将提高施工效率和质量,降低人工成本,如无人机、机器人等智能设备将在施工现场发挥重要作用。

随着科技发展,高强度、高耐久性材料及预制拼装技术、无支架施工等先进技术将得到更广泛应用,提升工程质量和效率。同时,利用智能设备和系统提高施工精度和安全性的智能化施工将成发展趋势。随着信息技术的快速发展,陕西省建筑业将加快智能化和数字化转型步伐。例如,利用大数据、云计算、物联网等技术手段提高项目管理效率和施工质量。

陕西将加快推进建筑业转型升级,搭建建筑产业互联网平台,建立智能建造产业基地,培育智能建造骨干企业和领军企业创新联合体,推广 BIM 技术、AI 技术在工程建设中的应用,实现工程设计文件数字化交付,提高工程建设的效率和质量。

#### 2. 装配式建筑与工业化进程加快

装配式建筑作为建筑工业化的重要组成部分,正在迅速发展。装配式建筑能够提高施工效率、减少材料浪费，是实现建筑工业化的关键途径。随着政策的大力支持和市场需求的增长，装配式建筑的推广将显著加快建筑行业的现代化进程。未来，装配式建筑将成为建筑工程行业的重要发展方向之一，推动建筑业的工业化生产进程。

### 3.绿色建造与节能环保持续推进

应探索推进绿色建筑性能责任保险，鼓励建设高星级绿色建筑项目，加强绿色低碳城区建设，推动低能耗建筑项目落地实施，开展绿色建造示范工程创建行动，规范绿色建筑设计、使用、运行、管理，实现工程全过程绿色建造。

陕西省住房和城乡建设等有关部门会按照发展绿色建筑的要求制定建筑产业现代化标准、法规和相关配套优惠政策，支持大型集团企业走设计、构配件生产、施工、管理一体化道路，以住宅建设为重点，加快新建政府投资工程和保障性安居工程试点示范，大力推动建筑产业现代化。

随着全球气候变化问题的日益严峻，绿色建筑和低碳发展成为建筑行业未来的核心方向。政府和企业将加大在绿色建筑领域的投入，推动相关技术的研发和应用。绿色建筑不仅注重节能、环保和可持续性，还强调与自然环境的和谐共生。未来，绿色建筑将成为建筑行业的主流趋势，推动整个产业向更加环保、低碳的方向发展。

未来，陕西省建设工程将更注重绿色施工，采用环保材料、节能工艺和循环利用手段，减少能源消耗和环境污染，如在建筑中使用太阳能发电玻璃、地源热泵等新技术。陕西省将继续推动技术创新和绿色建筑的发展，例如推广使用新型建筑材料和节能技术，提高建筑能效和环保性能。

### （三）产业链延伸与整合

建筑企业将更加注重上下游产业链的协同发展，打造涵盖建筑设计、施工总承包、房地产开发、建筑材料生产等多个环节的全产业链服务体系，实现从项目策划到竣工交付的全过程覆盖，提升企业的综合竞争力和盈利能力。

## （四）市场竞争加剧

陕西省建筑市场不断开放，吸引了越来越多的省外大型建筑企业进入，同时省内建筑企业数量也在增加，市场竞争日益激烈。企业需要不断提升自身的技术水平、管理能力和服务质量，以求在竞争中脱颖而出。

## （五）外向型发展趋势明显

在全球经济一体化的背景下，国际合作与交流将推动建筑行业的创新和发展。中国建筑企业将加快"走出去"的步伐，拓展国际市场。这将有助于提升中国建筑企业的国际竞争力和品牌影响力，同时也将推动全球建筑工程行业的交流与合作。通过国际合作，建筑企业可以引进先进的技术和管理经验，提升自身的竞争力和创新能力。

陕西省建筑业将加强与国际市场的合作与交流，积极拓展海外市场。通过参与国际工程项目和引进先进技术与管理经验，提升企业的国际竞争力。

随着"一带一路"倡议的深化实施，陕西建工等企业积极参与共建国家的基础设施建设项目，未来会有更多的建筑企业抓住机遇，拓展海外市场，输出中国的建筑标准和技术，提升陕西建筑业的国际知名度和影响力。

## （六）政策支持力度加大

政府将继续出台一系列支持建筑业转型升级、加快改革发展的政策措施，包括深化产权制度改革、培育龙头骨干企业、推进科技进步和技术创新、构建建筑市场信用体系等，为建筑业的健康发展提供有力保障。

## （七）人才引进与培养并重

建筑行业对专业技术人才和管理精英的需求将持续增加，企业将更加重视人才的培养和引进，通过校企合作、在职培训等多种形式，打造一支高素质的人才队伍，为企业的持续发展提供人才支撑。

大型国有企业和上市公司凭借资金和技术优势占据主导，民营企业和中小企业通过创新和服务质量提升争取份额，市场竞争将更激烈。为了应对市场竞争和技术变革带来的挑战，建筑行业将继续加大人才的培养和引进力度，通过建立完善的人才培养体系和激励机制吸引更多优秀人才加入建筑行业。

随着国家新型城镇化战略的实施，城乡基础设施建设和改善民生工程成为建筑行业的新增长点。未来几年内，城镇化将进一步推动城市基础设施的升级改造，同时也将带动大量乡村基础设施建设项目的启动。这不仅为建筑企业提供了广阔的市场空间，还促使企业加速布局城乡融合发展的业务线。

建设工程与科技、金融等产业融合将加深，如引入大数据、人工智能等技术实现工程管理智能化，或通过金融创新为项目提供资金支持，提升产业附加值和竞争力。

技术创新是推动建筑工程行业产业升级的重要动力。随着技术的不断发展，建筑行业将不断涌现新的施工技术和建筑材料，推动整个产业向更加高效、环保的方向发展。同时，人才是建筑工程行业发展的关键要素之一。未来，随着行业的快速发展和技术的不断创新，建筑企业对高素质、专业化人才的需求将不断增加。因此，加强人才培养和队伍建设将成为建筑工程行业发展的重要任务之一。

**参考资料**

尚润涛：《中国工程建设行业发展报告（2023）》，社会科学文献出版社，2024。

# 专题篇

# B.11
# "双碳"目标下陕西省绿色建筑
# 高质量发展对策研究

赵敬源 夏 博 刘思思*

**摘 要：** 建筑行业作为支撑我国基础设施建设和城镇化推进的核心行业，其节能减排是助力实现"双碳"目标的关键一环。陕西省政府积极响应国家战略，加快传统建筑业转型升级，推动以节能降碳为引领的绿色建筑高质量发展。本报告结合陕西省绿色建筑发展中的现状问题，立足于绿色建筑高质量发展、建筑节能降碳、绿色建造、科技创新和保障措施五方面，提出相应对策以助力"双碳"目标的如期实现。

**关键词：** 绿色建筑 节能减排 绿色转型 建筑业

---

* 赵敬源，二级教授，陕西省绿色低碳学会副理事长，长安大学科学研究院副院长，主要研究方向为节能与绿色建筑、城市生态环境和生态规划；夏博，西安市建设科技专家库专家、西安市建筑节能专家库专家，长安大学副教授，主要研究方向为绿色建筑设计、建筑节能与低碳、城市物理环境；刘思思，长安大学博士研究生，主要研究方向为绿色建筑。

# 一　陕西省绿色建筑发展现状

## （一）陕西省绿色建筑稳步发展

2003 年发布的《绿色奥运建筑评估体系》是我国首个真正意义上的绿色建筑评价方法，标志着我国对绿色建筑研究工作的全面启动。2005 年首届"绿色建筑大会"中提出，中国的建筑节能应迈向国际通用的绿色建筑。随后，我国 2006 年发布并实施第一版《绿色建筑评价标准》，并于 2014 年、2019 年和 2024 年进行三次修订，现行标准为《绿色建筑评价标准》（GB/T 50378-2019）（2024 年版）。新版标准秉持"以人为本"的理念，旨在满足民众对美好生活的需求。在"四节一环保"的基础上，新版标准提出由安全耐久、健康舒适、生活便利、资源节约、环境宜居五类指标组成的绿色建筑评价体系。

建筑业是陕西省名副其实的支柱产业之一，全省建筑业总产值持续增长，2023 年达到 10340.51 亿元，同比增长 5%。2018～2023 年，全省城镇新增绿色建筑累计竣工 1.72 亿平方米。2023 年，新增绿色建筑面积 6191.08 万平方米，占新增建筑面积的 98.94%，同比增长 7.13%；新增绿色建筑竣工项目 634 个，建筑面积 4004.14 万平方米，占新竣工面积的 93.45%，同比增长 12.28%。部分城市同年绿色建筑发展情况如图 1 所示。

"十三五"期间，陕西省共有获得绿色建筑设计标识项目 1314 个，建筑面积 13498.14 万平方米。2022～2024 年，在住房和城乡建设部针对三星级绿色建筑标识的审查工作中，陕西省未有三星级绿色建筑。2014 年，陕西省科技资源统筹中心成为西北地区首个获得国家三星级运行标识的大型办公建筑，建筑节能率达到 73.09%，可再循环建筑材料用量占比达到 10.51%。

## （二）陕西省建筑节能降碳成效明显

陕西省政府高度重视建筑节能和碳减排工作，持续推动建筑业绿色转

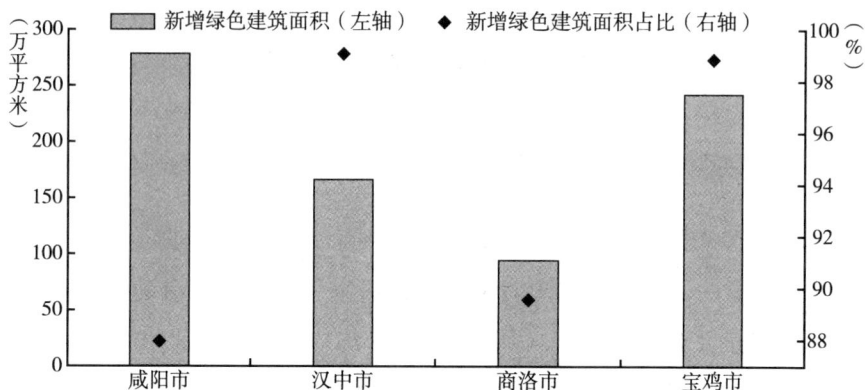

**图1　2023年陕西省部分城市绿色建筑面积及其占比**

资料来源：陕西省住房和城乡建设厅、陕西省事业单位登记局、咸阳市住房和城乡建设局、商洛市住房和城乡建设局发布的公开数据。

型。2010～2021年，陕西省建筑运行碳排放总量整体呈上升趋势，但增幅逐渐收窄（见图2）。目前，陕西省建筑节能降碳工作已取得显著进展，节能建筑建设规模持续扩大，建筑用能结构不断优化，公共建筑能效提升持续推进。具体措施有如下三点。

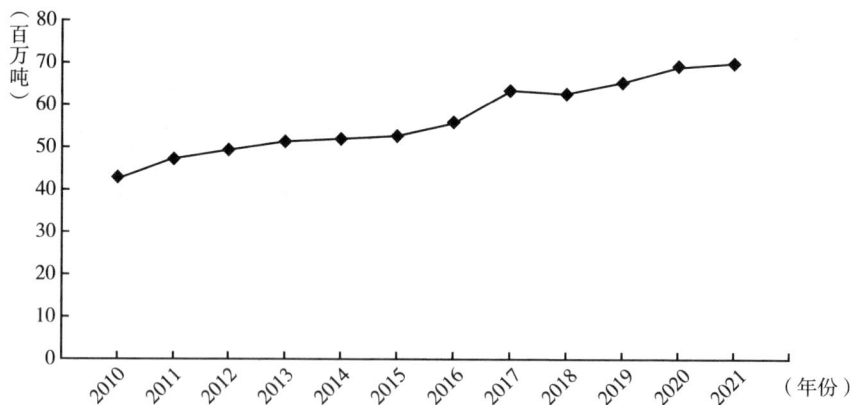

**图2　2010～2021年陕西省建筑运行碳排放总量变化趋势**

资料来源：《中国建筑能耗与碳排放研究报告（2023年）》。

**1. 推动节能建筑建设改造**

"十三五"期间，全省新增被动式低能耗建筑 55.69 万平方米，完成既有建筑节能改造 2035.46 万平方米。2023 年，新增节能建筑 6257.65 万平方米、超低能耗建筑 21.51 万平方米，完成既有建筑节能改造 403.71 万平方米。此外，陕西省持续开展农房节能改造，2018~2022 年累计建成示范农房 17330 户，实施节能改造 3899 户。

**2. 建筑用能结构优化**

建筑中可再生能源的利用是推动绿色建筑发展的关键组成部分，陕西省已取得以下重要进展。

太阳能利用方面。陕西省位于太阳能资源丰富的高值区，总辐射量为 4100~5600 兆焦/米$^2$·年，总储量约为 $2.71 \times 10^6$ 亿千瓦时·年。因此，光伏产业成为本省的优势产业，形成年产值超千亿元的产业集群，规模约占全国的 1/14。目前，建筑光伏一体化作为光伏产业的重要发展方向，已被列为陕西省"双碳"方向的重点新兴产业之一。中国西部科技创新港科研 7 号楼作为全国首个智慧绿色能源建筑，实现年发电 40 万度。隆基绿能光伏产业园作为西北最大的建筑光伏一体化发电项目，每年可提供 3.56 万兆瓦的清洁电能，减少碳排放 2.8 万吨、二氧化硫排放约 205 吨、氮氧化物排放约 307 吨。

地热能及地源热能利用方面。目前，陕西省已基本形成完整的地热产业链。2021~2024 年，全省地热供暖区域逐步从以咸阳市区和关中个别县为中心，扩展到全省 6 市 13 县（区）。供暖能力新增签约近千万平方米，并以每年 100 万平方米的进度递增。新增供暖项目 35 个，总体供暖能力提升 52%，预计新增地热供暖项目可减碳 37.8 万吨。同时，中深层地热能无干扰清洁供热技术成为主要的推广技术。截至 2021 年，应用面积达 2000 万平方米，成为国内建成面积最大的中深层地热能供热区。2023 年，陕西省新增地热能供暖面积 406 万平方米，新增推广面积 300 多万平方米；截至当年底，全省地热能建筑供暖面积约 4992 万平方米。在实际应用中，西咸新区沣西新城的中国西部科技创新港综合能源工程项目是目前全国规模最大的中深层地热地埋管清洁供热工程，供暖面积 159 万平方米，供冷面积 125 万平方米。同时，沣西新城的总部经济园综合能源供应站项目已获得"国家级新区清洁能源示范工程奖"。

除此之外，各地政府也在积极探索相关措施。安康市宁陕县自 2022 年起，启动基于空气源热泵系统的分布式清洁能源集中供热改造，供热覆盖面积已达 12 万平方米。榆林市对采用低温空气源热泵热风机供暖的住户，当供暖面积小于 20 平方米，补助 2000 元；当供暖面积大于 20 平方米，补助 4000 元。对采用低温空气源热泵热水机供暖的住户，补助 6000 元。延安市因地制宜，提出"屋顶光伏+电采暖""屋顶光伏+地源热泵+空气源热泵"等组合技术。2024 年 9 月，西安市指出优先采用再生水（污水）源热泵系统供暖。

**3. 建筑运行能效管理**

陕西省碳达峰碳中和标准化技术委员会的成立标志着陕西省"双碳"工作进入了标准化、专业化发展的新阶段，是陕西省全面贯彻落实国家"双碳"战略、践行绿色低碳发展理念的重要举措。在推动绿色建筑发展的过程中，准确的能耗监测和科学的节能管理不仅能提高能效，还可以降低建筑运行中的碳排放。尤其是随着公共建筑规模的不断扩大及其能耗的逐年上升，公共建筑已成为能效优化和碳排放控制的重点对象。2010～2021 年，全国建筑运行碳排放的年均增长率在三类建筑类型中依次为：公共建筑 4.4%、城镇居住建筑 3.7%、农村居住建筑 3.0%。为实现公共建筑及机关办公建筑进行高效的能耗动态监测及分析，陕西省政府于 2017 年完成建筑能耗监测信息平台建设，并于 2021 年 10 月完成升级改造。此外，为进一步推动公共建筑能效管理，2023 年 5 月陕西省政府提出公共机构用电月度监测覆盖率达到 60%以上的工作目标。

与此同时，部分城市已进行碳排放监测平台的建设，以更全面地监测和分析建筑能源使用情况（见表 1）。如榆林市 2022 年单位建筑面积能耗 17.45 千克标准煤、人均综合能耗 38.90 千克标准煤，分别同比下降 2.69%和 1.80%；安康市以政府机关办公区为例，办公场所 2021 年人均综合能耗同比下降 3%，总用电量减少 54.96 万度；地下车库实施合同能源管理后，年用电量从 11.7 万度下降到 3.1 万度，节能率达到 73.7%。延安市对 26.78 万平方米的集中办公区进行节能改造，并搭建能耗监测系统，预计节能率达到 13% 以上。

表 1  陕西省部分城市公共机构能源管理与监测措施概况

| 年份 | 城市 | 措施 | 具体内容 |
|------|------|------|----------|
| 2015 年 | 铜川市 | 多功能节能减排综合监管平台 | 全天在线监测 5 家大型公共建筑和重点耗能企业,建立覆盖全市的统计数据专网 |
| 2023 年 | 安康市 | 全省首个市级公共机构能耗在线监测云平台 | 已有 260 余家单位接入平台,力争 2025 年末实现节约型机关在线监测全覆盖 |
| 2023 年 | 延安市 | 能源费用托管服务项目 | 2023 年 9 月启动,2024 年 6 月完成能耗监测平台建设和节能改造,是全省首个正式进入托管期的党政机关能源费用托管服务项目 |
| 2022 年 | 西安市 | 能源监管体系 | 长安区、西咸新区、高新区、经开区、曲江新区、浐灞生态区开展能源审计试点工作。2025 年前,每年对以上试点区域的政府办公建筑或 2 万平方米以上的大型公共建筑进行至少 10 栋的能源审计 |
| 2024 年 | | 能源费用托管服务项目 | 政府办公区实施后,预计节能率达到 13% |
| 2024 年 | 榆林市 | 碳排放监测平台 | 计划 2024 年底完成 |

资料来源：国家机关事务管理局、陕西省人民政府、北极星节能网、公共机构节约能源资源网、中国智慧工程研究会科创服务工作委员会、中国建筑节能协会发布的公开数据。

## （三）陕西省绿色建造全面推进

智能建造与新型建筑工业化是陕西省 2024 年新增的省级重点产业链。陕西省设定自 2021 年起，每年新开工项目面积增加 3% 以上用于新型建筑工业化示范项目建设，对于城市中心城区出让或划拨土地的新建项目，工业化建造比例不低于 20% 且逐年增加的发展目标。陕西省还率先在全国设立智能建造与新型工业化示范基地，目前已有 8 个装配式产业基地列入全省试点示范名录。

为推动建筑施工向绿色低碳方向发展，应用智慧工地系统成为陕西省评选"省级文明工地"的加分项。2022 年，安康市宁陕县的 11 个在建项目实现"智慧工地"全覆盖。此外，广联达科技股份有限公司协助企业搭建智慧工地平台，目前省内已有 23 个项目落地。

　　为促进建筑业的健康转型，陕西省积极推动装配式建筑发展。2019～2023 年，陕西省新增装配式建筑面积持续增加（见图 3）；2019 年陕西省各市的装配式建筑建设情况如图 4 所示。2023 年西安市新增装配式建筑面积较 2019 年增长 140.2%，咸阳增长 4.93%，渭南增长 438.5%，宝鸡增长 45.4%。此外，陕西省同步培养技术人才，组建省智能建造与新型建筑工业化产业链专家团队。西安市也已成功入选全国智能建造试点城市和国家装配式建筑范例城市，为全省装配式建筑的发展树立标杆。

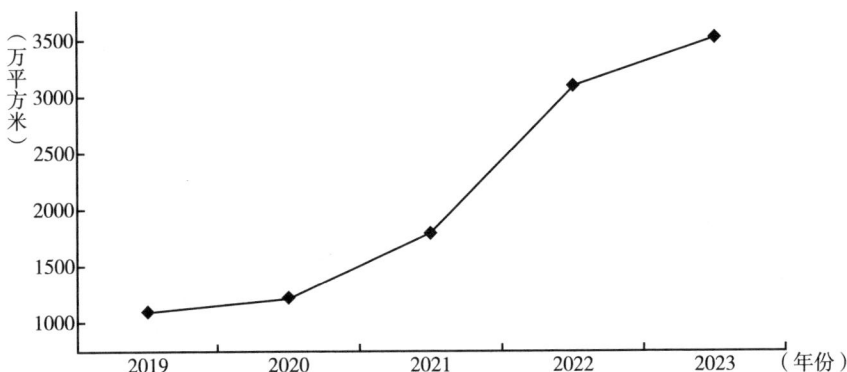

**图 3　2019～2023 年陕西省新增装配式建筑面积的变化趋势**

资料来源：《陕西科技年鉴》，2020～2023。

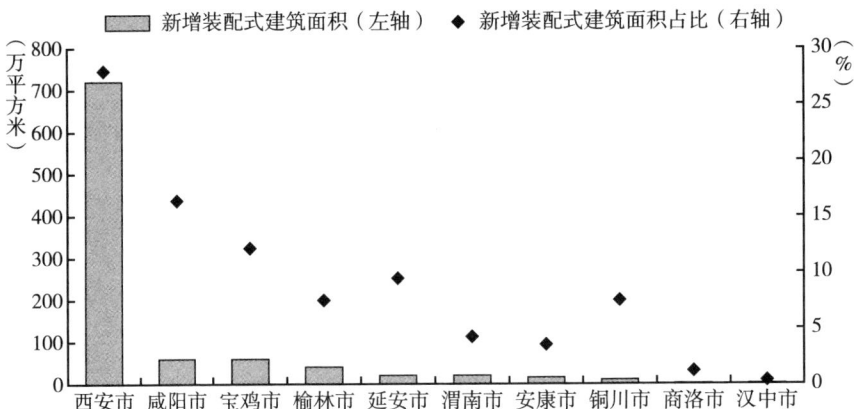

**图 4　2019 年陕西省各市装配式建筑建设情况**

资料来源：陕西省住房和城乡建设厅。

绿色建材是绿色建造的基础。2022 年，陕西省初步完成"绿色建材应用数据管理平台"信息服务网站建设。据统计，2023 年陕西省符合绿色建材采信条件的产品共 46 项。截至 2023 年底，省内已累计认证绿色建材企业 95 家，获得绿色建材产品认证证书 148 张。2024 年发布的《关于进一步规范绿色建筑管理工作的通知》明确要求，一、二、三星级绿色建筑（民用建筑）的绿色建材应用比例分别不低于 10%、20%、30%，并强调应发挥政府采购的示范引领作用，鼓励政府投资项目加大绿色建材采购力度。对此，国家选取 48 个城市作为实施政府采购绿色建材的试点城市，西安市便是其中之一。此外，地方建筑企业在绿色建材研发方面已有诸多实践，如陕西天晟木塑科技有限公司的木塑技术、陕西建工集团有限公司的节能墙体材料和高性能混凝土等。实际应用中，陕建丝路创发中心项目为西安市绿色建材应用示范项目，选用玻璃幕墙、保温材料等绿色建材。

### （四）陕西省绿色建筑科技创新进展显著

为推动绿色建筑领域的长远发展，陕西省陆续出台多项地方标准、地方性法规及规范性文件（见表 2）。

表 2　陕西省地方标准、地方性法规及规范性文件汇总

| 类型 | | 名称 | 实施时间 |
|---|---|---|---|
| 地方标准 | 绿色建筑与节能设计 | 《绿色建筑评价技术指南》DB 61/T 5016-2021 | 2022 年 4 月 |
| | | 《居住建筑节能设计标准》DB 61/T 5033-2022 | 2022 年 7 月 |
| | | 《超低能耗居住建筑节能设计标准》DB J61/T 189-2021 | 2021 年 6 月 |
| | | 《近零能耗建筑设计标准》DB 61/T 5084-2023 | 2024 年 4 月 |
| | | 《农房建设通用技术标准》DB 61/T 5089-2024 | 2024 年 2 月 |
| | | 《居住建筑全寿命期碳排放计算标准》DB 61/T 5008-2021 | 2021 年 12 月 |
| | | 《公共建筑能耗与碳排放监测系统技术规程》DB 61/T 5073-2023 | 2023 年 10 月 |
| | | 《公共机构能耗定额》DB 61/T 1399-2020 | 2021 年 1 月 |
| | | 《西安市公共建筑能耗监测系统技术规范》DBJ 61/T97-2015 | 2015 年 4 月 |
| | 建筑节能技术与应用 | 《建筑太阳能光伏系统应用技术规程》DB 61/T 5105-2024 | 2024 年 6 月 |
| | | 《建筑光伏系统设计与安装图集》陕 2023TJ 079 | 2023 年 8 月 |
| | | 《中深层地热地埋管供热系统应用技术规程》DB J61/T 166-2020 | 2020 年 5 月 |
| | | 《污水源热泵系统应用技术规程》DBJ 61/T 185-2021 | 2021 年 4 月 |

| | 类型 | 名称 | 实施时间 |
|---|---|---|---|
| 地方标准 | 建筑节能技术与应用 | 《建筑外立面太阳能光伏一体化系统（应用技术规程）（防火规程）（检测标准）》 | — |
| | 装配式建造与施工 | 《陕西省装配式评价标准》DBJ61/T 168-2020 | 2020年9月 |
| | | 《建筑节能工程施工质量验收标准》DB 61/T 5098-2024 | 2024年6月 |
| | | 《智慧工地建设技术规程》DB 61/T 5095-2024 | 2024年6月 |
| 地方性法规 | | 《陕西省民用建筑节能与绿色发展条例》 | 2025年1月 |
| | | 《西安市民用建筑节能条例》（2022年修订） | 2022年7月 |
| | | 《陕西省节约能源条例》（2021年修订） | 2021年9月 |
| | | 《陕西省新型墙体材料发展应用条例》 | 2012年1月 |
| 规范性文件 | 绿色建筑与节能设计 | 《陕西省农村特色民居设计图集》 | 2016年10月 |
| | | 《陕西省农房设计图集》 | 2018年7月 |
| | | 《陕西省公共机构节能办法》 | 2013年4月 |
| | | 《陕西既有农房宜居性能改造技术导则》 | — |
| | | 《陕西省民用建筑能耗监测系统技术指南》 | 2022年10月 |
| | | 《陕西省节约型机关创建评价标准》 | 2024年4月 |
| | | 《陕西省建筑节能协会绿色建筑标识评价管理办法》 | 2018年3月 |
| | | 《宝鸡市绿色建筑标识管理实施细则》 | 2023年11月 |
| | 建筑节能技术与应用 | 《宝鸡市地源热泵系统推广应用管理暂行办法》 | 2016年1月 |
| | | 《陕西省建筑业创新技术应用工程管理办法》 | 2020年3月 |
| | 装配式建造与施工 | 《陕西省钢结构农房方案图集》《陕西省钢结构农房设计图集》 | 2021年12月 |
| | | 《渭南市绿色施工（示范）工程管理及实施办法》 | 2019年7月 |
| | | 《陕西省智能建造与新型建筑工业化产业链专家团队管理办法（试行）》 | 2024年5月 |

近年来，陕西省在绿色建筑、建筑能效提升、装配式建筑和地热能供热等重点领域的创新能力不断增强。例如，建设领域科技计划项目加速推进（见图5）以及绿色建筑产业科技成果持续增长。目前，陕西已召开七次省级科技成果发布会，评选183项科研成果。同时，多项关键技术如"基于BIM的工业化智能建造关键技术研究与工程应用""基于多源信息融合的建筑业智能化升级关键技术与应用""超高层建筑轻量化顶升模架体系关键技

术及应用"等，获得 2024 年度陕西省科学技术奖拟提名。为促进科技成果的转化应用，陕西省政府还出台了若干文件（见表 3），并搭建"秦创原"创新驱动平台。此外，研究与试验发展经费的投入为科研提供必要的资金保障，尽管全省经费增速放缓，但整体仍保持增长态势（见图 6）。

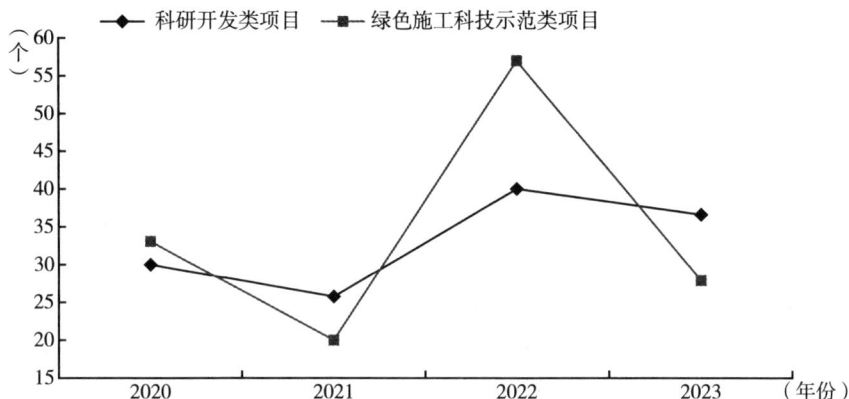

**图 5 2020~2023 年陕西省建设领域科技计划项目变化趋势**

资料来源：陕西省住房和城乡建设厅。

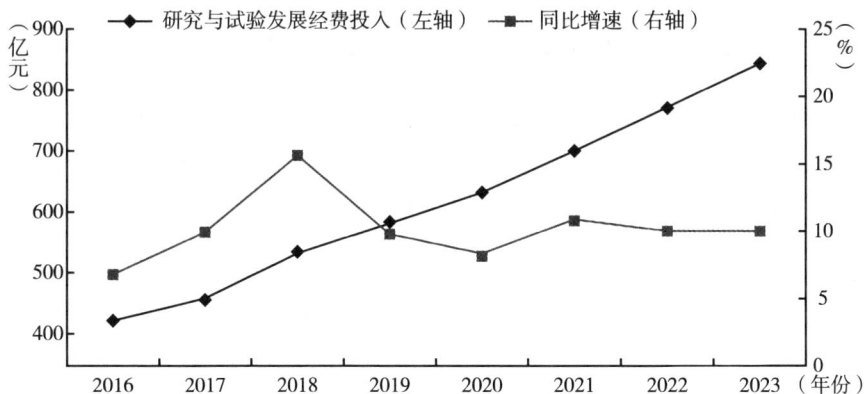

**图 6 2016~2023 年陕西省研究与试验发展经费的投入变化趋势**

表3　陕西省建设领域技术推广应用文件

| 年份 | 名称 | 备注 |
|---|---|---|
| 2010 年 | 《陕西省建设领域推广应用和限制、禁止使用技术目录》 | — |
| 2016~2018 年 2020 年 | 《陕西省建设领域推广应用新技术与产品目录》 | 合计 47 项 |
| 2022 年 | 《陕西省绿色建筑适用技术目录》 | 绿色建筑技术共 69 项 |
| | 《陕西省建筑节能适用技术目录》 | 节能适用技术项目共 67 项 |
| 2023~2024 年 | 《陕西省建设领域推广应用及限制禁止使用技术目录》(第一批)(第二批) | 2024 年 8 月启动"第三批"的征集工作 |

　　建筑企业在技术应用方面也取得显著进展。截至 2024 年 5 月，陕西省由建筑企业申报并获得各项称号的项目数量如表4所示。陕西建工集团研发的轻量化装配式智能建造平台，集成多项国内首创技术，并在曲江·云松间项目中成功应用；西安中易建科技集团有限公司自主研发的"建筑外立面智慧绿色能源系统"被列为省内工业领域绿色低碳技术的试点方向，并在多个项目中得以应用。

表4　2018~2024 年陕西省建筑业创新技术应用工程评价概况

单位：项

| 年份 | 领先称号 | 先进称号 | 国内领先称号 | 国内先进称号 | 省内领先称号 | 省内先进称号 |
|---|---|---|---|---|---|---|
| 2018 年 | 36 | 16 | — | — | — | — |
| 2019 年 | 13 | 54 | — | — | — | — |
| 2020 年 | 14 | 14 | 5 | 11 | 15 | 63 |
| 2021 年 | — | — | 18 | 27 | 32 | 46 |
| 2022 年 | — | — | 2 | 7 | 11 | 8 |
| 2023 年 | — | — | 15 | 22 | 38 | 65 |
| 2024 年 | — | — | 5 | 9 | 19 | 9 |

资料来源：陕西省建筑协会发布的公开数据。

## 二 陕西省绿色建筑高质量发展中存在的问题

### （一）绿色建筑发展方面

第一，我国与绿色建筑设计有关的现行标准多为推荐性标准和引导性政策，缺乏相应的技术法规约束。尤其是在高品质住宅的建设中，不同地区的现行标准内容仍存在差异。第二，缺乏针对性的技术指导和实际操作支持，技术经验相对不足。诸多困扰居民的住房问题，如隔音、串味、渗漏等未得到有效解决。第三，建筑业的绿色金融支持尚处于探索阶段。建筑行业产业链条复杂，而金融支持的范围并未完全覆盖建筑行业的低碳转型发展领域。

### （二）建筑节能降碳方面

第一，技术创新面临瓶颈。部分企业缺乏科研投入，限制高效节能技术研发，进而增加初期投资成本，形成技术创新与资金投入间的恶性循环。第二，既有建筑节能改造的工作流程仍有优化空间，前期调研不足，缺乏有效的建筑能效评估与诊断。第三，对于传统民居的节能改造，保留建筑文化特色与采用现代节能技术的融合尚不紧密。第四，建筑用能依赖化石能源，其结构亟待优化。大量建筑仍采用传统供热方式，且电气化水平低下。第五，陕西省建筑能耗监测工作仍处于起步阶段。各地市的建筑能耗监测信息平台建设和应用水平存在差异，缺乏系统性的节能效果追踪与管理，从而影响节能降碳工作的实施效果。

### （三）绿色建造方面

第一，智能建造相关的政策法规尚未全面覆盖智能建造技术的创新应用，尤其是在新材料、新工艺和智能化设备等领域。第二，相关技术的研发仍显薄弱，技术创新动力不足。第三，缺乏多个领域的专业人才，且相关的教育和培训体系尚不健全，目前对高素质人才的需求仍存在较大缺口。第四，智能建造尚不具备一定规模，智能化设备的普及程度较低，数字化技术的应用较为不足。第五，协同发展不畅。技术研发和产业需求脱节，难以形成产业链协同效应，缺乏系统化的解决方案。

## （四）科技创新方面

第一，现行绿色建筑评价标准的动态适应性稍显不足。第二，技术标准体系尚不健全。不同技术和不同材料领域的建设进展各异，部分领域尚未出台相应的标准和法规。第三，目前缺乏针对性的激励措施，导致技术动态更新的速度放缓，地方企业也缺乏学习和对外交流的机会，难以满足快速变化的市场需求。第四，合作机制尚不完善，科研机构与企业的合作深度和广度不足。第五，科研成果的转化渠道有限，缺乏有效的市场反馈和推广渠道。引入新科技、新材料后，未能因地制宜地进行优化，缺乏灵活性。

# 三　陕西省绿色建筑高质量发展对策

## （一）促进绿色建筑高质量发展

### 1. 全面推广绿色建筑

全面推广绿色建筑是一项涉及多方参与的系统工程，需要政府、企业和公众共同努力。具体措施包括三点。第一，应加强政府各部门间的协作，建立更加有效的跨部门协调机制。还需构建统一的政策信息共享平台，实时更新国家及省级绿色建筑的相关政策法规、标准规范，并要求各级部门及企业及时登录查阅、反馈落实情况，消除政策落实盲区。第二，应逐步提高运行标识在评价体系中的重要性，引导建筑项目从规划设计阶段就充分考虑后期的运行维护需求。同时，应鼓励科研机构、高校与企业合作，研发建筑运行中的节能优化、设备维护、环境调控等关键技术与解决方案。第三，应多渠道开展宣传活动，提高公众对绿色建筑的认知度和认可度，并通过建设绿色建筑示范项目，使公众直观体验绿色建筑带来的健康效益和经济效益。

### 2. 发展星级绿色建筑

发展星级绿色建筑的具体措施包括三点。第一，应加强针对性技术的研发与指导。组织行业专家、技术骨干成立高星级绿色建筑技术团队，设立高星级绿色建筑技术咨询服务平台，由专业技术人员在线解答企业遇到的技术难题，必要时组织专家赴现场帮扶，确保项目顺利推进。第二，应完善以市场为主导的激励机制。政府可出台高星级绿色建筑专项激励政策，对获得住房和城乡建设部认定的三星级绿色建筑项目给予一定的财政补贴。同时，在土地出让、税收优惠、信贷支持等方面给予倾斜，激发企业积极性。第三，应加快专业技术人才的培养。高校需要持续优化学科专业设置，培养多领域的复合型专业人才。

### 3. 发展高品质住宅

随着生活水平逐步提高，人们的住房观念和住房需求已发生重大转变，对居住环境和性能质量均提出更高要求。具体措施包括三点。第一，应统一高品质住宅内涵与建设标准。由政府牵头，组织行业协会、专家学者、企业代表等共同制定全省统一的高品质住宅建设标准，明确涵盖空间布局、功能品质、环境质量、耐久性等多方面的详细指标。第二，应强化高品质住宅技术研发。鼓励科研机构和企业合作展开针对住宅问题的技术攻关。第三，应要求开发商和物业公司建立住宅问题的有效反馈机制。

## （二）推进建筑节能降碳

### 1. 新建建筑节能降碳

提升新建建筑的节能降碳水平，是改善建筑性能和人居环境品质的着力点，更是从源头实现这一目标的根本保证。具体措施包括三点。第一，应强化政策激励与引导。由政府出台新建建筑节能专项补贴政策，对于达到更高节能标准的新建项目给予资金补贴，补贴额度根据节能等级梯次递增，激励开发商主动提升建筑节能水平。第二，应持续推动产学研合作。由政府牵头，联合高校、科研机构与企业共同搭建产学研合作平台。定期组织技术交流活动，共享科研资源，协同攻克技术瓶颈。第三，应大力推广超低能耗建筑、近零能耗建筑和零能耗建筑，按照优先采用被动式设计的原则，充分利用自然采光和通风。同时，还应采用高效节能的低碳设备。

**2. 既有建筑节能改造**

既有建筑节能改造应基于地区经济、社会发展水平和地理气候条件等实际情况，有计划、有组织地分类实施。具体措施包括三点。第一，应全面开展既有建筑的摸底调查，进行节能改造的鉴定评估和能效诊断，明确具备改造价值和条件的建筑。需要注意的是，应优先选用低成本的改造措施。第二，应针对不同的建筑类型，编制专项改造技术指南，还需以城市为单位制定年度改造计划。第三，应在保护乡村特色风貌的前提下，开展农房节能改造，推进低碳型、宜居型示范农房建设，实施村镇清洁能源建设行动，以县为单位开展农村可再生能源取暖应用示范，推动太阳能清洁供热、供暖与高效温室一体化示范试点项目的建设。

**3. 建筑用能结构调整**

为实现建筑用能的低碳转型，积极发展可再生能源和工业余热利用，并提高建筑电气化水平是关键途径。具体措施包括三点。第一，针对建筑能源消费的重要环节之一供暖，应因地制宜地推动建筑热源端低碳化，开发集中供暖。关中、陕南等地区地热资源较为丰富，可推广中深层地热能供热、浅层供热制冷。同时，应支持地热能、生物质能、太阳能供热的开发应用，并鼓励火电、工业与核电等余热的利用。第二，应提高建筑终端电气化水平，推动集光伏发电、储能、直流配电、柔性用电于一体的"光储直柔"建筑试点示范，稳步提升住宅采暖、生活热水、炊事等电气化普及率。还应鼓励探索建筑用电设备智能群控技术，在满足用电需求的基础上合理调配用电负荷，实现电力少增容或不增容。第三，应持续开发清洁能源，并推进建筑光伏一体化建设。同时，还应探索可再生能源建筑应用常态化监管和后评估，及时优化运行策略。

**4. 建筑运行节能降碳管理**

建筑运行阶段是建筑消耗能源和产生碳排放的重要环节之一。强化建筑运行节能降碳管理，是以较低成本提升建筑能效、降低碳排放的有力抓手。

具体措施包括三点。第一，应完善建筑能源消费计量、统计和监测制度，建立建筑节能监管体系，逐步推行建筑能耗限额管理。同时，应加强公共建筑运行管理。完善公共建筑的能耗和碳排放监测平台，以及加快建立并执行公共建筑室内温度的控制机制，重点关注节能潜力大的建筑类型。第二，应推动建筑数字化、智能化运行管理平台建设，构建跨部门建筑用能数据共享平台。第三，应推动合同能源管理方式的节能改造，并鼓励公共机构实施能源费用托管服务。

### （三）发展绿色建造

#### 1. 新型建筑工业化

发展新型建筑工业化的具体措施包括三个方面。第一，应加快技术标准的制定与更新，建立技术标准动态更新机制，为建筑业转型提供有力支撑。第二，应加强人才培养，建立建筑工业化人才培训基地。针对在职人员开展技能培训、认证考试等活动，提升从业者的专业素质。第三，应联合研发平台建设。鼓励企业与高校、科研机构共同建立技术研发平台，开展针对性的技术攻关。通过联合实验室、共建技术中心等形式，实现技术的快速转化和产业应用。

#### 2. 推进智能建造

智能建造是建筑业向数字化、智能化转型的重要方向，深入推进智能建造的具体措施包括三个方面。第一，政府应出台相关的规范标准和经济激励措施，鼓励和支持智能建造技术的研发和应用。第二，应推广建筑信息模型、物联网、大数据和人工智能等技术，加快数字化设计体系建设进程。加强物联网、大数据、云计算、人工智能、区块链、5G等新技术在建造全过程的集成与创新应用。引导企业建设建筑产业互联网平台，开发面向建筑领域的应用程序，推进工业互联网平台在建筑领域的融合应用。同时，还应推进智能建造工程试点示范，加强工业化、数字化、智能化技术集成应用，推进先进制造设备、智能设备及智慧工地的相关装备研发。第三，应建立智能化的智慧工地管理平台。加强智慧工地技术的培训与推广，通过举办培训班、研讨会等形式，向建筑企业管理人员、技术人员普及智慧工地建设理念、技术要点和操作方法，提升行业整体技术水平，充分释放智能建造潜力。

### 3. 应用绿色建材

绿色建材的应用是推动建筑可持续发展的关键，其性能直接决定建筑的经济性和舒适度。发展绿色建材的具体措施包括三个方面。第一，应在政府投资项目中优先选用绿色建材，同时，应鼓励开发商在新建居住建筑中使用绿色建材，从而持续提高绿色建材的应用比例。第二，管理部门应加强对绿色建材生产、销售、使用等环节的监督管理，并建立完善的违法违规行为公示制度。同时，还应建立绿色建材认证制度，实行绿色建材产品市场准入制度，并编制推广目录。第三，应大力支持科研机构和企业开展绿色建材和关键技术研发，同时积极宣传环保建材产品及其应用技术。

## （四）强化科技创新

### 1. 完善技术标准体系

构建多层次、高质量的建筑技术标准体系，为绿色建筑高质量发展提供技术支持和保障。具体措施包括三个方面。第一，应建立科学合理的绿色建筑评价标准，推动建筑设计、施工和运营的可持续发展。第二，应鼓励不同材料和技术领域编制相应的建设标准，形成多层次的标准体系，持续促进行业创新。第三，应建立政府、企业和公众的反馈渠道与协作机制，并积极推动技术标准的动态更新，确保其科学性和前瞻性。

### 2. 科技创新

为进一步加强科技创新，具体措施包括三个方面。第一，应强化激励措施，持续推动技术更新。还需搭建对外交流的学习平台，组织开展如"建筑科技创新交流会"等活动，并定期邀请国内外知名专家学者、行业领军企业代表分享最新建筑科技动态、前沿技术应用案例等内容，拓宽企业视野并为其提供学习交流的机会。第二，应加强企业和科研机构合作，持续研发新材料、新技术。第三，应加强科技成果的转化工作，持续完善评价体系并强化监督管理。同时，应鼓励地方企业应用新科技成果，并支持对其革新升级。

### （五）保障措施

建立城乡建设绿色低碳发展的政策体系和体制机制，为绿色建筑的高质量发展提供必要保障，这有助于推动可持续发展目标的实现，促进资源节约和环境保护。

#### 1. 健全工作推进机制

第一，应严格绩效考核，完善建筑节能监管平台。将各市建筑节能与绿色建筑目标任务的落实情况纳入年度考核，并进行定期评估。第二，应加强组织领导，重视建筑节能与绿色建筑发展。加大相关监管部门的执法力度，健全工作协调机制，制定相应政策，并加强多部门间的沟通与协作，共同推进。第三，应因地制宜编制各地区建筑节能与绿色建筑发展的专项规划。

#### 2. 强化法规政策支持

第一，应健全法规标准体系，完善建筑节能与绿色建筑的标准体系和法律法规，并做好相应的政策解读，规范引导其健康发展。同时，鼓励地方结合实际情况制定（修订）相关的法规标准。第二，应加强制度建设，健全监测与评估机制。明确各级责任人，形成上下联动的工作体系。同时，设立反馈机制，鼓励各级责任人就政策执行中的困难和建议进行反馈，以便持续优化管理措施。第三，应鼓励建立数字化监测平台，实现实时跟踪。第四，应落实经济激励措施，通过财政奖励、税收优惠、信贷优惠等方式，鼓励企业积极采取减排行动。

#### 3. 加大宣传引导力度

第一，应发挥示范作用，宣传优秀项目和典型案例，推广经验做法，并加强总结与交流。开展形式多样的建筑节能和绿色建筑宣传活动，大力宣传绿色建筑创建行动及其成效。第二，应积极倡导简约适度、绿色低碳的生活方式。实施建筑节能与绿色建筑培训计划，将相关知识纳入专业技术人员继续教育的重点内容，鼓励高等学校增设建筑节能与绿色建筑课程，培养专业化人才队伍。第三，应开展全民行动，增强全民节约意识。坚决抵制和反对各种形式的奢侈浪费，营造绿色低碳社会风尚。发挥行业协会、商业团体和公益组织的作用，支持节能减排公益事业。组织开展节能减排自愿承诺，畅通公众参与生态环境监督的渠道。

# 四 陕西省绿色建筑高质量发展的展望

## （一）绿色建筑

绿色建筑的发展将在政府主导的协同治理体系中迈至精细化、智能化的高阶阶段。加强城镇绿色低碳发展，聚焦星级绿色建筑和高品质住宅建设，营造健康舒适的室内环境；促进科研机构、高校与企业的多方合作，夯实行业加速升级的坚实基础；宣传绿色生产和生活方式，促使绿色理念深入人心。政府与企业通力合作，共同为民众构筑安心、舒心、放心的高品质居住家园。

## （二）建筑节能降碳

建筑节能降碳已成为实现碳中和目标的重要领域。陕西省将加快步伐，依托政策引导和技术创新，推动建筑行业向低碳、绿色方向发展。在加快提升建筑能效的目标要求下，推动超低能耗建筑和低碳建筑的规模化发展；在保障能源安全的前提下，大力实施可再生能源替代，加快构建清洁、低碳、安全、高效的能源体系。充分利用省内资源，推进地热资源的保护性开发与利用，推广建筑太阳能光伏一体化等可再生清洁能源应用；在促进建筑绿色低碳转型的背景下，完善省内建筑能源消费计量、统计和监测制度，推动建筑能源管理信息化和智能化建设。未来，陕西省将有效控制建筑能耗和碳排放的增长趋势，推动建筑行业在实现可持续发展和碳中和目标中发挥更积极的作用。

## （三）绿色建造

陕西省持续推进以"双碳"节能为引领的绿色化建造体系、以装配式建筑为载体的工业化建造模式、以产业升级为驱动的智能化转型。陕西省可结合区域气候特点和资源禀赋，推广绿色低碳建材和绿色建造方式；依据地方自然环境和经济发展特点，加快推进新型建筑工业化，大力发展装配式建筑；基于数字化、智能化设计和建造技术支持，强化绿色设计和绿色施工管理。未来，智能建造与新型建筑工业化将协同发展，建筑行业也将实现从传统建造模式向数字化、工业化、智能化的高质量转型。

## （四）科技创新

陕西省将在完善技术标准体系、加强行业先进技术研发、加快科技成果转化等方面持续发力，为绿色建筑的高质量发展提供坚实支撑。根据地方发展特点，制定和完善绿色建筑技术标准，确保新技术得到广泛应用和推广；根据省内行业发展趋势和科技进步，加大对绿色建筑领域先进技术的研发力度，持续推动创新突破；根据省内科研成果转化的支持政策，加速科研成果的产业化应用，推动新技术在实际建筑项目中的落地实施。

**参考资料**

《陕西省 2023 年建筑节能与绿色建筑发展情况》，https：//mp. weixin. qq. com/s/StJ1M7gs8C9v3Z8RX-_biw。

《开创清洁能源利用新局面 推动地热供暖再上新台阶》，http：//paper. people. com. cn/zgnyb/html/2024-06/17/content_26065108. htm。

蒋卫、焦正斌、王华：《陕西：推动可再生能源利用谱写绿色低碳发展新篇章》，《建筑》2023 年第 11 期。

《陕西省建成国内面积最大的中深层地热能供热区》，《陕西日报》2021 年 11 月 11 日。

《陕西光伏产业释放潜在价值》，《陕西日报》2023 年 12 月 11 日。

《高质量发展进行时 智能建造引领建筑业高质量发展》，《陕西日报》2024 年 5 月 9 日。

《西北最大建筑光伏一体化光伏发电项目并网发电》，https：//www. cnr. cn/sxpd/c/yl/20231227/t20231227_526536455. shtml。

宋嘉：《绿色金融支持绿色建筑发展的制约因素与对策建议》，《农村金融研究》2022 年第 11 期。

# B.12
# 基于智能建造的陕西省建筑
# 工业化协同发展

樊禹江　张猛格　赵宇琪　徐子轩*

**摘　要：**　智能建造与建筑工业化的协同发展是推动建筑业高质量发展的重要路径。近年来，国家通过政策引导与技术创新，积极推进建筑行业的智能化与工业化转型。陕西省作为西部建筑业的重要代表，围绕智能建造与建筑工业化协同发展出台了一系列政策，逐步形成了覆盖设计、生产、施工、运维等全生命周期的协同发展体系。本文梳理了国家与陕西省的相关政策与实践路径，回顾了智能建造与工业化在陕西省的发展历程，结合最新实践案例总结了陕西省智能建造与建筑工业化协同发展的实现方式，并对其未来发展面临的挑战进行了展望，提出了深化智能技术与工业化融合、加强建筑信息化平台建设、加大人才培养和技术创新力度三项具体措施，以实现建筑业的数字化、智能化和绿色化发展。

**关键词：**　智能建造　建筑工业化　信息化

　　积极推动智能建造与建筑工业化协同发展，不仅是建筑行业转型升级、迈向高质量发展的关键路径，实现绿色发展的必要手段，也是促进现代建筑智能建造与工业智能制造"双轮驱动"协同进步的根本之路。本文总结陕

* 樊禹江，博士，长安大学二级学院副教授，主要研究方向为新型装配式建筑、建筑与城市韧性；张猛格，长安大学硕士研究生，主要研究方向为城市韧性；赵宇琪，长安大学硕士研究生，主要研究方向为城市更新与设计方法；徐子轩，长安大学硕士研究生，主要研究方向为新型装配式建筑。

西省智能建造工业化协同发展的现状，总结智能建造工业化协同发展的实现方法，并展望其应用前景。

# 一 智能建造与建筑工业化协同发展的背景

智能建造与工业化是社会发展的必由之路，同时也是实现全社会绿色发展的必然选择。2020年，住房和城乡建设部等部门联合印发了《关于推动智能建造与建筑工业化协同发展的指导意见》，其中明确了推动协同发展的指导方针、基本原则、目标设定、关键任务以及保障措施。党和国家也提出围绕建筑业高质量发展总体目标，以大力发展建筑工业化为载体，以数字化、智能化升级为动力，创新突破相关核心技术，加大智能建造在工程建设各环节应用，形成涵盖科研、设计、生产加工、施工装配、运营等全产业链融合一体的智能建造产业体系，为我国智能建造与工业化协同发展奠定了坚实的政治基础，同时提供了充分的政策保障。

智能建造与新型建筑工业化协同发展不仅是保障我国经济高速发展的重要动力，也是行业积极转型升级的关键路径。如何通过智能化技术与工业化手段有效降低建筑能耗、提升建设效率，成为建筑行业必须应对的核心挑战。

近年来，国家及地方各级政府相继出台了一系列政策文件，从战略层面提出指导意见，为智能建造的推广和新型建筑工业化的发展提供了政策保障，如表1所示。

表1　国家智能建造与建筑工业化相关政策文件

| 时间 | 发文单位 | 文件名 | 内容概要 |
|---|---|---|---|
| 2020年7月 | 住建部等部门 | 《关于推动智能建造与建筑工业化协同发展的指导意见》 | 以大力发展建筑工业化为载体，以数字化、智能化升级为动力，创新突破相关核心技术，加强智能建造在工程建设各环节应用，形成涵盖科研、设计、生产加工、施工装配、运营等全产业链融合一体的智能建造产业体系 |

| 时间 | 发文单位 | 文件名 | 内容概要 |
|---|---|---|---|
| 2020 年 8 月 | 住建部等部门 | 《关于加快新型建筑工业化发展的若干意见》 | 大力推行装配式建筑技术、建筑信息模型（BIM）技术，加快应用大数据、物联网等新型建筑技术，大力推行工程总承包、全过程工程咨询等新型工程建设模式，全面以智能建造技术为核心，实现我国新型建筑工业化 |
| 2022 年 10 月 | 住房和城乡建设部 | 《住房和城乡建设部关于公布智能建造试点城市的通知》 | 决定将北京市等 24 个城市列为智能建造试点城市，为期 3 年。试点城市要严格落实试点实施方案，建立健全统筹协调机制，加大政策支持力度，有序推进各项试点任务，确保试点工作取得实效 |
| 2024 年 10 月 | 住房和城乡建设部 | 《"数字住建"建设整体布局规划》 | 围绕建筑工业化、数字化、智能化，推行工程建设项目全生命周期数字化管理，推进建筑市场与施工现场两场联动、智慧监管，推动智能建造与建筑工业化协同发展，促进建筑业高质量发展 |

## 二　智能建造与建筑工业化协同发展的内涵

智能建造与建筑工业化的协同发展，正在打破传统建造模式的局限，通过技术与工业化生产的深度融合，推动建筑业向更高效、更绿色的方向迈进。理解两者的基本概念，是探索这一趋势的重要起点。

智能建造是以智能技术为核心的现代信息技术与以工业化为主导的先进建造技术的深度融合，其通过数据-知识驱动工程勘察、设计、生产、施工和交付全过程，实现建造活动和过程的自感知、自学习、自决策和自控制，人机共融协作完成复杂建造任务。其通过在建筑建造过程中运用信息化、数字化、网络化、智能化等技术手段，对建筑的设计、施工、管理和维护等全过程进行创新和改造，以提高建筑行业的生产效率，并实现资源的优化配置和可持续发展。

建筑工业化是指通过现代化的制造、运输、安装和科学管理的生产方式，来代替传统建筑业中分散的、低水平的、低效率的手工业生产方式。其主要特征包括建筑设计标准化、构配件生产工厂化、施工机械化和组织管理科学化。

智能建造与建筑工业化协同发展的特征是通过智能化技术和工业化手段，提升建筑业的效率、质量和可持续性，推动建筑业转型升级，实现高质量发展。具体来说，智能建造是指在建造过程中充分利用智能技术和相关技术，通过应用智能化系统，减少对人的依赖，提高建造过程的智能化水平，确保安全建造，提升建筑的性价比和可靠性。

在应用中，智能建造通过整合 BIM 技术与云计算、大数据、物联网、人工智能等数字技术，构建一个综合性的数字建筑平台。该平台运用信息技术与相关项目管理知识实现对建筑工程现场人员、设备、建筑材料和环境等要素的感知与综合管理。该过程包括了从客户需求分析、多专业协同设计、智能审查、智慧施工到智慧运维的全生命周期过程，展现了数字运营和建筑建造的全面融合。

近年来，随着 BIM、新型智能材料、机器人精确加工、3D 打印技术和 PC 预制工厂的发展，智能建造与建筑工业化已逐步从理论研究走向实际应用，构建起一个互联互通的智能网络，实现人和人、人和机器、机器和建筑以及建筑构件之间的紧密联系，达成全方位的集成。这在提高建筑产业生产效率、科技创新水平，减少建筑过程污染排放的同时能够支持新时代建筑业转型升级，增强中国建筑业在国际上的竞争力；同时也培养了一批智能建造领域的领军企业，不断引领各类企业进入智能建造领域，加速建筑业转型升级，成为国民经济发展新的增长点。

## 三　陕西省智能建造与建筑工业化的发展现状

2021 年，陕西省住房和城乡建设厅联合多个部门颁布了《关于推动智能建造与新型建筑工业化协同发展的实施意见》，明确了各地推动智能建造与新型建筑工业化协同发展七项重点任务，包括研究制定详细发展规划，加快建筑产业化基地建设，推动信息技术深度融合，建立绿色建造施工体系，大力发展装配式建筑，推广装配化全装修模式，加强节水与可再生能源应用。

陕西省以产业升级为动力，推动建筑业的智能化转型，全方位布局和拓展产业链，促进产业集聚。目前，陕西省已建立起覆盖建筑技术研发、装配式建材生产、智慧化管理与运维、建筑产业投资等多个领域的全生命周期全产业链体系，为建筑业高质量发展提供有力支撑。2022 年陕西省装配式建筑业的总产值达到 326.27 亿元，同比增长 16.3%，增速相比全省建筑业总产值高出 6.6 个百分点。2021~2024 年陕西省及西安市发布的政策文件如表 2 所示。

**表 2　陕西省智能建造与建筑工业化相关政策文件**

| 时间 | 发文单位 | 文件名 | 内容概要 |
|---|---|---|---|
| 2021 年 3 月 | 陕西省住房和城乡建设厅等部门 | 《关于推动智能建造与新型建筑工业化协同发展的实施意见》 | 推进建筑工业化、数字化、智能化升级，加快建造方式转变，推动建筑业高质量发展 |
| 2022 年 3 月 | 西安市人民政府办公厅 | 《西安市推动智能建造与新型建筑工业化协同发展实施方案》 | 提出围绕建筑业高质量发展目标，聚焦新型建筑工业化与智能建造的深度融合，以装配式建筑为抓手，推动全产业链协同发展，提高建筑业数字化、智能化水平，全面提升工程质量和效益，助力实现建筑业转型升级与可持续发展 |
| 2022 年 9 月 | 陕西省人民政府 | 《关于推动建筑业高质量发展的实施意见》 | 到 2025 年，智能建造与建筑工业化协同发展取得积极进展，建筑产业结构持续优化，建筑企业科技创新能力不断提升、核心竞争力显著提高，绿色建筑实现规模化发展，产业工人队伍技能素质明显提高 |
| 2023 年 2 月 | 陕西省人民政府 | 《陕西省高质量项目推进年行动方案》 | 紧盯"秦创原"创新驱动、重点产业链延链补链强链、战略性新兴产业新赛道、传统产业转型升级、黄河流域生态保护和高质量发展、稳就业促增收等重大战略、重点领域，推动一批打基础、利长远的项目落地建设、投产见效，促进高质量项目形成"四个一批"良性循环，着力提升投资质量和效益 |

| 时间 | 发文单位 | 文件名 | 内容概要 |
|---|---|---|---|
| 2023 年 4 月 | 西安市推动智能建造与新型建筑工业化协同发展领导小组 | 《西安市智能建造试点三年行动计划(2023～2025 年)》 | 提出了实施创新驱动发展战略,推动先进制造技术与建筑业的深度融合,通过数字化、智能化升级,促进建筑业科技进步和工程质量保障体系完善。公布了试点任务、工作措施、任务目标及重点工作,实现装配式建筑、新型建筑工业化与智能建造的协同发展 |
| 2024 年 11 月 | 西安市住房和城乡建设局 | 《2024 年度西安市智能建造建筑工程试点项目名单》 | 公布了 2024 年度西安市智能建造建筑工程试点项目,包括沣西新城泰丰盛合科创产业园一期一标段项目、西安碑林博物馆改扩建工程项目、桂语晴澜项目第二批一标段项目、泰丰盛合科创产业园(二期)项目等 9 个项目 |

陕西建工集团 2022 年单个季度内在省内承接了 148 个装配式建筑项目,全年累计完成 346 个装配式建筑项目,总装配率达到 33.75%。同时,在咸阳、延安、安康等地建立了装配式混凝土和装配式钢结构的生产基地,在全省范围内设立装配式装修、门窗幕墙、复合免拆保温模板一体化、装配式机电等配套生产基地,实现了装配式建筑主要构件和部件的全覆盖。2024 年 4 月,陕建装配式建筑产业基地与 50 多个项目达成合作,向其供应装配式预制构件,其中包括住宅、商业综合体、体育场以及地铁工程等项目。

中铁一局集团在西安地铁项目的建设中,大规模采用预制盾构管片技术,在全国多个地区设立了预制盾构管片的生产基地。三一筑工西安科技有限公司提供的装配式建筑系统解决方案,实现了标准化构件和部件的数字化制造及数字化孪生技术的交付。中国建筑西北设计研究院和西安建筑科技大学聚焦于建筑工业化研发关键技术,并在实际项目中推广技术的应用。

目前陕西省已有 8 个装配式产业基地列入全省试点示范名录。数字设计、专业协同、智能生产、智能施工、智能设备应用、系统平台研发应用等

6 方面 30 条可复制经验，推动陕西建筑业向工业化、数字化、智能化、绿色化转型。

根据陕西省智能建造与建筑工业化协同发展现状和未来目标，当前所面临的挑战主要在于：智能技术和工业化生产模式之间的技术融合需要跨学科合作和创新，技术融合存在一定难度；行业标准不统一，智能建造和工业化建造的标准化工作仍然处于探索阶段，缺乏统一的行业标准，导致生产过程中的信息互通和协同难题；人才短缺，智能建造与工业化协同发展需要具备跨学科知识和能力的人才，而当前相关人才短缺，也给行业发展带来一定困难。

# 四　智能建造与建筑工业化的实现方法与应用

智能建造与建筑工业化正在通过数字技术与建筑技术的深度融合，推动建筑行业迈向高效、高质量、绿色环保的新发展阶段。目前，陕西省已在省内公布了一批智能建造与新型建筑工业化试点项目，包括中建嘉和中心、西安碑林博物馆改扩建工程、西安文旅中心、浐灞国际港务东务西村安置房、泰丰盛合科创产业园（二期）等项目。以下从多个方面探讨其具体实现方法，并结合项目的具体应用进行分析，为陕西省未来智能建造与建筑工业化工程项目提供参考。

## （一）建筑信息模型（BIM）技术的全面应用

BIM 技术作为智能建造的重要支撑，贯穿于建筑全生命周期，其通过三维可视化设计、施工模拟与优化、工程量精确计算以及运维数据管理，为项目的高效决策与精细化管理提供技术支持。BIM 技术不仅能够提升设计精度，还可以显著降低施工中的返工率和资源浪费，为智能建造与建筑工业化的融合提供了坚实基础。

在西安碑林博物馆改扩建工程中，BIM 技术被广泛应用于清水混凝土施工、型钢混凝土组合梁设计及深化等环节。项目团队利用 BIM 技术对清水混凝土的缝隙分布、模板安装及精确施工流程进行了全面模拟，有效提升了施工质量，同时确保了建筑外观与设计初衷的一致性。项目团队利用BIM技术模拟支护降水、比选幕墙砌筑工艺、空间净高及支架受力分析、配合精装点位布设、可视化验收等，全面提升施工效率。在综合管廊施工过程中，项目团队利用BIM技术通过数值模拟研究不同施工参数对地表变形的影响，并结合现场监测保障周边文物建筑的安全。模拟结果显示，土体应力及竖向位移响应明显，为施工过程中的安全管理和风险控制提供了重要依据。

由中建八局承担的云起时项目采用八局自主研发的新型智慧工地，集成物联网、视联网等技术，通过BIM协同管理、可视化交底、群塔智能监测、三维激光扫描，以及基坑监测系统、智能爬架系统等多项技术，以"以创新赋能现场，以科技助力履约"为主题，打造智能建造新高地，推进项目高效建造。

## （二）智能监测与智慧工地系统的应用

智能监测技术与智慧工地系统的结合，为建筑施工过程的动态监控和高效管理提供了新途径。项目团队通过物联网、大数据和云计算技术的应用，可以实时采集并分析施工现场的数据，识别潜在风险并及时预警，从而提升项目安全性和施工效率。这种深度应用改变了传统施工管理模式，为建筑行业迈向智能化提供了关键保障。

在嘉和中心一标段项目中，项目采用中建五局创新研究院自主研发的集数字设计、智能生产、智能施工、智慧运维、建筑产业互联网平台、智能建造装备六大板块于一体的智能建造管理系统，通过14个模块应用，实现进度、质量、安全等多维度全过程智能化高效管控。

西安碑林博物馆改扩建项目采用深基坑监测系统、大体积混凝土温控管理系统及高支模智能监测设备，实现了施工全过程的动态管控。大体积混凝土筏板通过无线温控传感器监测温度变化，确保了施工质量，有效规避了开裂风险。

### （三）数字化生产与智能化施工设备的推广应用

产线与智能化操作实现了从材料加工到现场施工的高效衔接。智能化设备不仅提升了施工精度，还减少了人力投入和施工时间，显著提高了建筑业的生产力和资源利用效率。这种推广应用为推动建筑业转型升级提供了重要的技术支撑，也为智能建造的广泛落地奠定了坚实的基础。

嘉和中心一标段项目为推动智能建造与工业化融合协同，试点引入智能机器人施工。针对一些重复、烦琐、质量成型精度要求较高的工作，机器人在现场施工应用中可取代人工。现场也使用混凝土地面整平、地坪研磨、地库抹光三件套机器人，用于车库二次地面施工以及混凝土主体结构施工。同时，车库二次地面施工的平整度、标高控制的精度均能在 2 毫米以内，便于后期环氧地坪施工。项目运用测量机器人监测大跨度梁的起拱及变形数据，将数据汇总分析递交至设计单位，进行结构耐久性及设计合理性分析。项目还采用了建筑清扫机器人、天花打磨机器人、地坪漆涂敷机器人、室内喷涂机器人共计 8 款机器人。在机器人的使用过程中，项目也不断总结对比传统施工与智能机器人施工在成本控制、质量成品及施工效率方面的优劣。

云起时项目积极引入三维扫描仪、放样机器人等，实现现场复杂部位的精准施工，保证现场施工一次成优、高效建造。结合项目末端点位布置，为业主提供可视化交付装修模块，协助业主对第四代住宅进行装修效果布置及渲染，打造 BIM 数字化建设下游应用。

在西安碑林博物馆改扩建工程项目中，钢构件的生产采用了全自动切割与智能化深加工技术，确保了复杂节点的精准安装。同时，施工过程中引入了四轮激光地面整平机和全位置管道自动焊接机器人等智能设备，提高了施工效率，降低了人工成本与安全风险。在隔震层等复杂区域，项目团队通过智能施工设备的应用，有效应对了施工空间狭小及高难度操作的挑战，为建筑智能化施工积累了宝贵经验。数字化生产与智能化设备的普遍应用大幅提升了施工效率和精度。

#### （四）装配式建筑技术的集成化应用

装配式建筑技术是新型建筑工业化的重要实现方式，通过标准化设计、模块化生产和现场快速装配，可有效缩短施工周期、降低人工成本，提升施工质量和安全性。其集成化应用能够最大限度发挥工厂预制与现场施工的协同效应，为推动绿色建筑与智能建造的发展提供了可靠的技术路径。

在西安碑林博物馆改扩建项目中，预制剪力墙、桁架楼承板等装配式构件被广泛使用，隔震支座与陶土砖幕墙的生产均采用智能化生产线，确保了构件的一致性和高精度。这种集成化的装配式技术有效缩短了工期，降低了施工对周边环境的影响。

嘉和中心一标段项目依据《西安市装配式建筑范例城市建设工作方案》，属于国有企业全额投资的民用建筑重点项目，施工图审查结论中装配率为35.6%。现场装配式设计主要为钢筋桁架楼承板、钢结构、全过程应用BIM技术、高精度模板、围护与保温、隔热、装饰一体化以及全装修，满足装配率35%的要求。项目目前处于主体施工阶段，主楼地上部分装配式设计采用钢桁架楼承板，经过软件对模架支撑系统进行计算，板底无须铺设模板，通过优化调整模架立杆及主次龙骨间距降低了施工成本。

### 五 智能建造与建筑工业化协同发展的展望

目前，陕西省已率先设立了智能建造与新型工业化示范基地，8个产业基地已列入全省试点示范名录。同时，陕西省将建立新型建筑工业化政策体系和产业体系，目标到2025年省内装配式建筑占新建建筑的比例将超过30%。到2035年，陕西智能建造水平处于全国前列，省内新型建筑工业化全面实现。针对目前陕西省智能建造与工业化协同发展挑战，今后可从以下几个方面进行深入的研究与探索。

（1）智能技术和工业化的深度融合。未来智能建造将更加注重与工业化生产模式的深度融合，通过跨学科的技术创新和合作，实现智能技术在建筑生产全流程的应用，推动建筑行业向数字化、自动化、智能化方向发展。

（2）建筑信息化平台建设。建立完善的建筑信息化平台，实现建筑生产全流程的信息化管理和协同，提高建筑生产的效率和质量，推动建筑行业向数字化管理模式迈进。

（3）人才培养和技术创新。加大对智能建造与工业化领域人才的培养力度，培养具备跨学科知识和创新能力的专业人才，推动技术创新和成果转化，为智能建造与工业化协同发展提供更强有力的支持。

陕西省在智能建造领域的积极探索已初见成效。2024 年前 10 个月，陕西省智能建造与新型建筑工业化产业链已完成产值约 416 亿元，显示出陕西省在建筑工业化、数字化、智能化、绿色化方面的显著进步。

展望未来，陕西省将在智能建造与新型工业化的协同发展中发挥引领作用，成为全国智能建造领域的标杆。通过深入推进智能技术与工业化的融合，陕西省将进一步强化建筑信息化平台建设，优化建筑生产管理流程，显著提升整体产业效率。在人才培养方面，省内将不遗余力地加大跨学科、创新型专业人才的培养力度，为智能建造行业提供持续、强劲的技术支持和创新动力。

未来几年，陕西省应继续加大研发投入，特别是在基于 BIM 技术的施工可视化设计、工业化智能建造关键技术及数字协同系统等领域，以期在智能建造技术上实现重大突破。长远来看，到 2035 年，陕西省智能建造与新型建筑工业化协同发展将取得显著成效，不仅企业创新能力大幅提升，产业整体优势也将明显增强。陕西省有望在智能建造领域处于全国前列，实现新型建筑工业化的全面转型。这不仅将为陕西省经济发展注入新的活力，也将为全国建筑业的绿色转型和社会的可持续发展提供强大动力和宝贵经验。

**参考资料**

《智慧建造引领建筑业高质量发展》，《陕西日报网站》2024 年 5 月 9 日。

廖玉平：《加快建筑业转型推动高质量发展——解读〈关于推动智能建造与建筑工业化协同发展的指导意见〉》，《中国勘察设计》2020年第9期。

黄光球、郭韵钰、陆秋琴：《基于智能建造的建筑工业化发展模式研究》，《建筑经济》2022年第3期。

李晓军：《智能建造演进路径与建筑工业化协同发展》，《中国勘察设计》2020年第9期。

田若楠：《智能建造引领建筑业高质量发展》，《陕西日报》2024年第6版。

赵恒巍、肖林、钱波：《我国装配式建筑发展现状与问题研究》，《2023年全国工程建设行业施工技术交流会》2023年6月25日。

王广明：《推动智能建造与新型建筑工业化协同发展的实施路径研究》，《住宅产业》2020年第9期。

何蓉：《陕西到2025年装配式建筑占比达30%以上》，《中国建设报》2021年3月1日。

# B.13
# 城市更新背景下陕西省建筑业发展的机遇与挑战

余侃华 张睿婕 王永帅 张月*

**摘 要：** 城市更新驱动城市发展模式从"房地产主导的增量扩张"转向"存量资源优化与品质提升"，为陕西省建筑业带来转型机遇。陕西建筑业在老旧小区改造、装配式建筑和韧性城市建设方面取得了一定进展，但仍面临资金端融资渠道单一与企业高负债并存、开发端依赖传统模式导致业态同质化、政策端体系不完善制约项目效率等多重困境。本文基于城市更新背景，聚焦陕西省建筑业，通过实地调研与数据分析，系统剖析其发展现状、机遇与挑战，并从实施模式、业态发展、智能建造、企业合作、运营模式五个维度提出对策建议：①建立政府、企业、产权所有者三方合作机制，推广EPC、EPC+O等综合投融资模式，减轻资金压力；②探索"单个改造""片区更新""微改造"分类策略，结合区域特色引入新兴产业，优化功能布局；③推进BIM技术全生命周期应用，发展绿色建筑与装配式技术，构建智慧工地管理体系；④强化"央地合作""政企联动"，整合产业链资源，提升项目落地效率；⑤推动建筑企业从"开发商"转向"城市运营商"，探索"投建管运"一体化模式，聚焦智慧服务与多业态融合。应以城市更新为契机，通过技术创新、政策协同与模式重构，实现陕西建筑业高质量发展，为全国提供可借鉴的转型路径。

---

* 余侃华，长安大学建筑学院教授，博士研究生导师，主要研究方向为国土空间智慧管控与绿色营建技术、旧城更新与城市设计；张睿婕，长安大学建筑学院讲师，硕士研究生导师，主要研究方向为历史文化遗产保护与更新、数字乡村建设；王永帅，长安大学建筑学院讲师，主要研究方向为城乡规划理论与方法、乡土聚落景观；张月，长安大学城乡规划系副教授，硕士研究生导师，主要研究方向为人居环境评价、生态城乡规划。

**关键词：** 城市更新　建筑业　陕西省

城市更新旨在通过整治、改造、重建等方式，对城市空间形态和功能进行有序的、系统的优化和升级，这一过程不仅是推进城市基础设施建设的关键环节，也是推动城市向智慧、韧性、宜居发展，实现城市建设高质量发展的新引擎。首先，城市更新正从"产—人—城"模式向"人—城—产"模式转变，更加注重人的需求和城市的综合发展。这种转变不仅有助于推动城市经济的增长、提升城市竞争力，还有助于塑造城市形象和品牌，进而吸引外资、人才和资源，为城市的可持续发展注入新活力。其次，城市更新通过现状维护、"都市针灸"、场景营造、特定功能改造、产业转型升级等方式来实现城市从传统产业向现代产业转型，提高城市竞争力和经济实力。

# 一　城市更新背景

## （一）政策背景

实施城市更新已成为城市发展的战略选择。2022 年，中国共产党第二十次全国代表大会报告进一步强调了实施城市更新行动的重要性，提出加强城市基础设施建设，打造宜居、韧性、智慧城市的目标。2023 年，住房和城乡建设部印发《关于扎实有序推进城市更新工作的通知》，重申了坚持"留改拆"并举的原则，以保留利用提升为主，鼓励小规模、渐进式有机更新和微改造，防止大拆大建的基调。2024 年 10 月，住房和城乡建设部发布《"数字住建"建设整体布局规划》，提出实施智能化市政基础设施建设，推进城市基础设施生命线安全工程建设，并在城市运行管理服务平台上搭建城市生命线安全工程监测系统，以"新城建"为引擎，打造高水平的"数字住建"体系。城市空间发展模式从大规模的增量扩张逐渐转向存量优化提升。可见，随着时代变化，城市发展的方式、标准、规划都面临新的要求和挑战。

## （二）发展脉络

2023 年末，我国整体城市建成区面积达到 6.4 万平方公里，城镇化率已达到 66.16%，而京沪穗深等一线城市城镇化率均超过 85%。根据城市发展"纳瑟姆曲线"规律，我国城市发展阶段即将进入后期，城镇化率的增速将持续放缓。此外，2023 年全国实施各类城市更新项目超过 6.6 万个，完成投资 2.6 万亿元。其中，城市更新开工改造城镇老旧小区 5.3 万个，惠及 2200 多万居民；开设养老托育等社区服务设施 2.1 万个；建设口袋公园 4100 多个。随着我国城镇化进程的放缓，城市更新的需求日益增加。在我国经济社会发展的新时期，城市更新已从"零星改建"进入"规模化更新"阶段，也从"大拆大建"进入"存量发展"阶段。

城市更新发展经历四阶段（见表 1），反映出城市更新是城市不断更迭与修复的常态，从注重物质与经济向追求社会、文化、生态等综合效益的价值转变，从"政府主导"向"多元治理"的更新模式转变。所以，城市更新的内涵和价值随着社会时代的演变而演变。

**表 1 城市更新治理发展脉络**

| 阶段 | 治理目标 | 治理模式 | 更新重点 |
|---|---|---|---|
| 第一阶段<br>（1949~1979 年） | 解决最基本的民生问题 | 政府主导 | 以危房、棚户区改造为主 |
| 第二阶段<br>（1980~1989 年） | 优化城市中心区的土地利用结构 | 政府主导 | 以城市结构调整和旧城再开发为主 |
| 第三阶段<br>（1990~2009 年） | 城市经济快速发展 | 政企合作 | 以大规模居住区改造、城中村改造、老旧工业区改造和历史地段旅游产业化为主 |
| 第四阶段<br>（2010 年至今） | 以人为核心的高质量发展 | 多元治理 | 以老旧小区改造、低效工业用地盘活、历史地区保护活化、城中村改造、城市修补为主 |

## （三）实施经验

城市更新项目的实施是一个涉及多方利益相关者的复杂过程，其参与主体通常涵盖政府机构、私营部门市场主体以及产权所有者。不同地区在确定城市更新项目的具体参与主体时，会根据自身的实际情况和政策导向有所侧重（见表2）。在目前市场形势下，国有企业仍是城市更新项目实施中重要的力量，但是城市更新的具体措施，需要根据当地的客观因素详细定制。

表2　城市更新实施模式汇总

| 运作模式 | | 实施主体 | 资金来源 | 适用项目类型 |
|---|---|---|---|---|
| 政府主导 | | 政府职能部门、政府授权国有企业 | 财政资金、地方政府专项债 | 综合整治类项目：政府以收储方式实施的拆除重建类项目 |
| 政企合作 | PPP模式 | 政府授权国有企业和社会资本合资成立的项目公司（国有企业参股） | 财政拨款、市场化融资 | 一二级联动模式实施的拆除重建类项目 |
| | TOT模式 | | | 具有一定收益性的城市更新项目 |
| | BOT模式 | | | |
| 市场主导 | | 物业权利人、社会资本、物业权利人+社会资本 | 市场化融资、财政补贴 | 权利人自改项目企业收购改造项目拆除重建类项目 |

因此，城市更新作为城镇化进程中的关键阶段，对于构建房地产新生态具有重要的指导作用。这一过程不仅致力于实现城市基础设施的全面现代化和升级，促进建筑业产业结构的优化，同时也推动了相关产业链的协同发展和动能释放。城市更新深度挖掘新型城镇化蕴含的巨大潜能，通过资源配置的优化与城市功能布局的合理化调整，为建筑业开辟了新的增长路径与发展平台，催生出新的经济增长极，其作用影响不容小觑。

## 二　陕西省实施城市更新行动的基本情况

### （一）产值规模壮大，经济地位日益凸显

截至2023年，全省具有建筑业资质等级的建筑业企业共4684家，共有建筑业从业人员138.72万人；全省资质以上总承包和专业承包建筑业企业共实现建筑业产值10315.36亿元。从地区来看，西安市建筑企业占全省比

重居各地市首位，约为 63.1%。2023 年，全省国有及国有控股建筑业企业共计 429 家，总产值占全省建筑业总产值的 69.5%，同比增长 11.4%，增速高于全省建筑业总产值增速 6.4 个百分点，拉动全省建筑业总产值增长 7.4%。陕西建筑业生产规模不断扩大，建筑企业综合实力大幅提高，企业产业结构日趋合理，建筑业作为支柱产业的地位不断巩固。

### （二）老旧小区改造与韧性城市建设并进

首先，陕西省不断加快老旧小区改造步伐。2019 年全面启动老旧小区改造以来，全省已支持完成 7000 余个城镇老旧小区和 1055 个配套基础设施改造项目，同时带动城市公共服务设施建设。截至 2024 年，陕西省新开工保障性住房 34.4 万套，基本建成 18.24 万套，累计获批城中村改造项目 61 个，金额 376.86 亿元，开工安置房 66719 套，有效缓解了城市建设和治理短板问题。

其次，陕西省积极推动基础设施强弱项补短板，大力开展城市地下综合管廊、海绵城市建设，进行数字化改造升级和智能化管理，提升城市安全韧性水平。截至 2024 年，全省结合城市更新、城镇老旧小区改造等工作，累计建成"口袋公园"383 个、社区服务设施 600 余处。其中，铜川市建成海绵城市项目 51 个，宝鸡市共完成海绵城市改造面积约 18.36 平方公里。然而，实践表明，这种规模的城市改造策略对于大片区来说是远远不够的，城市基础设施超负荷、交通拥堵、内涝灾害、历史文化遗产遭破坏等一系列社会问题，都需要纳入改造范畴。

### （三）装配式建筑异军突起，加速绿色智能转型

装配式建筑业是一个市场广阔、潜力巨大、服务面宽、效益明显的行业，并且投资省、见效快，是带动一大批产品发展的牵头行业，必将为陕西省的经济发展作出新的贡献。2017 年，陕西省人民政府办公厅出台《关于大力发展装配式建筑的实施意见》，并提出"到 2025 年装配式建筑占新建建筑比例达到 30%以上（单体装配率不低于 50%）"的发展规划。装配式

建筑业产值增长速度高于同期建筑业总产值增长速度。2023年，陕西省持续落实《关于推动智能建造与新型建筑工业化协同发展的实施意见》，西安市成功申报全国智能建造试点城市。全省装配式建筑业产值同比增长16.8%，增速高于全省建筑业总产值增速11.8%。目前，陕西省在装配式建筑项目的建设管理过程中，存有标准制度不够健全、产品标准化程度低、构件生产行业进入门槛较低、智能建造程度还不够高等问题；同时，由于其区域性较强、产业集中度较低，生产企业存在"小、散、乱"的问题。因此，市场需积极推进装配式建筑发展，提升装配式建筑标准化、信息化、智能化水平，加快建筑业建造方式转变，提升建造水平和建筑品质，带动建筑业绿色低碳智能转型升级。

城市发展已经从"增量时代"过渡到"存量时代"，政府对城市更新发展的关注点已从单纯的物理空间改造转向更加注重城市功能和生活质量的整体提升。因此，陕西建筑行业也要转变思维范式，基于文化视角，从"开发建设"转向"城市运营"，从追求"空间成功"转向寻求"内容成功"。同时，要从"被动承接"转向"主动牵引"，要以服务城市发展为根本目标，将企业未来战略与城市政府发展诉求紧密捆绑。城市更新作为推动城市可持续发展和提升居民生活质量的重要手段正展现出巨大的市场潜力和发展空间。

# 三　城市更新背景下陕西省建筑业发展的机遇与挑战

## （一）机遇

### 1. 重塑：强化城市建设水平

一是政策给予重大支持。住房和城乡建设部在全国住房城乡建设工作会议上强调，2025年将大力谋划实施一批城市更新改造项目，并鼓励地方探索居民自主更新改造老旧住宅。陕西省、市级地方政府出台了一系列政策措施，鼓励和支持城市更新项目，为建筑行业与企业的发展提供了新的业务方向，实现从"增量扩张"向"存量优化"的转变。二是建筑企业市场空间增大。大型项目对建筑企业的专业资质、过往业绩以及其他相关能力设定一系列标准与期望。这样的做法旨在确保项目的质量与安全，但同时也可能构成一定的参与门槛。而城市更新的实施会增大市场空间，对于那些资质尚处于成长阶段或业绩积累尚未充分展现的民营建筑企业而言，具有友好性。三是陕西省许多城市中心区域面临建筑老化、功能布局不合理等问题，迫切需要通过更新改造提升城市功能和品质。与此同时，居民对居住环境和生活质量的期望日益提高，这为建筑业带来了新的市场需求。

2. 再发展：推动城市产业结构转型

城市更新不仅是物质空间的改造，更是产业结构的优化升级。通过淘汰落后产能、引入新兴产业，城市更新推动了产业结构的转型升级。例如，在老旧工业区改造中，可以引入高新技术产业、文化创意产业等新型产业，形成新的经济增长点。同时，城市更新也为传统产业提供了升级的契机，促进产业链的延伸和拓展。

城市更新不仅推动了建筑产业的技术创新和产业升级，还促进了绿色建筑、装配式建筑等新型建造方式的发展和应用。现代建筑施工中，先进技术的应用日益增多，包括建筑信息模型（BIM）、3D打印、无人机测绘等。这些技术的应用显著提高了施工效率和精度，有效降低了成本。同时，建筑施工安全和环保意识逐渐增强，行业内对施工安全管理和环境保护的要求日趋严格，相关法规和标准也在不断完善。此外，建筑企业为了应对房地产市场调整和响应"房住不炒"政策，积极寻求转型升级，城市更新成为新的业务增长点。企业参与城市更新，不仅可以拓展业务范围，还能提升品牌形象，增强竞争力。

3. 再生：打开消费增长新空间

大型建筑企业在城市更新中大有可为。大型建筑企业可充分依托自身全业务板块资源，发挥全产业链优势，提升建筑企业传统主业的竞争能力。城市更新的目标更加多元、系统性要求越来越高，在更加重视片区更新、基础设施升级趋势之下，大型建筑企业可充分依托自身全业务板块资源，发挥投资、设计、建造、运营全产业链优势，顺利推进城市更新业务。同时，大型建筑企业通过城市更新项目也能够带动工程建设，进而提升建筑企业传统主业的竞争能力，为其行业注入新的活力。与此同时，随着数字化时代的到来，城市更新也积极拥抱科技变革，利用线上大数据赋能线下消费场景，为消费者提供更加个性化、便捷化的购物体验。此外，创新线下体验空间，如打造特色商业街区、文化休闲广场等，也成为城市更新中的重要一环，它们不仅丰富了城市的消费业态，更为消费者提供了多元化、高品质的购物与休闲体验。通过这些努力，城市消费空间得以深度共融，消费市场也呈现持续繁荣的发展态势。

## （二）挑战

### 1. 城市更新类项目资金压力大

一是城市更新项目通常投资规模大、周期长，对建筑企业的资金实力提出了更高要求。虽然政府对城镇老旧小区改造、棚户区改造、老化管道设施更新改造提供资金支持，但是并未将城市更新作为专项领域给予支持。项目进行前，建筑企业需要交纳各类保证金，如工程质量保证金、合同履约保证金等，这增加了企业的资金成本。一些建筑企业由于资金链紧张，难以承担大规模的城市更新项目，从而错失了市场机遇。同时，由于市场竞争激烈，建筑行业资产负债率普遍偏高，企业往往需要垫付大量资金进行施工，进一步加大了企业的资金压力。

二是融资渠道有限，缺乏多元化的市场化投融资机制。社会资本参与积极性不高是普遍现象，缺乏成熟的退出机制，尚未形成面向中小型企业的多元化投融资模式；部分建筑企业由于规模较小、信用等级较低等原因，难以通过银行贷款等融资渠道获得资金支持，限制民营企业的发展空间和市场竞争力。三是项目存有社会风险。拆迁安置、居民利益保障等问题可能引发社会矛盾，影响项目推进。

### 2. 可经营模式探索不充分

首先，建筑业快速发展时期，陕西省形成以土地增值为核心、以融资开发为手段、以商品住房消费为支撑的高投入—高周转—高回报闭环。当进入城市化中后期时,传统的房地产开发出售模式不再可行。但是,目前陕西省建筑业的发展还是存在惯性思维,仍依靠房地产开发来实现经济平衡,没有从本质上解决建筑业发展中的"造血"问题,形成资源外流、产业单一与经济空间消费升级的矛盾,导致建设项目组织实施方式和生产方式落后、产业现代化程度不高、技术创新能力不足、市场同质化竞争过度、企业负担较重,制约了建筑类企业总体竞争力提升。

其次,经营结构趋同,运营前置的理念仍需加强。建筑企业大多集中在传统的房屋建筑施工领域,业务领域狭窄,导致经营结构趋同,缺乏核心竞争力,难以满足市场对新型建筑的需求;大部分地市也还在遵循先建设再招商的思路,前期规划和建设对后期运营的考虑不充分,从而导致改造后的空间不符合市场需求。

最后,建筑设计和施工环节常常处于"割裂"状态,设计、施工、运维等阶段都很难形成全链条一体化体系。

### 3.缺乏顶层制度设计,配套政策不完善

尽管各地已在法规政策建设方面取得有效进展,但适应城市更新时代的系统性法规政策体系仍需进一步完善。虽然在土地管理、金融支持和财税减免等方面已有政策出台,但政策体系尚不完善。城市更新活动仍面临土地供给、产权变更、用途调整、资金筹措和持续收益等多重制约和风险,需要统筹完善多方面的政策,形成组合拳。此外,城市更新项目涉及规划、财政、文物、旅游等多个部门间的相互协同,信息共享机制的不足导致部门间信息不对称、协同工作机制不成熟,影响项目执行效率;同时沟通机制缺乏统一平台和规范流程,导致信息传递延迟或遗漏,影响项目规划和实施。

## 四 城市更新背景下陕西省建筑业发展路径

### (一)实施模式:建立可持续的发展理念

建立"地方政府—建筑企业—产权所有者"的实施模式。地方政府承

担项目配套建设投资，地产公司负责工程改造和经营，产权所有者协调配合分享收益，通过三方合作，项目能够有效加快进度，提升运营收益（见图1）。同时探索适应社会与建筑企业发展的投融资模式，撬动资本深度参与到城市更新。

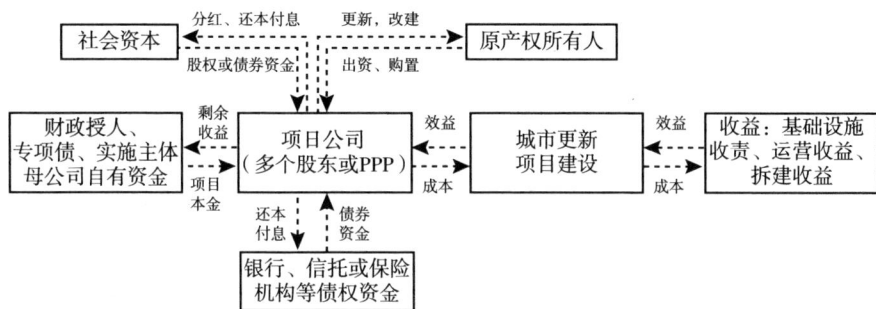

**图1　城市更新投融资结构**

一是构建集投资、融资、建设、运营于一体的综合投融资体系，吸纳社会资本全面融入更新改造项目的规划、设计、资金筹集、施工、运维及管理等各个环节。如利用 EPC（设计、采购、施工一体化）、EPO+O（设计、采购、施工及运营一体化）、F+EPC（融资+设计、采购、施工总承包模式）等多种模式，拓宽融资渠道，减轻项目初期资本压力，同时以工程全生命周期整合产业链，加强系统化集成设计，实施精益化生产施工。二是细致调研城市更新的市场需求，识别潜在的更新区域和类型，如旧城改造、工业区转型、社区微更新等。三是构建"体检先行、设计引导"的技术体系，实现差异化竞争。将城市体检发现的问题短板作为城市更新的重点，从生态宜居、安全韧性等维度对城市进行系统的把脉，补齐城市建设短板和解决群众"急难愁盼"问题；同时实现产业链整合与服务化，建筑企业将通过整合上下游产业链，提供从设计、施工到运营维护的一站式服务，以满足市场对高效率和高质量建筑的需求。四是全面整合并激活城市更新资源，从功能定位、产业业态、空间设计、设施配置等方向引入新兴功能与业态，依据地区特点制定策略，针对各更新区域精心规划项目。此举既能确保城市未来产业发展所需空间，促进产业结构优化升级，又能有效激发城市更新的内在活力，实现区域效益的最优化。

## （二）业态发展：探索城市更新治理模式

### 1.政府审批、市场导向的单个改造

此类项目主要由地方政府审批，具有房地产开发资质的企业作为项目建设运营主体，负责提供规划方案，如深圳市罗湖区木头龙社区改造项目。这类项目多针对建筑质量差、设施陈旧、土地利用效率不高的区域，通过彻底拆除不符合城市规划或功能老化的区域，并依据新规划和设计标准重建，实现土地功能和建筑空间优化，可将原来的工业用地转变为居住、商业和公共服务混合的多功能区域，提升土地的价值和城市的整体形象（见图2）。

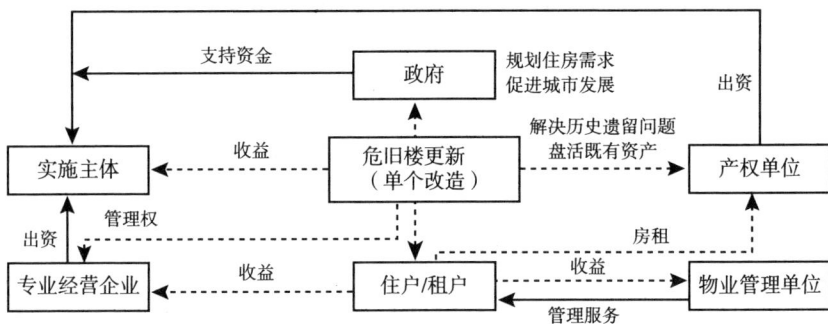

**图2 单个改造项目改造模式**

### 2.政府主导、综合绩效的片区改造

片区改造涉及城市大范围区域的多个项目综合整治，是一种全面提升城市环境品质和功能的更新方式，主要以制度体系完善的地方大型建筑公司为实施主体。借鉴其他先行城市的更新单元管理方法，对于重点地区，政府优先进行项目储备、规划设计、设施配套、城市管理；同时，收紧自主改造的适用范围，如采取自主改造、协议出让的城中村改造项目，需经改造领导小组审批，对补偿标准、开发商利润等进行审查。

该模式强调提升现有城市空间的功能和环境质量，而非仅依赖拆除与重

建（见图3）。重点推进2000年底前建成的需改造城镇老旧小区改造任务，核心在于完善基础设施，包括供水、电力、燃气、通信、邮政、供暖、消防、安全防范和生活垃圾分类等配套设施的更新，以及小区内公共部位维修。通过有序实施城镇房屋建筑更新改造和加固工程，实施城市生命线安全工程，保障公共利益。此外综合性整治模式也重视城市绿化的推进与公共空间的营造，以"一老一小"人群需求为重点，因地制宜改造小区环境与建设所需的配套设施；推进社区嵌入式服务设施建设，加强无障碍环境建设和适老化改造，提高社区公共服务水平。

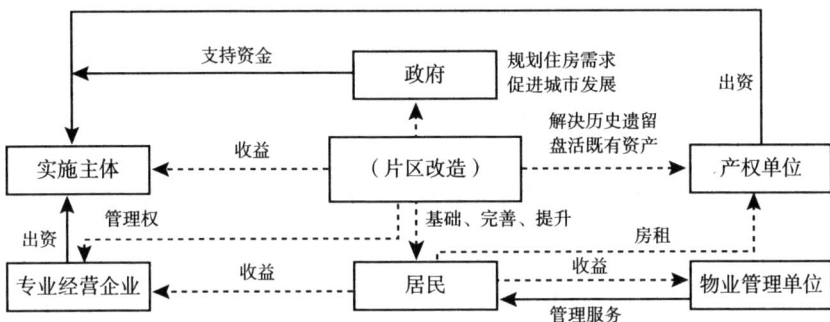

**图3 片区改造模式**

### 3.建立常态化管理机制，探索微改造

微改造代表了一种更加精细化、局部化的城市更新策略，主要由小型国有企业和民营建筑企业承担实施。这种策略专注于城市微观空间、老旧建筑的特定部分或特定设施的改造；遵循城市内部秩序的规律，针对各系统核心区域的问题，采用适当、合理的规模对于局部小地块进行更新，形成独立的更新链效应。借鉴湖北城市更新行动的实施，可成立"城市更新局"，由其负责制定城市更新配套政策、组织城市更新项目实施与监管、审核城市更新项目方案等多项工作。

在此背景下，可探索微改造模式，针对改造目标相对局限、效益较为短期的项目制问题，强调多元主体参与，创新改造方式，有效提高改造综合效益。微改造以其较小的投入和较短的周期为特点，专注于保护和强化历史底蕴与地区生态特色。如历史街区及特色风貌保护区的保育与翻新，这些地区经由保存及修复历史建筑物、增设文化配套设施等手段，通过吸纳新兴行业和文化创意产业，促进了产业结构的优化升级，不仅保留了城市的历史文脉与地域特性，也显著增强了城市的吸引力与竞争力。

### （三）智能建造：推进绿色智慧城市建设

发展智能建造，提升建筑工业化、数字化、智能化水平，实现绿色低碳发展，推进建筑业与先进制造技术深度融合，是贯彻落实党的二十大关于推动绿色发展工作部署的重要举措，是推动建筑业清洁低碳转型的迫切需要。推进绿色智慧城市建设可从以下几点展开。首先，推进技术创新与应用。大力拓展 BIM 技术在城市更新项目中的应用场景，如老旧小区改造、商业街区升级等，实现建筑设计、施工、运维的全生命周期数字化管理，提高设计质量和施工效率，减少错误和返工。其次，加快绿色化建造转型。在城市更新项目中，按照绿色建筑标准进行设计，充分考虑自然通风、采光、隔热等因素，采用高效的建筑围护结构和节能设备，提高建筑的能源利用效率；在建筑设计和施工中，提高太阳能、地热能、风能等可再生能源的应用比例，如在新建建筑中安装太阳能光伏板、地源热泵等，为建筑提供清洁的能源；对城市中的既有建筑进行绿色改造，包括外墙保温、门窗更换、节能设备改造等，提高既有建筑的节能水平和舒适度。最后，推广智慧工地，实现智慧工地时空态势的高精度动态仿真和趋势分析、预测、模拟，聚焦安全、高效、体验和成本优势，帮助客户建设智能化、标准化的智慧工地综合业务系统，解决传统工地管理存在的弊端，更好地助力客户提高工地管理、安全水平，降低工地管理运营成本，实现安全—运维—运营系统架构。

### （四）企业合作：推动城市更新进入快车道

"央地合作""国企民企合作""政企联动"正在推动城市更新进入快车道。央地合作主要体现在两个方面：一是央企与地方城投公司在城市更新领域建立战略合作关系；二是地方市属或区属国企在承担旧城改造项目后，为加速项目进展而引入央企作为合作伙伴。"央地合作""国企民企合作"模式能够有效推动区内城市更新项目。政企联动方面，探索以"街企合作"的方式破解片区更新统筹难、资金平衡难、产业资源导入难等问题。国企民企合作方面，在政府主导的原则下，深化与国企合作将成为民企开展城市更新投资的重要路径。

### （五）寻求转型：城市开发商转变为城市运营商

探索利用经营手段实现盈利的城市更新策略，促进城市更新由"开发导向"向"经营导向"转型，拓宽建筑业发展的市场空间，构建具有独特竞争力和显著生产力的营商环境（见图4）。

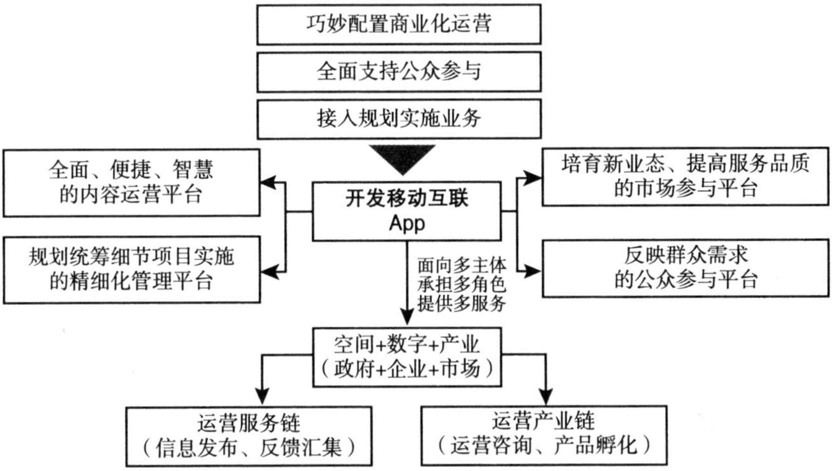

**图4 城市运营产品开发模式实践**

首先，政府需构建与城市高质量发展相适应的更新体制机制。政府部门应进行相关建筑业文件的引导和解读，使企业能够迅速适应最新的政策变化，明确土地、规划、财税、环保等政策方向，有效推进工作。其次，企业应深化产业思维，从区域分工合作的角度出发，发掘并利用各区域的优势领域，避免产业同质化。同时，各地应启动具有实施条件、实际价值和示范效应的重大项目，以促进区域产业结构的优化和升级。当然，企业也要从城市开发商向城市运营商转变，积极探索"投建管运"一体化模式，探索城市更新运营前置实施机制，探索"市政+物业+商业"的综合运营模式，积极发展智慧交通、远程医疗等新业态，形成多业态融合发展、多元化商业消费新模式。最后，项目应着重思考人的因素，以人为本，针对不同人群需求创造相应场景，构建具有地方特色的服务业生态系统。

## 参考资料

祝贺、陈旖媛、王佳煜等：《城市更新可持续目标下的存量空间资源定价方法与调节政策》，《城市规划学刊》2024 年第 5 期。

邓东、王亚洁、柳巧云等：《当前城市更新实践经验、问题与思考——基于第一批城市更新试点跟踪》，《城市规划》2024 年第 S1 期。

蔡奚乐：《从可持续发展视角探讨城市更新规划途径》，《产业创新研究》2024 年第 16 期。

许靖涛、蔡巧贤、尹晨冬：《新时期超大城市绿色建筑发展专项规划编制探索——以广州市为例》，《南方建筑》2024 年第 7 期。

范金龙、于潇、余星涤：《城市更新项目策划与实施路径——以黄石市城市更新专项规划为例》，《规划师》2024 年第 10 期。

赵娟、焦丽明：《装配式建筑产业发展现状及对策》，《建筑科学》2024 年第 6 期。

刘建军、何沁、徐雅冰等：《基于场景理论的城市历史空间更新逻辑框架与介入路径》，《现代城市研究》2024 年第 9 期。

张涛：《城市更新引领工程建设企业新机遇》，《施工企业管理》2024 年第 7 期。

苏怡：《陕西建筑业蓬勃发展》，《陕西日报》2024 年 9 月 24 日，第 4 版。

李江波：《城市更新推动建筑企业高质量发展》，《施工企业管理》2024 年第 5 期。

黄晴：《生活导向城市更新的问题缘起、理论建构及其实践反思》，《东岳论丛》2024 年第 8 期。

黄飞：《大力推动智能建造打造城市更新建设新示范》，《青岛日报》2023 年 6 月 20 日，第 6 版。

# B.14
# 数智技术赋能安全韧性城市建设与治理研究

韩力 李科*

**摘 要：** 为应对全球变暖、极端气候变化等自然灾害和社会风险的双重挑战，安全韧性城市建设逐渐成为我国城市建设与治理的重要方向。本报告从国内外视角梳理了安全韧性城市相关理论与实践，分析了韧性理念的发展历程及代表性观点，总结了国际与国内韧性城市建设的典型经验。基于陕西省安全韧性城市的建设现状和存在问题，提出以数智技术为核心赋能手段，构建覆盖"灾前预防、灾时抵御、灾后恢复、学习提升"的全过程建设路径。数智技术通过增强风险预测能力、提高应急响应效率、提高灾后恢复能力和推动学习提升，为安全韧性城市建设提供重要技术支撑。结合陕西省实践探索，本文提出从城市安全韧性的建设过程出发，系统推进"数智化+韧性"的城市发展模式，为陕西省安全韧性城市建设与治理提供了重要的理论依据与实践参考。

**关键词：** 自然灾害 安全韧性城市 数智技术

## 一 引言

2024 年末，中国城镇常住人口增加至 9.4 亿，城镇化率提升至 67.00%。

---

* 韩力，博士，西安科技大学教授，主要研究方向为气候适应性规划和环境健康效应；李科，西安科技大学，主要研究方向为韧性健康城市规划。

一方面，随着城镇化的推进，城市成为社会生产生活的主要场所，人口、资本、产业、信息等要素在城市高度集聚，导致城市系统日趋复杂，内部风险不断增加，系统性灾害频发。另一方面，全球变暖、极端气候变化、环境恶化等外部扰动因素与社会风险交织叠加，城市内部威胁与外部环境挑战关联耦合，严重威胁居民人身、财产安全，制约了我国城市的可持续发展和现代化进程。

在此背景下，《中华人民共和国国民经济和社会发展第十四个五年规划和2035年远景目标纲要》明确提出要将韧性理念融入我国城市建设与治理过程中。2023年11月，习近平总书记在北京、河北考察灾后恢复重建工作时，要求"全面提升防灾减灾救灾能力"，增强城市韧性。2023年12月，习近平总书记在上海考察调研时提出"全面推进韧性安全城市建设，努力走出一条中国特色超大城市治理现代化的新路"。2024年11月，《中共中央办公厅 国务院办公厅关于推进新型城市基础设施建设打造韧性城市的意见》出台，强调"科技创新与数字赋能，推动新一代信息技术与城市基础设施深度融合，推动城市基础设施数字化改造，构建智能高效的新型城市基础设施体系，持续提升城市设施韧性、管理韧性、空间韧性，推动城市安全发展"。因此，充分利用数智技术的优势，建设能够抵御自然与社会压力冲击，保持抗压、存续、适应，并具备从灾害中吸取教训和自我恢复能力的安全韧性城市，已成为我国城市建设与治理的新方向。

近年来，城市数据的生成和积累呈现爆炸性增长，涵盖了城市基础设施、公共服务、环境监测、交通运输等各个领域，构成了城市数据基础设施。在此基础上，人工智能、物联网、云计算、区块链等新兴技术逐渐嵌入城市规划与公共治理，特别是在城市模拟、评估、预测、反馈等方面取得了显著进展。以机器学习、深度学习为代表的AI技术，极大提升了城市规划与治理的精确性和可预测性。因此，借助数智技术应对风险灾害、提升城市安全韧性，成为必然选择。

# 二 安全韧性理论发展与实践探索

## （一）安全韧性理论相关研究

### 1. 理论的提出与发展

"韧性"一词最早源于物理学，指物体受外力后回弹至初始状态的能力。1973年，加拿大生态学家霍林将其引入系统生态学，描述生态系统恢复稳态的能力。此后，韧性概念逐渐在生态学、社会学等领域发展，经历了从工程韧性到生态韧性，再到演进韧性的演变。

20世纪90年代，韧性概念被引入防灾研究，强调社会吸收灾害并恢复的能力。2002年，地区可持续发展国际理事会提出增强社会韧性以提升灾害抵抗与可持续发展能力。2005年，《兵库宣言》进一步提出从防灾、减灾到救灾的全过程韧性建设。

进入21世纪，随着"城市时代"的到来，韧性概念与城市规划、建设、治理相结合，"韧性城市"概念应运而生，强调城市面对扰动时保持和恢复理想功能的能力，涵盖社会、经济、生态、技术等多个层面。

我国进入高质量发展阶段后，"安全"被提升至前所未有的高度。2023年，习近平总书记首次提出"全面推进韧性安全城市建设"，将"安全韧性"引入城市发展领域，成为学术界的新焦点。其创新性地阐明城市发展与安全的辩证关系，具有重要意义。

### 2. 代表性观点

现有研究中，众多学者和组织从不同学科、领域视角提出了关于安全韧性的观点，如表1所示。以下是一些具有代表性的观点。

（1）强调抗风险能力

联合国国际减灾战略认为，城市安全韧性是指城市系统及其居民在变化环境中承受灾害冲击、吸收压力并保持正常运转的能力，能够在灾害面前维持功能并自我调整，实现可持续发展。

（2）强调恢复能力

维尔德夫斯基、米莱蒂、佩林等学者认为，安全韧性包括系统在遇到风险时能够迅速恢复，并回到原有水平的能力，确保在灾难中不损害系统基本功能，快速恢复生产力和生活质量。

（3）强调动态适应、学习与转型能力

米罗、沃克等学者提出，安全韧性不仅仅是恢复能力，还包含适应和转型的过程。韧性系统不仅能吸收冲击，还能通过适应保持系统的结构和功能完整，并在必要时进行转型，以应对未来更复杂的威胁。

由上可知，尽管对安全韧性的理解有所不同，学者们普遍认为，城市安全韧性包括预测、抵抗、恢复、学习与转型等多个过程，即城市能够有效吸收冲击，维持功能稳定，并在最短时间内恢复正常运转，从灾害中学习并提升应对能力。

表 1　安全韧性相关的观点

| 学者或组织 | 核心观点 |
| --- | --- |
| 联合国国际减灾战略 | 能吸收各类冲击和压力，维持功能、结构和系统的城市 |
| 维尔德夫斯基 | 应对未知风险，在干扰前回弹、保持稳定的能力 |
| 米莱蒂 | 在缺乏外援的情况下，经受极端事件而不损失生产力和生活质量的能力 |
| 佩林 | 处理和适应危险压力的能力 |
| 戈斯查尔克 | 由物理系统和人类社区构成的网络，在极端事件中生存和运作 |
| 沃克 | 系统在变动中吸收冲击，快速重组，保持功能、结构和身份的能力 |
| 卡特 | 系统灾害响应与恢复，包括吸收冲击、适应与学习的能力 |
| 埃亨 | 从变化和干扰中恢复、重组，不进入失效状态的能力 |
| 兰卡奥 | 城市人员和系统承受多种灾害和压力的能力 |
| 米罗 | 城市系统维持功能、快速恢复、适应变化的能力 |
| 周利敏 | 城市经历灾害冲击后，能快速重组恢复生活与生产的能力 |
| 方东平 | 城市系统在干扰下维持或恢复功能，并适应不确定性的能力 |
| 马尔凯塞 | 系统应对威胁、吸收冲击、恢复与适应的能力 |
| 黄弘 | 重大灾害后保持功能、结构、系统，迅速恢复和适应的城市 |
| 万汉斌 | 自然灾害、事故灾难、公共卫生或社会安全事件中的功能稳定 |

## （二）国内外实践探索

### 1.国际实践

全球范围内，安全韧性理念得到许多国家的重视，成为 21 世纪城市规划与建设的核心理念。国际组织层面上，相关机构通过"让城市更具韧性"行动和"100 韧性城市"项目等，推动全球城市开展韧性规划。国家层面上，美国、英国、日本、澳大利亚等国已制定政策和战略，提升区域和城市的韧性水平。城市层面上，纽约、鹿特丹、伦敦、芝加哥等城市已实施具体行动，涵盖基础设施建设、生态保护、气候适应和社区恢复等方面（见表 2）。

全球安全韧性城市的实践表现出以下趋势：实践逐渐从政策倡导转向系统化的韧性建设行动，并从单一的自然灾害应对拓展到生态、空间、社会等领域的全方位韧性提升。安全韧性城市建设已成为全球城市安全与可持续发展的核心主题。

**表 2　国际安全韧性城市建设实践**

| 层级 | 主体 | 政策/规划 | 主要内容 |
|------|------|-----------|----------|
| 国际组织 | 联合国减灾署 | "让城市更具韧性"行动 | 覆盖全球 4000 余座城市，"创建韧性城市 2030"全球试点 |
| | 洛克菲勒基金会 | "100 韧性城市"项目 | 为全球 100 座城市提供韧性规划支持 |
| 国家 | 美国 | 《国家安全战略》与《国土安全报告》 | 增强国家韧性，提升预防、保护、响应和恢复能力 |
| | 英国 | 国家韧性计划 | 提升应对和恢复突发情况的能力 |
| | 日本 | "强大而有韧性的国土和经济社会"目标 | 保障生命、功能和财产安全，增强灾后恢复能力，兼顾日常维护与环境保护 |
| | 澳大利亚 | 《灾害韧性国家战略》 | 增强民众应对自然灾害的能力 |
| 城市 | 纽约 | 《一个更强大更具韧性的纽约》 | 聚焦气候变化，涵盖基础设施、经济恢复、环境保护和社区响应等方面 |
| | 鹿特丹 | 《鹿特丹气候防护规划》 | 着眼于水管理创新，涉及洪水管理、适应性建筑等多个主题，推动城市空间与社会韧性 |
| | 伦敦 | 《管理风险和增强韧性》 | 关注医疗、生态和基础设施，倡导"绿色基础设施"建设，增强城市韧性 |
| | 芝加哥 | 芝加哥气候行动计划 | 减少温室气体排放，涵盖建筑、能源、交通、废物和工业污染管理等领域 |

### 2. 国内实践

国内城市安全韧性建设起步较晚，但自 2018 年以来，特大城市和超大城市已加速建设，部分中小城市也积极参与国际倡导的韧性建设行动。另外，国家层面的指标体系建设对我国安全韧性城市建设起到重要指导作用。

（1）城市的安全韧性建设举措

《北京市韧性城市空间专项规划（2022 年—2035 年）》提出适应未来需求的首都韧性空间治理体系，确立了韧性城市的总体发展目标，探索如何从空间治理着手提升城市安全与恢复能力。

《上海市城市总体规划（2017—2035 年）》明确加强公共安全、风险防控、危机管理和韧性提升，并提出"超大城市运行安全底线"理念。《上海市城市更新行动方案（2023—2025 年）》强调智能感知与多层次韧性治理结合，从而推动从市到社区的韧性提升。

《深圳市应急疏散救援空间规划（2021—2035 年）》提出建设综合性应急避难场所体系，确保城市居民在突发事件中的及时疏散。

成都市结合公园设置应急避难场所，创新融合公共景观与应急功能，实现了市民日常活动与应急避难需求的有机结合。

（2）国家层面标准化建设

2021 年，国家标准化管理委员会发布了《安全韧性城市评价指南》（GB/T 40947—2021），这是我国首部关于安全韧性城市的国家级评价体系，从人员安全、设施安全、管理安全三个维度全面评估城市韧性（见表 3）。

**表 3　《安全韧性城市评价指南》指标体系**

| 一级指标 | 二级指标 | 三级指标 |
|---|---|---|
| 城市人员安全韧性 | 人口基本属性 | 人口年龄结构指数、残疾人口比例、建成区常住人口密度等 |
| | 社会参与准备 | 万人卫生技术人员数、万人人民警察数、万人消防员数等 |
| | 安全感与安全文化 | 安全生产责任险覆盖率、市民安全意识和满意度、商业保险密度等 |

| 一级指标 | 二级指标 | 三级指标 |
| --- | --- | --- |
| 城市设施安全韧性 | 建筑工程 | 基本符合抗震设防要求的建筑物比例、安全薄弱区域用地面积比例等 |
| | 交通设施 | 公路桥梁安全耐久水平、城际物资运送通道数量 |
| | 生命线工程设施 | 备用燃气供应维持基本服务的天数、电力系统事故备用容量占比等 |
| | 监测预警设施 | 城区公共区域监控覆盖率、气象灾害监测预报预警信息公共覆盖率等 |
| | 工业企业 | 危险化学品企业运行安全风险、尾矿库或渣土收纳场运行安全风险等 |
| | 应急保障设施 | 人均避难场所面积、绿化覆盖率、万人救灾储备机构库房建筑面积等 |
| 城市管理安全韧性 | 管理体系建设 | 城市总体规划及防灾减灾等专项规划、韧性城市规划或韧性城市提升计划等 |
| | 预防与响应 | 城市安全隐患排查整改、城市综合风险评估、气象或洪涝灾害监测等 |
| | 风险控制水平 | 百万人口因灾死亡率、年因灾直接经济损失占地区生产总值的比例等 |
| | 支撑保障水平 | 公共安全财政支出比例、医疗卫生财政支出比例 |

资料来源：《安全韧性城市评价指南》。

（3）国内实践特点与发展趋势

总体而言，国内的安全韧性城市建设注重与城市规划结合，强调数字化管理和公共设施适应性提升。随着安全韧性理论和实践的发展，中国的安全韧性城市建设将进一步实现系统化、全方位的提升，形成具有中国特色的安全韧性城市发展模式。

（三）典型案例

1. 未来之城——雄安新区

雄安新区是我国近年来最重要的国家级新城建设项目之一，旨在打造一个智能、绿色、可持续、具有高度韧性的现代化新城。韧性城市理念贯穿于雄安新区的城市规划、建设和管理全过程。地上雄安、地下雄安、云上雄安三城同建，形成了"三位一体"式的城市韧性建设方案，为我国其他城市的韧性建设提供了宝贵的经验。

（1）高标准防灾系统建设

雄安新区在防灾系统建设方面，严格按照科学评估、规划和高标准建设要求，显著提升了城市应对自然灾害的能力。抗震方面，采取了"先勘察评估、后规划建设"的流程，前期勘察研究涵盖了断裂活动性探查、用地适宜性评价、抗震设防水准与减隔震技术研究等内容。在建设过程中，严格执行高标准抗震设防要求，明确新区的抗震基本设防烈度为Ⅷ度，关键设施如学校、医院等按Ⅷ度半设防，城市要害系统如避难建筑和应急指挥中心等按Ⅸ度设防，确保城市的抗震韧性。防洪方面，环起步区的防洪工程已全面推进，防洪标准分别为起步区 200 年一遇、外围组团 100 年一遇、小城镇 50 年一遇，并通过"蓄、疏、固、垫、架"等综合措施有效保障防洪安全。在灾后恢复设施建设方面，建立了完备的灾后物资储备系统，储备有各类应急物资，包括 1 万台移动发电机、5000 套救援装备等，确保在灾难发生时可以迅速调配资源进行恢复。在防灾培训与教育方面，建立了雄安新区首个防灾教育体验馆，通过虚拟现实技术让市民体验各种灾害情境，增强灾后自救能力。总体来看，雄安新区通过风险评估、防灾设施建设、应急体系建设等多项举措，致力于建设具备抗灾韧性、恢复能力和适应灾害能力的未来之城。

（2）智能基础设施系统建设

雄安新区在起步区建设了超过 200 公里的地下综合管廊，管廊内布设了 1000 多台智能传感器，如温湿度传感器、含氧量监测设备等，能够 24 小时自动收集，实时监测管道的温度、压力、流量等关键数据，确保基础设施的健康运行。能源系统方面，雄安新区大力推进智能电网建设，安装了 1500 个智能电表，通过数据平台实时监控电力使用情况，进行动态调节与优化，提升电力系统的稳定性，提高能源使用效率。通过这些智能化基础设施的建设，雄安新区在提高灾害防范能力、增强应急响应速度、提升能源利用效率等方面取得了显著成效，为未来的城市韧性建设奠定了坚实基础。

（3）智慧管理系统建设

雄安新区依托大数据、物联网、云计算等先进技术，构建了全方位的智慧管理系统，形成了"规划一张图、建设监管一张网、城市治理一盘棋"新格局，提高了城市运行效率和应急响应能力。通过数字化手段，容东片区实现了智能化算法对风险问题的精准识别和快速处理，有效确保了应急响应的及时性与准确性。新区还建设了153公里的数字道路，未来将扩展至500公里，支持智能网联巴士与道路系统协同，形成实时互联的智能交通体系。雄安城市计算中心集成了大数据分析、物联网感知、视频监控等信息，为智慧交通、教育、社区等领域的治理提供技术支撑。数字孪生城市的建设则使每一栋建筑都在网络平台形成对应的数字化模型，辅助城市治理。通过这些智慧管理系统，雄安新区正构建一个智能、高效、韧性的城市管理系统，极大地提升了城市应对灾害、环境变化和社会冲击的能力，为未来城市可持续发展打下坚实基础。

2. 智慧国——新加坡

新加坡在城市韧性建设方面采取了全方位的应对策略，结合政策与规划引导、数智技术赋能、多利益相关者合作，展现了创新与可持续发展的城市应对能力。

首先，政策与规划引导是新加坡城市韧性建设的基础。通过"海绵城市"理念，结合湿地、绿地和雨水管理系统，新加坡有效应对极端降水和内涝问题。ABC水计划创新性地将自然蓄水设施与城市生活结合，实现雨水收集和再利用，提升城市防洪能力。

其次，数字技术与智能化管理进一步增强了城市的韧性。新加坡利用数字孪生技术、智能传感器和大数据平台，实时监控环境变化，预测气候风险，优化资源配置。例如，数字孪生帮助城市模拟气候变化对城市环境的影响，智能传感器支持精准的水资源和交通管理，提高应急响应效率。

最后，多利益相关者合作是新加坡战略中的核心。政府通过推动社区参与、增强社交资本和多方协作，提升了城市的社会适应能力。居民和机构共同参与绿色空间设计和气候适应方案，形成了强大的社会合作网络，强化了城市应对突发事件的能力。

总体而言，新加坡通过政策和规划引导、数字化管理与社会合作三者结合，构建了一个高效、可持续的韧性城市体系，为全球城市提供了可借鉴的模式，帮助应对未来的气候挑战。

# 三　陕西省安全韧性城市建设现状

## （一）建设现状

陕西省在安全韧性城市研究与建设方面起步较早，开展了多层次探索，取得了较为成熟的经验，形成了"理论支撑—政策指引—规划实施"的安全韧性建设模式。具体实践包括以下几个方面。

1. 政策文件——明确建设目标与指导原则

政策文件着眼于提升城市安全韧性水平，优化资源配置，加强防灾减灾、应急管理和基础设施建设，推动新型城镇化与城市治理现代化。重点内容包括提高综合减灾能力，强化自然灾害监测预警体系；优化城市排水防涝和内涝应急体系，保障关键设施安全；推动"智慧应急"技术创新，提升应急管理信息化水平等。

2. 规划文件——系统规划韧性城市建设路径

规划文件聚焦基础设施优化、生态韧性提升和应急能力增强，为韧性城市建设提供了具体实施路径。重点内容包括通过现代化交通网络建设，提高区域交通韧性和应急能力；加快生态修复，改善城市生态韧性，推动可持续发展；优化地下空间布局，提升抗灾能力，实现城市建设的立体化发展等。

3. 智库报告——深入分析问题与提出策略

智库报告提供了理论支撑和指标体系，对陕西省韧性城市建设现状与不足进行剖析，并提出了具体解决方案。其中，《韧性城市：西安国际化大都市发展蓝皮书（2019）》提出四大策略，包括加强顶层设计、优化组织机构、规划重大项目和提升社会参与度，为西安韧性不足的问题提供解决路径。《关中平原城市群城市韧性指数测度研究报告》从经济、社会、生态和基础设施四个维度，构建城市群韧性评价指标体系，为关中城市群的韧性建设提供科学依据（见表4）。

表4　陕西省安全韧性城市建设实践

| 类型 | 名称 | 发布时间 | 发布单位 | 内容 |
|---|---|---|---|---|
| 政策文件 | 《陕西省国民经济和社会发展第十四个五年规划和二〇三五年远景目标纲要》 | 2021年2月 | 陕西省人民政府 | 提升城市安全韧性水平，优化资源配置，加强城市基础设施建设与现代化治理能力 |
| | 《2023年陕西省推动新型城镇化高质量发展重点工作任务》 | 2023年4月 | 陕西省发展和改革委员会 | 提高城市安全韧性水平，扩容提升、优化配置医疗资源，健全自然灾害监测预警制度和防灾减灾救灾联合会商机制 |
| | 《陕西省2023年防灾减灾救灾工作要点》 | 2023年2月 | 陕西省应急管理厅 | 聚焦提升综合减灾和自然灾害防治能力，全面提高基层应急管理体系和能力建设，全面提升自然灾害综合监测预警水平 |
| | 《陕西省"十四五"城市排水防涝体系建设行动计划实施方案》 | 2022年8月 | 陕西省住建厅、发展改革委、水利厅 | 完善城市防洪排涝有关规划和城市内涝应急处置体系，加强重要设施设备防护 |
| | 《2022年应急管理工作要点》 | 2022年3月 | 陕西省应急管理厅 | 规划引领推进城市安全体系建设，推进城市韧性建设 |
| | 《2023年应急管理科技和信息化工作要点》 | 2023年3月 | 陕西省应急管理厅 | 强化"智慧应急"创新，推动应急管理工作转型升级 |
| 规划文件 | 《陕西省"十四五"应急管理事业发展规划》 | 2021年11月 | 陕西省人民政府 | 构建现代化应急指挥、风险防控、救援力量、物资保障、科技支撑等多体系，增强城市抵御事故灾害风险的能力 |
| | 《陕西省"十四五"综合交通运输发展规划》 | 2021年11月 | 陕西省人民政府 | 规划综合交通网络，提高交通韧性和应急能力，优化交通资源配置，保障区域交通体系的稳定运行 |
| | 《西安市城市地下空间专项规划》 | 2019年 | 西安市自然资源和规划局 | 优化地下空间布局，提升地下设施的抗灾能力，增强韧性城市建设的立体化水平 |

续表

| 类型 | 名称 | 发布时间 | 发布单位 | 内容 |
|------|------|----------|----------|------|
| 智库报告 | 《韧性城市:西安国际化大都市发展蓝皮书(2019)》 | 2019年7月 | 国际化大都市发展研究小组 | 提出四项策略,包括加强顶层设计、优化组织机构、规划重大项目、提升社会参与度 |
| | 《关中平原城市群城市韧性指数测度研究报告》 | 2022年11月 | 大关中发展论坛 | 以关中平原城市为例,从经济、社会、生态和基础设施四个维度来构建城市群韧性评价指标体系 |

## （二）存在问题

### 1. 政策执行方面

尽管陕西省已出台多项政策和规划,但实施手段仍显不足,导致建设进展缓慢。主要问题包括规划停留在文件层面,缺乏操作性指导;评估与反馈机制缺乏,无法及时调整执行政策;具体举措匮乏,项目支持力度不足。

### 2. 系统联动方面

陕西省在组织协调和系统推进方面存在不足,一是建设模式缺乏全局统筹,决策分散,且项目多为试验性质,成果有限;二是区域间缺乏有效的联动与协作机制,难以形成整体抗风险能力。

### 3. 地域协同方面

陕西省在安全韧性城市建设上存在区域发展不平衡问题,中小城市面临基础设施建设薄弱、应急能力不足等问题。

### 4. 指标建设方面

陕西省缺乏与自然环境、经济发展和社会建设相匹配的系统性评估指标,尤其是陕北、关中、陕南的地域差异未能得到有效体现。现有的宏观指标体系不足以应对地方特色和具体挑战,亟须建立符合各区域特点的韧性评估体系。

# 四　数智技术赋能安全韧性城市建设与治理

## （一）数智技术及其应用前景

数智技术即数字技术和智能技术，是指以大数据、人工智能（AI）、物联网（IoT）等新兴技术为核心的综合性技术手段，具备实时感知、数据处理和智能分析的能力，可大大增强城市规划、建设、管理过程的科学性。具体而言，大数据技术可以帮助城市系统从海量数据中提取关键信息，并进行处理分析；AI则能辅助决策并在突发事件中自动调配资源；物联网技术则使城市的基础设施实现互联互通，实时采集并传递关键数据等。这些技术的融合，使城市具备了前所未有的智能化与信息化能力。

## （二）数智技术赋能城市安全韧性的路径研究

随着数智技术的不断发展，其在城市管理和应急响应中的应用潜力越发显著，数智技术成为增强城市韧性、确保城市安全有序运行的必然选择。因此，本报告紧扣数智技术优势，结合陕西省安全韧性城市建设存在问题，提出数智技术赋能陕西省安全韧性城市建设与治理的逻辑（见图1），进一步提出城市数智安全韧性管控平台建设路径。

### 1.数智技术赋能灾前预防过程，增强城市风险预测与防范能力

数智技术在灾前预防阶段的核心是提高风险识别和预测能力，帮助城市提前辨识潜在风险，从而提前部署，减少潜在灾害影响。具体而言：一是建立全场景感知系统，通过部署物联网传感器和多模态感知网络，建立覆盖地下、地面和空中的全景监测系统，实时感知环境变化；二是提升风险辨识与预测能力，利用大数据分析和机器学习技术，基于历史数据与实时数据构建灾害预测模型，识别高风险区域，提前规划疏散路线、储备物资，并制定针对性防范措施；三是加强数字基础设施建设，提升城市数字化水平，提升数据分析与风险识别的精准性，为城市管理提供科学依据（见图2）。

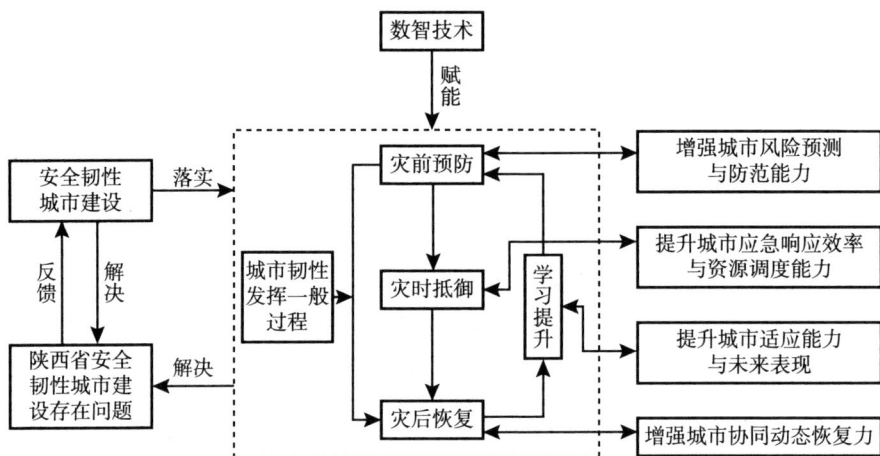

图1　数智技术赋能陕西省安全韧性城市建设与治理的逻辑

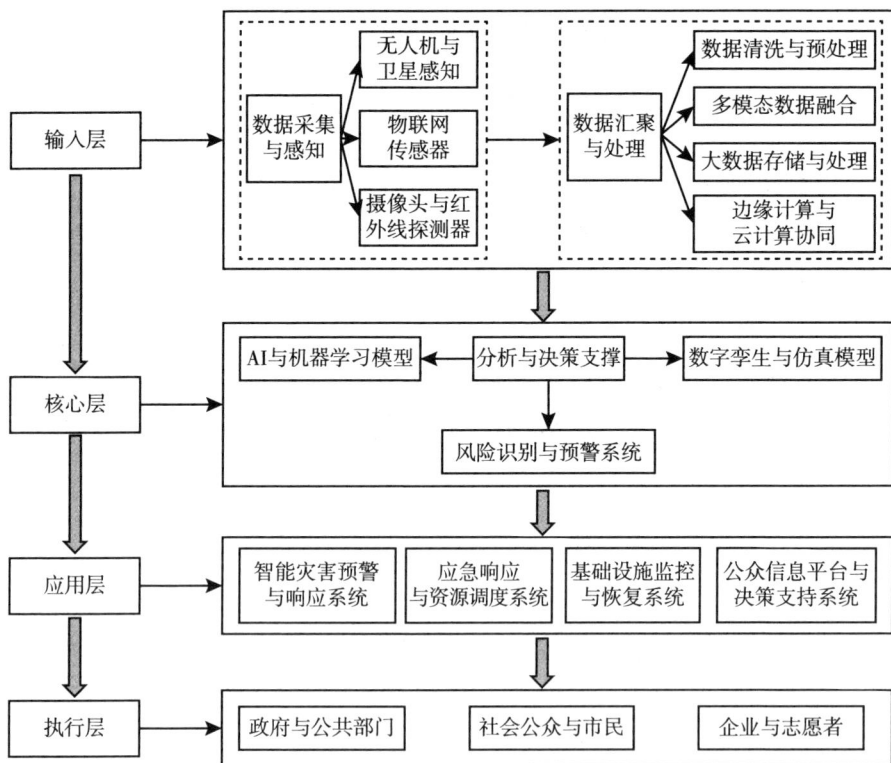

图2　城市数智安全韧性管控平台建设路径

**2. 数智技术赋能灾时抵御过程，提升城市应急响应效率与资源调度能力**

在灾害发生时，数智技术通过实时数据处理和智能分析，帮助城市快速做出科学决策，最大限度减少损失。具体而言：一是智能应急决策，利用数字孪生技术构建城市仿真平台，模拟灾害情境，优化应急方案，通过融合历史案例、专家知识与现场信息的 AI 模型，提供科学应急决策支持；二是组织联动协同，建立公共治理平台和数据共享机制，实现跨部门、跨区域的纵向联动与横向协同，形成应急合力，加快响应速度；三是信息环境优化，通过智能过滤技术，感知并阻断虚假信息传播，确保救灾信息的准确性，减少二次伤害；四是资源合理调配，借助 AI 和大数据技术，优化人员和物资的调度，保障资源分配的科学性与均衡性。

**3. 数智技术赋能灾后恢复过程，增强城市协同动态恢复力**

在灾后恢复阶段，数智技术通过智能监控与动态分析，协助城市系统快速恢复运行，保障社会生产生活的稳定性。具体而言：一是监测恢复进程，利用物联网和大数据平台实时跟踪受灾区域的基础设施恢复进度，如电力、通信、交通等，优先修复关键设施；二是科学分配资源，通过数据分析掌握各区域需求，智能优化资源分配与运输路径，确保恢复工作的高效开展；三是辅助灾后重建，引入智能感知设备和 AI 评估系统，科学规划重建项目，提升恢复效率，降低建设成本。

**4. 数智技术赋能学习提升过程，提升城市适应能力与未来表现**

灾后通过数智技术总结经验教训，优化韧性系统，提升未来应对能力，实现持续学习与改进。具体而言：一是优化韧性指标，基于灾害应对数据分析，调整城市规划与管理中的关键指标，确保韧性体系不断完善；二是完善动态管理机制，建立自适应管理系统，根据环境与人口变化动态调整资源分布与管理策略，在日常运营中提升城市适应性；三是促进技术与城市融合，加强数据共享与技术研发，通过政府与高校、企业的合作，推动数字技术与韧性场景深度融合。

# 五　安全韧性城市建设展望

随着城镇化的深入推进和数字化技术的飞速发展，建设安全韧性城市已经成为城市建设和治理的重要方向。安全韧性城市的建设，不仅仅是对当前城市风险的应对之策，更是我国城市迈向高质量发展和现代化治理的重要路径。因此，陕西省应抓住数字化、智能化转型的机遇，将数智技术全面融入城市安全韧性建设中。

未来，陕西省在安全韧性城市建设中应从灾前预防、灾时抵御、灾后恢复、学习提升四方面进行系统推进，逐步实现"数智化+韧性"的城市发展模式。在数智技术的赋能下，陕西省完全有能力实现从应急管理到系统韧性提升的全面跃升，为全省人民创造更加安全、有序、可持续的城市环境，为我国其他地区提供可借鉴的经验。

## 参考资料

黄弘、范维澄：《构建"安全韧性城市"：概念、理论与实施路径》，《北京行政学院学报》2024年第2期。

庄国波、张胜、贺珍：《数智技术赋能安全韧性城市治理：生成逻辑、潜在风险与优化路径》，《南京邮电大学学报》（社会科学版）2024年第4期。

朱正威、赵雅、马慧：《从韧性城市到韧性安全城市：中国提升城市韧性的实践与逻辑》，《南京社会科学》2024年第7期。

吴丽慧、包萨日娜、李丽霞：《国内韧性城市研究热点及趋势分析》，《当代经济》2024年第5期。

李彤玥：《韧性城市研究新进展》，《国际城市规划》2017年第5期。

梁丽芝、司艳宁：《数字技术创新背景下城市安全韧性的影响因素与路径提升——基于TOE理论框架》，《中国应急管理科学》2024年第2期。

赵瑞东、方创琳、刘海猛：《城市韧性研究进展与展望》，《地理科学进展》2020年第10期。

梁媛媛：《规划视角的城市安全韧性思考》，《城市建设理论研究》（电子版）2024年第10期。

邵亦文、徐江：《城市韧性：基于国际文献综述的概念解析》，《国际城市规划》2015年第2期。

# B.15
# 数字化赋能建筑产业高质量发展

房建华  李坤尚*

**摘　要:**　本报告围绕建筑产业数字化转型展开，深入探讨了建筑产业数字化转型的重要性和实施路径。首先分析了国家与陕西省的相关政策导向，明确数字化转型对建筑产业的战略意义，从理念到实践逐步推进数字化转型。同时阐述了当前建筑产业的发展现状，包括市场规模的不断扩大和技术应用的不断深化以及产业协同的逐渐加强，展现了建筑产业数字化发展的活力。接着以陕西建工、西安市市政建设（集团）为例，分别介绍对应背景、战略规划，以及实现数字化价值的落地。陕西建工实施了"168"战略规划，聚合创新资源，成立数字科技有限公司，推动数字化能力建设。西安市市政建设（集团）有限公司通过"两化融合"方式，实现业财一体化，打通数据壁垒，提高信息传递效率。报告指出建筑产业在数字化转型过程中面临的挑战，包括产业链数据不流通、工程队素质不齐、技术协同性低及企业资金、人才、技术、体制机制等问题。针对这些问题，报告明确了具体对策，如需要通过认知升级、业务升级、组织升级等方式实现建筑产业的数字化转型。报告最后展望了建筑产业的数字化趋势：数字化通过六大方面的变革进行布局，助力建筑产业开启新篇章。

**关键词:**　建筑产业　数字化　建筑信息化

---

\* 房建华，广联达科技股份有限公司资深业务专家，主要研究方向为数字化转型、智能建造；李坤尚，广联达科技股份有限公司高级咨询工程师，主要研究方向为数字化转型。

# 一　国家及陕西省建筑业数字化相关政策

习近平总书记指出，发展数字经济是把握新一轮科技革命和产业变革新机遇的战略选择，并多次强调，要构建以数据为关键要素的数字经济，在创新、协调、绿色、开放、共享的新发展理念指引下，推进数字产业化、产业数字化，引导数字经济和实体经济深度融合。从2017年数字经济首次被写入《政府工作报告》到2022年国务院印发《"十四五"数字经济发展规划》，数字经济在国家经济发展中的战略地位不断提升，成为推动经济高质量发展的重要引擎。在百年未有之大变局下，建筑产业作为国民经济重要支柱，正经历全面而深刻的变革。如何把握新一轮科技革命机遇，实现数字化转型，是建筑产业适应我国数字经济战略布局的重大课题。

## （一）国家层面建筑产业数字化政策

中国政府高度重视数字建筑产业的发展，出台了一系列政策推动数字化转型。

2020年，为贯彻落实习近平总书记重要指示精神、推动建筑业转型升级、促进建筑业高质量发展，住房和城乡建设部等十三部门联合出台《关于推动智能建造与建筑工业化协同发展的指导意见》，明确提出将提升建筑工业化、数字化、智能化水平，加快建造方式转变，推动建筑业高质量发展，到2035年，迈入智能建造世界强国行列。同年，国务院国资委印发《关于加快推进国有企业数字化转型工作的通知》，系统明确国有企业数字化转型的基础、方向、重点和举措，开启了国有企业数字化转型的新篇章，积极引导国有企业在数字经济时代准确识变、科学应变、主动求变，加快改造提升传统动能、培育发展新动能。

2021年，为贯彻落实党中央、国务院关于数字经济和信息化发展战略的重大决策部署，科学界定数字经济及其核心产业统计范围，国家统计局发布《数字经济及其核心产业统计分类（2021）》，明确了数字化建筑业是指利用 BIM 技术、云计算、大数据、物联网、人工智能、移动互联网等数字技术与传统建筑业的融合活动，明确了建筑产业在数字经济中的重要作用。

2022 年，住房和城乡建设部印发了《"十四五"建筑业发展规划》，阐明"十四五"时期建筑业发展的战略方向，提出 2035 年远景目标以及"十四五"时期发展目标，明确加快智能建造与新型建筑工业化协同发展、健全建筑市场运行机制、完善工程建设组织模式、完善工程质量安全保障体系、加快建筑业"走出去"步伐等七大主要任务，指出推动数字化与产业融合发展、进行数字化技术攻关、构建数字化技术标准体系、完善相关政策保障机制等。

2023 年，住房和城乡建设部推进智能建造试点工作，在北京等 24 个智能建造试点城市积极探索转型新路径，并于 2023 年 11 月发布可复制经验做法清单。

2024 年，住房和城乡建设部办公厅决定在天津等 27 个地区开展试点工作，为期 1 年，重点开展推进全流程数字化报建审批等 7 项工作，加快建立数据汇聚融合、业务协同的工作机制。同年，《"数字住建"建设整体布局规划》发布，明确到 2027 年底和 2035 年底的建设目标，按照"2+2+N+3"的整体框架布局实施，推进住房和城乡建设行业数字化发展等，各级住建部门要将其作为"一把手"工程。

## （二）陕西省建筑产业数字化政策

陕西省积极响应国家政策要求，为推进建筑业高质量发展，发布了一系列政策推动建筑业数字化转型。

2021 年，陕西省住房和城乡建设厅等部门联合印发《关于推动智能建造与新型建筑工业化协同发展的实施意见》，明确了各地推动智能建造与新型工业化协同发展的七项重点任务。

2022 年，中共陕西省委办公厅、陕西省人民政府办公厅印发《关于推动建筑业高质量发展的实施意见》，规划到 2025 年，智能建造与建筑工业化协同发展取得积极进展，建筑业总产值突破 1 万亿元；搭建 1 个建筑产业互联网平台，创建 1 个智能建造试点城市，建立 5 个智能建造产业基地，培育 2 个领军企业创新联合体，实现全省建筑业高质量发展。

2023 年，陕西省住房和城乡建设厅印发《关于开展智能建造与建筑工业化示范产业基地、示范项目遴选培育工作的通知》，明确了智能建造示范产业基地、智能建造示范项目的评价标准、激励措施。

可见，建筑产业数字化转型已踏上新征程且稳步迈进，在国家和陕西省政策的强力推动下，从理念引领到标准明确、从试点探索到全面布局，成果初显。未来，建筑产业应继续紧跟国家数字经济战略步伐，持续深化数字化应用，加速技术融合创新，完善产业生态。各方应携手共进，将数字化贯穿建筑全生命周期，不断提升产业效能与质量，为经济增长注入新动力，在全球竞争中崭露头角，以数字化之力铸就建筑产业的辉煌未来，为国家发展贡献坚实力量。

## 二　建筑产业数字化发展现状

### （一）市场规模增长快

近年来，建筑产业数字化市场规模呈现迅猛增长的态势，展现出强大的发展潜力与活力。在全球范围内，建筑数字化行业市场规模从 2015 年的 28.13 亿美元一路攀升至 2020 年的 56.04 亿美元，预计到 2026 年将达到 133 亿美元，2020~2026 年的复合年增长率维持在 15% 左右，增速显著。而我国建筑信息化行业市场规模同样增长势头强劲，从 2015 年的 120 亿元快速增长至 2021 年的 381 亿元，并且随着数字化渗透率的持续提升，预计 2025 年将达到 806.8 亿元。广阔的市场前景吸引众多企业投身其中，各类数字化技术在建筑产业中的应用不断拓展和深化，有力推动建筑产业数字化的进程。这一市场正以惊人的速度蓬勃发展，成为经济增长的重要驱动力之一。①

---

① 《2023~2024 年中国数字建筑产业发展研究年度报告》。

### （二）技术应用不断深化

#### 1. BIM 技术

作为数字建筑的核心驱动，BIM 技术利用统一的三维模型贯穿建筑全流程，打破信息孤岛问题，实现建筑多专业协同设计、一体化建造、标准化交付和智能化维护等，推进工程项目提质增效。近年来，国产 BIM 软件快速发展，在造价算量、工程审图等 BIM 施工软件市场形成突破，相关品牌在国内市场份额已经超过 90%，但在高端 BIM 设计软件和三维图形平台领域基础偏弱、竞争力不足。

#### 2. 智能建造技术

智能建造技术的应用日益普及，如无人机、机器人等智能设备在施工现场发挥重要作用，提高了施工效率和质量，降低了人工成本。

#### 3. 其他新兴技术

大数据、云计算、工业互联网等新兴数字技术面向建筑行业加速渗透，催生了数字建筑的发展契机。如工业互联网模型化、软件化、封装化的工业技术、经验、知识和实践，弥补了建筑工业化、数字化缺失的环节，为建筑企业规模化、标准化、定制化生产工业级产品提供高效支撑。

### （三）产业协同逐渐加强

数字建筑能有效聚合产业链中供应商、设计方、施工方、运维方、业主方等各环节主体，实现横向端到端全产业链参与的能力协同、纵向打通建筑工程全生命周期的专业间协同，打造空间无边界、企业无边界、业务无边界的跨地域、跨企业协同新模式，带动建筑业全面转型升级。

一批 BIM 软件企业、传统建筑企业以及行业平台企业纷纷进入数字建筑领域抢滩布局，产业迎来快速成长。如中国建筑科学研究院有限公司研发的 PKPM-BIM 平台集成装配式智慧工厂管理、绿色建筑运维等数字化能力；广联达科技股份有限公司建筑工业互联网平台利用开放 BIM 三维图形平台、BIM 数据微服务、AI 微服务等技术，为建筑产业数字化转型提供有力支撑。

# 三 陕西省建筑产业优秀案例分析

## （一）陕西建工集团数字化转型之路

企业数字化实施过程是发展理念、组织方式、业务模式、经营方式等全方位变革的过程，实施过程势必涉及管理流程、岗位职责以及组织机构的调整和优化。接下来，本报告以陕西建工集团为例，深入了解该企业如何根据国家政策、行业趋势及集团战略，通过反思和复盘，从数字化与业务深度融合、数字化对业务系统性支撑的角度，全面升级数字化转型战略，并在组织设计、路径规划、数据资产及数字生态等方面实现新的突破。

业务战略与数字化转型战略是有机整体，业务战略是牵引，数字化转型战略是支撑。

### 1. "十四五"业务战略：高质量发展

从业务战略来看，陕西建工"十四五"的破局之道是"四化融合，高质量发展"；以绿色化为理念要求，以工业化为发展方式，以数字化为转型动力，以证券化为重要抓手，推动集团整体的转型升级、高质量发展。

具体而言，在绿色化方面，要瞄准"双碳"目标，推进建筑节能技术应用；在工业化方面，要推进以装配式建筑为代表的新型建造模式；在证券化方面，要探索和推动资产证券化，解决好产业链资源的优化配置和融合发展。与此同时，要以数字化为转型动力，加快打造建筑产业互联网平台，推进建筑企业数字化转型、四化融合的协同发展，实现全过程、全要素、全参与方的"三全升级"，构建高质量发展的新模式，在高质量发展中实现新飞跃。

### 2. 数字化转型战略：系统性升级

对照"十四五"的业务战略，复盘"十三五"数字化的整体工作，陕西建工发现，虽然有数字化大集采这样的突出亮点，但总体而言，对业务的系统性支撑仍然不够。比如，现有的信息化系统还有不少断点（没有系统性支撑的环节)、堵点(有系统但存在瓶颈的环节)、重复建设以及建好了没怎么用的失血点(存在严重浪费的环节)。建筑企业本来就利润微薄,极其有限的资源也没有形成合力。在全集团的相关投入中,统筹统建的仅占11%;在现存系统中,有明确系统及数据管理制度的仅占3%。

数字化必须与业务深度融合,数字化必须对业务有系统性支撑,必须打通系统内的断点、堵点,实现从战略到作战的数字化指挥系统,纵向打通决策层、管理层及业务运营层,横向拉通跨业务部门、跨职能组织、跨业务板块的数字化作战能力。全面、系统、规范地推进数字化转型是高质量发展之要。

沿着这个指导思想,陕西建工全面升级了数字化转型战略,提出了"168"战略规划,对"十四五"工作做出了系统部署(见图1)。

其中,6项核心架构要解决的核心问题如下。

业务架构:解决"以业务为核心的价值导向"的问题,确保技术与业务的深度融合。

应用架构:解决"信息系统功能和责任边界"的问题,确保技术对业务的系统性支撑。

集成架构:解决"各个系统互联互通"的问题,解决业务及组织割裂问题,拆除部门墙。

数据架构:解决"数据怎么来、怎么用、怎么管"的问题,沉淀和激活企业的数字资产。

技术架构:解决"资源配置及安全稳定"的问题,实现弹性扩展,确保信息安全。

IT治理:解决"业务和技术融合及责任边界"的问题,明确责任主体及职责分工。

**3. 数字化转型战略落地:四大创新性突破**

为支撑数字化转型"168"战略规划的落地,陕西建工还在以下四个方面,做了大胆的创新性突破。

(1)突破一:组织设计——落实管办分离,放活体制机制。

要想实现战略落地,得有组织保障。陕西建工在2017年成立的集团信

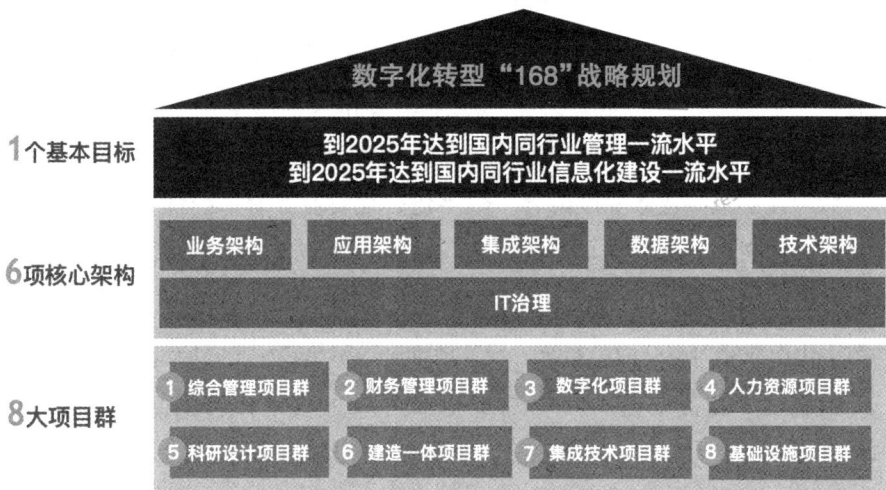

**图1　陕西建工数字化转型"168"战略**

资料来源：陕西建工集团股份有限公司。

息管理部的基础上，于2021年成立了陕西建工集团数字科技有限公司（简称"陕建数科"）。集团信息管理部的职责定位是管理主体，主抓顶层设计、统一标准、监督执行，加强系统集成化管理。陕建数科的职责定位是经办主体，通过市场化手段、公司化运营、实体化服务，对外统一对接战略、商业及技术合作伙伴，对内统一调度项目、人才及预算，提供建筑企业层面的数字化服务和建筑项目层面的智能建造及BIM咨询服务。

在人才队伍上，集团一方面积极引进既懂建筑业务又懂企业管理，还具备数字化建设经验的复合型人才；另一方面大力培养、大胆任用年轻人，比如目前陕建集团信息管理部经理兼陕建数科总经理就是一位"90后"。

在体制机制上，集团鼓励创新探索，允许陕建数科以多种模式（包括与数字化生态伙伴成立联合运营中心、成立合资公司等）整合外部力量，深化合作，致力共赢。

（2）突破二：路径规划——明确"三步走"路径，由内向外推进。

按照统一规划、分步实施的思路，陕西建工明确了"三步走"的路径规划，由内向外，梯次推进，逐步深化数字化转型。

第一步，实现人、财、物、料等基本生产要素的数字化描述与存储、数据化共享与应用，形成单一要素的系统化、整体化。同时，实现生产与管控的数字化，最终实现基本作业单元的数字化。

第二步，在生产要素数字化的基础上，实现项企一体化。通过 BIM 技术和智慧工地管理系统，实现项目管理层面的数字化升级；通过拉通业务系统、财务系统及人力资源系统，实现企业管理层面的数字化升级；通过数字化升级，纵向打通组织层级，横向拉通职能条线，真正实现项目、公司、集团数据一体化。

第三步，构建产业互联网，将自身的数字化能力向外拓展，形成对上下游产业链的支持能力。物流管理、供应链金融、劳务人员管理、政府监管等都将接入统一的、相互连接的平台体系，在数字世界中协作发展。

前两步意在系统提升掌控力，第三步旨在全面提升拓展力。

（3）突破三：数据激活——沉淀数据资产，深挖数据协同。

国家已明确把数据列为继土地、劳动力、资本、技术之后的第五大生产要素。与其他生产要素不同，数据越用越值钱。因此，建筑企业必须做好数据沉淀，激活数据价值，把碎片化信息变成储量丰富、越用越有的数据金矿。

针对建筑企业数字化基础薄弱的普遍问题，陕西建工沿着业务流程的全过程（从商机获取、项目投标、项目立项、签订合同、项目前期管理、项目过程管理、收入成本管理、项目过程结算、竣工管理到封口闭合），打通全过程涉及的全部信息系统，围绕数据"怎么来、怎么用、怎么管"的三大核心问题，构建了数据体系、数据平台和数据管理的三维数据架构。

此外，陕西建工还针对经营仪表盘、决策驾驶舱、业务分析看板、查询检索等四大类核心应用场景，设计了大数据分析系统，实现了从数据采集、清洗、汇集到分析、决策的全生命周期闭环管理，持续深挖数据协同，不断激活数字资产，不仅做到数据资产化，而且做到数据运营化和产品化。

（4）突破四：生态构建——创新合作理念，构建开放生态。

建筑企业的数字化转型，既要扎根行业，又要借力技术。建筑企业要改变理念，不能指望什么事都靠自己解决，要把专业的事交给值得信任的专业伙伴去做，构建协同共赢的开放生态。

陕西建工深刻地认识到，在数字化转型过程中，生态建设十分重要。因此，它做了四大创新：在建设理念上，推动从自主封闭向开放生态的转变；在客户关系上，推动从技术支撑向业务赋能的转变；在角色定位上，推动从供应商向合作伙伴的转变；在合作方式上，推动从传统项目制向服务运营模式的转变。还与长期并肩战斗、久经战斗考验的亲密战友建立了联合运营中心及合资公司，构建无边界的跨企业协作模式。

此外，陕西建工还计划借助其在陕西省建筑行业的"链主"企业地位，更紧密地打通产业链上下游，推动建筑行业各参与方之间的深度合作和跨界融合。通过产业数字化平台和数据，推动数据共享，深化业务协同与合作，重塑价值链和产业生态，为建筑行业发展注入新的动力。

陕西建工在数字化转型战略系统升级方面取得的喜人进展，代表了建筑产业各企业在数字化转型进程中，积极求变、开拓创新后取得的卓越成绩。

## （二）西安市市政建设（集团）有限公司全业务数字化管理

西安市市政建设（集团）有限公司（简称"西安市政"）创建于1951年，是一家由西安市人民政府国有资产监督管理委员会控股并引进战略投资者以及员工持股的混合所有制企业，以市政工程、公路工程建设施工为主，注册资本金3亿元，年产值约50亿元。

### 1. 数字化建设背景

西安市政数字化建设最重要的一个节点在2016年。2016年之前，西安市政仅有财务和简单的办公审批实现线上化，整体信息化发展水平不高。随着公司规模的不断扩张，项目数量越来越多，管理半径逐步变大，对公司的管理要求越来越高。传统的靠人工经验管理项目的方式已然无法满足公司精细化管理的要求。结合企业自身管理需求，公司面临如下问题。

（1）企业管理要求。线下管控已实现标准化，需要标准化与信息化两化融合；将管理流程固化到信息系统中，从而降低公司管理对人的要求；按照公司划定规则，可以使组织顺畅运行，支撑企业快速扩张，管理者也能从繁琐的日常工作中解脱，将更多精力投入企业战略与管控工作中。

（2）成本管理难点。没有管理系统，靠手工统计数据，无法保证数据的准确性和完整性。项目分散、人员调动频繁导致部分过程经济资料丢失。业务数据与财务数据没有打通，基层项目没有按照公司规定及时结算、归集成本并递交财务；项目审计过程中经常发现财务数据与业务数据偏差大，无法对账；项目竣工验收后未能及时办理结算，成本费用核算不清楚。

（3）工程管理痛点。项目数量多且分散，平时管理仅靠基层人员，领导没有时间和精力对项目——管控，导致企业与项目的管理有部分脱节，难以实现有效的过程监控，过程缺乏管控抓手。

基于公司管理需求，西安市政制定了信息化发展规划，成立了信息化工作领导小组。在项目建设初期，公司对六七家软件公司进行了 3 个多月的考察，到武汉市政、陕西建工、广西路桥、河南天工、中核二三等公司进行参观交流，认为项目管理信息系统的业务模块包含了本公司施工业务全过程，能够运用标准化流程，协助公司管理制度落地；规范业务操作，提高效率；实现成本精细化管理，提高效益；对进度、质量、安全进行事前、事中、事后管控，降低风险。西安市政于 2016 年与广联达科技股份有限公司正式洽商，开启了项目管理信息化历程（见图 2）。

**2. 数字化建设框架及历程**

基于管理需求，西安市政整体的数字化建设历程主要分为以下四个阶段（见图 3）。

第一阶段（2009~2015 年）为部门信息化简单应用阶段，只是做一些业务替代。

第二阶段（2016 年）为信息化基础设施建设及制度规范化阶段。项目管理系统上线部署之后，公司多次开会讨论，基于公司管理现状，以开工半年之内的项目为试点，强化培训，从合同签订、履约到付款实现管理线上化，将各业务部门责权明确纳入考核。通过一年的推进和优化，公司实现了所有项目施工全业务线上化管理，积累了一定的业务数据和管理经验；基层项目也体会到信息化带来的便捷与效益，保证系统稳健运行。

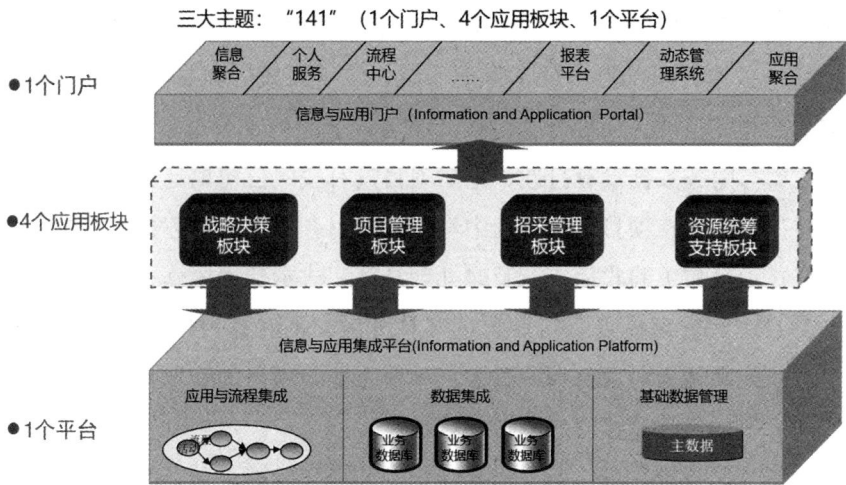

图2　西安市政全价值链信息化规划框架

资料来源：西安市市政建设（集团）有限公司。

第三阶段（2019~2020年）为业务信息化发展与应用阶段。随着业务发展到一定程度，为了方便基层项目和企业的日常管理，企业再次做了业务信息化提升。

在以上三个阶段中，公司建设了财务系统、OA协同办公系统、项目管理系统、安全巡检系统和人力系统。其实，公司之前也建设了项目管理系统但存在较多问题，没有连成线、画成面，流程没有严格执行，数据的录入各方面不太准确，很多流程滞后，起不到管理的作用。

第四阶段（2021~2022年）为信息化高速发展及深化应用阶段。公司重新制定信息化建设规划，上线了招采系统、企业BI大数据平台和业财一体化平台。通过信息化手段，以集中采购系统为管理源头，以项目管理系统管理业务及履约，并进行一系列集成，实现了业务系统和财务系统一体化，形成了管理的闭环。

3.数字化应用成果及价值

（1）项目管理系统应用价值

项目管理系统覆盖施工项目全生命周期，实现在线项目审批、项目合同管理、计划和进度管理、资源管理、项目安全和质量管理、项目风险管理、

财务管理　　　　业务管控　　　　　　　人力资源　　　　大数据平台

**财务系统**　　　**项目管理系统**　　　　**人力系统**　　　**企业BI大数据平台**　　业财融合

　　　　行政办公　　　　　项目现场　　　采购管理　　　　　　　**业财一体化平台**

　　　**OA协同办公系统**　　**安全巡检系统**　　**招采系统**

| 第一阶段<br>部门信息化简单<br>应用阶段 | 第二阶段<br>信息化基础设施建设<br>及制度规范化阶段 | 第三阶段<br>业务信息化发展<br>与应用阶段 | 第四阶段<br>信息化高速发展<br>及深化应用阶段 |

2009年　　2015年　　2016年　　2019年　　2020年　　2021年　　2022年

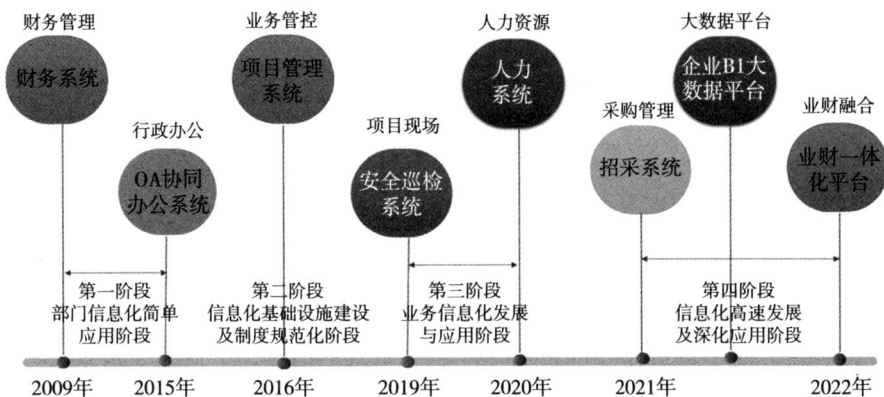

**图3　西安市政数字化建设历程**

资料来源：西安市市政建设（集团）有限公司。

项目竣工管理、项目后期运行维护等功能。

该系统通过在施工项目的全部应用，加强总公司对全部项目的总控能力，同时不断累积项目全生命周期的决策与管理数据，进而增强企业的核心竞争力。

（2）业财一体化平台应用价值

广联达业财集成一体化平台在系统建设期提前设置好规则，可以将项目管理系统的数据自动传递给财务系统，自动生成财务相关单据和凭证，有力地保证数据的准确性和一致性，避免手工录入数据的错误和数据不连贯，极大地减轻了财务人员的手工工作量。

西安市政业财一体化平台先将客户、供应商、分包项目和材料字典等基础资源，施工合同、甲方报量和工程结算等收入类，项目现场发生的人、材、机及其他支出等支出类、库存类成本数据从项目管理系统推送至NCC系统，生成凭证；将集团层发生的项目成本付款、税金、费用报销等从NCC系统自动推送到项目管理系统中，保证业务、财务同一数据的一致性。业财一体化平台解决了"业财二层皮"问题，使业务数据与财务数据更加真实、有效，为辅助决策提供支撑。

（3）企业 BI 大数据平台应用成果及价值

广联达企业 BI 数据决策系统通过开放业务系统接口获取业务数据，并为用户提供基于公有云技术或私有云技术的云服务，企业用户可通过大屏、PC-WEB 端、移动端三类端口实现企业级大数据平台的应用。

西安市政企业 BI 大数据平台以领导舱为核心，将项目管理和集采系统中投标、合同、成本、资金、项目、产值、进度等情况推送至企业 BI，企业 BI 对数据进行提取、智能分析，为经营决策提供数据支撑，提高企业整体运营能力，实现总部一线联动。

# 四 建筑产业面对的困难

目前，与制造业相比，我国建筑产业数字化程度仍然偏低，还有巨大的潜力和发展空间，如何抓住时代战略机遇，做好数字化转型，从而迈上发展新台阶，是各方关注的重点。

## （一）建筑产业数字化存在的主要困难

一是建筑业上下游产业链长、参建方众多、投资周期长。产业链的每一个环节形成的数据和信息难以跟随项目推进而流动，形成不易交互的信息孤岛。建筑行业的各个工程环节脱节、不连贯，由分散的部门或专业团队负责，各个流程阶段无法协调出一套统合的、以整个项目周期为范围的信息化改革方案。这种情况下，作为供应商的软件厂商，要想熟悉并掌握全部要点和痛点，难度极大。

二是参与单个项目的工程队数量众多，尤其是中小型工程队素质参差不齐，管理颗粒度粗糙，使信息化手段难以推进。在项目管理中，因为最终实施人员往往是小型工程承包队，每个承包队的管理水平不一，对信息记录的执行力度不一、执行效果不一，最终较难形成统一、有效的项目日志。建筑业具有产品形式个性化和多样性、生产地点不固定、机械化程度低、人员多变、管理模式多样、管理灵活度高等特点，整体管理效率低下。

三是除了建筑行业本身的挑战之外，建筑全流程工业化、数字化、智能化水平较低。虽然 BIM、人工智能、大数据等技术方兴未艾，但技术协同性不高，难以有效满足系统性需求。从 BIM 提出开始，到随后的云计算、大数据、物联网、移动技术、人工智能等技术快速发展，建筑行业本身面临的问题得到了一定解决。但这些技术整体协同性尚低，依靠某一项技术仍然较难解决建筑行业根深蒂固的问题，如效率提升、数据互通等。

## （二）企业推进数字化转型面临的问题

一是资金投入。一方面，数字化转型前期往往需要大量的研发成本，数字化场景应用需要构建相关系统、平台，软件的应用和平台的搭建都需要充足的资金支撑。另一方面，企业在投入资金后，在项目上往往得不到充足的时间来验证数字化的价值。

二是人才支持。缺乏训练有素的专业人才是当前企业推进数字化转型面临的主要问题，相关数字化专业人才的缺失使推进数字化转型速度较慢。

三是技术问题。符合需要的成熟技术和产品较少是目前数字化转型面临的一大问题，相关技术的集成度和平台的支撑度还无法满足数字化转型的需要，特别是缺少具有自主知识产权的工程基础软件和应用软件。

四是体制机制。数字化转型面向的不是某一环节，而是涉及企业管理和项目生产的多个环节。

面对以上困难和难题，行业各方积极拥抱变革，做出了很大的努力。政府层面出台针对性政策，扶持软件研发，鼓励高校精准培养对口人才，为产业数字化搭桥铺路；行业协会发挥纽带作用，组织企业交流经验、协同攻关，打破信息孤岛，提升技术协同性；以国有企业为代表的建筑企业主动作为，加大资金投入，优化管理模式，积极参与产学研合作，挖掘自主数字化创新潜力。经过建筑产业各方的积极努力，数字化的有效使用作为建筑产业效率提升和国民经济结构优化的重要推动力发挥了至关重要的作用。

# 五　建筑产业应对对策

## （一）认清两个本质

数字化的本质是"数据+连接+算法"。数据是基础，要确保准确、及时和全面，实现自动采集、处理、校验、填报及上传，如实呈现真实情况；连接可打破时空、语言等障碍，纵向打通组织层级，横向拉通职能条线，深度连接业务管理，消除数据孤岛；算法是对真实世界原理、规则的抽象表达，用于整理、分析、使用数据，辅助精细化管理和系统化决策。

建筑业的业务本质是"点线面体"的业务系统，具有高度专业、高度协同、高度独特、高度动态的"四高"特性。这要求在数字化转型时不能单点建设，而要以项目为中心，建立数据驱动的系统化管理和决策体系。

## （二）做好三件事

认知升级：转变对数字化及建筑行业的认知，理解新质生产力意义，认清建筑业业务本质和数字化本质，意识到数字化转型不仅是技术问题，更是思想、业务和发展的转型。

业务升级：构建系统性数字化新路径，立足建筑企业发展实际，制定数字化转型顶层设计，打造从规划到落地的闭环；通过"点线面体"系统性构筑一体化解决方案，从业务数字化、管理数字化到能力数字化"三步走"，打造透明、高效、持续进化的"数字企业"。

组织升级：打破业务孤岛和数据孤岛，改变过去的业务割裂、组织割裂；数据的系统性连接要与业务紧密结合，促进各相关方的高效协作，与各层级、各条线管理者的权力和责任相匹配。

## （三）解决具体的问题

数据真实性问题：强调数据的准确、及时和全面，实现数据的自动采集、处理、校验、填报及上传，无修改、无掩饰地如实呈现真实情况。

智慧工地投入大却没有实效问题：以项目为中心，将数字化与业务深度融合，不是简单地配置更多硬件、软件，而是帮助企业提升利润，实现安全可靠，如在劳务管理方面，以劳务实名制数据引领连接成本履约体系；在环境/人的不安全状态监控方面，将 AI 算法、智能物联技术与业务深度融合，解决安全问题。

BIM 发展代价大但见效少问题：国产 BIM 正向设计实现了协同设计、设计成本一体化、设计施工一体化，提升了设计品质和经济性；国产自主设计软件能替代国外产品，真正实现正向设计和一模到底，并走向全球。

建筑产业互联网没有明确方向问题：以精细化管理为目标，通过系统性数字化转型，打造行业级数字化业务平台和行业 AI 大模型，为建筑产业互联网发展提供方向和支撑。

### （四）企业应对对策

资金投入问题：数字化转型的推进不是一蹴而就的工程，需要循序渐进、持续推进，需要企业从战略层面将数字化转型纳入企业发展规划，加大对数字化转型的资金支持力度，并形成长期稳定的资金投入体系。

人才支持问题：一是要加大相关人才培育力度，建立数字化人才培养和发展的长效机制，打造高层次人才培养平台；二是要鼓励建筑企业和科研单位培养领军人才、专业技术人员，创新数字化人才激励机制，加强人才流动与管理；三是要支持建筑企业和高等院校深化合作，共建数字化转型相关课程和培训体系，为数字化发展提供专业人才保障，吸引和聚集优秀专业技术人才。

技术问题：加强产学研用融合，加大投入力度，开发并应用自主可控的数字化基础技术，打造数字化产业链上各环节自主可控的应用软件，支撑数字化转型的有效实施。

体制机制：在顶层设计上应构建集成设计、生产、物流、施工等多专业、多部门、多行业的多方联合团队和协作机制。

## 六 展望

建筑产业作为国民经济的重要支柱，正处在数字化转型升级的关键时期。从项目起始的决策阶段，凭借大数据与人工智能，实现精准研判，规避投资风险；到工业化建造环节，数字化与预制构件、装配式建筑深度融合，革新生产与装配模式；再到绿色低碳理念贯穿全程，运用能耗模拟、智能监测等手段践行环保责任；以及智能化技术赋能，提升建筑品质与运维效率；还有全新商业模式的开拓，催生产业互联网平台与跨界融合新业态：数字经济、工业化、绿色化等多元力量紧密交织、汇聚合力，正引领建筑产业果敢地冲破传统藩篱，大步迈向高质量发展的新征程，全力开启一段前所未有的辉煌篇章，未来将在以下几个方面的变革发展中发挥积极作用。

数字经济驱动产业流程再造：数字经济蓬勃发展，为建筑产业流程再造注入强大动力，意义非凡，一方面，精准决策让资源利用更高效。大数据助力企业精准定位项目，避免盲目投资，人工智能排查风险，保障资金安全，使有限资源流向最具潜力处；另一方面，高效协同创新催生优质成果。设计阶段，BIM 平台联合前沿技术，打破时空限制，让灵感碰撞，产出兼具美学与实用的设计，施工时，物联网与 BIM 动画结合，智能化管理让现场井井有条，极大缩短工期、提升质量，推动建筑产业大步迈向高质量发展新征程。

工业化与数字化共谱建造新篇：工业化与数字化相辅相成推动建筑生产变革，预制构件工厂依托数字化控制系统，用 BIM 模型驱动数控设备生产，借物联网保障生产线高效运行，降低次品率；装配式建筑依靠 BIM 打通全链路，设计与生产、施工无缝对接，VR、AR 技术助力施工人员精准装配，提升效率与精度；产业集群借助数字化搭建共享平台，汇聚各方力量攻克难题，提升整体竞争力。

绿色化与数字化协同迈向碳中和：绿色理念与数字化深度融合助力碳中和，设计环节运用能耗模拟软件优化建筑朝向等，减少机械耗能；施工过程中，数字化软件调控设备、物联网监测环境、BIM 优化材料管理，全方位践行绿色施工；运营阶段，智能水电表采集数据换算碳排放，利用大数据分析精准施策，推广节能设备、优化运行时段，持续减排。

智能化与数字化升级建筑品质：智能化与数字化技术双管齐下提升建筑品质与施工效率，建筑机器人承担高危重复任务，以高精度、高稳定性提升施工效率与质量；智能施工管理系统集成多种技术，精准定位人员、科学采购、动态预测进度并灵活调整，优化资源配置；数字孪生技术为建筑构建虚拟模型，贯穿设计、施工、运营阶段，实现全生命周期的管控与优化。

数字化赋能"好房子"：在消费升级背景下，数字化助力打造"好房子"，通过线上问卷、VR 看房收集客户需求，融入 BIM 技术定制设计；施工时，物联网追溯材料全程确保质量，BIM 与物联网联动监控关键节点；交付后，智能运维守护房屋，搭配智能家居与数字化物业服务平台，实现便捷高效服务。

新质生产力与创新商业模式破局：勘察设计企业借助数字化转型培育新质生产力，引入 AI 辅助设计提升效率与创意，推行新型工程模式整合产业链；建筑企业加大研发投入，探索 3D 打印建筑、新能源与建筑融合等前沿技术；数字化催生创新商业模式，建筑产业互联网平台整合资源、提供增值服务，传统企业向服务商转型，跨界融合拓展多元市场空间。

建筑产业数字化转型已势不可挡，尽管面临挑战，但在各方努力下，必将开启更加辉煌的发展新篇章，为经济社会发展筑牢坚实根基。

**参考资料**

袁正刚、杨懿梅：《系统性数字化：建筑企业数字化转型的破局之道》，机械工业出版社出版，2023。

《袁正刚：打造精细化管理"新模式"是建筑业高质量发展的核心关键》，http：//industry. caijing. com. cn/20240823/5032568. shtml。

# B.16
# "走出去"战略对陕西省建筑企业重要性的研究

闫永军*

**摘　要：** 本报告聚焦于中国工程承包企业及陕西建筑企业的"走出去"展开研究。开篇，文章回顾了"走出去"战略的提出及确立，指出该战略不仅推动了企业的国际化进程、增强了国际竞争力，还促进了国内产业结构的优化升级、产业链的调整以及国际合作与发展。随后，文章进一步分析了中国工程承包企业"走出去"的现状，指出从2000年"走出去"战略的提出，到2013年"一带一路"倡议的实施，中国对外承包工程业务规模持续扩大。在区域层面，文章立足于陕西省建筑企业"走出去"的现状，以华山国际的实践为例，深入探讨了陕西省建筑企业"走出去"面临的挑战，包括市场进入模式选择难、安全形势严峻、国际化能力不足等。同时，文章也挖掘出其中蕴含的机遇，如国际承包市场发展速度快、政府大力支持、国内产业发展提供助力等。此外，文章归纳了陕西建筑企业"走出去"的主要模式和方式，为后续研究与实践提供了参考。最后，文章针对陕西省建筑企业如何更好地"走出去"提出了具体的对策及建议，包括将"走出去"作为企业实现国际化和高质量发展的必由之路、强化顶层设计、做实合规管理，并强调政府和行业协会等应提供政策支持，做好服务监管，助力企业更好地"走出去"。

**关键词：** "走出去"战略　工程承包　国际承包　建筑企业　陕西省

---

* 闫永军，陕西建工集团股份有限公司副总经理、国际事业部经理，华山国际党委书记、董事长。

# 一 国家"走出去"战略的实施情况

## （一）"走出去"战略的提出及确定

2000 年 3 月，江泽民同志在参加第九届全国人大第三次会议上海代表团全体会议时提出："必须不失时机地实施'走出去'战略，把'引进来'和'走出去'紧密结合起来，更好地利用国内外两种资源、两个市场。"①

2000 年，党的十五届五中全会正式提出实施"走出去"的开放战略，为中国对外承包工程业务发展提供了战略层面支撑。同年，国务院办公厅印发《国务院办公厅转发外经贸部等部门关于大力发展对外承包工程意见的通知》（国办发〔2000〕32 号），明确发展对外承包工程是贯彻落实"走出去"战略的重要举措，为政府部门和金融机构等各方更好地支持业务发展提供了政策依据，并对中国对外承包工程业务此后的发展产生了深远影响。② 2007 年 10 月，党的十七大报告指出"把'引进来'和'走出去'更好结合起来"，"形成经济全球化条件下参与国际经济合作和竞争新优势"。③ 2010 年 3 月，十一届全国人大三次会议政府工作报告强调："加快实施'走出去'战略，鼓励符合国外市场需求的行业有序向境外转移产能，支持有条件的企业开展海外并购，深化境外资源互利合作，提高对外承包工程和劳务合作的质量。"④ 截至 2023 年 6 月底，中国同 150 多个国家、30 多个国际组织签署了 200 多份共建"一带一路"合作文件，涵盖基础设施建设、产能合作、经贸、金融等领域，发展带动效应显著。联合国、金砖国家、中

---

① 《适应新形势 迎接新挑战 增创新优势 赢得新发展》，https：//www. gmw. cn/01gmrb/2000-03/08/GB/03%5E18353%5E0%5EGMA1-007. htm。

② 中华人民共和国商务部编《2020 年度中国对外承包工程统计公报》，中国商务出版社，2021。

③ 《胡锦涛在中共第十七次全国代表大会上的报告全文》，https：//www. gov. cn/ldhd/2007-10/24/content_785431_5. htm。

④ 《温家宝所作政府工作报告（十一届人大三次会议）》，https：//www. gov. cn/2010lh/content_1555767. htm。

国—东盟（10+1）合作、中非合作论坛、上海合作组织、亚欧会议等重要国际机制的成果文件中，都写入了共建"一带一路"内容。[①] "一带一路"倡议为中国企业"走出去"带来了历史发展新机遇，成为引领中国企业"走出去"的新引擎。

## （二）中国工程承包企业"走出去"的主要意义

### 1. 国家层面的主要意义

随着我国改革的深化和对外开放的日益扩大，国际工程承包已超出单纯的工程施工安装范围，成为货物贸易、技术贸易和服务贸易的综合载体，是国际贸易特别是成套技术和成套设备贸易的重要方式。各地区、各部门要站在全局的、政治的高度，充分认识发展对外承包工程的重要性，把发展对外承包工程作为贯彻落实中央关于"走出去"开放战略的重要措施，切实抓出成效。要深刻认识到：在当前形势下，大力发展对外承包工程，有利于扩大出口，加快我国从贸易大国向贸易强国发展的进程；有利于有效利用国内外两种资源和两个市场，转移国内富余的工程建设能力；有利于推动我国企业"走出去"，融入经济全球化浪潮，培育我国的跨国公司，增强国际竞争力；有利于促进我国对外政治和经贸关系，特别是同发展中国家间关系的发展。[②]

国际工程承包带动了中国工程产业上下游"走出去"，促进了我国产业结构的优化升级和产业链调整，加速了工程行业的发展，助推了企业的国际化。中国劳动力随同我国工程承包企业进入国际市场，缓解了国内的就业压力，增加了国家的外汇收入，促进了经济发展与社会稳定。项目的实施不仅为项目所在地培养了技术工人和专业技术人员，也促进了地区发展，增进了两国关系，有效提升了我国的国际形象。

---

① 《推动共建"一带一路"高质量发展不断取得新成效》，https：//theory.gmw.cn/2023-10/12/content_36887717.htm。
② 《国务院办公厅转发外经贸部等部门关于大力发展对外承包工程意见的通知》，https：//www.gov.cn/zhengce/zhengceku/2010-12/30/content_4599.htm。

## 2. 企业层面的主要意义

多数中国工程承包企业的国际化程度较低，与日韩和欧美企业之间的差距依然较大。企业实施"走出去"战略，可以在与跨国公司的竞争与合作中，学习和借鉴国外先进的技术和管理经验，加速完成自身能力建设，为加快实现企业的国际化打好基础；可以获得更多的商业机会和潜在客户，平衡或对冲国内市场不利因素的影响，更好地应对市场波动。

## （三）中国工程承包企业"走出去"的基本情况

中国工程承包企业"走出去"可追溯到 20 世纪 50 年代，其发展基于早期的国家对外经济技术援助活动。通过参与国家对外经济技术援助项目，早期"走出去"的中国企业进入了受援国市场。如 1958 年成立的中国交通部援外办公室（中国公路桥梁工程公司前身），通过参与中国政府对外援助项目，扎根国际市场发展至今。

1978 年 11 月，当时的对外经济联络部和国家基本建设委员会联名向国务院上报《关于拟开展对外承包建筑工程的报告》，提出应当抓住有利时机，尽快组织我国建筑力量进入国际市场。[①] 国务院批示成立或组建了中国土木工程公司（1979 年成立）、中国公路桥梁工程公司（1979 年组建）、中国建筑工程总公司（1982 年成立），连同 1959 年成立的中国成套设备出口公司，这 4 家中央外经企业率先开展了国际工程承包和劳务合作业务。[②] 4 家获批承接对外工程业务的企业，新签合同金额很小，1979 年仅 0.3 亿美元。[③]

1982 年，国务院提出了"每个省市、每个部委设立一家公司"进行试点的指示，中央及省级政府共批准了 29 家专业公司以及地方"窗口型"企业（国际经济技术合作公司）开展对外工程承包和劳务合作业务。经过多

---

① 韩涛：《国际工程承包对中国经济发展的影响》，天津财经大学硕士学位论文，2007。
② 张尚尚：《价值链视角下我国国际工程承包商转型升级研究》，北京交通大学硕士学位论文，2014。
③ 《对外开放取得瞩目成就 经贸合作迈向更高水平——新中国 75 年经济社会发展成就系列报告之十一》，https：//www.stats.gov.cn/sj/sjjd/202409/t20240918_1956552.html。

年发展，"窗口型"企业逐渐发展成为实体公司，并陆续取得了对外承包工程、对外劳务合作、对外经济技术合作、对外设计咨询等资质。在完成援外项目的基础上，它们以市场化运作的方式进入国际市场，拓展了工程承包等业务领域。

1992 年底，中国具有对外承包工程经营权的企业数量增至 211 家；新签对外承包工程合同 1164 份，合同额 52.5 亿美元，同比增长 108%；完成营业额 24 亿美元，同比增长 22%。[①]

1993 年 4 月，经原对外贸易经济合作部（现商务部前身）批准，陕西省建筑工程总公司（涉外名称"华山国际工程有限公司"，简称"华山国际"）获得开展对外经济技术合作业务的批复。

2000 年开始，对外承包工程作为实施"走出去"战略的重要形式，得到快速发展，规模不断扩大；新签合同额由 2000 年的 120 亿美元增加至 2012 年的 1565 亿美元，增长了 12.1 倍。党的十八大以来，对外承包工程进入新发展阶段，对带动我国产品技术服务"走出去"、深化国际产能合作、促进国内经济转型升级发挥了重要作用。

2004 年，中国对外承包工程新签合同额首次突破 200 亿美元大关，2015 年跃至 2000 亿美元，年均增速高达 20.4%。2017 年，中国企业新签对外承包工程合同 22774 份，合同额 2652.8 亿美元，是 2004 年的 11 倍，达到历史峰值；完成营业额 1685.9 亿美元，是 2004 年的 9.7 倍。2019 年，中国企业在 177 个国家（地区）签订对外承包工程合同 11932 份，合同额 2602.5 亿美元，较上年增长 7.6%，完成营业额 1729 亿美元，同比增长 2.3%。2020 年，中国企业共在 184 个国家（地区）开展对外承包工程业务，当年签订合同 9933 份，合同额 2555.4 亿美元，同比下降 1.8%；完成营业额 1559.4 亿美元，同比下降 9.8%。[②] 2023 年，中国对外承包工程完成

① 中华人民共和国商务部编《2020 年度中国对外承包工程统计公报》，中国商务出版社，2021。
② 中华人民共和国商务部编《2020 年度中国对外承包工程统计公报》，中国商务出版社，2021。

营业额 1609.1 亿美元，同比增长 3.8%；新签合同额 2645.1 亿美元，同比增长 4.5%，达到历史第二高位。① 2023 年，我国对外承包工程新签合同额较 2012 年增长 69%。②

2024 年，中国对外承包工程业务完成营业额 1659.7 亿美元，增长 3.1%；新签合同额 2673 亿美元，增长 1.1%。③ 2024 年，中国企业共向境外派出各类劳务人员 40.9 万人，比上年同期增加 6.2 万人；其中承包工程项下派出 15.3 万人，劳务合作项下派出 25.6 万人。年末在外各类劳务人员为 59.4 万人。④

根据 2024 年度美国《工程新闻纪录》（ENR），共有 81 家中国企业入围 2024 年度"全球最大 250 家国际承包商"，其中 4 家中国企业进入榜单前 10，11 家中国企业进入榜单前 50。虽然 2024 年度上榜中国企业平均国际营业额及平均国际业务占比均有所提升，但在国际业务占比方面，中外企业差距依然比较明显。⑤

# 二　陕西省建筑企业"走出去"的基本情况

## （一）陕西省建筑企业"走出去"的现状

### 1. "走出去"的整体情况

2022 年，陕西省企业共在 82 个国家（地区）开展对外承包工程业

---

① 中国对外承包工程商会组织编写《中国对外承包工程发展报告 2023-2024》，中国建筑工业出版社，2024。
② 《开放取得瞩目成就 经贸合作迈向更高水平——新中国 75 年经济社会发展成就系列报告之十一》，https://www.stats.gov.cn/sj/sjjd/202409/t20240918_1956552.html。
③ 《2024 年我国对外承包工程业务简明统计》，https://www.mofcom.gov.cn/tjsj/gwjjhztj/art/2025/art_66083dea60634773a37922ba4b679261.html。
④ 《2024 年我国对外劳务合作业务简明统计》，http://www.mofcom.gov.cn/tjsj/gwjjhztj/art/2025/art_68dedb6c6bca4f049150cd4f6674e43f.html。
⑤ 《2024 年度 ENR 全球最大 250 家国际承包商榜单发布》，https://www.chinca.org/CICA/info/24091410422111。

务，当年新签订合同 199 份，合同额 60.1 亿美元，同比增长 98.5%；完成营业额 15.7 亿美元（含分包营业额共计 26.4 亿美元，同比增长 10%），同比下降 34.4%。其中，在共建"一带一路"国家和地区完成营业额 6.4 亿美元，在区域全面经济伙伴关系（RCEP）成员国完成营业额 3.4 亿美元，在上海合作组织成员国完成营业额 1.1 亿美元。全年开展对外承包工程业务的企业 20 家。其中，完成营业额 5000 万美元以上的 5 家、1 亿美元以上的 4 家。对外承包工程企业新签合同额 5000 万美元以上项目 30 个，共计 49.7 亿美元，占比 82.7%，其中 1 亿美元以上项目 16 个（较上年同期增加 10 个），共计 40 亿美元，占比 66.6%。在"一带一路"国家和地区新签合同额 23.8 亿美元，占全省总额的 39.6%；完成营业额 6.4 亿美元，占全省总额的 40.8%。在亚非地区新签合同额合计 54 亿美元，占全省总额的 89.9%；完成营业额 12.4 亿美元，占全省总额的 79.0%。其中，在亚洲市场新签合同 36.3 亿美元，是上年同期的 3 倍，占全省总额的 60.4%；完成营业额 7.4 亿美元，占全省总额的 47.1%。非洲是陕西省企业开展对外承包工程业务的重点传统市场，全省企业在非洲市场形成较好的业务基础，全年新签合同额 17.7 亿美元，占比 29.5%；完成营业额 5 亿美元，占比 31.8%。从国别（地区）市场规模来看，当年新签合同额居前三位的国家（地区）为中国香港、伊拉克和塞内加尔；完成营业额居前三位的国家（地区）为马来西亚、几内亚和中国香港。

对外承包工程业务行业分布广泛，交通运输建设连续多年成为业务规模最大的专业领域，全年新签和完成额分别为 23.3 亿美元和 11.3 亿美元，占比分别为 38.8% 和 72.0%。一般建筑项目新签和完成额实现了双增长，分别增长 74.2% 和 55.6%。电力工程建设项目呈现下滑趋势，但占比较稳定，是陕西省对外承包工程业务的重要支撑，完成营业额 1.0 亿美元，占比 6.4%。截至 2022 年底，全省对外承包工程累计完成营业额 324 亿美元，带动全省外派劳务人员约 7.7 万人。其中，在共建"一带一路"国家和地区完成营业额 157.7 亿美元，占比 48.7%，带动全省外派劳务人员约 3.5 万人。开展对外承包工程业务成为陕西省企业共建"一带一路"、推动国际基础设施互联互通建设和产能合作的重要方式。①

根据陕西年鉴 2013~2023 年数据，陕西对外承包工程 2012~2022 年新签合同额和完成营业额及其增速如图 1 和图 2 所示。

**图 1　2012~2022 年陕西对外承包工程新签合同额及增速**

资料来源：2013~2023 年《陕西年鉴》。

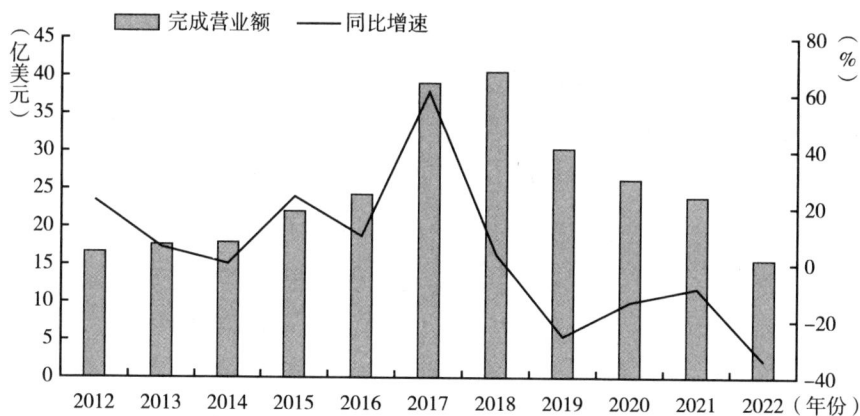

**图 2　2012~2022 年陕西对外承包工程营业完成额及增速**

资料来源：2013~2023 年《陕西年鉴》。

---

① 2023 年《陕西年鉴》。

2023 年，陕西省开展对外承包工程企业 17 家，从事外派劳务企业 14 家。截至 2023 年末，陕西省企业共在 82 个国家（地区）开展对外承包工程业务，全年新签合同额 50.5 亿美元，同比下降 16.0%；完成营业额 14.5 亿美元（列全国第 17 位、西部第 2 位），同比下降 7.6%，其中在共建"一带一路"国家和地区完成营业额 11.2 亿美元。

2. 华山国际"走出去"的情况

（1）企业"走出去"的历程。华山国际工程有限公司是陕西建工集团股份有限公司（简称"陕建集团"）的全资子公司，负责陕建集团境外机构和海外业务的归口管理。华山国际的前身机构在 20 世纪 50 年代，以劳务输出的方式参加了中国援柬埔寨糖厂项目的建设；70 年代，企业"借船出海"完成了中国援喀麦隆议会大厦项目的施工以及对外经济技术合作任务，扎根喀麦隆，辐射周边国家。90 年代，企业"搭船出海"与央企合作，进入博茨瓦纳、巴新、阿联酋等国别市场。

（2）企业的发展现状。华山国际 1993 年成立后"造船出海"，陆续在加纳、卢旺达、南非、巴基斯坦、乌兹别克斯坦、马来西亚、沙特、蒙古国等国家设立境外机构，自主进行市场开发，业务涵盖房屋建筑、道路桥梁、市政工程、石油化工、农田水利、机场跑道、钢结构、新能源、项目运维、国际贸易等十几个领域，国别市场拓展到 33 个国家（地区），构建了中东及西亚、东南亚、南太平洋、中亚及南亚、西部非洲、南部非洲等 6 大境外经营区域。截至 2022 年，陕建集团已累计承担了近 40 个中国对外援助成套项目和近 10 个中国驻外使领馆的建设任务，承揽并实施了 1000 余个境外属地项目，累计有 8 个项目荣获中国建设工程质量最高奖鲁班奖（境外工程）、4 个项目荣获国家优质工程奖（境外工程），在国际工程承包市场树立了"华山国际""陕西建工"双品牌。华山国际是陕西省外经单位的龙头企业，连续 10 年荣获"陕西省外经企业先进单位"称号，为陕西省国际经济合作促进会副会长单位。

3. 华山国际"走出去"的经验分享

（1）生产经营方面。坚持稳中求进工作总基调。利用 40 多年不间断经营的经验，稳步推进新市场开发和已有市场整合，不断优化市场布局和业务结构；坚持现场换市场的底层思维，狠抓在建项目履约，通过在建项目承揽、扎根项目所在市场，"深耕、深融、深挖"项目所在国别，积极辐射周边市场开发；坚持决策前移的管理。不断优化公司的制度流程，形成了总部管区域、区域管国别的决策体系；坚持合作共赢理念，重视与央企、知名民企、金融机构的合作，集合内外优势，推进对外合作；坚持合规管理与风险防控的有机统一；持续优化企业内部控制体系，加强项目评审及全生命周期履约管理，严格控制运营风险。

（2）党建方面。灵活组织设置，实现基层党的组织全覆盖。设立党务工作专员，充分利用新媒体，将党建工作引向深入。开展形式多样、具有海外特色的主题教育活动，提升队伍凝聚力。加强海外典型宣传，发挥榜样的正向引导作用。通过"一对一"帮扶和亲属座谈会等，解决职工难题，拉近职工亲属与公司距离。

（3）人力资源方面。出台《职工学历提升奖励办法》《关于加强人才引进与培养交流工作的实施意见》《关于加快推进人力资源属地化建设的实施意见》等专项制度，将"人才优先"放在企业发展的战略层面。将人才属地化纳入年度考核，有效解决了一线人才不足的问题，试点区域的人才属地化率已超过90%。

### （二）陕西省建筑企业"走出去"面临的主要挑战

#### 1. 市场进入模式的选定

企业实施"走出去"战略，首先面对的便是市场进入模式的选择。模式的选择不仅涉及企业自身实际，而且与建筑行业的特点以及目标市场的多种因素相关。市场进入模式直接影响企业对市场的开发进程和未来发展。"走出去"企业对市场进入的调研不够重视，研究的深度和广度不够，市场选择和进入模式的确定上主观大于客观。

#### 2. 安全问题依然不容乐观

当前，国际格局复杂多变、地缘政治形势严峻、地区冲突不断，传统安全威胁和非传统安全威胁因素在国际承包市场交织，企业"走出去"面临的总体安全形势日趋严峻。

### 3.国际化能力建设有待进一步提高

在精细化管理、技术研发、人才队伍、全球资源集成（供应链搭建）、HSE管理、多元化经营、业务产业链延伸、投融资、风险控制、融入当地和履行社会责任意识等方面，与日韩以及欧美企业间的差距依然较大，需要高度重视国际化的研究和实践。

### 4.行业环境变化对企业提高要求

以EPC、F+EPC、BOT、PPP等为代表的项目，正在成为国际工程市场的主流模式。国际工程的规模体量、综合性和复杂性越来越突出，项目的绿色低碳、高效、可持续性要求更加具体，业主对承包商的集成能力、技术实力、管理能力、资金实力和社会责任要求越来越高，企业的综合能力提升任重道远。

### 5.复合型人才缺乏制约发展

企业通过内部培养和外部引进等方式储备了一定的国际人才，但现有人才的数量和质量已不能满足企业从产业链中低端转向高端发展的需要。具备国际视野、精通专业、懂法务商务技术、熟知管理的复合型人才依然缺乏，人才不足已成为制约企业发展的主要问题。

## （三）陕西省建筑企业"走出去"面临的主要机遇

### 1.国际工程市场快速发展成为企业未来

国际工程承包是国际经济合作的重要组成部分。[1] 目前，经济全球化正在进一步推进，长远来看，国际工程承包行业的发展速度将会逐步超过全球经济的发展速度。企业需要未雨绸缪"走出去"，积极参加国际工程承包市场的竞争，抢占发展中的市场，谋划高端市场，布局未来发展。

### 2.政府为企业"走出去"创造了更多便利

我国与非洲、东盟、上合组织、APEC等的经济合作不断加强，政府承

---

[1]　刘敏奎：《国际工程项目承包融资研究》，西南财经大学硕士学位论文，2009。

诺将提供更多的对外优惠贷款和对外援助，这将为企业"走出去"提供更大的市场和发展机遇。中国政府更加关注国际合作，随着部分自由贸易区协议的生效和部分自由贸易区谈判的落地，以及更多双边投资保护协定的签署，潜在市场的需求将进一步释放。

**3. 国内发展为企业"走出去"提供有力支持**

政府积极支持企业"走出去"，配套出台了多项支持措施和相关政策，为企业更快、更好地"走出去"提供了制度上的保障。经过70多年的发展，我国形成了独立完整的现代工业体系，已成为名副其实的世界工厂，建材、大型机电设备和成套设备制造、新能源等方面已站在了产业链的前端，这将助推企业的国际市场开拓。

## （四）陕西省建筑企业"走出去"的主要模式

### 1. 短期进入模式

初期和初次"走出去"的企业多以短期模式进入新市场，目标任务完成后退出。该模式通常适用于业务体量较小的市场和专业化程度较高、周期较短的项目。该模式的优点在于其高度的灵活性和相对较低的风险；不足在于企业可能无法充分利用本地资源，实现滚动发展。实践中，一些采用短期进入模式的企业，随着对市场的深入了解和积累，会逐步转向长期进入模式，谋求未来发展。

### 2. 长期进入模式

通过在目标市场设立分支机构（如办事处、代表处、分公司、母公司、合资公司等），扎根属地市场，与行业上下游建立合作关系，实现滚动发展。该模式通常适用于体量大、前景好的市场和规模较大、周期较长的项目。该模式的优点在于能够更好地整合资源，建立稳固的客户关系，实现生产和经营的滚动发展；不足在于前期投入较大，面临的风险较高。

## （五）陕西省建筑企业"走出去"的主要方式

### 1. 依托政府的对外援助项目进入

中国政府对外援助主要有成套项目、一般物资、技术合作、人力资源开发合作、援外医疗队、紧急人道主义援助、援外志愿者和债务减免等。成套项目是目前最主要的对外援助方式。①

### 2. 通过自主经营进入

一是企业参与世界银行、亚洲基础设施投资银行、金砖国家新开发银行、非洲发展银行等国际金融机构出资的新国别市场的项目招标，项目中标后完成境外机构设立，进入市场。二是经过深入调研，企业先行在目标市场设立经营机构，再通过各方资源加持，在市场内自主发展，完成市场开发。

### 3. 通过与外部企业合作进入

与具备竞争力的跨国公司、海外本土企业以及中资企业等，发挥各自的比较优势，开展项目合作或市场合作。项目合作可基于联合体、联营体、总包分包等模式，中标后依据事先达成的合作协议履行项目义务。市场合作可基于股份制等模式，双方按照约定共同开拓目标市场。

### 4. 通过代理人关系进入

该方式的优点在于代理人熟悉和了解当地法律法规、商业惯例和文化背景，企业借助代理人的经验和资源，能够迅速与当地供应商、分销商及潜在客户建立联系，缩短在新市场的适应期，更好地融入市场，并避免不必要的法律和文化冲突，降低市场进入风险，提高竞争力。不足在于一般较难实现企业与业主之间的直接有效沟通。

### 5. 通过直接投资进入

一是企业通过设立自己的全资境外机构，或与外部企业成立合资公司，或并购外部公司等方式直接控制市场活动，深度融入当地市场。二是通过承揽 F+EPC、BOT、PPP 等模式的项目，以投资者的身份进入市场。直接投资伴随着政治风险、汇率风险以及文化差异等带来的挑战。

---

① 胡鞍钢、鄢一龙：《中国大战略：统筹两个大局与天时地利人和》，《国家行政学院学报》2013 年第 2 期。

## 三 陕西建筑企业"走出去"的对策及建议

### （一）"走出去"是实现国际化的必由之路

#### 1. 企业实施"走出去"国际化战略

企业只有"走出去"参与国际市场竞争，拓展海外业务，才能更好地在全球范围内优化资源配置，更好地融入全球经济，增强品牌影响力，扩大发展空间。

#### 2. "走出去"是实现高质量发展的助推剂

企业实施"走出去"战略，有助于企业更有效地吸纳国外先进的技术与管理经验，缩小与行业头部企业的差距，提升核心竞争力，加快实现高质量发展。

### （二）系统思考，强化制度保障

#### 1. 重视顶层设计

企业管理者应在企业发展的战略层面，做好"走出去"的顶层设计。通过战略引领，上下达成共识，有条不紊地进入国际市场。在战术层面，系统性地思考，解决企业"去哪里""如何去""干哪些""如何干"的问题。

#### 2. 重视研究和模式创新

在自主调研的基础上，用好目标市场和国际知名咨询机构的力量，科学完成对目标市场的研判与决策。根据市场环境和承发包模式等变化，结合自身实际，动态调整市场开发模式，适应市场需要。

#### 3. 强化配套制度建设

汲取并借鉴行业内领先企业的经验，不断完善企业的体制机制建设，为实施"走出去"战略提供坚实的保障制度，确保目标实现。

### （三）看菜吃饭，量体裁衣

综合考量潜在目标市场特有和普遍因素，确保拟定的市场进入模式和方式与企业实际和战略相匹配。仔细评估企业现行的管理架构、制度体系、人才储备、资金实力以及风险承受能力，确保企业实际契合市场需求。

### （四）多措并举，优化业务结构

与产业链、供应链上下游的出海企业合作，开辟新赛道。与多边金融机构加强沟通，用好政策红利和金融工具，不断提升融资能力，拓展新业务。重视 EPC 项目研究和团队打造，为"投—建—营"一体化项目做好储备，优化业务结构。

### （五）战略思维，构建人才梯队

从企业战略发展的维度，做好海外人力资源的规划与管理，着力解决海外人才的招聘、培养、使用及留存问题。不断完善企业的人才制度建设，从员工培训、晋升、薪酬福利、职称评定、轮岗轮训等方面系统性地思考和解决海外战略性人才的规划、管理、培养和选拔问题，构建实施"走出去"战略的人才梯队，未雨绸缪解决企业"走出去"人才不足的问题。

### （六）久久为功，做好监督管理

不断提升员工对企业制度、国际合同及法律规则的认识，确保企业行为和员工活动符合法律法规要求。签约专业机构，动态识别潜在风险，重视税务筹划和财务策划，做好项目全生命周期的风险防控，制定风险应对策略，做细风险化解。用好审计监督，做好过程监管与纠偏。

### （七）解放思想，加快国际化进程

解放思想，在属地市场以及第三方市场选拔具备国际视野的人才，化解人才不足的难题。重视国际供应链的构建，在属地市场建立坚实的供应网络，在区域内打造国际化的供应链体系，拓展采购渠道、扩大采购范围、缩短采购周期。加快国际化发展，通过组建合资公司、并购等多元化方式，持续提升企业竞争力，加速企业的国际化进程。

## （八）同频共振，各方共同支持

政府和协会应充分发挥宏观调控作用，既鼓励企业"走出去"，又要强化对企业"走出去"的监管；在及时信息提供、跨境法务及税务咨询等方面，提供国际化和高标准的服务；在人员外出审批、资金跨境流动、税收优惠措施、贸易便利化等方面提供政策支持。

**参考资料**

赵昌文主编《中国企业国际化及全球竞争力》，中国发展出版社，2014。

周啸东主编《"一带一路"大实践：中国工程企业"走出去"经验与教训》，机械工业出版社，2016。

方宏：《中国企业国际化速度研究：基于行为战略视角》，经济管理出版社，2019。

国家电网公司国际化人才开发课题组编著《"一带一路"战略背景下中国企业国际化人才开发实践》，清华大学出版社，2016。

俞子荣：《不平凡的探索与成就——中国对外援助 70 年》，《国际经济合作》2020年第 6 期。

# 区 域 篇 ᗡᗡ

# B.17
## 西安建筑业发展报告

王婉玲　杨佳翰*

**摘　要：**　建筑业作为支柱产业，在西安经济社会发展中占据重要地位。近年来，西安市城乡建设领域以改革开放特别是党的十八大以来的城乡建设发展要求为契机，紧跟建筑业变革升级步伐，持续加大投资规模和倡导高品质建设，不断提升建筑业服务人民群众生活、服务产业良性发展、服务社会经济持续发展水平，在推动建筑业高质量发展的道路上取得了卓越成就。建筑业总产值占全市 GDP 比重自 2016 年起，连续 8 年位居全国副省级城市第一，作为西安国民经济支柱产业的作用日益凸显。其总产值、增加值等经济指标显著提升，企业规模与竞争力不断壮大，在区域内保持领先，且建筑工程质量稳步提高，外拓能力增强，行业结构持续优化，涌现众多重点精品工程。同时，其发展中也面临增长趋缓导致竞争加剧、盈利能力下降等现象，为实现高质量发展，西安建筑业应在技术创新上加大投入、持续推动绿色建

---

＊　王婉玲，西安工程大学教授，主要研究方向为房地产经济；杨佳翰，西安财经大学管理学院，主要研究方向为城市更新。感谢西安市建筑业协会提供资料。

筑发展、积极培养新型复合型人才、不断提升企业管理水平、发挥行业协会作用，以应对发展中的挑战，实现转型升级。

**关键词：** 西安市 建筑业 房地产业 基础设施

# 一 西安市建筑业发展现状

西安市建筑业紧抓每一次历史发展机遇，经过了由弱转强、由慢到快的发展历程。西安市建筑业以质量安全为基石，依靠科技进步、技术创新、新发展理念，锚定高质量发展路径，总体规模持续壮大，质量和效益不断提高。特别是党的十八大以来，西安市建筑业更是借助"一带一路"、全运会、国家中心城市、双创中心以及西安市制定的北跨、南控、西融、东拓、中优空间发展战略规划，围绕打造西部经济中心等城乡建设实际，依托信息化、智能建造等新建设理念，不断实现转型升级，呈现蓬勃向上、发展速度提升、成绩斐然的良好态势，具体现状如下。

## （一）经济效益显著提升

### 1. 生产规模逐年壮大

西安市建筑业总产值从 1950 年的 271 万元蓬勃发展到 2018 年的 3925.72 亿元，年均增长 19.1%，自 1992 年以来年均增长 27.1%。1996 年以来，西安市建筑业年均利润总额增速一直高于总产值增速。改革开放后，仅历时十年便突破 10 亿元；2009 年跨越 1000 亿元关口，此后每 4 年跨过一个千亿台阶；2018 年接近 4000 亿元；2023 年，全市建筑企业共完成建筑业总产值 6500.02 亿元。截至 2024 年 11 月初，西安市完成建筑业总产值 4322.21 亿元，同比增长 3.3%；贡献税收 162.2 亿元，同比增长 7.2%。2013~2021 年年均增长 11.3%，实现了一年一个台阶的跨越式发展，建筑业总产值、增加值年年位居西北地区城市首位，为全市经济社会高质量发展提供了有力支撑。

**2. 行业增加值稳步提升**

建筑业作为支撑全市经济发展的重要产业，其增加值总量不断上升，进一步拉动了经济增长。2015 年，全市建筑业增加值为 857.40 亿元，2017 年突破千亿元，2020 年达到 1547.44 亿元，按现价计算约是 2015 年的 1.8 倍；2021 年建筑业实现增加值 1552.18 亿元，比 2012 年增加了 966.31 亿元，年均增长 7.0%；占 GDP 的比重为 14.5%，比 2012 年增加 1.1 倍。

## （二）企业规模日益壮大、整体竞争力大幅提升

2021 年，全市建筑业企业资产总计达 8146.79 亿元，是 2012 年的 4.4 倍，年均增长 17.9%。从利税看，2021 年，全市建筑业实现利税总额 281.11 亿元，是 2012 年的 5.4 倍，年均增长 20.7%。2023 年，全市建筑业实现税收总额 198.9 亿元，同比增长 34.79%，是 2013 年（36.8 亿元）的 5.4 倍。2021 年，全市建筑业企业实现利润总额 181.13 亿元，是 2012 年的 3.5 倍，年均增长 14.9%；2023 年，实现利润总额 178.47 亿元，是 1992 年的 779.7 倍。从劳动效率来看，2021 年西安建筑业企业人均施工面积为 224.37 平方米，比 2012 年增加 33.70 平方米；全员劳动生产率达到 54.01 万元/人。

从行业集中度看，在市场竞争中西安综合实力排名靠前的重量级大企业占据市场高地，推动整个行业集中度不断提高。2020 年，全市 1361 家资质内联网直报建筑企业中，年产值排在前 100 名的企业完成产值占全市比重为 81.2%，近五年一直保持在 80% 以上；重点监测的前 40 名企业占 64% 左右，近五年一直保持在 60% 以上。

从纳入国家联网直报平台的资质内建筑业企业数量看，2015 年为 706 家，2017 年超过千家，2020 年进一步发展到 1361 家。2020 年西安大中型建筑业企业有 494 家，是 2015 年的 2.1 倍，总产值占行业的 91.5%。截至 2024 年，西安市先后有 32 家施工企业晋升为特级企业，表明西安市建筑业的整体竞争力大幅提升。"十三五"时期，西安建筑业企业不断提升自身实力和市场竞争力，企业规模日益壮大，涌现出中交第二公路工程局有限公

司、中铁一局集团有限公司、陕西建工集团有限公司、中铁十二局集团第四工程有限公司、中铁十二局集团第一工程有限公司、中建七局第四建筑有限公司、中国水利水电第三工程局有限公司、中天西北建设投资集团等产值过百亿的大型施工企业。2019年，全市资质内建筑业企业资产总计达到6241亿元，是2015年的1.9倍，企业实力进一步增强。

## （三）发展水平区域领先

作为省会城市，同时受益于独特的区位优势，以及良好的教育、科技等资源禀赋，西安吸引了众多央企区域总部纷纷落户，先后引进或本地化中铁北京局第一工程公司、中天西北建设投资集团有限公司、中建八局西北建设公司、中建三局西北公司和中铁上海局第七工程公司等大型企业，每年新增企业拉动总产值增速3~4个百分点，为全市建筑业稳定增长做出重要贡献。西安建筑业在全省占据绝对优势地位，建筑业总产值占全省的比重始终保持在50%以上，2016年占比为54.2%，2020年占比超过60%，2023年占比达到62.86%。

## （四）建筑工程质量稳步提升

近年来，西安市通过开展质量月、观摩工地、文明工地、雁塔杯工程评选等系列活动不断促进建筑工程质量提升，引导和动员行业增强质量意识，努力营造政府重视质量、企业追求质量、人人关注质量的良好社会氛围。同时，西安市不断夯实质量基础，完善工程质量管理制度，落实工程质量主体责任，进一步提升全员质量意识，确保全市工程建设质量得到稳步提升。众多建筑企业不断提升自身实力和市场竞争力，努力打造精品工程。在政府、企业和社会各方的共同努力下，西安市的建设工程质量不断迈上新台阶，为城市发展和居民生活提供了更加可靠、优质的环境。以西安交通大学科技创新港科创基地项目为例，其占地1750亩，建筑面积159万平方米，包括教学科研机构和学生学习生活区共52个单体建筑项目，其中最大的单体项目建筑面积达18万多平方米。该项目荣获"2020~2021年度第一批中国建设工程鲁班奖",是鲁班奖评选以来获奖面积最大的群体性工程。仅"十三五"时期,西安荣获鲁班奖的项目就达 22 项,获授省优工程"长安杯"的项目共 109项,获授市优工程"雁塔杯"杯的项目共 207 项。

### (五)外拓能力逐步增强

建筑企业对外开拓市场的能力逐步增强,省外建筑市场不断扩大,在30 多个省市开拓了建筑市场。2021 年,全市建筑业企业在外省完成产值2685.78 亿元,比 2012 年增长 1.3 倍,占全市建筑业总产值的 49.7%,比2012 年提高了 7 个百分点。其中,在广东、甘肃、河南、新疆、四川和广西等多个省(自治区)完成的建筑业总产值均在 100 亿元以上,特别是在广东省完成产值超 300 亿元。2023 年,全市建筑业企业在外省完成产值3185 亿元,为 2013 年(2065 亿元)的 1.5 倍,占西安市建筑业总产值的49%,较 2013 年提高 6.3 个百分点。

### (六)行业结构不断优化

#### 1. 所有制结构多样化

2018 年,西安市建筑行业国有和集体企业完成产值占全部产值的比重为 40.5%,私营企业完成产值占全部市场份额由 0 提高到 15.9%。2023 年,建筑业企业中,其他有限责任公司完成建筑业总产值 4849.55 亿元,占建筑业总产值的 74.5%;私营有限责任公司及私营股份有限公司完成建筑业总产值 749.02 亿元,占比 11.5%;国有独资公司、全民所有制企业(国有企业)和集体所有制企业(集体企业)完成建筑业总产值 720.80 亿元,占比 11.1%。

#### 2. 资质结构渐趋优化

近年来西安市建筑行业高资质等级企业占比不断提高,2018 年全市1209 家有资质的建筑业企业中,特级、一级企业 348 家,占比为 28.8%,其签订合同额、建筑业总产值、房屋施工面积和房屋竣工面积占全行业的比重在八成以上。2023 年,全市 1568 家建筑业企业中,32 家特级企业完成建筑业总产值 3146.17 亿元，是 2012 年的 14.1 倍，占建筑业总产值的 48.3%；450 家一级企业完成建筑业总产值 2097.16 亿元，是 2012 年的 1.6 倍，占建筑业总产值的 32.2%；731 家二级企业完成建筑业总产值 1014.06 亿元，占建筑业总产值的 15.6%。

### 3. 行业分工覆盖率提高

2023 年，西安建筑业企业共涉及 44 个建筑业行业小类中的 34 个。其中，住宅房屋建筑、公路工程建筑、铁路工程建筑、市政道路工程建筑、水源及供水设施工程建筑、管道和设备安装 6 个行业完成建筑业总产值 5293.40 亿元，占建筑业总产值的 81.3%。越来越多的企业从单一施工领域向多专业发展，具备多个专业资质，综合发展能力逐步提高。

### 4. 劳动生产率大幅提高

2023 年，西安市建筑业劳动生产率达到 50.27 万元/人，连续 3 年达 50 万元/人以上。分阶段看，起步发展阶段年均劳动生产率仅为 0.28 万元/人，改革探索阶段提高至 1.22 万元/人，快速增长阶段达到 14.86 万元/人，提质发展阶段进一步提高至 45.30 万元/人。2012～2021 年，西安市从事建筑业生产活动的平均人数从约 40 万人增加到了约 100.05 万人。

## （七）重点、精品工程不断涌现，提升城市品质

近年来，大唐不夜城、西安北客站、西安奥林匹克体育中心、西安丝路国际会展中心、西安丝路国际会议中心、西安火车站、幸福林带、西安电竞馆、国家版本馆西安分馆等重点项目陆续建成并投入使用。陕西省图书馆、大唐芙蓉园、西安浐灞河 2 号大桥、都市之门、长安塔、熙地港等一系列精品工程受到关注。此外，在建的西安咸阳国际机场三期、西安东站、西安地铁 8 号线、中国国际丝路中心大厦、西安太古里商业综合体等项目都在紧锣密鼓地进行，未来的西安将会以更多的精品建筑吸引世人的眼光，出现像大雁塔北广场、大唐不夜城等体现中华建筑传统文化、彰显建筑文化自信的建筑群。这些成就反映出西安建筑业在改革开放以及党的十八大以来的快速发展和巨大变化，表明西安建筑业为城市的现代化建设和经济发展做出了重要贡献。

### （八）城市基础设施不断完善

近年来，西安市在城市基础设施建设方面取得了显著成就。

地铁：截至 2023 年底，全市开通运营 9 条线路，地铁线路里程长度共计 309.92 千米，排全国第 13 位，日均客流量 354.6 万乘次。

公路：2023 年末，全市拥有等级公路里程 13450 公里，其中，高速公路里程 652 公里。

排水管道：长度 8236.90 公里。

天然气供气管道：全市排水管道长度为 17040.10 公里。

桥梁与隧道：灞河元朔大桥、灞河奥体隧道、灞河永淳路隧道等跨浐灞河五桥二隧建成通车。其中，浐灞生态区锦堤六路灞河隧道工程是西安市首条过河隧道与综合管廊合建工程。

高铁：西延高铁、西渝高铁、西十高铁等项目取得关键节点的突破，西安东站的建设也在按期顺利进行。

城市道路：北辰大道、昆明路、朱宏路、广安路和东南二环立交、西南二环立交、凤城五路立交、纬零街一期工程等 17 条快速路和 11 座大型互通立交全部建成通车。2023 年以来，阿房一路、科技二路等多个与西安中心城区或其他区域互联互通的道路项目也在持续推进。其中，科技二路已于 2022 年底贯通，实现了沣东新城昆明池区域与西安高新区软件新城 10 分钟快速通行。

这些基础设施的建设和完善，提升了城市的承载能力，优化了交通路网结构，促进了区域内外的互联互通，也提高了市民的生活质量和城市的发展品质，为全市经济社会发展提供了坚实保障。

### （九）房地产投资平稳发展

2024 年西安房地产开发投资任务为 1646.7 亿元。1~8 月，全市房地产开发投资完成 1625.92 亿元，同比增长 9.3%。全市商品房累计供应 1110.16 万平方米（13.94 万套）、累计网签销售 938.83 万平方米（9.72 万套），分别同比下降 6.12%、17.24%；住宅网签均价 16021 元/米²，同比上涨 1.38%。二手房累计交易面积 694.23 万平方米（7.08 万套），同比下降 4.51%；二手住宅交易均价 11753 元/米²，同比下降 8.14%。

### （十）新发展理念亟须落地生根

在现阶段，信息化、装配式与工业化协同、智能建造是建筑行业转型发展最重要的方向。2023 年底召开的中央经济工作会议明确提出，要以科技创新推动产业创新，特别是以颠覆性技术和前沿技术催生新产业、新模式、新动能，发展新质生产力。智能建造是以人工智能为核心的现代信息技术与以工业化建造为主导的先进建造技术深度融合形成的新型建造模式，既体现了新质生产力中的"新"，即以人工智能等核心科技创新培育建筑业新模式、新业态、新动能，引领建筑业转型升级；更体现了新质生产力中的"质"，把数据作为新质生产要素实现数字经济与建筑业实体经济的融合，推动建筑业高质量发展。打造智能建造新质生产力，有助于实现"十四五"规划和 2035 年远景目标纲要中明确提出的"发展智能建造"目标，有助于全面推动西安市建筑业转型升级。

同时，信息化发展理念也给行业、企业带来了新的要求。要在施工管理和生产实践中切实贯彻信息化、智能建造、装配式与工业化协同的新思想。

### （十一）建筑业增长趋缓引发行业竞争加剧

2022 年开始，受国内经济增长放缓、大规模基建投资减少、市场竞争加剧等多方面因素的影响，西安建筑业增速放缓。

2024 年上半年，全市建筑业运行整体平稳，资质内企业数量稳步增长，对全市经济和税收贡献持续增长。一季度完成建筑业产值 1153.1 亿元，同比增长 5.7%；进入二季度，建筑业发展困难增多，企业生产经营负担加重，加之投资下滑等因素影响，建筑业生产小幅下降，全市稳增长压力增大。

1~6 月，西安市 1590 家资质内建筑业企业完成总产值 2674.85 亿元，同比下降 1.3%，与二季度预期目标相差 4.3 个百分点，增速低于全国 6.1 个百分点；实现建筑业增加值约 708 亿元，同比下降 1.1%，占 GDP 比重为 12.4%；签订合同额 13126.02 亿元，同比增长 2.9%；新签合同额 3450.10 亿元，同比下降 10.8%。

从相关数据和市场情况来看，西安市建筑业面临下行压力，从而引发行业竞争加剧。为了应对这种情况，企业需要不断提升自身的竞争力，例如加强技术创新、提高管理水平、优化资源配置等，以便在激烈的市场竞争中脱颖而出。

综合来看，西安市建筑业面临一定的下行压力和竞争加剧的挑战，但同时也应该看到，这也是行业内实现优胜劣汰、净化市场环境、推动行业良性发展的好机会。建筑企业需要积极应对变化，提升自身实力，以适应市场的发展。

### （十二）加快住建领域绿色低碳发展

西安市作为国家装配式、智能建造试点城市，全力推进新型建筑工业化与智能建造协同发展。提高建设项目的装配率要求，支持和引导开发企业建设星级绿色建筑，打造超低能耗建筑和可再生能源应用项目，稳步推进装配式建筑发展，并在加强项目建设过程监管等方面出台配套措施，研究出台激励鼓励措施，通过典型示范引导带动产业链整体发展。计划到 2025 年，西安市城镇新建民用建筑中，绿色建筑面积占比达到 100%。同时，装配式建筑占新建建筑的比例提升至 40%。西安装配式建筑规模不断壮大，从 2019 年开始统计装配式建筑工程产值以来，全市装配式建筑工程产值持续保持高速增长，2020 年、2021 年比上年分别增长 30.6% 和 1.1 倍。2020 年，西安市入选国家级装配式建筑范例城市。

2021 年 6 月，《西安市装配式建筑范例城市建设工作方案》（市政办函〔2021〕95 号）以住建部批准西安为第二批装配式建筑范例城市为契机，提出围绕建筑业高质量发展总体目标，以有效需求带动供给升级和产业发展，加速市场应用和建筑品质提升，推进装配式建筑范例城市建设，促进建筑行业转型升级。2022 年，西安市获批智能建造试点城市，一批节能环保的智能建造工艺、设备等在住宅小区、全运会场馆等新建工程中的推广应用取得成效，全市新型建筑业规模不断壮大。

这些改革措施有力推动了建筑行业的工业化、数字化、智能化、绿色化转型升级，激发了市场活力，优化了营商环境，促进了西安建筑行业的可持续发展。

### （十三）推行劳务用工制度改革

2016 年 7 月，《西安市建筑劳务用工改革工作实施方案》印发，该文件以住房和城乡建设部批准陕西省开展建筑劳务用工制度改革试点为契机，聚焦取消劳务分包企业资质，提出各级建设管理部门不再将其列为检查内容；全面放开劳务用工市场，鼓励小微（班组）企业发展，建立新型用工体系；落实总包企业负总责，对工程质量、安全生产和劳务用工等方面全面负责；落实实名制管理，规范企业用工行为，建立银行代发工资制度，探索工程款与工资分账管理模式；改革劳保统筹返还模式，简化审批程序，缩短返还时间；主导建筑工人培训，鼓励支持有条件的施工企业申报和建立培训考核机构，自主开展建筑工人职业技能培训工作。此外，还提出弘扬工匠精神、每年择优命名"长安建筑大工匠"等措施，推进建筑劳务用工改革。

### （十四）混合所有制改革成效明显

为适应建筑业市场发展需要，西安市尝试对施工企业进行所有制改革，以西安建工集团为例，其通过混改确立了混合所有制三元股权结构，法人治理结构更趋完善，调动了各方面的生产经营积极性，吸引了众多专业技术人才。混改后，西安建工发挥企业品牌的叠加效应，由市属企业成长为业务遍布多个省份的全国性建设企业，并积极探索海外市场；运用灵活高效的市场化经营机制，大幅提升了企业综合管理水平与核心竞争力；妥善处理企业改制遗留问题，维护了企业生产经营秩序与社会稳定。混改后的 2018 年至

2021 年上半年，西安建工主要经营指标复合增长率超过 60%，并荣获多项国家级奖项，还建设了西北地区首家建筑产业化基地。

### （十五）城市更新改革试点先行

近年来，西安在城市更新方面进行了诸多实践探索，印发《西安市城市更新办法》，着力修复城市生态空间，盘活历史文化资源，秉持"微更新""微改造"原则，推进老旧小区改造等工作。同时，西安市的一些城市更新样板项目也取得了显著成效，如易俗社文化街区、大明宫国家遗址公园、西安城墙南门历史文化街区等，实现了遗址保护与城市更新的有机共生。

2021 年 11 月，住房和城乡建设部办公厅发布《关于开展第一批城市更新试点工作的通知》，决定在西安等 21 个城市（区）开展第一批城市更新试点工作，试点时间为 2 年。试点的目的是针对城市发展进入城市更新重要时期所面临的突出问题和短板，严格落实城市更新底线要求，转变城市开发建设方式，因地制宜探索城市更新的工作机制、实施模式、支持政策、技术方法和管理制度，以推动城市结构优化、功能完善和品质提升，并形成可复制、可推广的经验做法，供各地相互学习借鉴，科学有序地实施城市更新行动。

2024 年 5 月 31 日，财政部网站对 2024 年城市更新行动评审结果进行公示，西安成功入围首批 15 个国家财政支持城市更新行动城市之一，中央财政将对示范城市给予定额补助，重点支持城市基础设施更新改造，以完善城市功能、提升城市品质、改善人居环境，助力城市高质量发展。中央财政分三年奖励 12 亿元，用于支持城市更新行动项目建设。西安市已经成立市统筹推动城市更新行动指挥部，印发《西安市推进城市更新行动实施方案（2024 年-2026 年）》和《2024 年西安市推进城市更新行动工作要点》，制定了推进城市更新行动任务分工表。城市更新建设项目共有 31 个，其中中央财政支持城市更新项目 26 个（包含 297 个子项），计划投资 11.9 亿元。截至 2024 年，已完工项目 1 个（咸宁路、明光路道路杆箱项目）、在建项目 14 个（包含 239

个子项，其中已完工 50 个子项、在建 74 个子项、正在办理手续 115 个）、正在办理前期手续项目 11 个，累计完成投资额 3.421 亿元。库外建设项目 5 个，其中 1 个已完成（"一老一小"设施建设）、2 个前期准备（积水点整治、雨污混接整治）、2 个已经启动（嵌入式社区、排水防涝工程）。

### （十六）优化建筑市场营商环境

2023 年 5 月，西安市住房和城乡建设局印发《西安市优化建筑市场营商环境二十四条措施》，聚焦建筑行业发展转型升级、服务保障水平逐步提高、企业经营需求盘活资源、建筑市场环境不断优化 4 个方面。例如，鼓励工程项目甲乙双方在合同条款中约定增列优质优价费计入工程造价，以激发企业争创精品；开展"助企送服务"活动，建立重点建筑企业培育名录，搭建"绿色通道"，同时引导行业协会发挥更大作用；加大城建领域投资力度，全面推行施工过程结算，保障项目资金；构建"1+1+4"防欠治欠工作体系，切实维护农民工合法权益等。

### （十七）简化和优化建筑业企业资质审核和备案流程

企业在申请专业承包资质增项和资质新办等业务时，部分材料无须提交，技术装备、职称人员和技术工人的资质要求只需提交承诺书即可。同时，将资质换领、延续及专业承包资质新办、增项业务的办理时限从 20 个工作日缩短至 18 个工作日，专业作业资质备案业务的办理时限从 20 个工作日缩短至 15 个工作日，要求企业严格履行承诺，确保全员持证上岗。

### （十八）深化工程建设项目审批制度改革

近年来，西安市持续优化工建领域营商环境的探索实践，持续优化审批流程、简化办理条件、压减申报材料，实施"分阶段施工许可"改革，大大缩短了施工许可证的审批时间，推动工程建设项目早日开工，为市场主体减负增效发挥了"助推器"作用，使西安市工程建设项目在减材料、减时间、减成本上取得了明显成效，实现了施工许可在全市范围同要素管理、同标准办理。办事企业获得感、满意度显著提升，工程建设项目审批制度改革不断走向深入。

### （十九）加强"碳达峰"路径探索

2023 年，西安市住建局会同市发改委、市城管局印发《西安市城乡建设领域碳达峰工作方案》，将碳达峰碳中和目标要求纳入全市城乡建设发展整体布局与城乡建设"十四五"发展规划中，以城乡建设绿色发展为重要抓手，通过推进绿色低碳城市（包括优化城市结构和布局、提升县城绿色低碳水平、建设绿色低碳社区、全面提高绿色低碳建筑水平、建设绿色低碳住宅、优化城市建设用能结构、推广绿色低碳建造、提高市政基础设施运行效率八个方面）和绿色低碳乡镇建设（包括提升乡镇建设质量、推进绿色农房建设、推进生活垃圾污水治理、推广应用可再生能源四个方面），提高城市和乡镇建设品质，增强发展的整体性、系统性、生长性，确保 2030 年前，西安城乡建设领域碳排放达到峰值。

### （二十）进一步落实"数字化"转型策略

近年来，西安市紧紧围绕"好房子、好小区、好社区、好城区"这条主线，加强"数字住建"建设，建立健全 12 个服务平台和 12 个在线申报渠道，以"数字住建"助力西安市建筑业现代化，住房、城乡建设、建筑业等领域数字化发展成效显著。2022 年，为加强建筑市场管理，引导企业规范化经营，健全建筑行业信用管理体系，西安市建立了住建领域市场主体信用平台。该平台对施工总承包、建设监理企业和勘察设计企业进行信用打分评价。截至 2024 年底，全市实时参与信用评价施工总承包和监理企业共 1964 家，更新项目信息 3300 个，累计采集良好信用信息 2381 条、不良信用信息 734 条，修复不良信用信息 95 条，平均增幅达到 124.3%。此外，2024 年新增了建筑业产值快报系统，便于全市建筑业产值的数据统计以及分析等工作。

2024 年，为进一步提高住建领域智慧化建设，西安市住建局向西安市大数据局申报了"智慧住建"建设项目并通过立项。"智慧住建"项目未来规划建设地下综合管廊建设管理信息系统、建设工程质量安全监管系统、工程造价信息采集发布及指标指数测算系统、城建费用征收核算管理系统等信息子系统，进一步提升在工程质量监管、地下综合管廊监测数据汇聚等方面的信息化监管水平。西安市将进一步全面提升"数字住建"建设的整体性、系统性、协同性，促进数字技术和住房城乡建设业务深度融合，不断以数字化驱动住房城乡建设事业高质量发展。

## （二十一）出台一系列促进行业发展的政策

2022年6月，《西安市住建领域稳增长二十条措施的通知》印发，该文件聚焦住建领域市场主体发展、基础投资推进、重点项目建设和监管服务实施四个方面工作，有助于加快推动建筑业提质增效，促进建筑业持续快速发展。

针对建筑业稳增长，2024年西安市住建局又陆续出台了《促进建筑业高质量发展若干措施》《全市重点建筑业企业走访活动方案》《西安市人民政府办公厅关于印发支持建筑业高质量发展若干措施的通知》，始终坚持延续政策红利，把助推建筑行业发展、审批制度改革、建筑市场管理、信用体系建设和工地扬尘治理等工作结合起来，引导产业聚力发展，保持稳健增长态势，为全市经济做更多贡献。西安市住建局连续多年荣获省住建厅稳增长先进集体，为全省建筑业发展发挥着重要作用。

## （二十二）推进全过程工程咨询服务改革发展

2024年5月，西安市住建局印发了《关于在房屋建筑和市政基础设施工程领域推进全过程工程咨询服务发展的实施意见》。该文件的制定依据为《国务院办公厅关于促进建筑业持续健康发展的意见》《国家发展改革委 住房城乡建设部关于推进全过程工程咨询服务发展的指导意见》，以及陕西省住建厅、陕西省发改委发布的《关于在房屋建筑和市政基础设施工程领域加快推进全过程工程咨询服务发展的实施意见》等文件，旨在以工程建设环节为重点推进全过程咨询，探索工程建设全过程咨询服务实施方式，鼓励多种形式全过程工程咨询服务模式，创新咨询单位和人员管理方式，引导全过程工程咨询服务健康发展。该文件对推行全过程咨询提出具体的工作目标：2024 年，在全市范围孵化一批全过程工程咨询项目，培育一批全过程工程咨询技术服务企业；2026 年，基本建立与全过程工程咨询相适应的监督管理制度和标准规范，培育一批具有较高水平和影响力的、能覆盖项目全生命周期服务的全过程工程咨询企业和人才队伍；2028 年，力争推动形成统一开放、竞争有序的全过程工程咨询服务市场，力争实现工程咨询服务行业组织结构调整与资源优化相结合。

该文件创新全过程工程咨询服务组合模式，工程建设全过程咨询服务应当由一家具有综合能力的工程项目管理咨询企业实施，也可由多家咨询企业联合实施，鼓励推行建筑师负责制模式和"1+N+X"全过程工程咨询模式。该文件明确全过程工程咨询服务规范要求，明确建设单位选择全过程工程咨询服务企业的委托方式和转委托的范围和要求，对全过程工程咨询项目负责人的选择设置了一定条件。

建筑行业的发展是一个动态的过程，会受到经济形势、政策导向、技术进步等多种因素的影响，这就要求整个行业在保持一定发展势头的同时，也要不断进行改革创新，以适应市场变化和行业发展的需求。在发展过程中，改革与行业发展息息相关。这些年发展的经验表明，政府从管理层面改革的过程就是因势利导，不断优化资源配置、提高效率、服务行业的过程。相关企业和从业者应密切关注市场变化和政策走向，积极适应改革和应对新的发展趋势，通过一系列改革措施的推行和实施，推动西安建筑业市场的健康、可持续发展。

## 二　建筑业发展存在的问题

### （一）市场环境方面

#### 1. 行业竞争激烈

经过这些年来的高速发展，以及我国基建投资规模的不断加大，建筑业市场参与者众多。当前企业面临建设投资减少、建设市场相对饱和、新开工项目数量减少、市场需求萎缩等市场实际现象。例如，在房地产市场降温导致房屋建设需求减少、特定类型的建筑项目需求下降、全运会带动的市政基础设施建设完成以及西安地铁建设规划逐步达成等多重因素的影响下，遵循市场规律，企业之间的激烈竞争在所难免。

**2. 资金链断裂风险增加**

行业中一直存在垫资施工、工程款结算拖延等情况，在行业上升期企业可以通过不断承接工程来抵消其对发展的影响，一旦行业处于下行态势，上述现象将导致企业资金回笼慢、资金压力陡增，部分建筑企业可能面临资金链断裂的风险。例如，一些企业需要先行垫资建设，但工程款拨付流程较长或拖欠，导致资金回笼困难。此外，建筑材料价格波动、人工成本增加加大了企业的资金压力。如千亿级国有大型建筑集团西安建工，2023 年营收同比下降接近 60%，出现自组建以来的首次亏损。

**3. 盈利能力下降**

一方面企业任务量减少，诸如人工成本等因素导致企业生产成本上升；另一方面，垫资施工、工程款结算拖延等现象使企业资金回笼慢，影响企业生产经营和盈利。例如西安建工 2023 年亏损 9.07 亿元；2024 年第一季度，营收下滑 75.7%，净利润再亏 704.77 万元。

**4. 技术创新程度不高**

在建筑行业向工业化、数字化、智能化转型的背景下，部分企业在技术研发、投入应用方面相对滞后，技术创新能力不足，影响企业的可持续发展以及新发展时期的市场竞争力。

**5. 民营企业、中小企业发展受限**

大型企业凭借其强大的资金实力和高资质，在项目招标特别是一些大的、重点项目招标中占尽优势，获得主要市场份额。中小企业特别是民营企业因融资难、专业人才缺乏等，生存和发展空间受到严重挤占。

**6. 专业技术人员缺乏**

随着建筑项目规模扩大和建设项目品质及功能的不断提升，建筑业对专业技术及专业技术人员的要求与需求也相应提高。然而，部分企业存在留不住新人、专业技术人员偏少、人员配备不合理的情况，难以满足行业发展需求。

### 7. 监管部门压力增加

监管部门需要加强对建筑工程质量、安全、环保等方面的有效监管。对农村建筑市场的监管成为行业面临的新课题。监管部门还面临如何规范市场秩序、打击不正当竞争行为等问题。

## （二）行业结构方面

### 1. 企业资质结构待优化

拥有较高资质等级的建筑业企业较少，部分企业总体资质水平较低，在项目招投标中缺乏竞争优势。而一些资质较低、竞争力较弱的二、三级建筑业企业，在很大程度上制约了行业进一步发展。

### 2. 施工力量及业务相对单一

虽然部分建筑企业已向跨专业方向发展，但从整体来看，土建工程建筑仍是主要组成部分，建筑安装及其他建筑业份额偏低，导致建筑业发展不够多元，行业结构有待进一步优化。例如，从资质角度看，施工能力主要涉足房屋建筑类，而钢结构、装修装饰、消防、建筑幕墙、建筑智能化等专业占比较小。

### 3. 企业规模和竞争力差异大

新增企业规模偏小，竞争力有待提升，且新增企业中半数为二级资质，竞争力相对偏弱。同时，中小型企业比重偏大，大部分缺乏品牌知名度，在资金、技术和市场竞争力上普遍较差，在一些大型项目的竞争中处于劣势。

### 4. 部分企业经营效益下降

部分企业运营乏力，生产效益不理想。例如，一些中小型企业，特别是民营企业营业利润大幅下降，负增长企业占比较大，产值下滑明显，拉低了整体产值增长速度。

### 5. 专业技术人员配备不足

建设项目规模扩大和技术要求提高，对建筑企业的技术水平和管理能力提出了更高要求。部分企业掌握信息化、智能建造相关创新技术的人员相对较少，影响发展。

### （三）员工队伍

#### 1. 人才结构有待优化

随着行业的新发展和业务的多元化，行业存在新业务人才储备不足的情况，面临人员年轻化、跨专业上岗、工作经验不足等问题。

#### 2. 高技能人才和新型综合型人才短缺

建筑业的快速发展及转型升级需要大量高素质的综合型、专业型人才，但目前这类人才较匮乏。例如，高层次专业技术人才队伍和高技能人才不足，导致西安建筑行业的科技含量与先进水平存在一定差距。

#### 3. 新生代建筑业从业人员意识变化

新生代逐渐成为建筑业从业人员的重要组成部分，他们在追求物质保障的同时，对工作环境、职业发展、学习培训等方面有了更高的需求和期望。如果企业未能及时关注和满足这些需求，就会影响员工队伍的稳定性。

#### 4. 行业准入门槛低导致认知偏差

建筑劳务市场长期存在刚性需求，使得行业准入门槛相对较低，建筑行业工人队伍总体素质水平不均衡。再加上建筑行业施工流动性强、室外高空作业多、危险性大等特点，导致社会认同度普遍较低。

#### 5. 企业管控缺位和工人获得感缺乏

劳务分包制度下，建筑总承包方、劳务公司和务工人员都面临一些问题。如总承包方丧失自主施工能力，劳务公司无力承担维权和队伍建设职责，导致务工人员身份转变为流动性频繁的短工劳动者，收入、社会保障不稳定，从而对企业和行业缺乏归属感，只关注短期现实利益，忽视自身素质提升和长期利益，影响了建筑产业工人队伍的建设和稳定。

#### 6. 现代企业技能培训不足

部分企业在现代制度改革中，更倾向于保留管理型技术人员和高学历人才，逐渐忽略了对技术工人的培训，导致对一线技能人才的培养减少，同时具备一定技能和素质的劳动力又严重缺乏，企业内部技能人才结构断层。

### （四）财务资金管理方面

#### 1. 融资困难

大部分企业存在融资难题，特别是民营企业。部分原因是业主拖欠工程款、贷款成本较高以及企业垫资较多等，导致施工企业资金紧张，影响其承接工程。

#### 2. 资金垫付压力大

建筑企业大量垫资、工程款拖欠现象在行业内较为普遍，垫付导致的资金回笼慢、应收账款居高不下，使建筑企业始终处于资金短缺状态。一旦甲方后续资金出现问题，风险完全转嫁给乙方，建筑企业不堪其重。

#### 3. 企业负债较高

部分建筑企业拖欠了较多银行债务，巨额的债务和利息增加了企业经营成本，一些企业为了维持运营只能继续贷款，形成恶性循环。

#### 4. 资金管理不到位

部分企业资金管理不到位导致运营困难。如资金预算形同虚设，许多企业在项目启动前，仅是粗略估算成本，未充分考虑施工过程中的变数，导致资金缺口频繁出现；资金使用效率低，部分企业盲目追求规模扩张，同时上马多个项目，资金被分散，关键项目推进乏力；应收账款管理乏力，建筑企业与发包方签订合同后，往往按进度完成施工任务，但发包方常以各种理由拖延工程款支付，企业缺乏有效的催收手段。

## 三 新形势下西安建筑业高质量发展的路径

在新形势下，西安建筑业应通过以下路径实现技术、人才、市场、合作、理念等方面的转型升级，切实促进高质量发展。

## （一）技术创新方面

第一，要加大科技创新投入，设立专项研发资金，鼓励科研人员开展建筑新技术、新材料、新工艺、BIM 及信息化、智能建造等方面的技术研发，以提升企业技术的创新能力，推动行业技术进步和创新发展。

第二，政府可通过财政补贴、税收优惠等政策，引导企业增加研发投入，支持企业建立技术研发中心，对研发成果突出的企业给予奖励。

第三，积极引入 BIM 技术，实现建筑设计、施工、运营全生命周期的数字化管理。在大型建筑项目中，应用 BIM 技术进行虚拟建造，所见即所得，提前发现设计和施工中的问题，切实提高施工效率；持续推动智能建造，以科技创新为支撑，促进建筑业与数字经济深度融合；加快推进工程项目体制机制改革，全面推进"工程总承包+全过程咨询"模式，构建"大设计"理念，推进施工图设计、工程组织设计、施工组织设计、施工方案设计"四个同步"；引导企业加速研制和推广应用人工智能设施，提高建筑业发展质量和效益；建立智能建造产业集群，增强建筑企业国际竞争力，紧紧抓住西安被国家列入智能建造试点城市的机会，未来继续挖掘典型应用场景，加强对工程项目全要素的数字化管控，促使智能建造模式在施工实践中落地生根。

第四，推广装配式建筑技术，提高建筑工业化水平。借鉴发达地区经验，制定装配式建筑发展规划，充分发挥已经建成的装配式建筑产业基地产能，提高预制构件的生产和装配能力。深入发展新型建筑工业化，进一步推广装配式混凝土结构体系和装配式钢结构体系，加快 BIM、物联网、大数据、云计算等新技术的集成与应用，推动建立以标准部品为基础的专业化、规模化、信息化生产链，实现城镇新建建筑中装配式建筑占比的持续提高。

## （二）加强绿色建筑发展

以"双碳"目标为引领，继续整合节能资源，探索建立碳排放数据库，实施"建筑节能+n"模式。分区域、分梯次推动政府投资办公建筑和公益性建筑执行更高水平节能设计标准，提升绿色建材应用比例，谋划超低能耗项目。持续推广绿色发展示范项目成果，引导建筑业企业向装配化、低碳化、智慧化转型，提高城镇新建民用建筑中绿色建筑的占比，促进绿色建筑由单体向区域化发展。

### 1. 大力推广绿色建筑

政府发挥主导作用，进一步完善绿色建筑相关的法规与标准体系，明确不同类型建筑的绿色星级要求，制定严格的奖惩机制。科研机构与企业加强携手合作，加大对绿色建筑技术的研发投入，聚焦高效节能的围护结构技术，开发出保温隔热性能卓越、使用寿命长的新型墙体材料和屋面材料，降低建筑在使用过程中的热量传导。积极探索可再生能源在建筑中的综合利用，如太阳能光伏发电系统、地热能供暖制冷技术，让建筑实现能源的自给自足。

### 2. 加强绿色建筑宣传

在提升公众认知层面，通过多元化的媒体渠道发力，电视可开辟专门的绿色建筑科普栏目，报纸杂志则可以策划系列专题报道，深度剖析国内外经典绿色建筑案例。利用社交媒体的裂变式传播特性，制作有趣味性的短视频，在社区、学校等基层单位开展宣传活动，让绿色建筑理念落地生根。

### 3. 促进绿色建筑材料应用

鼓励企业使用本地的绿色建筑材料，如新型墙体材料、环保型涂料等。西安本地的建材企业可以加大绿色建材的研发和生产力度，降低绿色建材的成本。同时，建立绿色建材认证和推广体系，对符合绿色标准的建材进行标识和推广，规范绿色建材市场。

## （三）加强新型复合型人才培养

### 1. 加强校企合作

西安高校众多、科研机构众多，科研力量雄厚，建筑业企业可与高校建立紧密的合作关系。例如，企业与高校共同开展课题研究，企业为高校提供实习基地，高校为企业定向培养专业人才，如土木工程、建筑工程管理等专业人才；共同开展科研项目，实现产学研一体化，企业可以将实际工程中的技术难题作为科研课题提供给高校，高校利用自身的科研力量进行研究，研究成果直接应用于企业的生产实践。

### 2.建协定期组织培训

建筑行业协会应发挥积极作用，定期组织从业人员进行技能、职业素养等各类培训以提高从业人员的技术水平。

### 3.企业内部加强人才培训

鼓励企业在公司内部开展全员培训，比如建立内部培训师制度、在线学习平台等方式，不断提升全员的业务能力。

## （四）积极主动拓展市场

### 1.深耕本地市场

抓住共建"一带一路"、国家中心城市建设以及沿海产业向中西部转移、加大新型基础设施投资力度、实施城市更新行动、推进城镇老旧小区改造、建设现代物流体系、打造智能建造千亿级产业链等机遇，提前谋划和布局，充分发挥本地建筑业企业独特优势，争取中、省、市重大建设项目，着力培育新增长点。

随着中央财政对旧城改造的支持，西安等城市将迎来城市更新的机遇，未来可能会有更多城市更新项目释放，涉及地下管线、供水、供气、排水等基础设施的改造和完善，这将为建筑行业提供新的市场空间。建筑企业需关注相关政策和项目动态，积极参与城市更新项目。

### 2.开拓外地与国际市场

西安建筑业企业可以凭借自身的技术和管理优势，积极开拓国内其他地区的市场。例如，向中西部地区输出先进的建筑技术和管理经验，参与当地的大型建设项目；借助"一带一路"倡议的机遇，利用高速发展所形成的技术优势，"走出去"积极开拓国际建筑市场，并参与建筑合作项目，进一步外拓国际市场。

### 3. 前瞻性布局未来建筑业市场

未来一个时期内，建筑业市场将发生方向性转变。在我国城镇化率接近完成的关键时期，大城市建筑接近饱和，国家逐步开始将农村自建房纳入统一规划及管控，农村宅基地上的建筑品质未来可期。在我国交通设施日益完善、装配式建筑带来标准化及建筑成本下降的前提下，农村宅基地自建房市场，或许将是另一片建筑市场蓝海。

## （五）企业管理方面

### 1. 提升企业管理水平

引进先进的企业管理理念和方法，如精益管理、项目管理信息化等。在建筑项目管理中，采用项目管理软件，对项目进度、质量、成本进行实时监控和管理。加强企业内部的风险管理，建立健全风险预警机制，对建筑项目中的财务风险、质量风险、安全风险等进行有效识别和防范。

### 2. 加强企业间合作

推动本地建筑企业之间建立合作联盟，实现资源共享、优势互补。例如，大型企业与大型企业合作，强强联合；大型企业与中小企业合作，大型企业提供技术和管理支持，中小企业提供劳务和部分专业服务。鼓励本地企业与外地企业、国外企业开展合作，通过合作学习先进的技术和管理经验，提升本地企业的综合实力。

## （六）优化营商环境

政府各部门将继续落实落细各项举措，引导和服务行业发展。针对建筑业发展，建立信息服务平台，及时跟踪投资热点和建筑市场动态；建立健全激励机制，引导企业提高供给质量标准、提升建筑产品品质和精细化管理水平；进一步加强调研跟踪，完善和落实税收扶持、融资及人才引进等政策；研究建立建筑市场诚信评价体系，营造公平竞争的市场环境。

## （七）充分发挥行业协会作用

行业协会要充分发挥组织优势，促进服务行业高质量发展。

一是做好调查研究，在综合分析企业意见建议的基础上为政府决策、出台相关政策提供科学、合理化建议，并为企业争取有利于行业发展的政策支持及营商环境；为企业发展提供建设性、方向性、前瞻性建议，引领行业发展。

二是倡导并做好行业自律，建筑业行业当前出现垫资、低价投标等不良现象，一部分也是行业内恶性竞争引起的，行业协会应该充分发挥行业自律的作用，逐步在行业内杜绝不良现象。

三是适时提供政府购买服务，在谋求自身发展壮大的同时，以发展提高服务质量。

**参考资料**

《西安统计年鉴 2023》，http：//tjj. xa. gov. cn/tjnj/2023/zk/indexch. htm。

《"数"说西安十年：建筑业长足发展》，https：//mp. weixin. qq. com/，2022 年 9 月 28 日。

# B.18
# 关中地区建筑业发展报告

张 茜　郭妍婷*

**摘　要：** 党的十八大以来，关中地区建筑业迅猛发展，稳居陕西建筑业龙头地位。咸阳、宝鸡、铜川、渭南地区建筑业在规模、技术、管理等方面均取得了显著进步，建筑企业数量不断增多，实力逐步增强，承接了大量重点工程项目，有效推动了城市面貌的改善和居民生活水平的提升。同时，绿色建筑、智能建造等新技术、新模式在关中地区得到广泛应用，为建筑业的高质量发展注入了新的活力。未来，通过加强企业合作、推广智能建造、完善绿色建筑体系与深化产教融合，关中地区建筑业将迈向高质量发展、创新驱动与国际竞争力提升的新征程。

**关键词：** 建筑业　绿色建筑　关中地区

## 一　党的十八大以来取得的成就

关中地区建筑业发展紧抓每一次历史发展机遇，经过了由弱转强、由慢到快的发展历程。以质量安全为基石，依靠科技进步、技术创新、新发展理念，锚定高质量发展路径，实现总体规模持续壮大，质量和效益不断提高。

咸阳建筑业在城市建设、基础设施完善、住房保障与居住环境提升等多

---

* 张茜，西安财经学院管理学院工程管理研究所讲师，主要研究方向为房地产开发与经营、城镇化与区域发展；郭妍婷，西安财经大学管理学院，主要研究方向为城市更新。感谢渭南市建筑业协会、宝鸡市建筑业协会、铜川市建筑行业协会提供资料。

个方面取得了显著且全面的成就，不仅提升了城市的综合承载能力和宜居水平，也为市民提供了更加优质、便捷的生活环境，为咸阳市的现代化发展注入了强劲动力。

宝鸡建筑业以"加快建设副中心、全力打造先行区"为目标，践行以人民为中心的理念，坚持项目带动战略，实施城市品质提升行动，深化民生领域"小切口"改革，推动全市住房和城乡建设事业高质量发展。2021年宝鸡市荣获联合国人居奖。

铜川建筑业在经济新常态下，强化内部管理，适应行业变化，注重企业培育，积极开拓市场，总体呈现"总量稳步增加、市场主体增多、结构不断优化、建设规模扩大"的特征。

渭南建筑业精品工程不断涌现。截至2023年底，渭南建筑业获市级优质工程奖7个、市级优质结构奖44个，获评绿色施工示范工程15个。

## 二 关中地区建筑业发展现状

### （一）建筑业总产值稳步增长

关中地区各地市建筑业总产值持续攀升，从2012年的1093.42亿元增长至2023年的2431.50亿元。关中地区产业结构优化、创新驱动发展等战略的有效实施，为区域经济注入了新的活力。同时，各地市在基础设施建设、产业升级、科技创新等方面的持续投入，也为建筑业总产值的增长提供了有力支撑。

咸阳市建筑业总产值从2012年的457.38亿元增长到2023年的967.82亿元，总产值增长了1倍多。2024年上半年，资质以上总专包建筑业实现总产值397.50亿元，同比增长7.9%。2021年咸阳市建筑业总产值增长19.2%，2022年和2023年增速放缓，但仍保持正增长。尽管存在波动，但咸阳市建筑业总产值整体呈现稳健增长的特点。

宝鸡市建筑业总产值平稳增长，建筑工程占主导地位。2022年，宝鸡市建筑业完成建筑业总产值 1254.40 亿元，较上年增长 7.4%。从产值构成看，建筑工程占主导地位。建筑工程产值 1119.14 亿元，增长 6.9%，占建筑业总产值的 89.2%，拉动全市建筑业总产值增长 6.2 百分点；安装工程产值 117.71 亿元，增长 23.1%，占建筑业总产值的 9.4%；其他产值 17.56 亿元，下降 30.1%，占建筑业总产值的 1.4%。

铜川市建筑业产值实现了翻番，行业规模不断扩大。2024 年前三季度全市建筑业总产值 40.48 亿元，同比增长 10.1%，增速位居全省第三。2023年，全市建筑业总产值 57.02 亿元，总量较 2012 年增长 91.73%，年平均增长 7.39%，占全市 GDP 的 5.1%，已成为全市经济发展的支柱行业。全市建筑企业在发展过程中，一方面积极推动规范化建设、市场化改革，施行项目运营和成本管理机制，内部经营管理水平明显提升；另一方面在发展过程中不断积累经验，提升自身实力，积极开拓市场，部分企业走出全市、走向周边地区，拓展业务范围、扩大经营区域。

渭南市 2024 年前三季度全市资质以上建筑业企业完成总产值 224.73 亿元，虽同比下降 4.3%，但降幅较上半年收窄 11.4 个百分点。2023 年，全市建筑业完成总产值 320.35 亿元，全市建筑企业发展到 397 家，从业人员 9万多人。

## （二）签订合同额增幅扩大

关中地区各地市企业签订合同金额不断增长，反映了建筑市场需求的不断增加。随着城市的发展，基础设施建设、房地产开发、工业建筑等项目的需求持续释放，为建筑企业提供了更多的业务机会。同时，建筑行业自身的发展也对签订合同额的增长起到了促进作用。

咸阳市建筑企业签订合同金额呈现持续上升的趋势，从 2012 年的 772亿元增加到 2023 年的 2919.76 亿元，增长幅度较大。从增速来看，2012~2015 年增长较为平稳，2019 年之后增速明显加快。

宝鸡市 2023 年建筑业企业签订合同金额 1611.43 亿元，下降17.50%。其中当年新签合同额 1386.78 亿元，增长 27.2%，占全部签订合同额比重为 86.1%。新签合同额的快速增长，为全市建筑业平稳发展奠定了扎实基础。

铜川市 2023 年建筑业企业签订合同金额达到 108.88 亿元，较十年前增长 186.45%；共有 79 家建筑业企业，较十年前增加 50 家。

渭南市 2022 年建筑企业签订合同额 759.42 亿元，增长 15.5%。

### （三）建筑企业利润总额波动增长

关中地区建筑企业利润总额在 2012~2022 年经历了显著波动，但整体呈现一定的增长趋势。根据数据，建筑业企业利润总额从 2012 年的 24.15 亿元增长至 2023 年的 48.97 亿元。这不仅是区域经济发展状况的映射，也是创新驱动、产业升级等战略作用在建筑行业的具体体现。

咸阳市建筑企业经营质量逐步提高，2012~2016 年逐渐上升，2016 年达到峰值 28.21。随后在 2017 年开始下降，至 2020 年降至最低点 15.46，之后有所回升，但整体波动较小。

随着建筑业高质量发展稳步推进，宝鸡市建筑企业经营质量逐步提高。2022 年，全市建筑业企业利润总额增长 71.6%，营业收入利润率达 2.7%，较上年提高 0.7 个百分点。

铜川市建筑企业在 2012~2017 年利润总额波动下降，从 0.41 亿元降至 0.36 亿元。2018 年开始有所回升，至 2022 年达到 1.35 亿元，整体呈现增长趋势。这表明近年来铜川市建筑业企业利润总额有显著增长。

总体来看，渭南市建筑业企业利润总额经历了几次显著的波动。2013 年利润总额达到最高值 15.82 亿元，随后在 2014 年大幅下降至 4.15 亿元。2017~2018 年，利润总额再次显著上升，从 5.93 亿元增长至 10.60 亿元，但 2019 年又降至 3.82 亿元的较低点。之后逐渐恢复，2022 年达到 6.34 亿元。

### （四）房屋建筑施工面积增加

关中地区建筑业房屋建筑施工面积稳步扩大，从早年的既定基数

5790.83 万平方米增长至 2023 年的显著规模 9389.95 万平方米，彰显了建筑业在该地区的蓬勃发展。住宅施工面积和商业地产施工面积均实现了大幅度提升。这些增长数据的背后，是关中地区城市规划的科学合理、建筑业政策的有力推动。同时，各地市在建筑施工技术革新、绿色建筑推广、智能化管理等方面的不断探索与实践，也为房屋建筑施工面积的增长提供了坚实保障。

咸阳市房屋建筑施工面积呈现显著的上升态势，从 2012 年的 2310.56 万平方米逐步增长至 2023 年的 3929.79 万平方米，增幅达 70.1%。2012~2018 年相对平稳，从 2019 年开始，出现了显著的增长，达到了 7583.69 万平方米，2020 年略有下降，但仍保持在 7550.07 万平方米的高位。2021 年施工面积大幅下降至 3234.35 万平方米，随后在 2022 年和 2023 年有所回升，但未达到 2019 年和 2020 年的高峰。整体来看，咸阳市房屋建筑施工面积在这 12 年中有明显的波动，尤其是 2019 年和 2020 年的大幅增长较为突出。

2023 年铜川市房屋建筑施工面积为 402.65 万平方米，相较于 2012 年增长了 76.07 万平方米，在 2016 年达到峰值 422.65 万平方米，而在 2017 年则出现了一个较低的值 339.15 万平方米。之后施工面积有所回升，并在 2019 年达到另一个高峰 458.03 万平方米。整体来看，施工面积在这 12 年间有起伏，但大部分时间在 300 万平方米以上。

宝鸡市房屋建筑施工面积从 2012 年到 2023 年整体呈上升趋势，但在 2023 年有所下降。施工面积从 2012 年的 1757 万平方米逐步增加到 2022 年的 4217.31 万平方米，显示该市在这段时间内经历了建设热潮。然而，2023 年的数据略有回落，表明建设活动可能有所放缓。

渭南市房屋建筑施工面积在 2012~2023 年表现出明显的波动性，其中 2015 年施工面积的高峰值为 1612.00 万平方米，而 2020 年只有 1055.33 万平方米。2023 年渭南房屋建筑施工面积为 1249.95 万平方米。整体趋势是渭南市房屋建筑施工面积在这几年间有所波动，但维持在 1000 万平方米以上。

### （五）重点企业带动效应明显

关中地区重点企业的带动效应越发凸显，成为推动区域经济发展的重要引擎。这些重点企业凭借自身强大的实力、卓越的管理水平和持续的创新能力，不仅在市场竞争中脱颖而出，更在行业中发挥了显著的引领作用。它们通过不断拓展业务规模、提升服务质量，有效拉动了关中地区相关产业的协同发展，形成了良好的产业链生态。同时，这些重点企业还积极履行社会责任，带动周边中小企业共同成长，为关中地区的经济繁荣和社会进步做出了重要贡献。

2024年上半年，咸阳市资质以上总专包建筑业企业实现总产值397.50亿元，同比增长7.9%。2022年，宝鸡市一级及以上资质建筑业企业完成总产值834.16亿元，占全市建筑业总产值的66.5%，占比较上年提高4.2个百分点。全市276家建筑业企业中产值过十亿元的企业共13户，完成总产值909.26亿元，占全市建筑业总产值的72.5%，拉动全市建筑业总产值增长11.7个百分点。铜川市具有资质等级的建筑企业数量明显增多，全市79家资质内建筑企业中，一级及以上、二级、三级企业数量分别为3家、26家和50家，分别占全市资质内建筑企业的3.8%、32.9%、63.3%。

## 三 关中地区建筑业发展存在的问题

### （一）建筑业市场需求下滑，企业恶性竞争加剧

受宏观经济形势以及房地产市场调控等因素影响，建筑业市场需求明显下滑，比如房地产市场一旦不景气，住宅项目建设随之减少，直接冲击建筑企业业务量。新签订单增速下滑，项目获取难度增加，部分企业的新签合同额甚至出现负增长。

建筑企业数量众多，但市场需求有限，导致竞争越发激烈。大型央企凭借资金、技术和资源等优势逆势扩张，市场占有率不断提高，招投

标市场愈加激烈，使本地企业和中小建筑企业的生存空间被进一步挤压。由此引起许多企业为了能够争取更多的工程而不顾企业自身条件与工程项目实际要求，盲目压低竞标价格的问题，有些标的价格已经严重超出了工程标价的合理范围，违背了市场价格的合理标准，从而造成了施工企业的恶性竞争局面。最后导致整个行业利润率偏低，甚至影响工程质量。

## （二）建筑产业调整不足，市场诚信体系缺失

建筑产业结构调整方面存在明显不足，当下，龙头企业在数量规模上尚未形成集群效应，实力层面亦难以企及行业领先水准，对整个建筑产业的带动效能较为有限。与发达地区相比，关中地区缺乏极具影响力与竞争力的大型建筑企业或企业集团，在大型项目的承接与实施进程中难以构建突出优势。同时，专业承包企业发展也相对滞后，诸如钢结构、节能环保、建筑智能化、园林绿化、古建筑、消防等专业领域，企业数量稀缺，技术水平与服务能力亟待提升，难以契合市场对专业化施工日益增长的需求，从而制约了建筑产业整体的高质量发展与多元化升级。

在建筑市场中，诚信体系建设尚处于初级阶段，存在诸多缺陷，既缺乏有效的信用评价体系，又缺乏强有力的监管机制，致使部分企业屡屡出现不遵守合同约定、偷工减料、拖欠工程款等不诚信行径，严重阻碍了行业的健康发展。与此同时，招投标制度也不够规范，围标、串标、暗箱操作等违规行为屡禁不止，这些不当操作严重破坏了公平竞争的市场环境，不仅如此，还对工程的质量与进度产生了负面影响。

## （三）建筑业人才短缺，劳务人员素质待提升

建筑业面临严峻的高级人才短缺现象，特别是高层次企业管理人才和具备一级建造师、高级工程师等关键资质的技术人才匮乏，难以满足行业实际需求。专业工种失衡问题也同样存在，在一线施工队伍里，部分专业工种人员比例严重失调，例如，随着建筑智能化进程推进，能熟练从事智能建筑设

备安装与调试的电工数量稀少，而在涉及古建筑修复技艺要求较高的项目时，精通传统建筑工艺的工匠同样紧缺，极大地限制了行业的多元化发展与项目的高质量推进。

建筑行业中，劳务人员作为项目推进的重要力量，其能力水平对工程质量影响较大。目前，劳务人员教育背景以小学和初中为主，高中及以上学历占比较少，这导致他们的综合素质和专业技能水平相对较低，难以满足现代建筑业对高质量、高效率施工的要求。许多劳务单位在技能培训方面投入不足，劳务人员难以获得系统的学习和提升机会，这进一步限制了他们的职业发展和技能提升。部分建筑从业人员，尤其是基层施工人员存在专业知识不足与安全意识淡薄的双重问题。

### （四）高资质企业数量较少，竞争激烈但利润微薄

截至 2023 年底，铜川共有资质以上建筑企业 79 家，但其中无一家特级资质建筑企业；具有一级资质的企业仅有 3 家，仅占市内建筑企业的 3.8%。宝鸡共有建筑业企业 1635 家，其中施工总承包特级资质企业 2 家、施工总承包一级资质企业 19 家、施工总承包二级资质企业 95 家、施工总承包三级资质企业 782 家、施工劳务不分等级资质企业 92 家、专业承包不分等级资质企业 218 家、专业承包一级资质企业 6 家、专业承包二级资质企业 332 家、专业承包三级资质企业 89 家。宝鸡市二级和三级资质建筑业企业比重较大，企业规模较小，抗风险能力差，业务范围相对单一，缺乏竞争力。

目前，关中地区建筑业企业面临的不仅是本市内的竞争，还有全省、全国甚至境外企业的竞争，没有强大的实力很难取胜。建筑业一直是国民经济中的"微利行业"，20 世纪 80 年代以后建筑业进行了多项机制体制改革后，情况虽然有所好转，但是建筑业的发展仍没有改变主要依托人力和资本的局面，现代化程度总体上还处于初级水平。例如，铜川的建筑业利润率总体都处于偏低水平，不仅仅影响产业地位和竞争力提升，还影响该行业的成长发展。

## （五）建筑企业融资渠道单一，回款难、垫资风险高

建筑企业在资金方面过度依赖银行贷款，这种状况致使企业在银行信贷政策一旦收紧时，极易陷入资金链断裂的高危困境。此外，建筑企业在股权融资、债券融资、融资租赁等多元化融资渠道的开拓进展方面显著滞后，未能充分借助金融市场丰富多样的工具来充实资金储备，极大地约束了企业资金规模的有效扩张以及项目的顺利推进与开展。

建筑业面临工程款回收艰难与垫资施工风险高的双重难题。在项目运作流程方面，从竣工到验收再到结算付款，环节众多且手续繁杂，这使得资金回笼的周期被大幅拉长，增加了资金占用的成本。不少建设单位存在故意拖延结算的现象，建筑企业因此难以按时收到工程款，严重影响了企业的现金流。此外，由于建筑市场竞争激烈，许多建筑企业为了获取项目不得不接受垫资施工的要求。这就要求企业在项目前期便投入巨额资金，极大地加大了资金周转的艰难程度，给企业经营带来不小的压力。而一旦项目实施过程中遭遇不可预见的问题，或者建设单位出现资金链断裂的情况，企业垫资的回收将面临极大的不确定性，资金链的稳定性遭受严峻挑战。

# 四 新形势下关中地区建筑业高质量发展路径

## （一）规范建筑市场，促进均衡发展

为了进一步规范建筑企业的市场行为，需要完善准入与监管机制。对进入市场的建筑企业，严格加强资质审查与信用评估工作。同时，建立建筑企业项目跟踪与评价体系，对其承接的项目，从质量、安全、进度以及市场竞争行为等方面进行全方位、实时的监督。一旦发现任何违规行为，将依法予以严厉处罚，并限制其在建筑市场的活动范围，为建筑企业营造一个公平、公正的竞争环境。此外，还应加大查处不正当竞争行为的力度，通过实施举报奖励制度，鼓励公众参与监督，对违规行为进行公开曝光和依法处罚，切

实维护市场的公平竞争秩序。

此外，应积极引导建筑企业拓展业务领域，鼓励符合资质要求的企业积极参与市政基础设施、公共服务设施等项目。对于发展滞后的区域，给予政策倾斜与资金支持，设立区域发展专项基金，对在特定区域承接项目的企业给予税收优惠和财政补贴，促进建筑企业在不同区域的均衡发展，拓展其市场空间。

## （二）深化审批改革，强化信用监管

为深化工程建设项目审批制度改革，应进一步精减优化审批流程，推进全流程在线审批办理，并采用"互联网+监管"模式，强化市场与现场联动，依法处罚违法违规行为。同时，加强对建筑企业和注册执业人员的资质资格差异化动态核查，清理不符合标准的企业，依法依规采用信用惩戒等强力措施，维护市场秩序。同时，建立建筑市场诚信信息平台，整合多类数据资源，实现信息公开共享与动态更新，并制定科学合理的信用评价指标体系，将评价结果与企业的招投标等挂钩，奖惩分明，营造诚实守信的市场环境。

此外，还应完善招投标法律法规与操作流程，推行电子招投标，提高透明度与效率，并加强监督管理，严厉打击违规行为。加快建立以市场为导向的工程造价动态管理机制，推进新技术新标准的应用。完善市场从业机构、人员信用档案，构建以信用监管为基础的市场监管机制，强化"两场"联动，推行信用承诺制度，对违法违规失信行为实施联合惩戒，依法依规实行市场和行业禁入措施。

## （三）强化人才建设，提升建筑企业竞争力

制定优惠政策吸引人才流入本地建筑业。对于引进的一级建造师、高级工程师等人才，给予安家费、购房补贴、子女入学优惠等福利待遇。与高校、职业院校合作，建立人才培养基地，开设建筑行业相关专业的定向班、订单班，根据企业需求培养专业技术人才与管理人才。鼓励企业内部开展员工继续教育与技能培训，设立培训补贴基金，对参加培训并取得相关证书或

技能提升的员工给予补贴，提升员工队伍的整体素质与专业水平。建立灵活的用人机制，使人才"进得来、干得好、留得住"，提高企业的竞争力和吸引力，从而形成良性循环，促进建筑业企业不断做大做强。

鼓励建筑企业建立完善的内部培训体系，根据员工岗位需求与技能水平，制定个性化的培训计划。定期组织员工参加建筑施工标准规范、施工工艺、工程管理等方面的培训课程，可采用线上线下相结合的培训方式，提高培训的灵活性与覆盖面。邀请行业专家、资深工程师进行案例分析与实践操作指导，加强员工对理论知识的理解与实际应用能力。建立培训考核机制，将培训成绩与员工绩效挂钩，激励员工积极参与培训学习，提升专业知识水平。

### （四）培育骨干企业，加强政策扶持

一是着力培育骨干企业群体。支持建筑企业通过兼并、股份合作等资产纽带方式，整合资源，形成一批市场竞争力强劲、资产规模庞大、科技含量高的大型企业集团，以提升产业集中度和外向度，增强企业核心竞争力。同时，鼓励优势企业做大做强，发展一批综合管理能力强的工程总承包企业和项目管理公司，推动有条件的建筑企业实施多元化发展模式，延伸产业链条。此外，积极搭建平台，支持大型建筑企业开拓外埠市场，完善外出施工联络服务机制，帮助企业融入当地市场，提升外埠市场份额和竞争力。

二是加大政策扶持力度，促进企业发展。制定龙头企业培育计划，重点扶持一批有潜力、基础好的本地建筑企业，提供资金、项目承接等多方面的支持。同时，继续对小微建筑企业实行税收优惠政策，加大技术改造和产业升级扶持力度，拓宽融资渠道，降低融资成本。政府投资项目资金将确保落实到位，严格执行退税减税降费政策，全面推行施工过程结算，保障企业合法权益，激发小微企业转型升级热情。

### （五）加大资金投入，优化融资服务

市、县两级政府应加大对建筑业高质量发展的资金投入力度，统筹运用现有各类资金，全力扶持建筑业转型升级、不断壮大。为增强企业资本运作

能力，政府应鼓励银企合作，拓展建筑业企业融资渠道。金融机构应对建筑业企业实施差别化授信政策，对经营良好、信誉卓越的企业提供施工合同融资贷款、应收账款融资贷款等信贷支持。各银行业金融机构需"一企一策"助力建筑企业优化融资方案，积极提供多元化金融产品和服务，如贷款、保函、债券承销和投资等，并鼓励开展建筑业供应链金融业务。政府应设立金融风险补偿基金，对金融机构为建筑企业提供融资服务的风险进行补偿。

建筑企业应建立完善的工程款回收管理制度，明确项目负责人职责，加强与建设单位的沟通协调，合理约定合同条款。在项目实施过程中，及时提交报告与申请，跟踪工程款支付进度，对拖延结算的建设单位采取相应手段维护权益。此外，企业在承接垫资项目前，需进行风险评估，控制垫资规模与期限，加强项目成本控制与资金管理。同时，探索与建设单位设立项目资金共管账户等方式，降低垫资风险，确保资金安全与有效利用。

### （六）加快推进建筑业转型升级

积极争创全国智能建造试点城市，加快推动建筑业与先进制造技术、新一代信息技术的深度融合，积极开发应用建筑机器人，加快智能建造和新型建筑工业化协调发展，推广应用预制部品部件智能生产线，推进装配式建筑生产基地建设改造，提升智能建造产业化水平。推进智能建造工程试点示范，加强工业化、数字化、智能化技术集成应用，推进工程勘察设计质量行为监管信息化，探索人工智能技术、BIM技术在施工图审查领域的应用，推进工程设计文件数字化交付，引领带动行业提质增效。

积极争取各方支持，推动超低能耗建筑、零碳建筑、既有建筑节能及绿色化改造、可再生能源建筑应用、装配式建筑、区域建筑能效提升等项目落地实施，提升建筑节能水平；推动高质量绿色建筑规模化发展，加强绿色建材推广应用，开展绿色建造示范工程创建行动，规范绿色建筑设计、使用、运行、管理，实现工程全过程绿色建造。

针对钢结构、节能环保、建筑智能化等专业领域，政府应出台专项扶持政策。设立专业承包企业发展专项资金，用于支持企业技术研发、设备购置与人才培养；建立专业承包企业孵化基地，为初创企业提供办公场地、共享设备、技术咨询等一站式服务。加强与高校、科研机构的合作，搭建产学研合作平台，促进专业技术成果转化与应用，提升专业承包企业的技术水平与服务能力，满足市场对专业化施工的需求。

**参考资料**

《以科技创新推动建筑行业转型发展——建造更智能　城市更智慧》，http：//zjj. baoji. gov. cn/art/2023/2/21/art_1026_1593583. html。

《宝鸡市住建局荣获全国住房和城乡建设系统先进集体称号》，http：//zjj. baoji. gov. cn/art/2023/3/9/art_1026_1600274. html。

《2023 年上半年全市经济持续恢复》，https：//tjj. weinan. gov. cn/tjsju/ydsj/16858539 18141079554. html。

# B.19
# 陕南地区建筑业发展报告

张文彬　陈俊颖*

**摘　要：**　党的十八大以来，陕西省建筑业整体发展态势良好，在全省经济格局中发挥着越来越重要的作用，陕南地区建筑业稳中有进，但仍存在资质等级低、发展理念滞后、人力资源匮乏等问题。不过在政策支持下，未来陕南地区建筑业有望通过推动企业发展壮大、完善工程建设组织方式、加快转型升级、推进建筑工人职业化转型等发展路径，实现智能建造与建筑工业化协同发展和陕南地区建筑业平稳健康发展的目标。

**关键词：**　建筑业　智能建造　陕南地区

## 一　党的十八大以来取得的成就

2024年，陕南地区固定资产投资同比增长12.2%，增速比前三季度提高3.4个百分点；2024年上半年陕南地区生产总值约为1941.88亿元，建筑业作为支柱产业做出了一定贡献。党的十八大以来，陕南地区建筑业整体发展趋势向好，具体体现在以下几方面。一是产业规模扩大。随着经济的发展和城市化进程的推进，陕南地区建筑业的产业规模不断扩大，建筑业总产值、增加值等指标均呈现增长的趋势，对地区经济的贡献也日益突出。二是企业实力增强。建筑企业数量增加，资质等级不断提升，综合实力明显增

---

* 张文彬，博士，西安财经大学教授，主要研究方向为资源环境经济学、福利经济学；陈俊颖，西安财经大学管理学院，主要研究方向为建筑业。感谢汉中市建筑业协会、安康市建筑业协会提供资料。

强，具备了承接更大规模和更高难度工程项目的能力。三是技术水平提升。陕南地区积极推广应用新型建筑技术和工艺，如装配式建筑、BIM 技术等，推动了建筑业的技术进步和转型升级。四是政策支持力度加大。各地市政府出台了一系列支持建筑业发展的政策措施，包括优化资质资格管理、加强项目扶持供给、鼓励企业开拓外埠市场等，为建筑业的发展创造了良好的政策环境。

商洛市建筑业在市委市政府的有力引领下，成功应对了诸多挑战，取得了显著的发展成果。2019～2024 年，商洛市的建筑业总产值增速有所放缓，在发展过程中经历了一些波动，但整体趋势依然呈上升态势。一些建筑企业通过加强内部管理、优化成本控制、提高工程质量等举措，不断提升盈利能力。同时，随着市场份额的扩大和项目附加值的提高，企业的利润空间进一步拓展，有一定的发展潜力。

安康市建筑业保持了较快的发展态势，在产业规模、企业效益、技术装备以及建造能力方面不断提高。但是，当前经济社会发展对建筑业提出了更高要求，过去依托大规模建设与固定资产投资快速发展的建筑业面临瓶颈。推进建筑业高质量发展，走建筑产业现代化的路子成为建筑业发展的必然选择。

汉中市建筑业在政府政策的有力支持下不断发展，2024 年 12 月，汉中市人民政府办公室印发了《汉中市推动建筑业高质量发展的实施意见》，提出到 2026 年，智能建造与建筑工业化协同发展取得积极进展，建筑产业结构持续优化等目标。同时，建筑企业也树立明确的发展目标，推动行业实现转型升级。

## 二　陕南地区建筑业发展现状

### （一）建筑业总产值稳步提升

陕南地区建筑业总产值从 2012 年的 255.51 亿元增加至 2023 年的

588.95 亿元。商洛建筑业总体呈稳定增长态势。2012 年建筑业总产值为 112.55 亿元，随着城市建设的不断推进和基础设施投资的不断增加，到 2023 年，建筑业总产值达到了 114.06 亿元。商洛建筑业增速于 2012~2018 年相对平稳，2019 年开始，出现明显下滑。2020 年建筑企业总产值有所放缓，但 2020 年之后稳定恢复，随着经济的逐步复苏，被压抑的建筑需求得到释放，如一些停工的项目重新开工，新的项目也加快推进，推动了 2022 年建筑业增加值及总产值的增长。2024 年前三季度，商洛市建筑业承压增长，房地产筑底企稳。资质以上建筑企业完成总产值 119.4 亿元，同比增长 2.3%，但比上半年回落 1.7 个百分点，排名从全省第 6 下降到第 8。签订合同额 241.64 亿元，同比增长 36.4%。1~9 月房地产销售面积下降 22.8%，增速位于全省第 5。市场主体增加较快，新增"五上"企业 62 家，包括建筑业 34 家、房地产业 7 家，市场数量增多，活力增强。

安康建筑业产值规模显著扩张，全市建筑业总产值从 2012 年的 55.28 亿元，增长至 2024 年的 223.46 亿元。建筑业增加值从 2016 年起超过农业，其对全市 GDP 的贡献率年均保持在 11% 以上，超全省平均水平。2024 年，安康市实现建筑业总产值 223.46 亿元，同比增长 10.3%，位居全省第 3。

2012~2022 年汉中市建筑业总产值保持稳定增长，2023 年建筑业总产值出现下滑。汉中建筑业总产值 2012 年为 87.68 亿元，2023 年为 273.28 亿元。新增培育规上企业入库 22 家，创建市级文明工地 104 个、省级文明工地 9 个，获得国家优质工程鲁班奖 1 项。

### （二）新开工面积和施工面积存在波动

陕南地区建筑业企业房屋建筑施工面积从 2012 年的 2179.33 万平方米增加至 2023 年的 3332.78 万平方米。商洛房屋建筑新开工面积在 2020 年开始急剧下降至 218.1 万平方米，2020~2023 年呈小范围波动。2021 年新开工面积 234.93 万平方米，同比增长 7.7%；2022 年新开工面积 250.35 万平方米，同比增长 6.6%；2023 年新开工面积 191.99 万平方米，同比下降 23.3%。经济增长放缓、政策收紧、消费者购房需求变化以及土地资源稀缺和土地政策调整等因素，都会影响房屋建筑新开工面积。商洛房屋建筑施工面积在2012~2019年呈波浪式增长，从2012年的596.53万平方米增长至2019年的856.94万平方米，尤其是在2017~2019年出现大幅增长。自2020年起，房屋建筑施工面积由391.39万平方米下降至2023年的319.64万平方米。

### （三）建筑业企业签订合同额呈上升趋势

陕南地区建筑业企业签订合同额从2012年的445.3亿元增加至2022年的878.52亿元。商洛建筑行业签订合同额总体呈现上升趋势，从2012年的173.87亿元增加到2022年的209.76亿元。商洛市经济的持续增长带动了各类建设项目的增加，推动了建筑行业合同额的上升。同时，城镇化的加速发展促使城市建设和房地产开发等领域对建筑工程的需求增加。2020年，外部经济环境与社会环境的变化，对建筑行业的施工进度和新项目的开展造成了较大阻碍，导致签订合同额下降至138.4亿元。建筑市场的周期性波动以及一些不确定性因素也对合同额产生影响。随着经济的逐步恢复，建筑行业的活跃度提升，合同额相应增加。政府也加大了对基础设施建设等领域的投入，带动了建筑企业签订合同额的增长。建筑企业通过自身调整和发展，提高了市场竞争力，整体呈现良好发展趋势。商洛市整体经济的增长带来基础设施建设、房地产开发等方面的需求增加，新的商业项目、工业园区建设、公共设施改善等都需要建筑企业的参与，推动了合同额的稳步上升。

汉中市建筑业企业签订合同额于2012~2018年实现平稳增长，2019年签订合同额397.46亿元，同比下降7.7%。2020年签订合同额473.49亿元，同比增长19.1%。2021年签订合同额525.29亿元，同比增长10.9%。2022年签订合同额668.76亿元，同比增长27.3%。2023年前三季度共签订合同额643.04亿元，同比增长21.0%。

安康市建筑业企业签订合同额在2017~2019年实现稳步增加，2020年受外部经济环境影响，稍有降低，至2022年，随着经济的恢复，安康市建筑业企业签订合同额也达到了新高，但 2023 年又有波动下降。2024 年，安康市建筑业企业签订合同总额为 508.36 亿元，同比增长 12.4%。

# 三 陕南地区建筑业发展存在的问题

## （一）发展动力趋缓

目前，陕南建筑企业的施工项目结构存在问题，大部分企业的现有项目主要是往年签订的扫尾工程。这意味着企业缺乏新的业务增长点，后续发展乏力。一方面，扫尾工程通常规模较小、利润空间有限，难以支撑企业的长期发展。另一方面，随着这些扫尾工程的逐渐完成，企业如果不能及时承接新的项目，将面临业务中断的困境。为了应对这种局面，部分企业不得不采取减工裁员措施，以降低成本。然而，这又会进一步影响企业的生产能力和市场竞争力，形成恶性循环。这种施工项目结构不合理的状况，严重影响了企业的持续发展，也给陕南地区建筑业的整体发展带来了不小的压力和考验。

## （二）企业竞争力偏弱

建筑业企业资质等级偏低，竞争力弱，缺乏具有强大竞争力的龙头企业。低资质使企业在招投标中处于不利地位，很多项目承揽不到。例如，商洛市建筑企业资质等级以中低等级为主，一级资质企业仅占总数的 4.7%，二级资质企业占比 41%，三级资质企业占比 54.3%。安康市建筑业仅 1 家特级企业，16 家一级总承包企业也仅仅局限于房建和市政资质，公路、水利等专业无一家企业具有一级资质。这种资质结构导致企业在市场竞争中处于弱势地位。在招投标过程中，资质等级是重要的考量因素。高资质企业通常在技术实力、管理水平和资金实力等方面具有优势，更容易获得大型项目的承揽权。而低资质企业由于资源有限，往往在招投标中处于不利地位，很多项目承揽不到。这不仅限制了企业的发展空间，也影响了建筑业的整体竞争力。

许多建筑企业发展理念滞后，思想僵化、观念陈旧，在发展思路上没有新突破，企业自身造血功能弱化，在技术革新、设备更新等方面缺乏资金投入，技术和装备水平相对落后，大多数建筑企业的生产经营仍处于以劳动密集型为主的产业发展低级阶段。目前，陕南建筑业行业结构单一，以房建为主的建筑业企业很难参与高技术含量、高附加值产业建设的竞争，无法适应国家基础设施投资方向转换。公路工程、水利水电工程、桥梁工程、隧道工程等专业资质低、业绩少，市场参与度不高，"有需求、无能力"的矛盾突出。

### （三）人力资源匮乏

陕南地区建筑行业存在用工难的问题。首先，从业人员对薪酬的期望值不断提高，然而建筑企业由于建筑市场的竞争激烈，企业利润空间有限，往往难以满足这一期望。同时，陕南地区建筑项目的规模和数量相对有限，也限制了企业提高薪酬的能力。其次，陕南地区对建筑业劳动力的吸引力不强。这可能是信息不对称、缺乏有效的就业信息发布渠道等原因造成的。此外，对外地工作环境不熟悉等问题，也让一些从业人员对开拓外地市场望而却步。这导致了陕南地区建筑业用工极不稳定。建筑业农民工频繁的流动给企业的生产经营带来了很大的困扰。企业难以稳定地组织施工队伍，影响了项目的进度和质量。同时，频繁的人员流动也增加了企业的培训成本和管理难度。最后，建筑企业普遍只注重经济效益而忽视人才效应，人才的培育和选拔工作滞后，缺乏高层次的企业管理人才和技术人才，建筑队伍的整体专业素质偏低。目前建筑管理人才开始老龄化，后备人才缺乏，导致企业发展后劲不足。

### （四）资源周转存在阻碍

陕南地区建筑企业因业务量有限，自身造血能力不强，再加上银行等金融机构鉴于当地建筑市场风险考量，放贷较为谨慎，使建筑企业融资渠道狭窄，资金短缺。在项目实施过程中，企业又面临原材料价格上涨、工程款拖欠等问题，进一步加剧了企业资金周转困境，甚至可能导致项目停工。同时，陕南地区建筑业也存在企业融资渠道单一、资本运作能力不强、产业资源整合不足、不能有效延伸产业链、上下游关联度低等问题。

## 四 新形势下陕南地区建筑业高质量发展路径

### （一）改善建筑业市场环境

#### 1. 营造公平竞争的发展环境

要以建设高标准建筑市场体系为目标，持续优化提升市场环境。一是构建以信用为基础的新型建筑市场监管机制，实行信用信息分级分类管理，推动信用信息在行政审批、招标投标、监督抽查、评优评先等方面的规范应用，健全过惩相当的信用惩戒机制。二是转变监管方式，从"严进、松管、轻罚"向"宽进、严管、重罚"转变，严格实施项目建设全过程动态监管，对工程质量不合格、恶意拖欠工人工资、造成伤亡事故等严重后果的进行严管重罚。三是持续优化工程项目审批服务，进一步优化审批流程，压缩审批时限，提高审批效率，推进全流程在线审批办理，不断提高便民服务效率。四是全面推行以工程保函方式缴纳农民工工资保证金和政府投资项目投标、履约及工程质量保证金，进一步提升保函替代率，切实为企业减负。

#### 2. 制定科学合理、切实可行的发展战略

企业在战略实施过程中，应积极开拓市场，不仅要在本地市场站稳脚跟，更要勇于拓展省外乃至国际市场。同时，加强与同行业企业的竞争与合作，通过良性竞争激发创新活力，通过深度合作实现资源共享、优势互补，从而不断提高企业在省外乃至全球市场的份额和影响力。企业在项目管理层面也需进行战略性优化调整。具体而言，要对施工项目结构进行细致梳理与合理规划，逐步提高新开工项目的比例，这不仅能够为企业注入新的活力与增长点，还能有效分散风险，避免对扫尾工程的过度依赖所带来的不确定

性。同时，企业应积极探索和开拓新的项目领域，实现项目结构的多元化发展，从而更加稳健地应对市场波动，确保企业的长期可持续发展。

## （二）推动建筑行业转型升级

### 1. 提升转型发展能力

进入新发展阶段，建筑业传统的粗放型发展模式已难以为继，亟待转型升级。要重点抓好以下几个方面工作：一是加快转变工程建造方式，大力发展装配式建筑，加快推进装配式建筑标准化设计和生产，扩大标准化构件和部品部件使用规模，提高装配式建筑综合效益。二是加快工程建设组织方式改革，大力发展工程总承包和全过程工程咨询。在内容明确、技术成熟的工程项目加快推进工程总承包模式，完善全过程工程咨询服务交付标准、工作流程、合同体系和管理体系。三是加快建筑用工制度改革，大力培育建筑产业工人队伍，因为建筑工人技能水平的高低直接影响工程质量水平，建筑工人组织化程度的高低直接影响项目管理水平，建筑用工成本的高低直接影响项目效益。

### 2. 提升产业数字化水平

要推动产业数字化，利用互联网新技术、新应用对传统产业进行全方位、全角度、全链条的改造，提高全要素生产率。要加快推动智能建造试点，大力发展数字设计、智能生产、智能施工和智慧运维，加快 BIM 技术研发和应用，培育一批具有智能建造系统解决方案能力的龙头企业，形成涵盖设计、生产、施工、运维等全产业链、融合一体的智能建造产业体系。

### 3. 提升绿色发展水平

绿色已经成为国家经济社会发展的底色，国家"十四五"规划纲要提出"加快发展方式绿色转型"，城乡建设是全面推动绿色发展的重要战场。建筑领域是推动碳减排的三大重要领域之一，因此，推动建筑业绿色低碳发展，既是落实党中央关于碳达峰碳中和重大决策部署的必然要求，也是建筑业转变"大量建设、大量消耗、大量排放"粗放型发展模式的必由之路。一是提高建筑节能水平，持续提高新建建筑和基础设施节能标准，大力推进城镇既有建筑节能改造。二是深入实施绿色建筑创建行动，推动新建建筑全面实施绿色设计，提高星级绿色建筑占比，发展近零能耗、低碳建筑，建立绿色住宅使用者监督机制。三是积极推广绿色建造，以建筑垃圾资源化、减量化为切入点，促进建造活动绿色化，完善绿色建造技术体系、管理体系和政策体系。四是推进使用绿色建材，发挥好政府采购政策优势，大力推进政府采购支持绿色建材工作，促进绿色建材应用和建筑品质提升。

**4. 加强内部管理**

从组织结构和运行机制入手，进行全面优化，包括完善各级管理部门的职能设置，明确岗位职责，确保工作高效运转。同时，建立健全各项规章制度，规范企业管理流程，提高管理水平和效率。此外，企业还应注重企业文化建设，增强员工归属感和凝聚力，激发员工的积极性和创造力。通过这些措施，全面提升企业的整体竞争力，为企业的长远发展奠定坚实基础。

**5. 政府支持企业发展**

政府应出台一系列具体且有针对性的政策，以强有力的措施鼓励并支持建筑企业积极提升资质等级。这包括但不限于提供财政补贴、税收减免等经济激励，以及为企业搭建技术交流平台、设立专项基金等，从而加大对建筑企业在技术创新、人才培养、设备升级等关键领域的扶持力度。政府还应定期举办培训研讨会，邀请行业专家进行指导，帮助企业及时掌握行业前沿动态，不断提升自身综合实力，以更好地适应市场变化。

## （三）加强人才培养和保障

### 1. 提高待遇保障水平

企业应当紧密关注市场行情的波动与自身实际经营状况，依据经济能力和行业薪酬标准，适时且合理地提高员工的薪酬待遇。这不仅能体现企业对员工价值的认可，还能有效提高员工的工作积极性和满意度。同时，企业应致力于改善工作环境和条件，如优化办公设施、提升安全保障、营造舒适氛围等，以全面增强对从业人员的吸引力和团队凝聚力，为企业的稳定发展奠定坚实的人才基础。

## 2. 重视员工发展培训

企业应高度重视员工的培训和发展工作。通过定期组织专业技能培训、职业规划指导等活动，不断提升员工的业务能力和综合素质。同时，企业应建立科学合理的激励机制和晋升制度，明确员工晋升通道和评价标准，确保员工在付出努力后能够获得相应的回报和认可。这将有助于稳定员工队伍，降低人员流动率，为企业的长期健康发展提供有力的人才支撑。

## （四）拓宽融资渠道与优化资金使用流程

### 1. 加强与银行等金融机构合作

建筑企业要注重自身信用建设，按时偿还贷款本息，保持良好的信用记录。与银行建立长期稳定的合作关系，争取更优惠的贷款利率和更高的贷款额度。例如，企业可以向银行提供详细的财务报表、项目进展情况等资料，提高银行对企业的信任度。

### 2. 努力吸引民间资本

一是努力探索股权融资方式，通过出让部分企业股权，吸引民间资本投入。例如，在陕南当地寻找有投资意向的企业或个人，向他们介绍建筑企业的发展前景、项目优势等，吸引他们成为企业的股东，为企业带来资金支持。二是采用项目融资合作模式。对于一些大型建筑项目，与民间资本方合作，共同投资、共同建设、共享收益。例如，在城市综合体建设项目中，建筑企业可以与民间资本方按照一定比例出资，按照双方约定的方式分配项目建成后的收益。

### 3. 优化资金使用流程

一是及时梳理企业内部的资金使用环节，建立严格的资金审批制度。明确不同金额的资金使用审批权限，减少不必要的资金支出。例如，对于非紧急的小额采购，设定每月集中采购时间，避免零散采购导致的资金浪费。二是加强资金的集中管理。有多个项目同时开展的建筑企业，应将各个项目的资金回笼集中到企业总部，由总部统一调配资金，根据项目的轻重缓急和资金需求情况，合理分配资金，提高资金的使用效率。

### （五）强化政策扶持与行业管理

#### 1. 强化政策扶持

要在扶持政策制定和落实上求突破，由偏重行业管理向产业战略规划、政策引导和监管服务转变。继续完善促进建筑业发展的各项政策意见，特别是结合发展的新形势、新要求，进一步落实发展规划、地方标准、激励政策等具体实施细则，在人才引进、工程创优、金融扶持、财政奖励等方面，作进一步的调整、充实和细化，更加有力地调动各方主观能动性。

#### 2. 强化服务指导

要突出问题导向，实实在在解决行业发展中存在的共性问题、企业经营中遇到的个性问题。加快完善和推进银企合作机制，为建筑业企业和金融机构搭建合作交流平台，促进企业与金融机构良性互动。构建政府相关部门与建筑业企业信息交流平台，确保信息内容全面、精准、有效，帮助企业第一时间掌握政策走向、市场最新动态等。加强企业资质升级指导，邀请行业内权威专家和有实际经验的工作人员到企业中去，开展辅导和授课活动、进行全方位指导，创造条件晋升资质。发挥建筑行业协会组织、服务和沟通的作用，鼓励协会积极向政府部门反映行业、企业诉求，支持行业协会参与政策制定、开展培训、科技推广、经验交流等活动。

#### 3. 强化行业管理

要进一步强化工程管理，健全企业质量安全保障体系，实施质量行为和实体质量管控标准化，提高企业整体素质。大力推广企业创建优质工程的管理经验，推动提高建筑业整体质量水平。认真开展工程质量治理专项行动，加大建筑施工扬尘治理力度，全面夯实安全生产管理基础。充分利用建筑市场信用监管平台，有机联动施工现场与建筑市场，将工程建设相关的各类担保、保险、招投标与建筑市场信用体系挂钩，打造陕南建筑诚信形象。完善安全质量联动监管工作机制，加强工程动态管理，加大安全生产执法力度，杜绝重特大安全生产事故发生。明确工资支付各方主体责任，严格规范劳动用工管理，确保不发生欠薪行为。

## 参考文献

2012~2021 年《商洛市国民经济和社会发展统计公报》，https：//www. shangluo. gov. cn/tjj/zfxxgk1/fdzdgknr/tjsj/tjgb. htm。

2013~2023 年《商洛市统计年鉴》，https：//tjj. shaanxi. gov. cn/tjsj/ndsj/tjnj/。

《汉中市 2022 年国民经济和社会发展统计公报》，http：//tjj. hanzhong. gov. cn/hztjj/tjgb/secondLevelChannel. shtml。

《2023 年安康市国民经济和社会发展统计公报》，https：//tjj. ankang. gov. cn/Content-2747962. html。

# B.20
# 陕北地区建筑业发展报告

尚宇梅　陈俊颖*

**摘　要：** 党的十八大以来，陕北地区建筑业呈持续发展态势，表现为建筑业产值上扬，营收与合同额双增长，企业利润总额稳步提升。然而，发展中也存在诸多问题，诸如市场竞争激烈且失序、行业结构单调、企业融资艰难、人才匮乏等。为了解决建筑业发展的问题，新形势下陕北地区采取一系列发展措施，如优化市场环境与行业结构、破解资金难题、夯实人才队伍等，以达到促进陕北地区建筑业稳健、高质量发展，支撑经济繁荣的目的。

**关键词：** 建筑业　建筑企业　陕北地区

## 一　党的十八大以来取得的成就

2024年，陕北地区固定投资同比增长7.6%，增速比前三季度提高0.8个百分点，2024年前三季度，陕北地区生产总值约为7481亿元，建筑业作为支柱产业做出了一定贡献。党的十八大以来，陕北地区建筑业发展取得了显著成果。一是产业规模持续扩大，建筑业总产值稳步增长。二是市场竞争力增强，一些大型建筑企业在陕北区域内乃至全省建筑业市场上具备了更强

\* 尚宇梅，西安财经学院管理学院工程管理专业带头人，陕西省房地产研究会副会长，陕西省城市经济文化研究会研究员，主要研究方向为房地产开发与经营、工程项目管理；陈俊颖，西安财经大学管理学院，主要研究方向为建筑业。感谢榆林市建筑业协会、延安市建筑业协会提供资料。

的竞争力。例如陕西煤业化工建设（集团）有限公司，下辖 17 个子（分）公司，在册职工 3433 人（包括各类技术管理人员 1735 人，其中拥有大中专以上学历 1639 人），具有矿山工程、房屋建筑工程施工总承包一级资质和不同类别专业承包资质 21 个。该公司承建了陕西重点煤炭生产基地特别是陕北能源化工基地以及多个省份的矿山工程，立井施工月成井曾创全国纪录，斜井施工月进尺曾创世界纪录，在全省乃至西北同行业中具有较强竞争力。三是项目建设成果颇丰。随着陕北地区经济发展和基础设施建设的推进，大量的建筑项目得以实施，包括住宅、商业、工业、交通、能源等各个领域。这些项目的建成不仅改善了当地的城市面貌和居民生活条件，也为地区经济发展提供了有力支撑。例如，在能源化工基地建设中，众多配套的工业建筑和基础设施项目为能源产业的发展奠定了基础。

延安建筑业紧紧围绕建设"圣地延安、生态延安、幸福延安"的目标，积极应对各种挑战，不断开拓创新，取得了一些成就。在基础设施建设方面，延安市加大了对交通、水利、能源等领域的投入，一大批重大项目相继建成，为建筑业的发展提供了广阔的市场空间。同时，随着城市化进程的加快，房地产开发、城市综合改造等项目也不断推进，进一步促进了建筑业的繁荣。在技术创新方面，一些企业加大了对科技创新的投入，成立了技术研发中心，取得了一批具有自主知识产权的科技成果。

榆林市住建局认真贯彻落实中省市经济工作会议和全国住建工作会议精神，用足用活中省市稳住经济大盘一揽子相关政策，以省、市"三个年"活动为抓手，紧扣建筑业稳增长主线不放松，着力纾困解难，优化营商环境，协助企业发展。

## 二 陕北地区建筑业发展现状

### （一）建筑业总产值稳步提升

党的十八大以来，陕北建筑业总产值呈现持续增长的态势。陕北地区建筑业总产值从 2012 年的 240.74 亿元增加至 2023 年的 688 亿元。延安 2012 年建筑业总产值为 84.79 亿元，随着城市建设的不断推进和基础设施投资的增加，到 2023 年，建筑业总产值达到了 162.25 亿元，年均增长率约为 6%。这一增长不仅反映了延安建筑业规模的不断扩大，也体现了其在经济发展中的地位日益重要。例如，在城市新区建设、交通基础设施建设等领域，众多建筑项目的实施推动了总产值的上升。2024 年上半年，延安市建筑业总产值呈稳步增长良好态势，累计完成产值 64.19 亿元，同比增长 12.3%。增幅较一季度提升 7.2 个百分点，较上年同期提升 6.1 个百分点，分别高于全国、全省 7.5 个和 13.7 个百分点，在全省排第 2 位。

榆林 2012 年建筑业总产值为 156.15 亿元，但 2013~2016 年建筑业总产值呈现下滑态势，到 2017 年建筑业总产值回升为 234.94 亿元。随着城市建设的不断推进和基础设施投资的增加，到 2023 年，榆林市建筑业总产值达到了 523.33 亿元。榆林市建筑业规模的不断扩大，也体现了其在经济发展中的地位日益重要。

尽管面临着经济形势的变化和市场竞争的压力，陕北建筑业增速在过去十年间保持了相对稳定。在一些年份，增速甚至高于地区生产总值增速，成为拉动经济增长的重要动力之一。特别是在国家加大对中西部地区基础设施建设支持力度的背景下，陕北建筑业抓住机遇，积极参与各类项目建设，保持了较好的发展势头。如近年来的一些重大民生工程和产业园区建设项目，为建筑业发展提供了有力支撑。

### （二）新开工面积和施工面积波动变化

陕北地区建筑业企业房屋建筑施工面积从 2012 年的 1435.03 万平方米增加至 2023 年的 2111.55 万平方米。延安市建筑业新开工面积从 2012 年的 251.15 万平方米增长至 2016 年的 411.88 万平方米，房屋建筑施工面积也相应地从 2012 年的 555.17 万平方米增长到 2017 年的 938.09 万平方米。2017 年后受经济形势、市场调控政策等多种因素的综合影响，出现了一定幅度的下降。近些年，陕北地区建筑业房屋建筑施工面积呈现稳定趋势，未来有望恢复增长态势。大量的保障性住房建设、商业地产开发以及城市公共设施建设项目纷纷开工,延安新城的建设推动了新开工面积和施工面积的增长。榆林建筑业施工面积总体呈增长态势,从 2012 年的 931.63 万平方米增长到 2022 年的 1510.3 万平方米。

### (三)建筑业营收与合同额同步增长

陕北地区建筑业企业的营业收入实现了稳步增长,从 2012 年的 191.11 亿元增长到 2023 年的 634.07 亿元。同时,合同额也不断增加,反映出企业市场拓展能力的增强和业务量的充足。营收和合同额的同步增长首先反映出延安建筑企业的市场拓展能力在不断增强。企业能够获得更多的项目和业务,签订更多的合同,并且将这些合同转化为实际的营收,说明企业在市场竞争中具备了一定的优势,能够积极争取到更多的工程建设项目,业务范围不断扩大。企业通过积极参与招投标活动,与建设单位签订了更多的项目合同。例如,一些大型建筑企业在拓展市外市场的过程中,成功中标多个大型项目,带动了合同额的显著增长。这为企业的持续发展提供了坚实的经济基础,也促进了行业的整体繁荣。2024 年上半年,延安市建筑企业签订合同额为 121.42 亿元,同比下降 14.5%。

### (四)建筑企业利润总额缓步提高

陕北地区建筑企业在经营效益方面较自身取得了一些成果,建筑企业利润总额从 2012 年的 11.99 亿元增加到 2023 年的 21.16 亿元。延安建筑业利润总额从 2012 年的 3.50 亿元增长到 2015 年的 7 亿元,年均增长幅度达到 25.99%。企业通过加强内部管理、优化成本控制、提高工程质量等措施,不断提升盈利能力。同时,随着市场份额的扩大和项目附加值的提高,企业利润空间进一步拓展。一些企业在技术创新和品牌建设方面取得突破,承接了更多高利润的项目,如高端商业建筑和标志性公共建筑等,为利润总额的增长做出了重要贡献。延安建筑业在 2015~2022 年经历了较大的波动,反映出行业发展面临诸多挑战和机遇。未来需要加强风险管理、提高创新能力，以实现可持续发展。

榆林市建筑业 2013 年利润总额创历史新高，达到 16.03 亿元，在 2014~2015 年经历了较大的波动，反映出行业发展面临诸多挑战和机遇。未来需要加强风险管理、提高创新能力，以实现可持续发展，2015 年至今波动幅度较小。

# 三 陕北地区建筑业发展存在的问题

## （一）市场环境方面

### 1. 市场竞争激烈且秩序有待规范

建筑市场竞争日益激烈，企业数量不断增加，但市场秩序有待进一步规范。部分企业为了获取项目，采取低价竞争策略，导致市场价格扭曲，影响了行业的整体利润水平和工程质量，破坏了市场的公平竞争环境，阻碍了行业的健康发展。

### 2. 外地企业在当地承揽业务行为与规范有一定出入

陕北地区近年来积极推进开放型经济建设，在市场准入方面持续放宽条件，以开放包容的姿态吸引了大量外地企业前来参与各类项目建设，旨在借助外地企业的资金、技术与管理经验，实现产业升级与城市建设的加速发展。然而，随着外地建筑企业的不断涌进，诸多不规范行为逐渐浮现。

外地建筑企业在陕北地区承揽业务时存在如下问题。一是人员架构混乱，专业技术人才匮乏，一线施工人员素质参差不齐。二是管理层不稳定，关键岗位更迭频繁。三是经济贡献失衡，外地建筑企业在获取项目收益后，将大部分的产值、税收与利润通过关联交易、资金转移等方式转出陕北地区。四是农民工权益侵害较为严重，存在工资拖欠与工伤处理不力问题。五是存在工程质量与安全隐患，一些建筑企业质量把控不到位。六是生态环境保护缺位，在施工过程中，外地企业普遍忽视环保要求，破坏了陕北地区的生态环境。这些问题都需要陕北地区投入力量去解决。

## （二）市场改革方面

### 1. 招投标制度尚有完善空间

招投标制度在实施过程中存在一些问题。评标标准不够科学合理，有时过于侧重价格因素，而忽视了企业的技术实力、工程质量和信誉等重要方面。这导致一些优质企业在投标过程中因价格相对较高而失去中标机会，而一些低价中标企业可能无法保证工程质量和施工进度。此外，招投标过程的信息透明度不高，存在一些暗箱操作的可能性，影响了招投标的公正性和公信力。例如，部分项目的招标信息发布不及时、不全面，使一些潜在投标人无法及时获取信息，参与投标竞争。

### 2. 市场监测机制精细化程度有待提升

建筑材料价格波动较大，但建筑产品的价格调整相对滞后，企业在面对原材料价格上涨等成本增加因素时，难以及时通过合理的价格调整来保障自身利益。这给企业的经营带来了较大压力，也可能影响工程的正常推进。现阶段企业尚未做到广泛收集和分析海量的建筑市场数据，挖掘数据背后的市场规律和潜在问题；未充分利用大数据分析建筑材料价格波动与市场供求、宏观经济政策之间的关系。

## （三）行业结构方面

### 1. 企业规模结构有待调整

延安建筑业企业规模结构呈现"金字塔"形，即小型企业数量众多，大型企业相对较少。小型企业在市场竞争中往往面临资金、技术、人才等方面的限制，承接项目的能力有限，抗风险能力较弱。而大型企业数量不足，难以在大型复杂项目和高端建筑市场中充分发挥引领作用。这种不合理的规模结构导致行业集中度较低、资源分散，难以实现规模经济效益和协同创新发展。例如，在一些大型基础设施项目的竞争中，本地企业由于不是大型集团企业，往往竞争力不足，需要引进外地大型企业参与建设。榆林建筑业企业以民营企业为主，二级及以下资质企业占绝大多数，产值聚集度不高，企业多而不强，企业整体实力与全省第一、第二梯队差距明显。

### 2.专业结构单一

多数建筑企业主要集中在房屋建筑等传统领域，专业结构相对单一。在新兴的建筑领域如绿色建筑、智能建筑、装配式建筑等方面，企业的参与度和技术实力还需加强。随着建筑市场需求的多元化发展，这种单一的专业结构难以满足市场需求，限制了企业的业务拓展和行业的转型升级，使其市场竞争力下降。同时，企业对单一专业领域的依赖度过高，会导致企业抗风险能力薄弱，一旦该领域出现政策变化、技术革新或市场萎缩等情况，企业的生存和发展将受到严重威胁。

## （四）资金方面

### 1.企业融资困难

建筑企业普遍面临融资难题。一方面，建筑项目资金需求量大，建设周期长，企业需要大量的资金用于原材料采购、设备租赁、人工工资等支出。但由于建筑企业资产负债率相对较高，银行等金融机构对其贷款审批较为严格，贷款额度有限。另一方面，建筑业企业的融资渠道相对单一，主要依赖银行贷款，缺乏多元化的融资方式。例如，一些中小企业由于缺乏抵押物和良好的信用记录，难以获得银行贷款支持，影响了企业的项目承接和发展壮大。

### 2.工程款拖欠问题亟待解决

工程款拖欠是建筑行业一个长期存在的困难问题。部分建设单位由于资金紧张或其他原因，未能按时支付工程款给建筑企业，导致企业资金周转困难，影响了企业的正常经营和发展。工程款拖欠还可能引发一系列连锁反应，如农民工工资拖欠、材料供应商货款纠纷等，影响社会稳定。同时，企业为了追讨工程款，需要花费大量的时间和精力，增加了企业的运营成本和管理成本。例如，一些建筑企业因为工程款拖欠，不得不通过法律途径解决，耗费了大量的人力、物力和财力。

### （五）员工队伍方面

#### 1.技术人才短缺

建筑行业技术人才匮乏，尤其是高层次创新人才和复合型人才严重短缺。随着建筑技术的不断更新和发展，如 BIM 技术、装配式建筑技术等的应用推广，建筑行业对技术人才的专业知识和技能要求越来越高。陕北地区本地建筑企业在吸引和留住技术人才方面面临困难，人才流失现象较为严重。一方面，由于地区经济发展水平和薪酬待遇等因素的限制，难以吸引外地优秀技术人才；另一方面，陕北地区培养的技术人才也可能因更好的发展机会而流向发达地区。这导致企业技术创新能力不足，在新技术应用和项目实施过程中面临技术瓶颈。

#### 2.农民工队伍素质有待提高

建筑行业农民工队伍是施工的重要力量，但他们普遍存在文化程度较低、技能水平不高的问题。大部分农民工没有经过系统的专业技能培训，在施工过程中可能会因操作不规范而影响工程质量和安全生产。同时，农民工队伍的流动性较人，给企业的人员管理和工程进度管理带来一定难度。例如，在一些项目施工过程中，农民工的频繁流动导致施工工艺的连续性受到影响，需要不断对新进场的农民工进行培训，增加了企业的成本和管理风险。

## 四　新形势下陕北地区建筑业高质量发展路径

当前，随着宏观经济增速放缓，基建项目减少、房地产投资收缩，陕北地区建筑市场企业竞争压力增大，优胜劣汰进程进一步加速。从总体来看，陕北地区建筑企业"弱小散"问题非常突出，本地建筑企业数量多、规模小、资质等级低、同质化竞争严重，建筑新技术、新工艺应用还不广泛，推动本地建筑企业发展壮大、转型升级任重道远。建筑业要实现高质量发展，需要在市场环境、体制机制、行业结构、人才队伍和资金等方面采取有效措施，积极应对面临的问题和挑战，不断提升行业的整体竞争力和发展水平，为延安经济社会发展做出更大的贡献。在未来的发展中，要紧跟国家政策导向，抓住机遇，积极推动建筑业的创新发展和转型升级，实现建筑业可持续健康发展的目标。

## （一）加强市场监管，优化市场环境

### 1. 规范市场竞争秩序

建立健全建筑市场监管机制，加强对市场行为的监督检查。加大对围标串标、转包挂靠、低价竞争等违法违规行为的打击力度，依法依规进行处罚，提高违法成本。完善建筑市场信用体系建设，对企业的市场行为进行信用评价，并将信用评价结果与招投标、资质审批、市场准入等挂钩，营造诚实守信、公平竞争的市场环境。例如，建立企业信用档案，对有不良信用记录的企业在一定期限内限制其参与招投标活动，对信用良好的企业给予一定的奖励和优惠政策。

### 2. 建立外地建筑企业全流程跟踪服务体系

从外地建筑企业市场准入开始，贯穿项目实施全过程，定期对企业人员配备、资金使用、质量安全、环保措施等进行评估检查，及时发现问题并督促整改，同时为外地建筑企业提供政策咨询、技术指导等配套服务，助力外地企业规范发展。同时通过举办专题培训班、发放宣传手册、线上直播解读等多种形式，向外地企业普及陕北地区各项法规政策与行业标准，要求企业关键岗位人员参加培训并考核合格后方可上岗，提升外地建筑企业合规经营意识。

## （二）深化市场改革，完善体制机制

### 1. 完善招投标制度

修订和完善招投标相关政策法规，制定科学合理的评标标准。在评标过程中，综合考虑企业的技术实力、工程质量、信誉、业绩、报价等多方面因素，避免单纯以价格作为唯一的评标依据。提高招投标过程的信息透明度，加强对招投标活动的全过程监督，确保招投标程序合法合规、公开公正。例如，推行电子招投标，实现招投标信息的公开化、网络化，便于投标人获取信息和社会监督。同时，建立招投标投诉处理机制，及时处理投标人的投诉和质疑，维护招投标各方的合法权益。

### 2. 加大对建筑业市场的监测力度

建立健全建筑材料价格动态监测和预警机制，及时发布价格信息，为企业合理定价提供参考。引导企业根据市场价格变化和自身成本情况，合理调整建筑产品价格。同时，加强对建筑市场价格行为的监管，防止价格垄断和不正当价格竞争行为。例如，建立建筑材料价格信息平台，企业可以通过平台及时了解材料价格走势，合理预测成本，制定合理的投标报价和工程预算。

## （三）调整优化行业结构，促进转型升级

### 1. 培育壮大企业规模

鼓励有实力的建筑企业通过兼并重组、联合经营等方式，整合资源，扩大企业规模，提高市场集中度。支持企业开展多元化经营，拓展业务领域，向上下游产业链延伸，形成综合性的建筑企业集团。对重点企业进行业务培训，指导企业升级增项，提升市场竞争力。建筑企业可以向建筑材料生产、房地产开发、物业管理等领域拓展，实现产业链的一体化发展，增强企业的综合竞争力和抗风险能力。同时，政府可以出台相关政策，对规模较大、发展较好的企业给予重点扶持，如税收优惠、财政补贴、项目支持等。

### 2. 推动专业结构多元化发展

引导建筑企业加强技术创新和人才培养，积极拓展新兴建筑领域业务。加大对绿色建筑、智能建筑、装配式建筑等领域的投入，提高企业在这些领域的技术水平和市场份额。例如，鼓励企业建立绿色建筑研发中心，开展绿色建筑技术研发和应用推广；支持企业引进智能建筑技术和设备，提升建筑智能化水平；推动装配式建筑产业基地建设，完善装配式建筑产业链，提高装配式建筑的生产和施工能力。同时，加强对企业在新兴领域业务拓展的指导和服务，帮助企业解决技术、资金等方面的问题。

### （四）加强人才队伍建设，提高人员素质

#### 1. 培养引进技术人才

制定建筑业人才发展战略，加大对技术人才培养的投入。鼓励高校和职业院校开设与建筑业相关的专业课程，加强与企业的合作，培养适应行业发展需求的技术人才和管理人才。例如，建立校企合作实习基地，让学生在学习期间就能够接触到实际的建筑项目，提高实践能力。同时，企业要加强内部人才培训，通过举办培训班、技术讲座、学术交流等活动，提高员工的技术水平和业务能力。积极引进高层次创新人才和复合型人才，为人才提供良好的工作环境和广阔的发展空间，如提供优厚的薪酬待遇、完善的福利保障、科研项目支持等。

#### 2. 提升农民工队伍素质

加强农民工职业技能培训，建立健全农民工培训体系。政府加强组织相关部门和培训机构，开展针对农民工的免费技能培训，提高农民工的专业技能水平。鼓励企业建立农民工培训学校或培训基地，根据企业自身需求和工程特点，对农民工进行有针对性的培训。例如，开展建筑施工安全培训、建筑工艺技能培训等。同时，加强对农民工的权益保障，规范农民工劳动合同签订，确保农民工工资按时足额发放，提高农民工的工作积极性和稳定性。

### （五）拓宽融资渠道，解决资金问题

#### 1. 创新企业融资方式

鼓励金融机构加大对建筑企业的信贷支持力度，开发适合建筑企业特点的金融产品和服务。例如，开展应收账款质押贷款、项目融资贷款等业务，为企业提供多元化的融资渠道。支持建筑企业通过发行债券、股票等方式直接融资，降低企业融资成本。同时，政府可以设立建筑产业发展基金，引导社会资本投入建筑行业，为企业发展提供资金支持。例如，产业发展基金可以对重点建筑项目和企业进行投资，促进企业技术创新和项目建设。

### 2.加强工程款支付管理

完善工程款支付保障制度，加强对建设单位工程款支付的监管。建立工程款支付担保制度，要求建设单位在项目开工前提供工程款支付担保，确保按时足额支付工程款。加强对建设项目资金来源的审查，防止建设单位因资金不足导致工程款拖欠。例如，规定建设单位在办理施工许可证时，需提供资金落实证明。同时，建立工程款拖欠投诉处理机制，及时受理建筑企业的投诉，对拖欠工程款的建设单位依法处理，维护建筑企业的合法权益。

**参考资料**

2012~2023 年《榆林市国民经济和社会发展统计公报》，https：//tjj. yl. gov. cn/tjsj/tjgb/。

2012~2023 年《榆林市统计年鉴》，榆林市统计局，https：//tjj. yl. gov. cn/tjsj/tjnj/。

2012~2023 年《延安市国民经济和社会发展统计公报》，http：//tjj. yanan. gov. cn/tjxx/tjsj/ndtj/1. html。

2012~2023 年《延安市统计年鉴》，http：//tjj. yanan. gov. cn/tjxx/tjsj/tjnj/1. html。

# 案 例 篇 ▷

## B.21

## "四型机场"建设的新实践

### ——陕建集团西安咸阳国际机场三期旅客换乘中心（GTC）及轨道预留项目

何少华　张向阳　童占国*

**摘　要：** 西安咸阳国际机场三期旅客换乘中心（GTC）及轨道预留项目是国家重大建设项目，也是民航局标杆示范项目。该项目位于陕西省西咸新区空港新城，设计总概算469亿元，建成后将实现旅客吞吐量8300万人次、货邮吞吐量100万吨的目标。GTC作为核心工程，合同总造价51亿元，总建筑面积54万平方米，集约布置了多种交通设施，形成轨、路、空三位一体的旅客集散中心。在施工技术创新方面，项目团队攻克了紧临营运地铁安全建造技术、超大跨度拱形隧道成形及质量控制技术、大面积复杂工程机电管综及穿梁优化技术等难题，并通过数字建造管理创新，提升了项目的设

---

* 何少华，陕西建工集团股份有限公司工程师，主要研究方向为建筑施工管理；张向阳，陕西建工集团股份有限公司高级工程师，主要研究方向为建筑施工管理；童占国，陕西建工集团股份有限公司高级工程师，主要研究方向为建筑施工管理。

计、施工和管理效率。项目于 2024 年 10 月 18 日通过竣工验收,获得了多项荣誉,为建筑业树立了新的标杆。

**关键词:** 四型机场 旅客换乘中心 施工技术创新 数字建造 综合交通

# 一 项目概况

西安咸阳国际机场三期扩建工程是国家重大建设项目和民航局标杆示范项目,也是陕西省委、省政府确定的全省民航发展"头号工程"。项目位于陕西省西咸新区空港新城,设计总概算 469 亿元,建成后将实现旅客吞吐量 8300 万人次、货邮吞吐量 100 万吨、飞机起降 59.5 万架次的目标,形成四条跑道、四座航站楼、东西航站区双轮驱动的发展格局。项目的核心工程旅客换乘中心(GTC)合同总造价 51 亿元,总建筑面积 54 万平方米(见图 1)。秉承"创新让机场更先进,设计让出行更美好"的设计理念,集约布置了航空、地铁、城际、捷运(APM、智轨)、出租车、公交、长途巴士、停车库等各类交通设施,形成轨、路、空三位一体的旅客集散中心。停车楼设计为南北八个开敞式模块,共 5440 个停车位,交通南北分区、双层进出,实现高效运行和智能化控制;自动泊车系统、行李手推车系统、全覆盖的车库人行系统,体现人性化设计;充分利用多个中庭自然采光、通风,降低运维成本,实现低碳节能。

# 二 施工技术创新

## (一)紧临营运地铁安全建造技术

旅客换乘中心、南北停车楼工程施工紧临已营运的地铁 14 号线(见图 2),此外高架桥桥桩也位于地铁 50 米保护区内。根据接近程度和影响分区图,地铁预留工程、旅客过夜用房、换乘中心基坑工程及机场站两侧双层桥工程对地铁 14 号线的影响等级均为特级。

图1 西安咸阳国际机场旅客换乘中心鸟瞰图

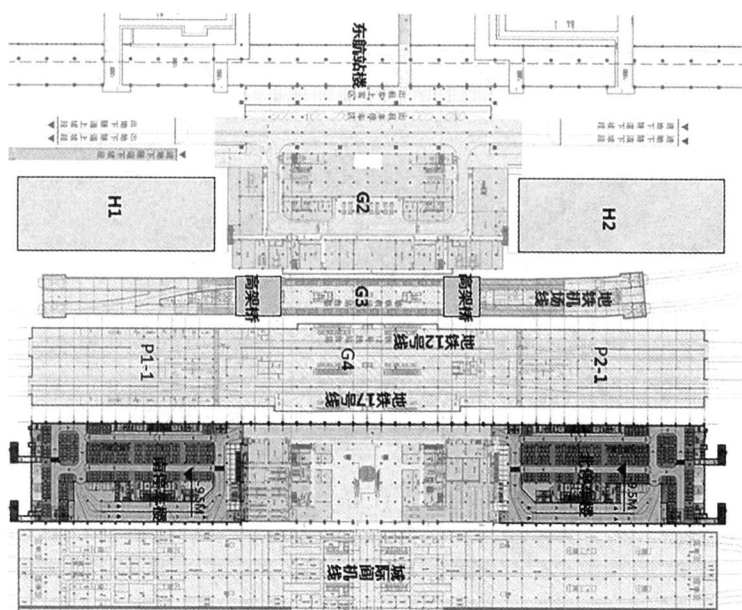

图2 旅客换乘中心及南北停车楼工程平面示意图

为保障营运地铁运行安全，项目与高校及科研院所开展联合研究，探明土方卸载及结构加载对既有地铁隧道结构及周边土体扰动影响，在基坑开挖及结构施工过程中采用分层分块对称开挖，优化"隔离桩+水平支撑或斜支撑"的组合控制方法，对结构位移连续监测，同时建立地铁施工过程中的数据管理与分析平台，预测施工中地铁及周围土体可能出现的问题，及时调整施工措施，提高施工过程的安全性和稳定性，减少对已运营地铁的影响，避免事故和质量问题的发生。南陆侧地道上跨已运营的地铁 14 号线区间隧道，在隧道两侧分布桥梁桩基及承台结构，地道结构最近竖向距离 4 米，水平距离 3 米，在保证隧道结构稳定的情况下进行施工，安全控制难度较大。

项目团队创新应用"隔离桩+水平管幕"技术（见图 3），通过在地铁与桥桩间采用桩径较小的隔离桩，在上部使用水平管幕将两侧及地铁中部的隔离桩连接起来，形成"门式"结构，将土方开挖的卸荷作用传导给管幕，进而传递给隔离桩，对地道施工影响区域进行力学分割，减少施工过程中对地铁隧道的扰动，确保地铁稳定安全运行。目前项目在紧邻地铁区域的施工已形成了一整套可推广应用的关键施工技术。

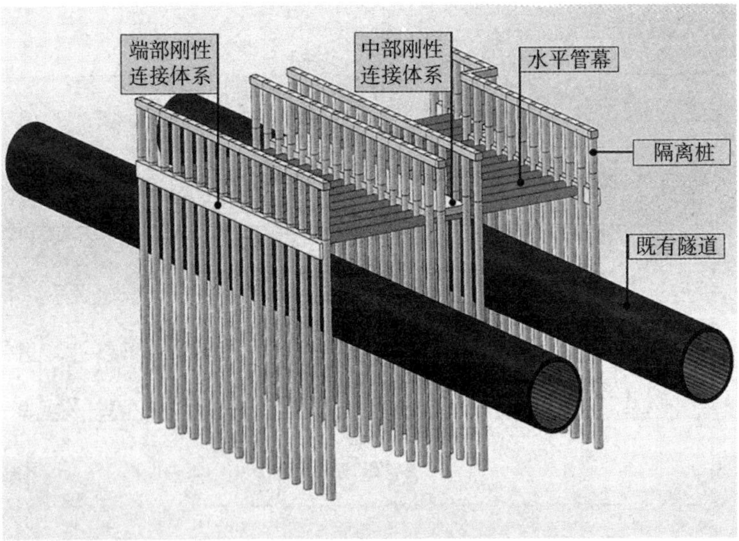

**图 3　"隔离桩+水平管幕"组合体系**

## （二）超大跨度拱形隧道成形及质量控制技术

五圆心超大跨度多断面钢筋混凝土隧道是本工程主要的技术难点之一（见图4）。旅客换乘中心的轨道预留工程包含预留车站和预留隧道，设计为五圆心大跨度多断面拱形隧道，形式有单洞双线、单洞四线，隧道断面共计19个，最小断面跨度8.4米，最大断面跨度28.76米，最大高度14米，总建筑面积16.42万平方米。预留隧道包含闫机城际预留628.4米、西银高铁预留478.4米，属于大体积混凝土施工。浇筑时，须保证隧道环向对称浇筑。

图4　超大跨度拱形隧道结构

施工中创新采用台车和散拼两种支撑形式，为防止混凝土开裂，安排在夜间浇筑。严控入模温度，对混凝土配合比进行科学设计，采用低水化热水泥并控制水泥用量，掺入一定比例的粉煤灰和高效减水剂，并严格按设计强度、抗渗等级通过实验确定最佳配合比，保证隧道成型质量与施工安全。

### （三）大面积复杂工程机电管综及穿梁优化

旅客换乘中心机电安装系统多，施工方将建筑电气、消防、给排水、暖通系统、行李机房、弱电、电梯等专业纳入统一策划。行李机房等系统复杂，专业性强，且为保障停车楼净高需求，所有机电管线采用"梁内走管"排布方式，预留洞口数量多达2万余个（见图5）。

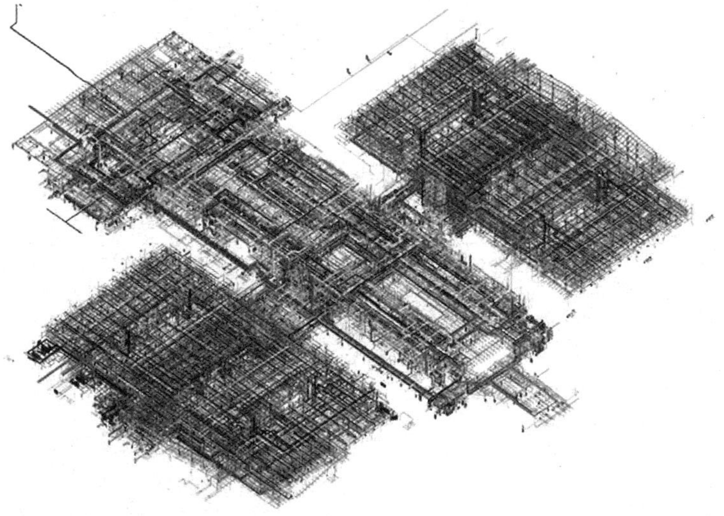

**图5　旅客换乘中心机电管线模型**

从建筑效果、工程难度、建造成本考虑，基于BIM进行净高设计优化，解决项目管线密集区域净高需求。整体考虑综合支架形式、多层排布、局部空间狭小等特点每层制定整体排布方案。对穿梁套管加固方案建立虚拟模板，并通过实体样板验证该方案的可实施性；通过喇叭口方式调整弱电管线高度，保证管线在同跨度内的交叉施工；利用方洞进行重力流管道的排布，最终减少预留孔洞1000余个，有效减少资源浪费，同时保证预留洞口同梁同高、同行同线、同心同轴，提高建造质量和效率。同时，项目依托自主研发的BIM云协同深化平台，整合多专业BIM模型，规范模型标准与版本，满足各参建方跨地域协同深化问题，提升项目深化设计效能40%。

### （四）数字建造管理创新

旅客换乘中心项目基于 BIM 技术对总图管网、机电安装综合排布、机房等进行设计方案优化。以总图管网为例，采用数字化技术对管网与拟建建筑物（包括 GTC 主体结构、地道结构、道路绿化）既有管线进行碰撞分析，同时解决各个标段楼内管线交接的问题，共计发现总图交涉问题 105 项，通过多次组织各家设计院召开协调会，推动问题及时解决。通过此种模式，累计审查图纸问题 1077 项，已经解决 1048 项，解决率达 97.3%，其中预留洞口、预埋定位、管综深化等综合应用节省成本 370 万元。

项目基于 BIM 的管理进行了一系列创新应用，制定了 BIM 应用标准和工作细则，在此基础上制定了从模型建立到交付验收总计 11 项相关标准办法，保证项目的高标准交付运维管理（见图 6）。

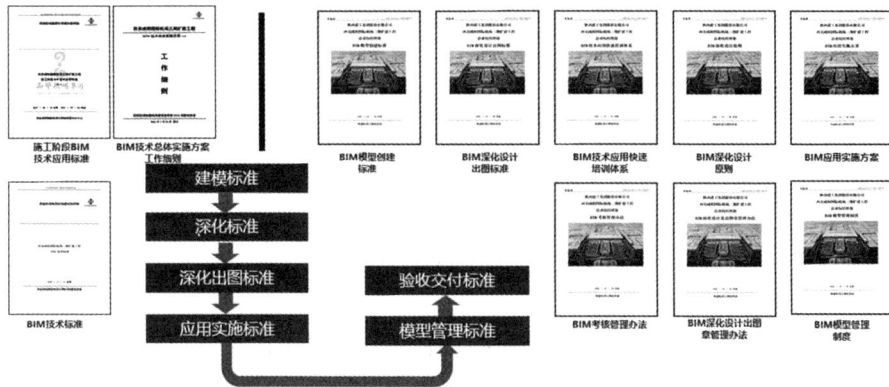

**图 6　数字化管理流程**

对深化成果采取四级审核制度，通过总包单位一般性审核、监理单位可施工性审核、BIM 咨询单位合理性审核以及设计单位规范性审核，保障模型满足照模施工要求。

数字化应用过程中，基于机场项目的建设打造了企业自有族库管理平台，已形成场地布置、建筑、结构、市政路桥、机电安装、钢结构等 11 大类 47 小类共 6700 余个族文件（见图 7）。建模效率、质量及标准化程度得到明显提升，同时实现了异地协同建模，实现降本增效。

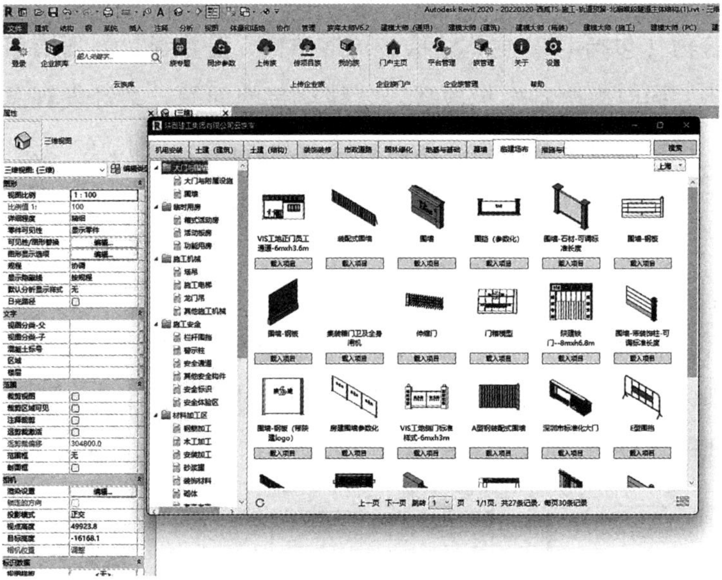

图 7　企业族库平台建设

# 三　结束语

西安咸阳国际机场旅客换乘中心项目不仅提升了区域交通的便捷性和效率，而且通过科技赋能和创新驱动，为建筑业树立了新的标杆，投运后将形成集高铁、地铁、城际铁路、高速公路于一体的立体化综合交通网络，增强陕西辐射中西部、连接全国、通达世界的能力。

项目于 2024 年 10 月 18 日通过验收，先后被遴选为陕西省质量安全现场观摩项目、陕西省智能建造现场观摩项目，获得中国钢结构金奖、建筑防水工程"金禹奖"金奖、陕西省文明工地、陕西省优质结构、陕西省绿色施工示范工程、西安市文明工地、西安市优质结构、西安市绿色施工示范工程等一系列荣誉。数字建造分别获得第四届工程建设行业 BIM 大赛一等奖 1 项、第五届"市政杯"BIM 应用大赛一等奖 1 项、陕西省第八届"秦汉杯"大赛一等奖 2 项、第四届智能建造创新大赛银奖 1 项、第八届建设工程 BIM 大赛三等奖 2 项。完成专利、工法、软著、论文等成果 60 余项。

# B.22
# 超低能耗建筑建造与实践

——陕建五建集团高新·天谷雅舍项目

陈恒　张浪　石东浪*

**摘　要：** 高新·天谷雅舍项目位于西安市高新区，是西北地区首个利用超低能耗建筑技术的标杆项目。项目总占地面积约 147 亩，建筑面积约 41.9 万平方米，包含住宅、幼儿园和养老综合体。项目围绕健康舒适、绿色生态、低碳节能、智慧运行四项标准，采用装配式超低能耗建筑施工技术，结合外保温系统、无冷热桥设计、高气密性、热回收新风系统等五大技术体系，解决了施工中的技术难点。通过精细化施工和 BIM 技术优化，实现了"恒温、恒湿、恒氧、恒静、恒洁"的健康住宅目标。项目完工后，综合节能率超过 90%，生命周期碳减排量显著，获得多项荣誉和认证，为西北地区超低能耗建筑建造积累了宝贵经验，也为未来建筑节能发展提供了示范。

**关键词：** 超低能耗建筑　装配式施工　绿色节能　健康住宅　BIM 技术

## 一　工程概况

高新·天谷雅舍项目位于西安市高新区软件新城核心区域，天谷四路以北、云水二路以西。项目凭借绿色节能环保技术的引领，成功打造西北地区首个利用超低能耗建筑技术的标杆项目。项目共分为南北两个地块，总占地

---

* 陈恒，陕西建工第五建设集团有限公司项目工程师，主要研究方向为建筑施工管理；张浪，陕西建工第五建设集团有限公司高级工程师，主要研究方向为高效建造管理的应用；石东浪，陕西建工第五建设集团有限公司正高级工程师，主要研究方向为科技研发与技术创新。

面积约 147 亩，建筑面积约 41.9 万平方米，包含 16 栋高层住宅、1 家 12 班配建幼儿园和 1 座现代微型养老综合体（见图 1）。项目以"人居梦想"住宅为核心理念，围绕健康舒适、绿色生态、低碳节能、智慧运行四项标准，以"外围优先"的设计方法，遵循超低能耗建筑五大技术体系施工。采用多项创新施工关键技术，解决了装配式超低能耗建筑施工难、外墙节点复杂、冷热桥点多和超高气密性难以保证的技术难点，最终实现了超低能耗建筑性能的完美体现，打造出"恒温、恒湿、恒氧、恒静、恒洁"的健康住宅。

图 1　高新·天谷雅舍项目全景

# 二　工程亮点

## （一）装配式超低能耗建筑施工技术

在装配式建筑发展的过程中，铝模板与预制构件的结合既是未来发展趋势也是难点，需要解决 PC 与铝模板如何加固、PC 与现浇砼接缝处质量缺陷和 PC 与铝模板工序如何穿插的问题。项目提前对楼层内隔墙进行拆分优化，对电气线路和加固点位进行策划排版，出具深化图纸并逐个编码，由工厂加工成形（见图2）。在反坎加固点位预埋螺纹套筒，施工时根据墙体编号定点定位吊装，通过增加拉片式背楞的方管长度与对穿螺杆的背楞上下交错布置，使其加固体系更加可靠。实现预制内隔墙与现浇铝模体系一次浇筑，有效减少二次砌筑抹灰、开槽预埋，做到节能减排。

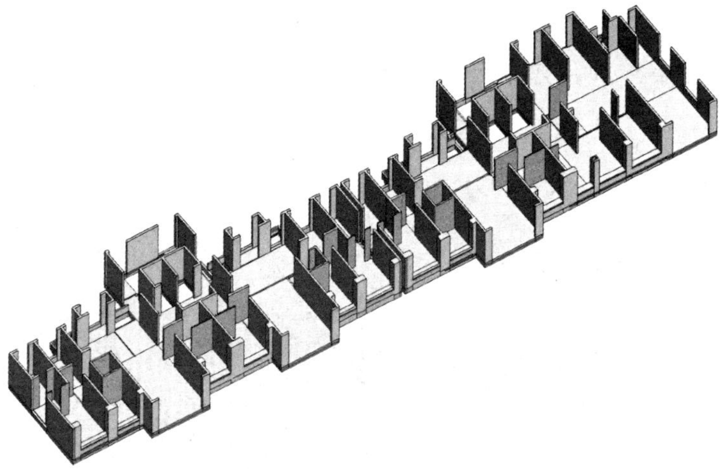

图2　预制内隔墙拆分图

### （二）应用超低能耗建筑五大技术体系

从绿色建筑设计基本原理出发，通过气候适宜性设计研究、绿色节能关键技术突破、实验测试及工程示范等方法，应用被动房保温节能系统、被动房节能门窗系统、冷热桥规避节能设计、被动气密性控制、高效热回收新风系统超低能耗建筑五大技术体系（见图3），进一步提高围护结构保温隔热性能、冷热桥规避节能和气密性控制水平。结合主动式能源系统，最大限度降低建筑能耗需求，充分利用可再生能源，最终减少建筑二氧化碳排放。

1. 双层保温结构施工技术

外围护结构是高效节能的关键。项目屋面、外墙使用双层保温结构，且屋面构件及外墙造型节点复杂多样。采用本项目总结的超低能耗建筑屋面、外墙施工工法，通过保温连续施工，保证了超低能耗建筑围护结构防水和保温性能。项目管理团队为了满足外围护结构热工性能，利用 BIM 技术提前对保温进行错缝排版，优化双层错缝与特殊节点，提前根据排版尺寸对保温材料定制加工，保温层粘贴牢固、缝隙密实，外墙搭配断热桥锚栓，对板间 2 毫米以下缝隙采用发泡胶全封闭，所有保温构件提前安装预压膨胀密封带密封，使保温系统更完善，提升外围护结构热工性能（见图 4）。

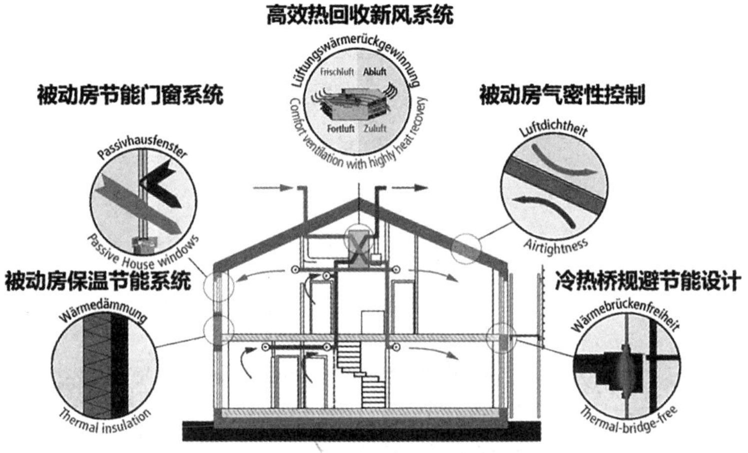

图 3 超低能耗建筑五大技术体系

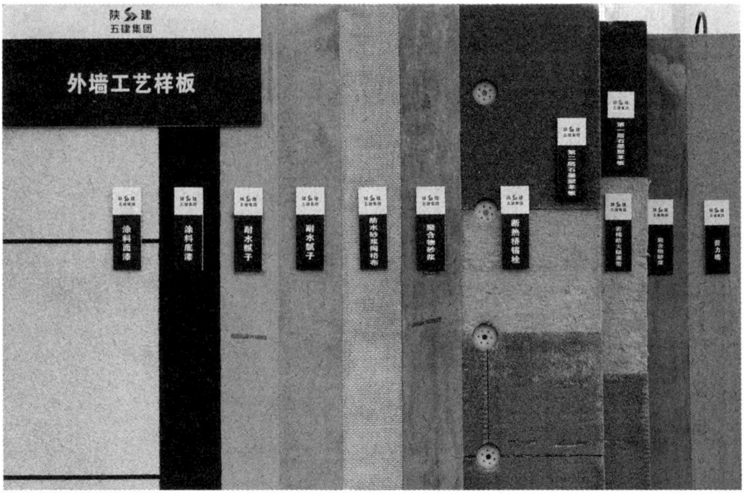

图 4 外墙保温工艺样板

## 2. 内嵌式高气密性被动门窗安装技术

门窗系统是满足建筑高气密性要求的关键。项目设计选用了传热系数极低的铝包木三玻两腔式被动窗，原设计采用外挂式安装方式，然而，由于被动窗的材料和结构特性，其型材重量较大，安装时需依赖大型吊车辅助。此外，安装完成后，因其外挂特性，存在一定的质量和安全隐患。项目团队在与建设单位沟通后，首次在西北地区采用内嵌式被动窗。内嵌式安装对气密性控制有着不小的挑战，对门窗方正度及尺寸偏差要求极高。在主体施工阶段，针对窗洞口施工质量，项目采用定制窗洞口铝模板加固技术，在不影响主体混凝土浇筑完成的情况下，可以对窗口底部铝模板二次开合，进行二次收面，保证窗洞口施工质量。搭配室外防水透气膜、室内防水隔气膜"Z"字打胶方法，实现被动窗内嵌式精准安装，使项目室内建筑平均气密性为0.35次/h，远低于国际标准0.6次/h，实现室内高气密性（见图5）。

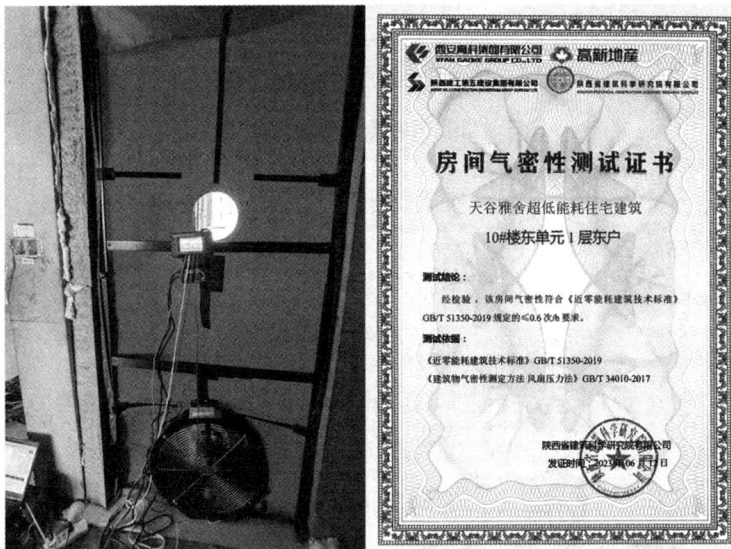

**图5　气密性检测及报告**

## 3. 绿色低碳"帮手"——电动外遮阳帘

在被动窗外部设置电动外遮阳帘，能够有效阻隔太阳辐射热和太阳光线通过建筑外围护进入室内，减少空调能源消耗（见图6）。项目在主体施工阶段预留遮阳控制线管，线管连接智能控制面板，并在东、西、南三个方向外窗左右两侧固定角码。由于卷闸帘箱体采用内嵌式，减少保温厚度，需提前对真空绝热板进行排版，预留线管与固定点位置。待外墙保温施工完成后，通过金属探测定位技术，达到精准开孔，减少对保温层的破坏。电动外遮阳帘的使用，能够有效节约空调能耗25%、采暖能耗10%以上。

图6　电动外遮阳帘

### 4. 降低运维能耗——断热桥施工技术

精细化施工是断热桥施工的保障。在 BIM 技术指导下的屋面及外墙保温错缝排版，确保挑空楼板保温的连续性；外墙装饰构件及门窗与保温之间缝隙采用发泡胶及预压膨胀密封带；外墙保温固定采用断热桥锚栓，并在装饰铝板埋板及连接件底部增设隔热垫块，通过以上措施实现断热桥施工。此外，围护结构施工完成后，利用红外热成像仪检测冷热桥点（见图7），不断改进施工工艺，从而达到降低运维能耗的目的。

### 5. 高效热回收新风系统安装技术

双向流动高效热回收新风系统提供清新空气。利用 BIM 技术，提前对室内新风管道进行了精心排布（见图8），优化了新风主机、空调及调湿模块

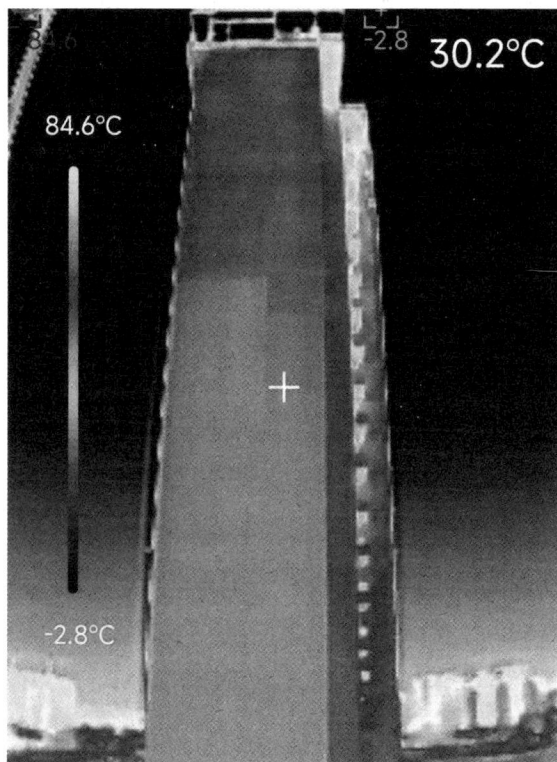

图 7　外墙红外热成像检测

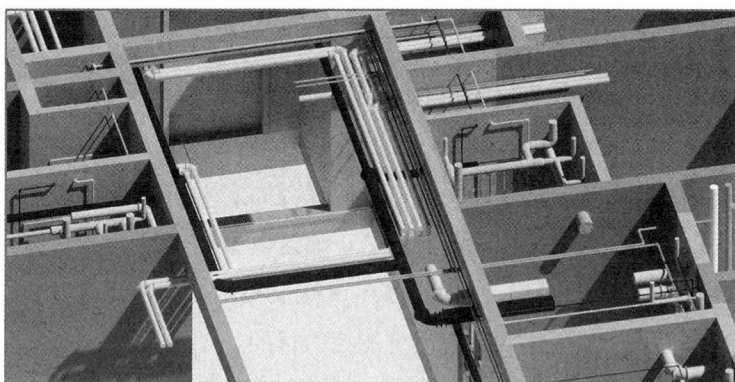

图 8　新风系统管道模型

间的位置，并细致考虑了新风主机前后与墙体的预留距离。为了满足户内净高，采用梁间免开孔精准预留洞口技术，洞口预留需要保证保温不间断。穿外墙管道封堵采用定制聚氨酯壳阶梯式互锁结构，内外满粘防水膜，兼顾质量与后期装修效果。通过智能运维控制器，该系统能实时监测室内 $PM_{10}$、$PM_{2.5}$ 及 $CO_2$ 浓度，当浓度过高时，自动触发通风系统进行排风，提升空气质量，热回收效率高达 78%。

# 三 项目成效与影响

项目取消了常规的地辐热集中供暖形式，自完工以来，利用高效热回收新风系统和建筑外保温、高性能门窗构成的节能体系，综合节能率在 90% 以上。较传统建筑，项目生命周期碳减排量为 128044.76 $tCO_2e$，单位建筑面积生命周期减排量为 720.22 $kgCO_2e/m^2$，总体减排比例为 28.81%。

项目先后荣获陕西省优质结构工程、陕西省绿色施工示范工程、陕西省文明工地、全国施工工地安全生产标准化学习交流项目等多项荣誉称号；并获得绿色建筑（三星）认证，健康建筑认证，住宅超低能耗建筑及幼儿园、现代养老院综合体近零能耗建筑认证，"被动式超低能耗" A 级认证，陕西省生态居住小区认证，是西北地区首个和规模最大的集绿色建筑、健康建筑、绿色生态小区于一体的"人居梦想"社区。

# 四 未来展望

高新·天谷雅舍项目使西北地区超低能耗建筑建造领域实现零的突破，为陕西省乃至西北地区超低能耗建筑建造积累了宝贵经验。作为可实现的新一代建筑，其健康、舒适、节能的特点必将在我国新型城镇化的进程中扮演重要的角色。随着碳达峰碳中和等国家战略的实施，得益于政策支持及技术发展，零能耗建筑前景广阔，是未来建筑的发展方向之一。

# B.23
## 全装配式桥梁施工打造高速路建设示范

——陕建机施集团鄂周眉高速公路

韩婷婷　范格平　欧宝华*

**摘　要：**　鄂周眉高速公路是陕西省"2367"高速公路网的重要组成部分，连接西安市鄂邑区与宝鸡市眉县。项目中的黄兴村大桥采用全预制装配技术，是国内首次在桥墩桩基和下部结构中大规模应用该技术的桥梁工程。项目通过钢筋骨架整体制作安装、一体化定型模具预埋、重型预制构件吊点设置、预制盖梁智能张拉压浆、PRC 管桩施工以及灌浆套筒连接等创新技术，实现了桥梁的高效施工和质量控制。同时，项目利用 BIM 技术和智能化管理手段，优化了施工流程，提升了施工效率和管理水平。该工程不仅推动了装配式桥梁技术的发展，还为区域经济发展和城乡联系提供了重要支撑。

**关键词：**　全装配式桥梁　预制装配技术　智能化施工　BIM 技术　绿色建造

## 一　项目背景与概况

鄂周眉高速公路是陕西省"2367"高速公路网规划中的西安大环高速和周凤高速的重要组成路段，连接西安市鄂邑区与宝鸡市眉县。HZM-C04 合同段路线全长 7.87 公里，本标段黄兴村大桥下部结构在省内首次应用全

---

* 韩婷婷，陕西建工机械施工集团有限公司工程师，主要研究方向为智能建造及 BIM 技术；范格平，陕西建工机械施工集团有限公司正高级工程师，主要研究方向为科技研发、技术创新；欧宝华，陕西建工机械施工集团有限公司高级工程师，主要研究方向为公路施工技术。

预制装配技术，对促进区域经济发展、加强城乡联系、新技术应用推广具有重要意义（见图1）。

黄兴村大桥全长676.5米，为左右分离式，共26跨，桥墩桩采用PRC管桩，桩径80厘米，共计400根，桩长均为40米。下部结构采用装配式预制墩柱、预制盖梁。预制桥墩共100个，墩柱最大高度8.3米；预制盖梁共50个，采用C50混凝土，最大吊装重量约150吨。连接形式为灌浆套筒，套筒分别预埋于墩柱、盖梁底部。

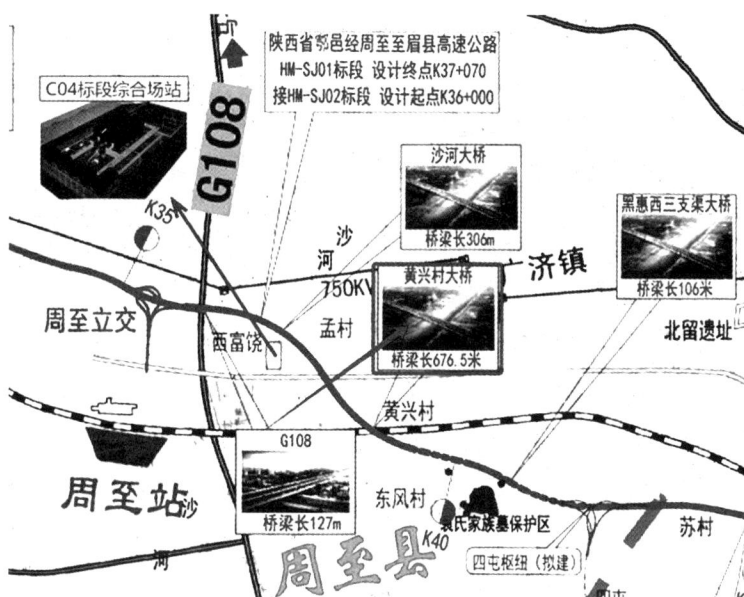

图1　黄兴村大桥项目鸟瞰图

## 二　装配式施工的创新做法

### （一）钢筋骨架整体制作安装技术

墩柱、盖梁钢筋骨架均在专用胎架上进行绑扎（见图2）。墩柱钢筋胎架按照墩柱钢筋设计间距和位置设置定位卡槽，卡槽精度控制在±2毫米以内。将钢筋按照设计要求依次放入卡槽内进行绑扎，绑扎丝采用镀锌铁丝，拧紧程度适中，避免过松或过紧影响钢筋位置或造成钢筋损伤。盖梁钢筋根据设计图纸确定钢筋的位置和间距，在平台上弹出钢筋位置线，线宽不超过 1 毫米，线的精度控制在 ±1 毫米以内。在与墩柱连接部位预留灌浆套筒孔洞位置，采用高精度模具进行定位，孔洞的直径偏差不超过 ±3 毫米，位置偏差不超过 ±5 毫米，套筒预埋于盖梁底部。孔洞周围用钢筋进行加强处理，箍筋与主筋的绑扎采用双股镀锌铁丝，绑扎牢固，无松动现象。

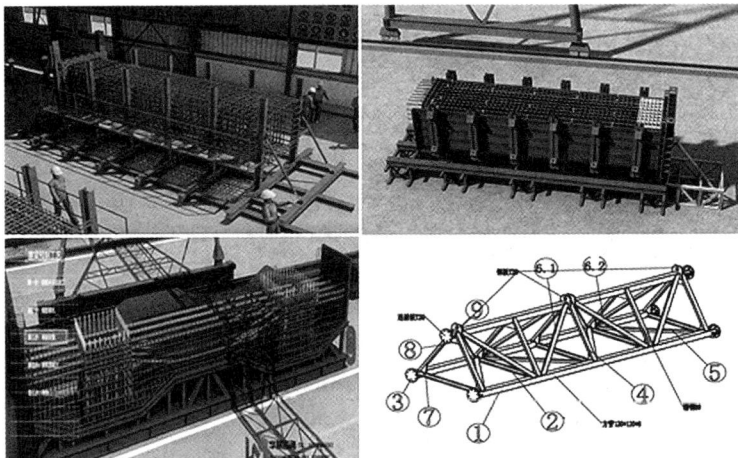

图 2　墩柱、盖梁钢筋绑扎

钢筋骨架绑扎完成后，进行整体吊装入模，在吊装过程中采用桁架式多点专用吊具，吊点设置在钢筋骨架的重心位置附近，吊点数量不少于 4 个，且吊点处的钢筋进行加强处理，防止钢筋骨架在吊装过程中变形。

（二）一体化定型模具同精度预埋技术

项目团队根据两种不同截面尺寸的墩柱设计了定制化模板。这些模板不仅采用了分节设计以适应不同墩高，还通过两块 C 形板和两块可替换的 L 形板拼接而成，实现了截面尺寸的灵活调整。这种设计不仅提高了模板的利用率，降低了成本，还确保了墩柱尺寸的精确性和一致性。为确保墩柱底部套筒与承台预留钢筋、盖梁底部套筒与墩柱顶部预留钢筋精确对位，项目团队研发了一体化定型模具同精度预埋装置（见图3）。

图3　一体化定型模具

## （三）重型预制构件吊点设置技术

依据《公路装配式混凝土桥梁设计规范》，项目决定采用 15.2 毫米高强度低松弛钢绞线作为吊环材料（见图 4）。在安装过程中，采用精密的测量仪器和定位技术，确保钢绞线吊环的埋深精确至 1 米，伸出预制构件的长度为 200 毫米，伸出部分采用 2 毫米厚的镀锌管进行包裹，既美观又增强了防腐性能。同时，锚固端设置 P 锚，经过强化设计，确保在极端工况下仍能保持稳定。

**图 4　预制构件吊点设置**

## （四）预制盖梁智能张拉压浆技术

本桥预制拼装盖梁设置两排共计 8 束预应力钢束。混凝土强度达到 100%时张拉上层中部及下层两端共 4 束预应力钢束至 60%。待盖梁安装就位后，张拉全部钢束至 100%，再压浆封锚，待强度合格后安装预制箱梁。张拉均为两端对称张拉。智能压浆系统利用计算机智能技术，在压浆过程中进行压力、流量、水胶比三参数控制。系统可以远程管理，精确监测到浆液温度、环境温度、灌浆压力、稳压时间等各个指标。压浆完成后，系统自动生成压浆记录（见图5）。

图5　预制盖梁智能张拉压浆

### （五）PRC 管桩施工技术

黄兴村大桥 1~25#桥墩基础采用 PRC-I800B130 型管桩，共计 400 根，单桩设计桩长 40.0 米，桩径 0.8 米，材质为 C80，每个桥墩为 4 根管桩形成的群桩基础。所用液压打桩锤型号为海威 HYC22，锤心最大行程 1.5 米，锤心质量 20 吨，最大锤击能量 300KN·M。管桩设置开口型钢制桩尖，打桩时在桩帽上设置桩帽套筒，在桩帽上部直接接触打桩锤的部位设置锤垫，锤垫采用 20 厘米厚橡胶垫。在接桩过程中采用焊接接头，入土部分桩段的桩头高出地面 1.0 米，并尽量保持新接桩节与原桩节的轴线一致，接桩面上的泥土、油污、铁锈等要预先清刷干净。当 PRC 管桩由于某种原因无法施打至设计标高时，在征得设计方同意后，对于高出设计标高的部分进行截除（见图6）。

### （六）灌浆套筒连接技术

灌浆套筒连接技术是装配式施工中的核心连接手段，它基于钢筋与灌浆

图6　PRC管桩施工

料、灌浆料与套筒之间的黏结与摩擦作用实现力的传递。套筒内壁一般设有螺旋状或环形的肋纹，这些肋纹在灌浆料灌注并硬化后与灌浆料形成机械咬合作用，大大提高了连接的可靠性。该技术通过在承台、墩柱及盖梁等预制构件内部预设灌浆套筒，并预留相应主筋，实现了构件间的高效、精准连接。相较于传统焊接或螺栓连接方式，灌浆套筒连接具有高连接强度、施工便捷、环保节能等几大独特优势（见图7）。

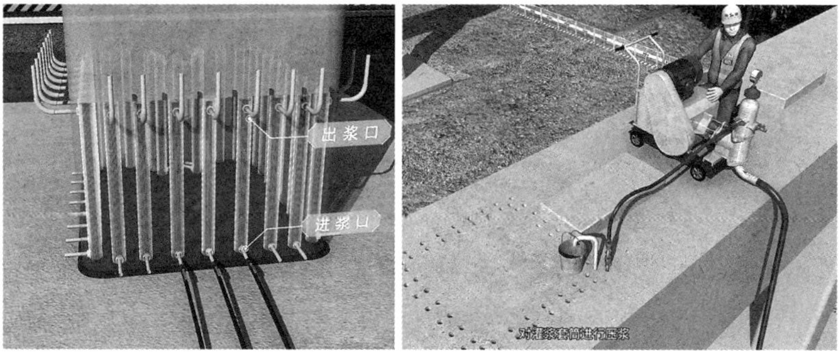

图7　灌浆套筒连接技术

采用压力灌浆设备进行灌浆，灌浆压力一般控制在0.2~0.5MPa。灌浆要从套筒的一端开始灌注，使灌浆料缓慢充满整个套筒，同时要注意观察灌浆料的流动情况，确保套筒内的空气完全排出。当灌浆料从套筒的另一端溢出时，停止灌浆，并及时封堵灌浆口。灌浆口可采用一次性止浆阀封堵，封堵应牢固，防止灌浆料倒流。灌浆过程中应记录灌浆量，灌浆量偏差不超过理论计算量的±5%。理论计算量根据套筒的容积、钢筋与套筒的间隙等因素确定，在灌浆前进行精确计算。

## （七）智能化与信息化应用

为进一步提升施工效率和管理水平，项目团队积极探索智能化与信息化技术在施工过程中的应用。

装配式桥梁采用工厂预制、现场拼装的建造方式。在工厂内，BIM 模型直接指导生产线的运作，确保每个构件的尺寸、形状、材料性能与设计吻合，利用"数字驱动制造"的方式，提升生产效率和构件的标准化程度，实现从构件生产到现场安装的全程智能化管理。施工现场，利用 BIM 技术提前进行模型装配预演、误差分析及施工过程验证，精确规划吊装路径，避免构件间的碰撞，减少现场调整时间（见图 8）。此外，结合物联网、大数据等现代信息技术手段，对施工现场进行实时监控和数据分析，实现桥梁结构、构件、设备等信息的集成、共享。

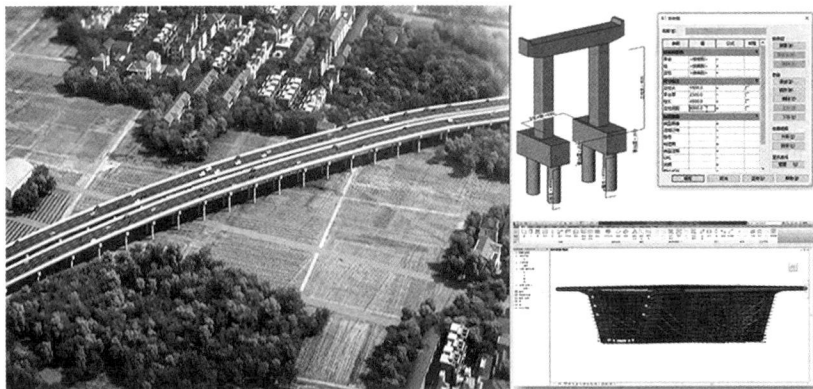

**图 8　黄新村大桥 BIM 模型**

# 三　项目建设成效与未来展望

首先，在资源节约与环保效益方面，鄂周眉高速公路项目的全装配式桥梁相比现浇桥梁展现出了显著优势。装配式桥梁的预制构件在工厂生产，不仅提高了材料的利用率，减少了建筑垃圾的产生，还有效节约了建筑用水、用电和施工用油。装配式建筑在建设阶段比传统现浇建筑能节约25%的建筑用水、30%的建设用电和50%的施工用油。此外，装配式桥梁的施工方式也减少了施工现场的噪声、粉尘等污染，有利于保护周边环境和居民的生活质量。

其次，从施工周期与人工效率来看，鄠周眉项目的全装配式桥梁优于现浇桥梁。装配式桥梁的预制构件可以在工厂同时生产，而施工现场只需进行组装。同时，精确的吊点设计和优化的吊装方案，使构件吊装过程更加顺畅高效，进一步缩短了工期，降低了施工成本。

最后，鄠邑经周至至眉县高速公路HZM-C04合同段全装配式桥梁建造作为陕西建筑业在智能建造领域的一次重要尝试和成功实践，成为省内绿色高速建设典范，不仅展现了陕西建筑业的雄厚实力和创新能力，更为行业未来的发展提供了宝贵的经验和启示。随着装配式施工技术的不断发展和完善，以及相关政策法规的出台和支持，相信在未来的交通建设中会有更多的装配式桥梁涌现出来，为人们的出行提供更加便捷、安全、舒适的交通体验，同时也将推动整个建筑行业向更加绿色、智能、高效的方向发展。

# B.24
# 西安碑林博物馆改扩建工程
# 智能建造与实践

李 建　李海强　冯高伟*

**摘　要：** 西安碑林博物馆改扩建工程围绕文物保护与智能建造深度融合展开实践，针对超长大体积混凝土结构、仿古清水饰面工艺、丝缝陶土砖幕墙及文物搬迁等核心挑战，系统性应用智能建造技术。通过部署 ALC 墙板安装机器人、激光整平机器人及智能焊接设备提升施工效率；依托 BIM 技术实现场地规划、预应力节点深化与展陈空间优化；结合无线温控传感、塔机防碰撞系统及隔震构件智能生产线强化质量安全管控。项目同步构建智慧运维管理平台，集成多维度监测与安防体系，形成"三防合一"防护模式。该工程通过数字化与工业化协同创新，实现了建造效率提升 60%、碳排放降低 30%，为历史文化遗产类建筑的智能建造提供实践范本，获评陕西省智能建造示范项目。

**关键词：** 智能建造　BIM 协同设计　仿古工艺数字化　文物搬迁技术智慧运维系统

---

\* 李建，陕西建工第三建设集团有限公司第七工程公司经理、高级工程师，全面主持工程公司工作，分管财务与经营方面事务；李海强，陕西建工第三建设集团有限公司第七工程公司技术质量部部长、工程师，负责工程公司技术质量工作；冯高伟，陕西建工第三建设集团有限公司高级工程师，曾牵头组织过多项优质工程创建工作，现任西安碑林博物馆改扩建工程项目总工程师，负责项目商务技术工作。

# 一 工程概况

## （一）项目简介

西安碑林博物馆改扩建工程由著名建筑大师、中国工程院院士崔愷主持设计，陕西建工第三建设集团有限公司承建。项目位于柏树林与东木头市十字西南角，环绕老馆区而建，工程总造价约13.12亿元，总建筑面积71272平方米，由东区、西区、北区三个单体工程组成（见图1）。

新馆建成后展陈面积较原来增加3倍，可将馆藏国宝级文物大秦景教流行中国碑、多宝塔感应碑等反映丝绸之路文化的文物集中展示，为促进"一带一路"各国文化交流发挥更大的作用。

**图1　西安碑林博物馆改扩建工程项目效果图**

## （二）工程难点

### 1. 超长大体积混凝土结构

筏板面积2.53万平方米，筏板厚度0.8~2.8米不等，东西向190米，南北向160米，为超长大体积混凝土结构。集水坑及V形筏板构造复杂多变，开挖控制难度大。项目通过对复杂集水坑与桩位冲突位置进行优化调整，确定桩身长度及开挖标高、界限（见图2），以及筏板马凳布置形式（见图3），构造节点优化，节约钢材240.2吨，并形成深化图纸指导施工。

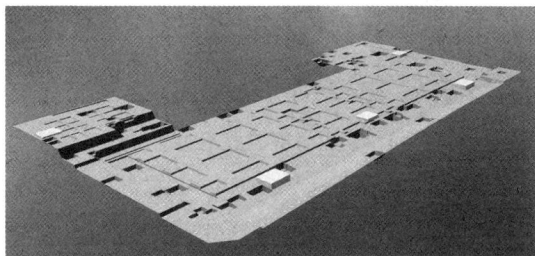

图2　土方开挖策划模型

图3　槽钢马凳布置模型

2. 竖向缓黏结预应力外墙

外周区地下室外墙布置竖向缓黏结预应力钢绞线，布置形式均为双层对向布置，共计77.18吨。预应力钢绞线每米重2.95千克，需一次从20米高竖向预埋、存放。通过借助窄肥槽内有限宽度搭设放索架进行支撑，有效解决"高窄狭长"地下空间钢绞线随主体施工穿插预埋、甩筋存放的问题，保障工期进度（见图4）。

3. 清水混凝土

项目运用了大量现浇清水混凝土装饰结构，其中北区公共大厅、碑楼展厅采用浅灰色饰面清水混凝土（见图5），下沉室外环廊为仿夯土肌理装饰清水混凝土（见图6），清水总面积约达50000平方米。

图 4　预应力钢绞线甩筋、存放

墙体的模板拼装加固方式、阳角成形状况、混凝土配合比的把控、抗裂措施以及施工缝衔接等方面，都会对最终饰面的呈现效果产生影响。项目通过参数化建模、全自动程控模板裁割机进行模板精准下料、"定制型钢+几字梁模板加固"体系及 40 余次配比试配，最终再现了黄土大地中碑楼林立的设计意境。

图 5　浅灰色饰面清水混凝土实体效果　　图 6　仿夯土肌理装饰清水混凝土实体效果

### 4. 丝缝陶土砖幕墙

陶砖因烧制工艺出厂外形尺寸存在±2 毫米偏差，为达到 3 毫米丝缝效果，砖材需人工进行二次打磨，材料损耗较大，砌筑工效低。

项目采用"串挂+砌筑"的组合施工方法。砖材工厂研磨提高材料精度；运用 4 种规格的灰色陶土砖，每隔 10 匹砖设置横梁承重转换层，利用带 75 毫米×20 毫米缺角砖与横梁组合砌筑；以 $\phi$12 镀锌螺杆替代竖向钢筋，在横梁下部采用螺纹套筒接长的方式进行陶土砖幕墙串挂砌筑，从而实现 3 毫米丝缝效果（见图 7、图 8）。

图 7　陶土砖幕墙构造样板

图 8　丝缝陶土砖幕墙砌筑实体效果

5. 文物搬迁

文物搬迁涉及 83 块石质碑刻文物，碑刻级别高、尺寸大、重量重、数量多，碑身本体情况复杂，对环境振动的敏感性较强。部分展厅建筑高度低于保护后碑刻高度，文物需提前放入新馆后才能封闭结构，且施工过程中反复动力荷载会对文物及古建筑的安全性、完整性产生影响。

项目下挖地面，采用 PLC 多点液压同步控制系统（见图 9）。液压导轨将碑刻文物转移至室外后，使用龙门吊、自动调节平衡车（见图 10）、悬浮气垫等多种智能设备，确保国宝级文物高效安全地搬移至新馆展陈区域。

图 9　PLC 多点液压同步控制系统

图 10　自动调节平衡车

# 二　创新亮点

## （一）智能建造机器人

ALC 墙板安装采用运输与安装机器人（见图 11），可快速完成 ALC 墙板的运输、转运、安装作业，作业效率提高 60% 以上，同时减少环境污染。

混凝土地面采用四轮激光地面整平机器人（见图 12），利用智能激光找平算法以及线控底盘技术，实现无人自主找平及高精施工。激光探测精度可缩小至 2 毫米，测量高差控制在 5 毫米以内。

混凝土面层收光采用四盘地面抹光机器人（见图 13），可以无死角、高效地为混凝土面抹平、定型。混凝土收光抹平可达 $300\sim500$ 米$^2$/时，平整度偏差控制在 5 毫米以内，节省人工成本 60% 以上。

图 11　ALC 墙板运输与安装机器人

图 12　四轮激光地面整平机器人

图 13　四盘地面抹光机器人

在抹灰工程施工阶段采用自动墙面抹灰机器人（见图14）。该机器人运用全自动编程控制系统，参数化的设定，集抹平与收刮于一体，平整垂直度误差在2毫米以内，施工效率提升3~5倍。

**图14　自动墙面抹灰机器人**

实测实量机器人智能测头的测量模块具有自主目标识别、测量分析数据上传、报表生成等功能，实现无人自主建筑测量及报告输出（见图15）。测量点云精度达到0.1毫米，节省人工成本90%以上。

**图15　实测实量机器人**

日常巡检采用智能巡检机器人，改变了传统的巡检方式（见图16）。通过无线网络实时传输画面，管理人员可以在远程进行自主巡检。通过现场实际运行情况与以往人工巡检对比，整改效率提高了约13%，有效提高了巡检工作的效率和准确性。

图16　智能巡检机器人

项目针对空间狭小且管线密集区域（如隔震层、设备管道夹层），采用全自动焊接机器人（见图17），有效解决了人工焊接效率低、通风困难及中毒风险等问题，施工效率比手工焊接提高3倍，焊接成本降低近30%。

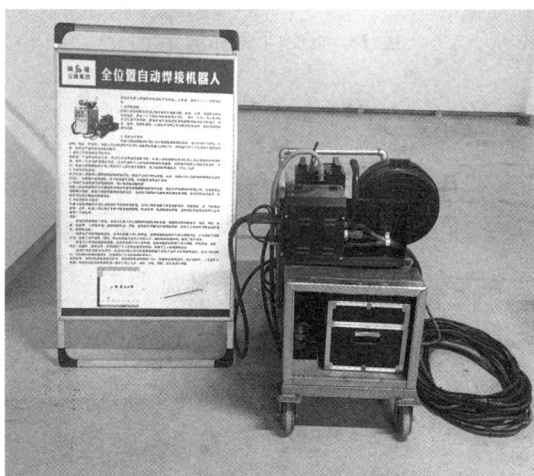

图17　全自动焊接机器人

## （二）BIM 技术应用

项目明确 BIM 技术应用流程，制定详尽的 BIM 建模计划与管理平台应用计划，在工程各阶段运用 BIM 技术，以提升项目策划能力、增强过程管控能力、提高施工深化设计的质量与效率，进而提升项目各阶段的精细化管理水平。

### 1. 场地平面布置策划

由于项目场地狭小，施工方应用 BIM 技术结合 CAD 对现场进行场布策划（见图 18），经过推演优化、动态调整，使平面布置更加合理、高效，提升了施工组织效率。

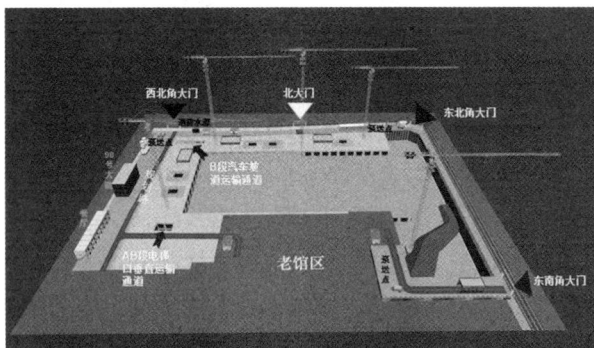

图 18　场地平面布置策划

### 2. 施工方案深化

通过对支护（见图 19）及降水（见图 20）情况进行模拟，直观展现施工控制要点，预见实体效果、周边环境变化，指导方案优化和现场施工。

利用 BIM 技术对预应力抗拔桩构造体系（见图 21）、竖向缓黏结预应力外墙放索架搭设形式进行优化设计（见图 22），指导现场施工，提高施工工效。

隔震支座上支墩节点存在钢筋与钢骨梁冲突的情况。基于 BIM 模型，对节点区域钢筋的锚固、布置以及钢骨梁永久性支撑进行深化（见图 23），保证施工质量和钢骨梁的安装精度。

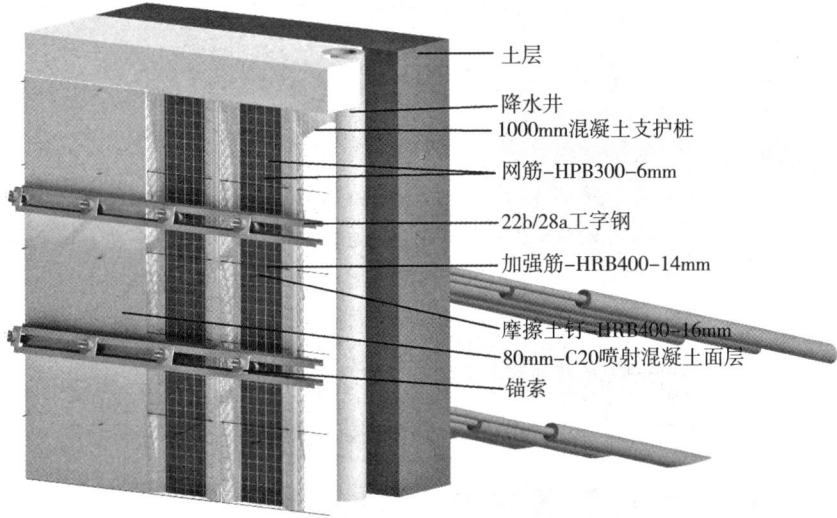

图 19　支护三维模型

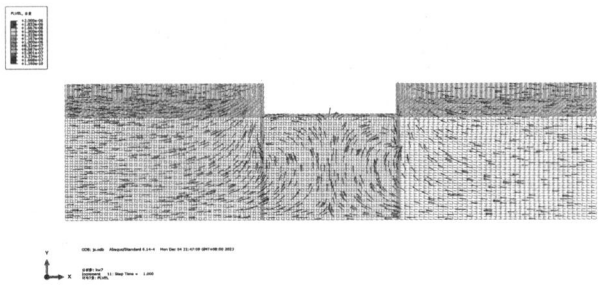

图 20　降水流速模型

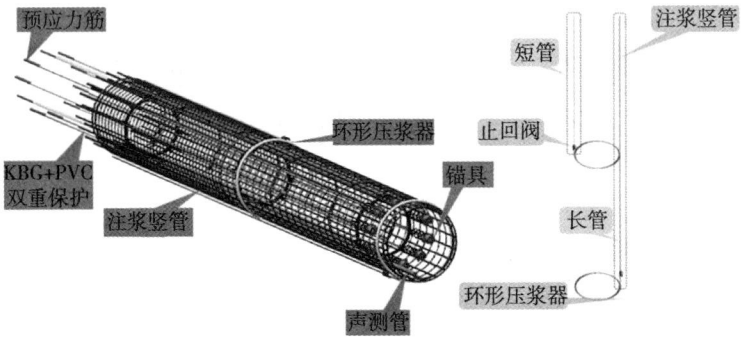

图 21　预应力抗拔桩构造体系策划

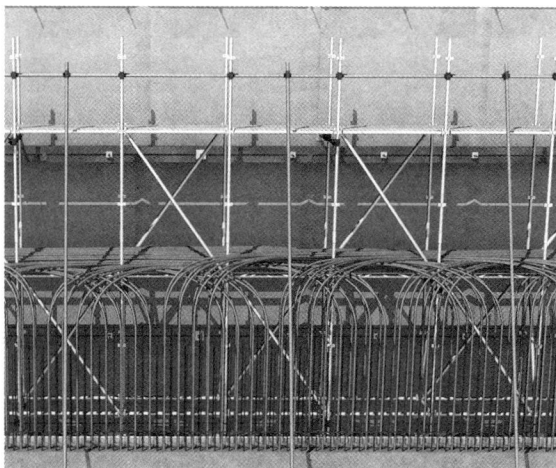

图22 竖向缓粘结预应力外墙放索架搭设形式策划

图23 隔震支座支墩钢筋及钢骨梁支撑深化

清水模板采用 Rhino 软件、Grasshopper 模块进行参数化建模（见图24），精确表达蝉缝、诱导缝、螺栓孔的分布，并输出深化图。各类管线（见图25）、末端点位预埋，则根据各专业深化集成反映到模板深化图上，指导现场施工。

隔震区与非隔震区机电专业在跨区域时，采用隔震柔性连接（见图26）。

3.净高分析

对管道、桥架优化排布，解决通道标高和风管穿门的问题，在确保使用功能的前提下，满足走道及设备机房净高要求（见图27）。

图 24　参数化建模

图 25　清水机电管线预埋排布

图 26　隔震管道柔性连接

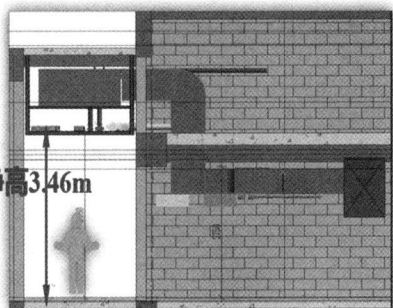

净高3.46m

图 27　走道及设备机房净高分析

### 4. 支架受力分析

为保证工程质量，对管道支架进

行受力分析（见图28），确保荷载在安全范围内、支架施工稳定可靠。用力学结构结合 BIM 设计支架模型进行受力计算，出具受力计算书83份。

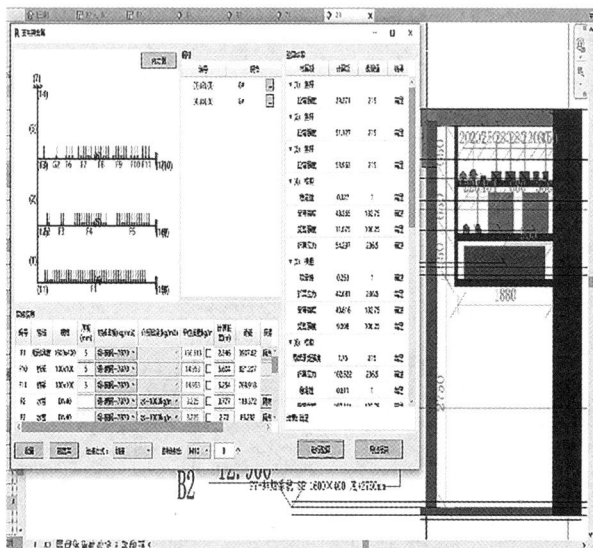

**图 28　管道支架受力分析**

### 5. 精装点位配合

针对区域化机房风管数量多、尺寸大、交叉连接多的特点，利用 BIM 模型的可视化功能，合理考虑运营检修空间、规划人员检修动线，降低风管交错频率，优化管线排布（见图29）。

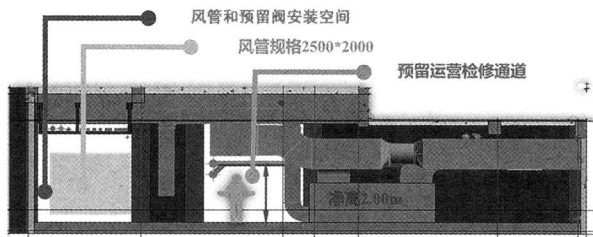

**图 29　区域化机房规划**

## 6. 可视化验收

借助 Revit 模型、漫游视频，呈现建筑物的结构、装饰（见图 30）及设备用房（见图 31）的优化排布，出具施工图纸，进行可视化交底、验收。

**图 30　丝缝陶土砖幕墙实施效果**

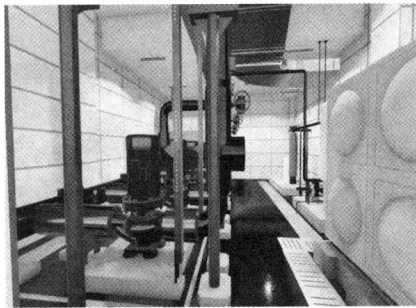

**图 31　设备用房漫游**

## 7. 文物搬迁模拟

应用 BIM 技术对文物搬运路线进行策划，针对外包装钢托架利用有限元模型进行安全计算。在实施过程中，结合试验碑模拟，确保搬迁时文物的安全（图 32）。

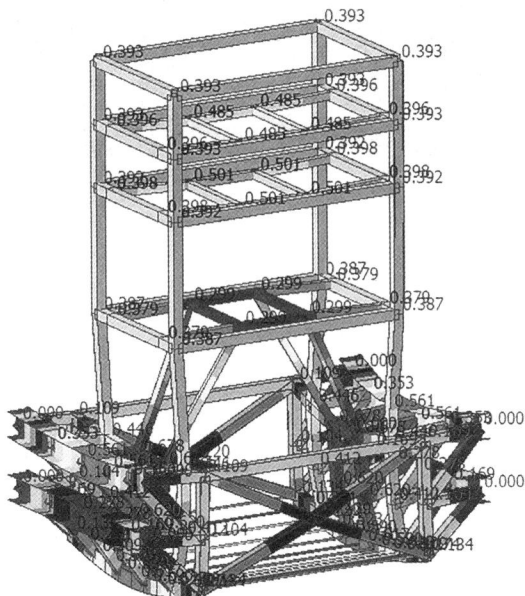

**图 32　外包装钢托架三维数值模型**

8. 展陈设计

以"碑"为主题，综合运用多种辅展手段，设计体验互动区（见图 33），多样化、现代化和技术化的碑刻文物展览方式（见图 34），超越传统的互动理念，增强游客游览体验。

图 33 体验互动区

图 34 碑刻文物昭陵六骏

（三）智能化监测

采用无线温控传感器（见图 35）对大体积混凝土进行远程测温监控，传感器实时反馈混凝土内外温差波动情况，施工方通过数据分析及时采取温控对策，保证筏板大体积混凝土质量。

应用智能监测系统对深基坑支护较不利位置及周边古建筑进行监测，包含支护桩顶沉降监测点 15 个、桩顶倾斜监测点 12 个、古建筑沉降监测点

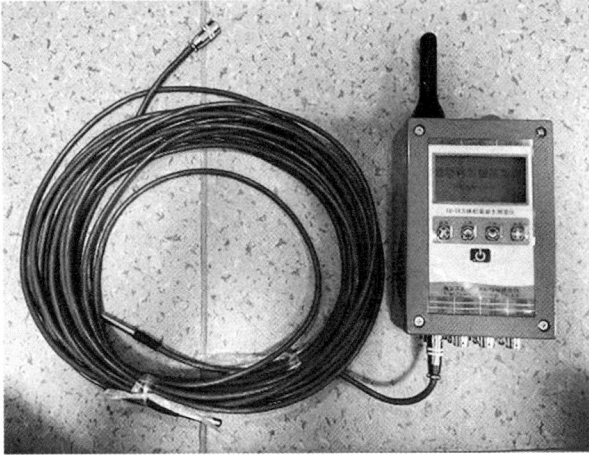

图35　无线温控传感器

12个、水位监测点3个、支护锚索应力监测点3个（见图36）。实时采集数据，对异常情况进行预警监测。

图36　支护锚索应力监测

对高大模板支撑系统的模板沉降、支架变形和立杆轴力进行实时监测（见图37），实现超限预警、危险报警、趋势预测，监管排除影响安全的不利因素。

针对项目5台平臂塔的群塔作业情况，应用塔机监测系统，实现各类塔

图37 高大模板支撑系统模架体监测

吊的自动防碰撞（见图38）和自动制停功能。运用 AI 识别系统，自动识别预警吊钩范围内的人员动态及司机违章作业，保障吊装作业的安全。

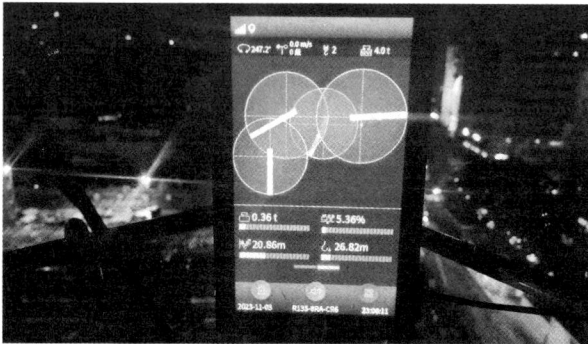

图38 塔吊自动防碰撞监测

（四）智能构件生产

减隔震产品采用智能化生产线，从钢板、橡胶的加工，到组装、硫化、脱模、力学检验、喷漆、包装、仓储等，均采用机器人加工与智能化车间流转，全流程实现隔震支座的智能生产（见图39）。

图 39　隔震支座智能化生产线

根据深化图纸进行高精度建模，输入电脑端识别，整体进行组合下料、自动切割、深化加工（见图 40）等，实现钢构件流水线生产。

图 40　深化加工

管道构件均通过工厂预制加工、模块装配（见图 41）和场外集成，提升协作效率，实现绿色环保和高效施工。

钢制镁面复合防排烟风管在智能化加工厂，通过采用全功能数控一体化加工生产线（见图 42），提高生产效率，实现管材模块化精准下料。

UHPC（超高性能混凝土）挂板墙加工运用数控设备精准把控尺寸，以确保装配精度。根据预设程序优化切割和雕刻成型工艺，完美呈现镂空造

图 41　管道构件装配式模块智能化工厂

图 42　全功能数控一体化加工生产线

型，减少材料浪费，降低对环境的影响（见图 43）。

建筑门窗幕墙采用智能生产线（见图 44）加工，根据加工图纸，设计转换程序提取型材数据，自动生成智能设备可读取的加工程序，并同步生成二维码，采用图像设备和扫码确保每根型材的加工信息准确。杆件加工好按照编号包装运至工地，现场进行安装。

项目采用智能制造协同管理系统（PCMES），实现叠合板预制构件（见图 45）的工厂自动排产、原材料管理、过程生产、质量检验和产能统计

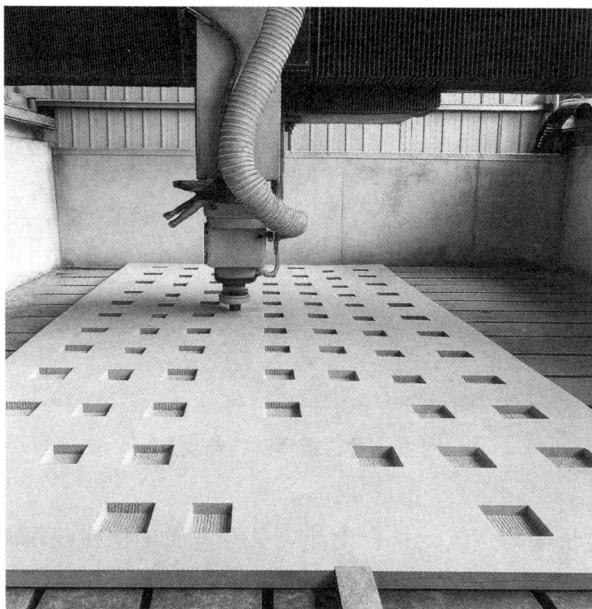

**图 43　镂空造型 UHPC 挂板墙母模雕刻制作**

**图 44　建筑门窗幕墙智能生产线**

分析等生产各环节管控，快速高效生产，满足项目建设需求。

在钢筋桁架楼承板的生产过程中，运用智能加工系统（见图 46）。该系统借助高精度的测量与控制技术，能够精确设定各项参数，以此保证每

图 45　叠合板预制构件生产

一块楼承板的长度与宽度均符合设计要求，进而确保在建筑施工时的拼接精度。

图 46　钢筋桁架楼承板智能加工生产线

## （五）智慧运维管理

### 1. 智慧工地管理平台

项目全生命周期贯彻"智能建造+智慧运维、绿色低碳"的理念，依托企业统一的智能建造平台，搭建实体化应用场景，集成设计数字工地、智能监控、基坑监测等十大系统板块（见图47）的推广应用，构建项目智能建造及智慧运维综合系统。

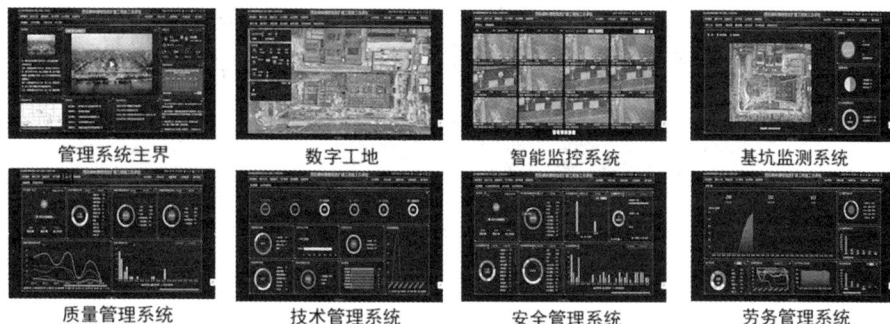

| 管理系统主界 | 数字工地 | 智能监控系统 | 基坑监测系统 |

| 质量管理系统 | 技术管理系统 | 安全管理系统 | 劳务管理系统 |

图47 部分系统板块

### 2. 智慧运维管理系统

规划设计智能化系统满足运维的使用要求，为人员、车辆、安全、机电设备等的运维管理提供技术支撑（见图48）。

**（一）信息设施系统（ITSI）**
- 信息接入系统
- 用户电话交换系统
- 信息网络系统
- 布线系统
- 有线电视系统
- 移动通信室内信号覆盖系统
- 无线对讲系统
- 信息引导及发布系统
- 公共广播系统
- 会议系统

**（二）安全技术防范系统（SPS）**
- 安全防范综合管理系统
- 视频安防监控系统
- 入侵报警系统
- 出入口控制系统
- 声音复核系统
- 专用通讯系统
- 电子巡查系统
- 防爆安全检查系统
- 停车场管理系统
- 应急响应系统
- 电梯五方对讲系统

**（三）建筑设备管理系统（BMS）**
- 建筑设备监控系统
- 建筑能效监管系统

**（四）智能化集成系统（IBMS）**
- 智能化集成（平台）系统
- 集成信息应用系统

**（五）信息化应用系统（ITAS）**
- 物业管理系统
- 智能卡应用系统
- 公共服务系统
- 语音导览系统

图48 规划设计智能化系统

应用智慧化管理平台将各个相互独立的子系统融合在一起。通过数据采集、存储及分析，为运营单位提供帮助，实现各系统间的联动控制，使项目运营更高效、更环保、更安全（见图49）。

推动人防、物防、技防"三防合一"，建立5层纵深安全技术防护体系（见图50），保障人员、文物安全。

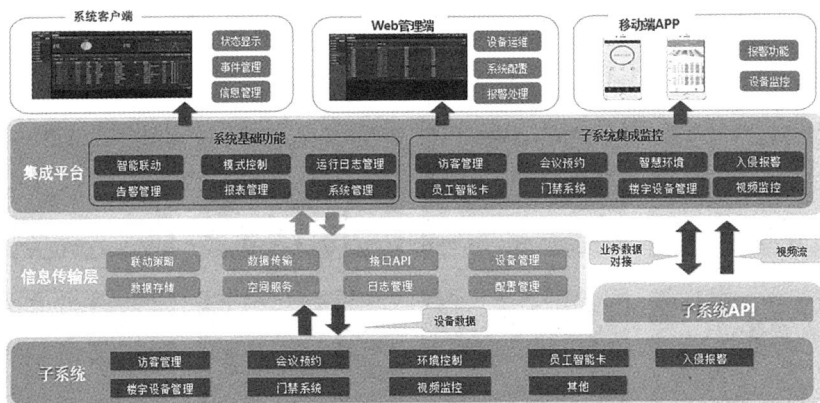

图49 智慧化管理平台

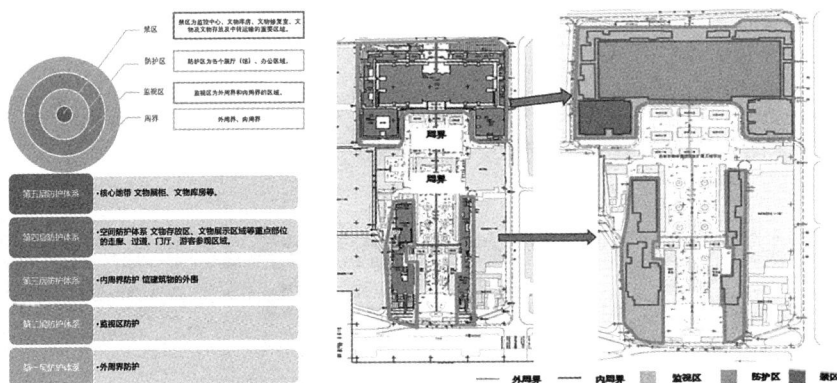

图50 安全技术防护体系

# 三 结语

通过引入智能建造新技术，项目在建造效率和建筑质量方面均实现了显著提升与优化。2024年，该项目先后被选定为西安市安全生产月启动仪式及观摩会分会场、陕西省智能建造与新型建筑工业化试点项目现场观摩会主会场。项目将持续发挥在智能建造领域的引领和支撑作用，积极构建并践行新发展理念，为陕西省和西安市建筑行业朝着高效、绿色、智能的方向发展贡献力量。

# B.25

# 科技赋能与管理创新助力项目高效建造

## ——西安咸阳国际机场三期扩建工程东航站楼施工及管理总承包一标段

马振和　张　驰　雷万里*

**摘　要：** 西安咸阳国际机场三期扩建工程东航站楼是西北地区最大的机场建设工程，建筑面积达70万平方米。项目采用框架结构和焊接球网架结构，是国内第二座采用层间隔震设计的航站楼。工程面临工期紧张、施工条件复杂等挑战，通过超长混凝土隔震结构变形控制技术、多标高大空间钢结构网架高效建造技术、数字建造技术以及仿古建筑关键技术等创新手段，实现了高效建造。项目还采用"管理总承包+施工总承包"模式，推动了多专业协同和数字化管理，为机场的高效运营提供了保障。

**关键词：** 隔震结构　钢结构网架　数字建造　仿古建筑　总承包模式

## 一　项目概况

西安咸阳国际机场三期扩建工程东航站楼建筑面积为70万平方米，地上四层，地下三层，采用"集中式主楼+六指廊"构型，建筑整体采用框

---

* 马振和，中国建筑第八工程局有限公司西安咸阳国际机场项目总工程师，中建八局机场管理序列专家，全面负责项目技术质量及科技工作；张驰，中国建筑第八工程局有限公司西安咸阳国际机场项目副总工程师，负责项目创优创奖及科技工作；雷万里，中国建筑第八工程局有限公司西安咸阳机场项目副总工程师，负责区段技术、项目钢结构、装饰装修管理工作。

架结构，屋盖为焊接球网架结构，屋面为金属屋面。在正负零柱顶设置了656个隔震支座和84个粘滞阻尼器，是国内第二座采用层间隔震设计的机场航站楼。航站楼内首次设置大规模仿古建筑，展现了西安人文机场的深厚底蕴。旅客流程方面，该航站楼为全球第二座采用双层出发、双层到达的航站楼，为旅客提供便利的出行体验。西安咸阳国际机场三期扩建工程是目前西北地区投资规模最大、建筑体量最大、技术最为复杂的机场建设工程。工程按照满足2030年旅客吞吐量8300万人次、货邮吞吐量100万吨目标设计。项目建成效果如图1所示。

**图1 项目建成效果**

项目建设过程受飞行区围界导改、场地移交、长时间强降雨等多种不利因素影响，70万平方米的航站楼，有效建设工期不足28个月，工期紧张。项目外围涉及高架、场道等单位同步穿插施工，内部包含钢结构、装饰装修、民航弱电、行李系统等专业20余项，分包单位200余家，各专业单位穿插作业，工序复杂。同时，项目遇到了控制超长混凝土隔震结构变形及保护在运地铁14号线运行安全的难题。近15万平方米网架需在7种不同标高楼层、分32个区块拼装提升，且超大洞口多，施工条件错综复杂，从杆件拼装到提升合拢仅3个月工期。钢结构提升现场如图2所示。

图 2　钢结构提升现场

# 二　科技创新

## （一）超长混凝土隔震结构变形控制关键技术

目前，国内采取隔震结构的航站楼有 5 个，均为超长结构。根据实际工程案例，受外部温度变化及自身徐变效应，超长混凝土隔震结构变形位置较集中，四周向中心收缩变形情况较为明显。项目为控制超长混凝土隔震结构变形，主要从理论、材料、施工部署、支座构造、变形监测这五个方面进行研究。

理论研究方面，创新性提出了超长混凝土隔震结构温缩变形控制理论。项目方统计陕西省咸阳市近 55 年气温数据，利用广义极值分布模型给出了极端温度重现期为 10 年、50 年和 100 年的温度极值，参考《建筑结构荷载规范》基本气温的相关规定，确定将 50 年重现期下相应的温度极值作为环境温差计算的温度取值。面对混凝土结构不同的浇筑时间及顺序、不同楼层温差差异，利用该理论，能够更加精准推演超长混凝土隔震结构后浇带设置与封闭。材料研究方面，通过 64 组配合比梯度进行强度和补偿收缩混凝土性能实验，选取最优配合比。和普通混凝土相比，最优配合比方案 14 天可达到设计强度的 80%，收缩值减少 60%～70%，可缩短至 28 天进行长龄期评价。施工部署方面，设置三横一纵施工道路与结构后浇带两带合一，细化33 段后浇带封闭顺序，制定由下至上、先中间后外围的封闭思路，实现后浇带早封闭、工期提前、质量受控，打破低温封闭的限制，具有突出优势。现场三横一纵内部道路如图 3 所示。

图 3 三横一纵内部道路布置

支座构造方面，创新研发一款适配于超长混凝土隔震结构的可纠偏隔震支座，并进行生产、实验、安装、监测，解决了支座更换难的问题。同时提出新型隔震支座相关施工技术与配套软件。新型可纠偏隔震支座检测如图 4 所示。

图 4 新型可纠偏隔震支座检测

变形监测方面，设计了一款基于计算机视觉的位移智慧监测系统，对超长隔震结构支座变形进行实时监测。图像通过网络传输视频至远端后台，经过使用 Python 语言和开源库 OpenCV 编译的处理程序，进行特征识别和精确追踪，并实时输出图像处理数据，最后通过点位在图像中的位移，计算出隔震支座的位移，实现多维度方向监测隔震支座变形。

通过以上措施，最终隔震支座最大变形控制在 30 毫米内，远小于规范参考值。同时后浇带在高温条件下提前 5 个月封闭，保证了多专业穿插施工。本成果经周福霖院士进行科技成果评价，达到国际领先水平。

## （二）多标高大空间钢结构网架高效建造技术

项目主楼屋盖为曲面造型，平面尺寸为 521 米×286 米，投影面积近 15 万平方米，陆侧挑檐最大悬挑 27.7 米、最大跨度 54 米。屋盖结构体系为焊接空心球网架，网格尺寸为 4.5 米×4.5 米，网架厚度约 3.5 米，由 59012 根钢管和 10644 个焊接球组成。屋盖下部由 56 根 Y 型柱和 112 根木墙柱支撑。屋盖支撑体系及屋盖网架竖向布置如图 5 所示。

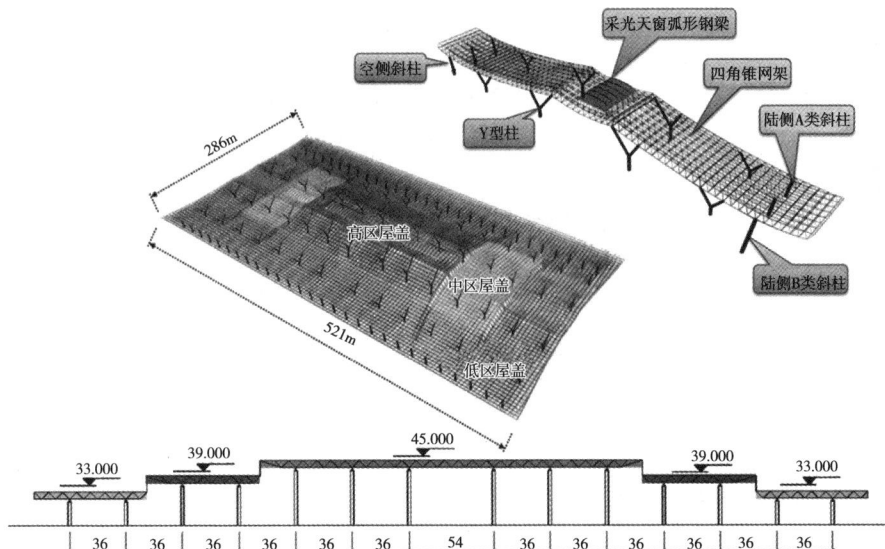

图 5　屋盖支撑体系及屋盖网架竖向布置

项目为实现高效建造目标,针对复杂条件下大高差复杂网格结构的特点,提出了"地面拼装+分区累积提升+旋转提升"的多工艺集成式提升技术,解决了复杂施工场地条件及异形结构带来的施工难题;提出了一套异速等比同步旋转提升控制方法,研制了旋转提升专用设备及智能控制系统,通过 MATLAB 数字化计算分析确定结构拼装姿态,增设临时拉结措施以避免结构脱胎的瞬时变形,并提出了新型装配化提升措施设计方法;通过 BIM 技术的应用,实现了施工全过程的碰撞分析和方案的可视化交底,保障了项目的顺利实施。屋盖提升思路如图 6 所示。本项成果经中国建筑金属结构协会进行科技成果评价,成果达到国际领先水平。

### (三)全国首次采用"引导孔钢管顶进"施工方法

项目综合管廊横跨在运地铁 14 号线,管廊与地铁 14 号线隧道垂直距离较近,为避免管廊开挖后对地铁造成影响需要对其进行保护。

项目团队提出"管幕+分块开挖"的方案保护地铁。研发西北首例 800 毫米小直径管幕并采用超前引导长螺旋取土,掘进误差小于 5 厘米,相比传统人工取土,效率高、安全可靠。最终保护地铁安全平稳运行。管廊过地铁段管幕平面布置如图 7 所示。

施工完成后,对地铁左线和右线拱顶、道床结构沉降、水平位移、净空收敛、轨道横向位移进行监测,均收敛。地铁上部结构施工健康监测如图 8 所示。

### (四)数字建造关键技术

全面应用数字建造技术,服务项目全过程高效建造,打造数字化运维机场,形成可复用的数字化技术应用实施案例,为大型基础设施数字化建造积累经验。

项目建立由 86 人组成的数字建造团队,搭建了"一站两中心"组织架构,即西北区域首个项目博士工作站、数字建造研发中心和应用中心,为项目高效建造提供全面技术支持,最终实现从设计施工到后期运维的全过程数字建造。

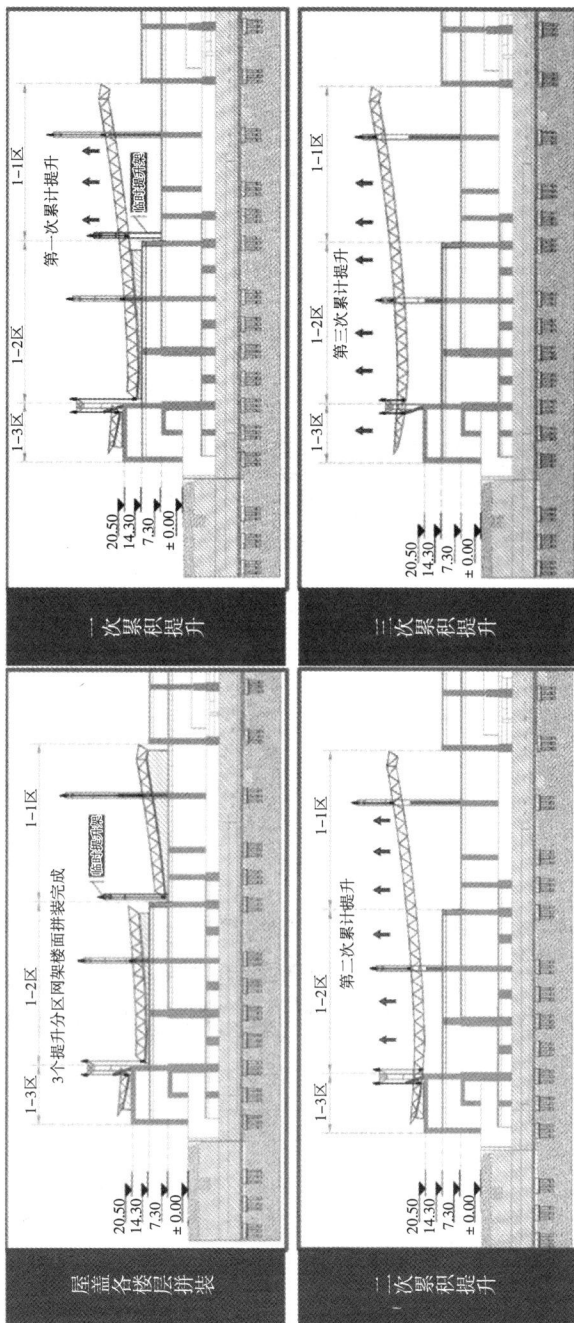

图 6　屋盖提升思路

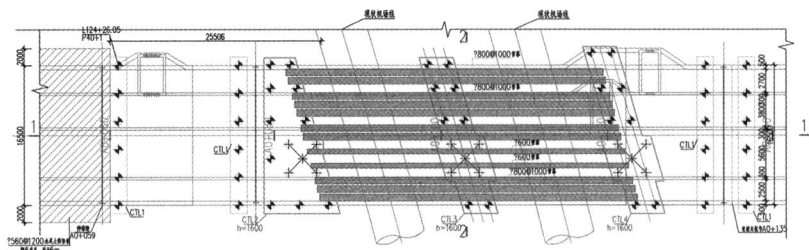

**图 7　管廊过地铁段管幕平面布置**

左线（上行）拱顶沉降历时变化曲线图（一）

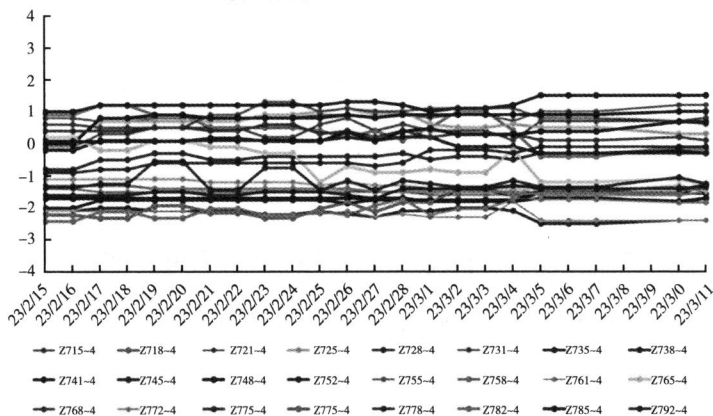

右线（下行）轨道横向高差历时变化曲线图（一）

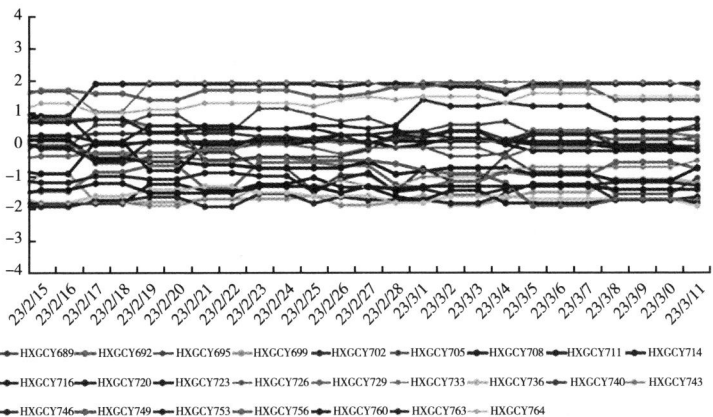

**图 8　地铁上部结构施工健康监测**

　　项目在数字模型方面，基于自主研发数字化建造平台进行全专业协同深化，整合 20 余个专业，构建高精度数据模型，解决了 12000 余处碰撞问题，为项目设计优化、高效建造奠定基础。项目部分数字模型如图 9 所示。数字深化方面，为提升专业融合效率，项目技术团队定向研发，共开发 31 个深化设计功能组件，提升深化效率，完成 70 万平方米管综深化出图，4.5 万立方米砌体、6805 个洞口精准预留，18969 个行李埋件利用率高达到 98% 以上，深化出图共 5433 张。项目数字深化情况如图 10 所示。

图 9　项目部分数字模型

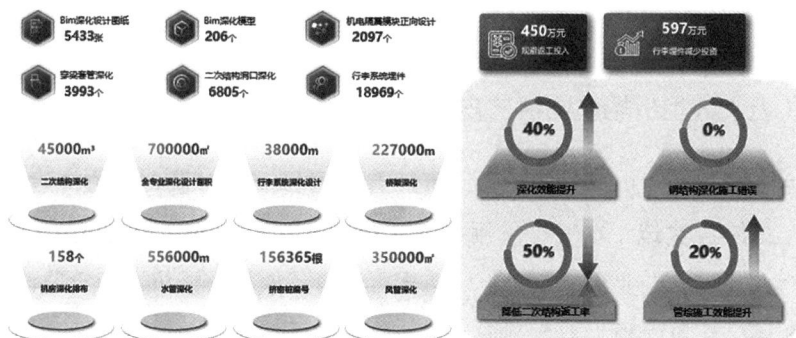

图 10　项目数字深化情况

数字施工方面，由数字建造中心牵头进行现场实施交底，确保深化设计成果落地；同时编制了减隔震及二次结构等三维模型施工手册，指导现场施工。数字交付方面，坚持一模到底，分阶段录入施工数据、资产数据和运维数据，通过融合设计信息与施工信息，结合运维管理需求，搭建底层数据算法，打造全生命周期数字孪生机场。数字运维方面，形成资产可视管理、模拟推演、机场态势感知 3 大运营数据平台，提升机场运维效率，保障机场运营安全。数字运维系统如图 11 所示。

图 11　数字运维系统

## （五）大型机场航站楼仿古建筑关键技术

西安咸阳国际机场三期扩建工程拥有中国目前室内最大的仿古建筑群，相比于传统古建筑，本工程采用"以铝代木"工艺，在具有建筑使用功能的同时，还需多专业穿插。为更好呈现古建筑的效果，该仿古建筑群位于航站楼四层，建筑面积为 1.5 万平方米，单体数量为 35 个。

本工程采用 BIM 前置深化设计、构件编码，根据编码构件进行现场二维码拼装管理等措施，解决了古建筑深化设计及现场难拼装的难题，最终完美呈现汉唐风韵、城市华章的设计意境。

主体结构为柱、梁，斜梁采用钢结构，屋面采用钢檩条，在混凝土板面施工阶段提前预埋钢结构地脚螺栓。施工前定制化加工，施工时现场吊装安装，相比于传统砖木结构，该工艺安全性、稳定性、便捷性大大提高。

为了精准把控汉唐建筑风格，项目前期，团队在西安本地进行了大量的仿古建筑群考察，学习和掌握古建筑的形制，同时也对营造法式和现存的汉唐建筑进行深入研究，利用 AI 图像识别技术分析其构造形式及构件分类。

项目团队将古建筑按照结构深化拆解，提前寻找厂家定制加工，运送至现场拼装固定。全程采用装配式施工，提前考虑点位融合和专业穿插施工。采用布线原则如下：机电、消防、弱电单位管线从钢柱内部走线，穿到屋面基层内部，再从内部穿到各个区域；为方便后期检修，消防立水管明装独立支设，安装完成后进行外包覆工作，做到 95% 点位线管隐藏式安装。所有构件提前定制化加工制作，钢柱安装精度控制在 10 毫米以内，钢梁安装精度控制在 3 毫米以内，其余结构组件做到无缝拼装。装配式施工极大地提高了施工速度，可节省大量人员、机械和材料成本。

项目团队根据设计图纸尺寸，进行整体 BIM 建模，首先把每一种可独立分开的构件做成三维模型，再用软件把所有的构件组成一个整体，查看构件碰撞、缺失遗漏，确保整体完整性，最后通过组件图纸下单定制化生产。

在工程中，通过深化设计建模，把钢结构、铝合金构件图纸拆分成各种构件进行加工制作，并使用所建 3D 模型进行现场安装指导。仿古建筑效果如图 12 所示，仿古建筑部分拆分编码如图 13 所示。

"一键式"虚拟建造、加工生产工艺，实现古建筑的快速优化设计、快速生产加工、快速施工。项目古建筑呈现效果如图 14 所示。

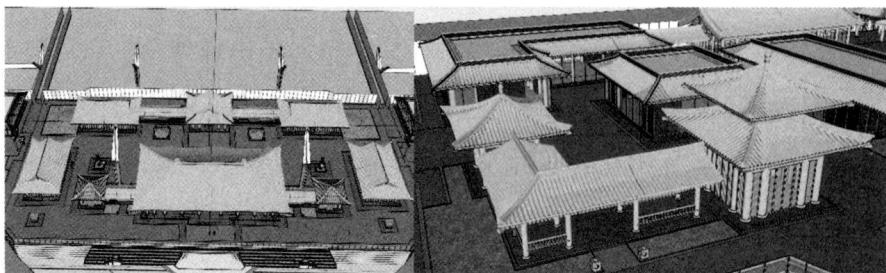

图 12　仿古建筑效果

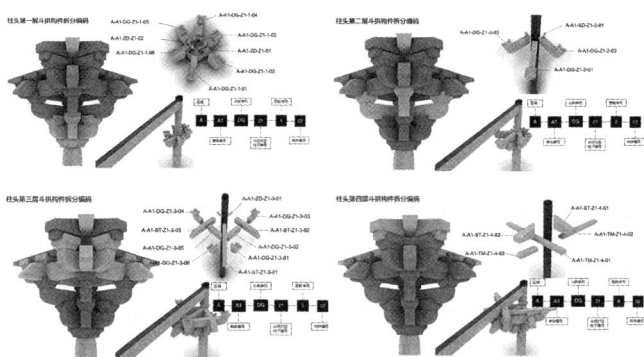

图 13　仿古建筑部分拆分编码

# 三　管理创新——总承包体系建设

项目创新采用"管理总承包+施工总承包"模式，管理总承包由中建八局实施，统筹管理航站区及飞行区 25 家总包单位。

项目施工总承包创新采用"矩阵+职能式"组织架构，实行动态管理，高峰期共有 360 余名管理人员。主体结构阶段，项目根据标段划分为 7 个作战单元，将航站楼中央 C 区划分为 4 个区段，北三指廊、信息中心、管廊各为一个区段。装饰装修阶段，项目划分为 12 个专业标段，按照北区、南区、指廊、管廊、信息中心精装修区段进行划分。区段专业层级互相协作，

图 14　项目古建筑呈现效果

总包层级统筹管理。施工总承包组织架构如图 15 所示。

　　在全力推进项目高速建造的同时，为筑牢全方位资源保障体系，项目团队特成立专班，包括卫生间专班、机房专班等，锚定物资调配、质量把控、安全管理、后勤支撑等关键工作领域精准发力。专班秉持精细化运作理念，以高规格统筹、高标准执行，夯实顶层资源保障根基，护航项目平稳有序运行，确保各环节衔接紧密、运转高效，为项目如期高质量交付筑牢坚实基础。

# 四　结语

　　截至 2024 年，项目举办国际团体、国家级、省部级、行业内观摩共计 150 余次，累计观摩人数超 12000 人。项目获得陕西省科技进步奖一等奖、河南省科技进步二等奖、西安市优质结构工程、陕西省优质结构工程、西安市文明工地、陕西省文明工地、全国安全标准化文明工地、国际安全奖、国家土建结构预制装配化工程技术研究中心 2021 建筑工业化技术创新成果、2023 年中国技协职工技术创新成果二等奖、中国建筑西北区域总部科技奖

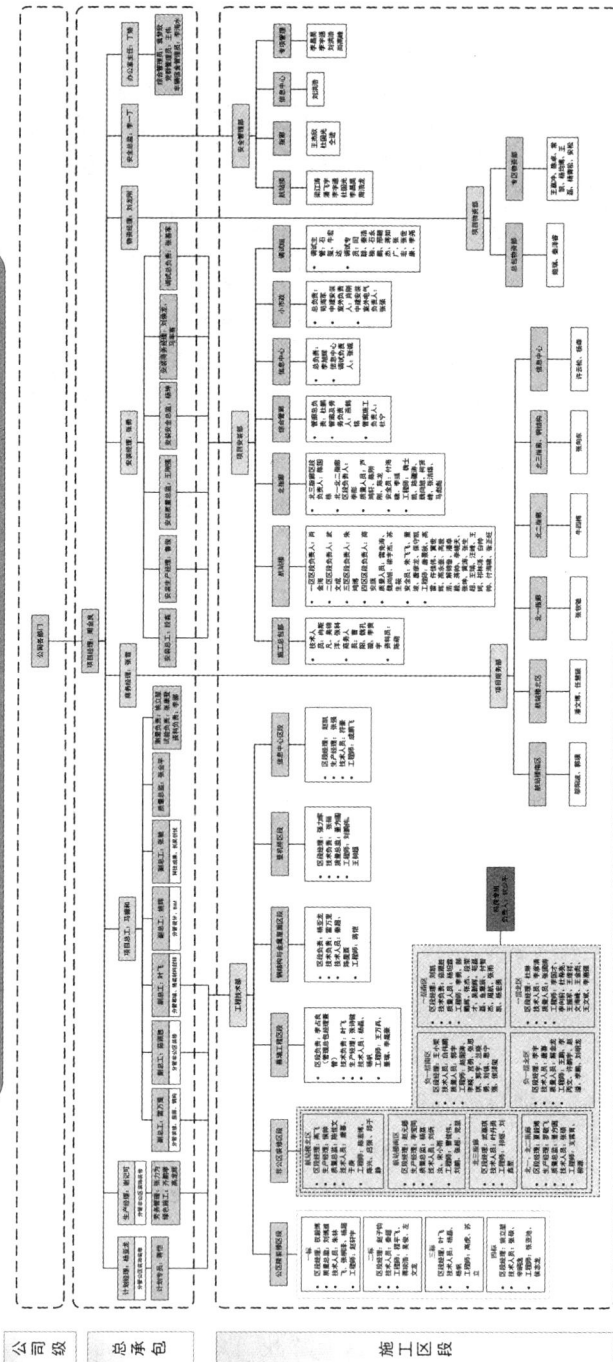

图 15 施工总承包组织架构

一等奖、中国建筑第五届青年创新创效大赛优秀奖、陕西省第八届秦汉杯BIM大赛一类成果、第九届型建香港最佳BIM云平台应用奖——铂金奖和最佳BIM可持续发展奖——金奖、中华全国总工会职工书屋、2023年陕西省重点项目劳动和技能竞赛、2023年陕西省工人先锋号等奖项。央视及30多家主流媒体跟踪报道，累计发稿1000余篇，省部级领导多次调研项目，取得良好社会效益。

西安咸阳国际机场三期扩建工程东航站楼建成后将成为陕西的"空中门户"，有助于陕西更好地服务和融入新发展格局，深度融入共建"一带一路"大格局，加强与世界各国的经贸往来和文化交流，提升陕西在全球经济中的地位。

# B.26
# 西安幸福林带绿色建造管理与技术创新

李为君*

**摘　要：** 西安幸福林带建设工程是全国最大的城市林带项目，总投资达240亿元，涵盖景观绿化、地下空间、综合管廊、市政道路和地铁工程五大业态。项目采用"PPP+代建"模式，通过LSCS总承包管理体系和全产业链协同创新，解决了跨地裂缝结构安全、超长地下结构抗裂防渗、施工准备工作复杂量大、大体量土方回填和多业态多专业交叉施工等技术难题。项目还应用了自均衡多束预应力锚索自锚连接技术、超长地下结构抗裂防渗技术以及预拌流态固化土回填技术，实现了绿色建造和可持续发展。

**关键词：** 绿色建造　PPP模式　LSCS管理体系　抗裂防渗　预应力锚索

党的二十大报告指出，提高城市规划、建设、治理水平，加快转变超大特大城市发展方式，实施城市更新行动，加强城市基础设施建设，打造宜居、韧性、智慧城市。幸福林带改造工程正是城市更新的有益探索。该工程着眼于建筑全寿命期，通过科学管理和技术创新，采用有利于节约资源、保护环境、减少排放、提高效率、保障品质的建造方式，打造绿色建造典范案例。

---

* 李为君，博士，中建西安城市建设投资有限公司科技与设计管理部负责人，高级工程师，主要研究方向为人居建筑环境与绿色建筑。

# 一 项目概况

西安幸福林带建设工程 PPP 项目，位于西安市城东，规划范围北起华清路、南至新兴南路、东起幸福路、西至万寿路，长 5.85 千米，平均宽度 210 米，占地面积 1843 亩，项目总投资达 240 亿元，是目前全国最大的城市林带，是西安市重大的市政、生态、民生工程。项目统筹建设景观绿化（75.6 万平方米）、地下空间（70.66 万平方米）、综合管廊（12.28 公里）、市政道路（12.43 公里）、地铁工程（5 站 5 区间）五大业态（见图 1）。

图 1　西安幸福林带五大业态剖面效果

幸福林带项目整体按照"PPP+代建"模式实施，其中市政道路、景观绿化、地下空间总投资约 122 亿元，以 PPP 模式实施，即由中国建筑和西安市政府按照 80∶20 的股权比例共同出资设立项目公司负责幸福林带项目设计、投融资、建设、运营及移交。项目合作期 25 年，其中建设期 4 年、运营期 21 年；回报机制为"使用者付费+可行性缺口补助"。

综合管廊以及地铁配套总投资约 72 亿元，以"代建+回购"模式实施，由项目公司负责投融资建设，西安市政府指定单位支付建设资金并运营。截至 2024 年，协议各方均如期履约，投资、建设、运营以及回款等均按约执行，成为政企友好合作的典范。

在当前背景下，可以以特许经营模式"BOT"实施类似项目。中建丝路作为投资公司，有足够的自身实力、丰富的合作伙伴、优秀的融资团队支撑大额资金项目的投融资工作。幸福林带项目包含了商业、停车场、市政道路、景观绿化公园等多种运营业态，公司团队积累了丰富的运营经验。中建集团已经发展为集咨询、投资、规划设计、施工、运维于一体的综合性集团公司，中建丝路以投资为牵引，能调动中建系统全产业链资源优势，高效优质履约。

## 二 项目重难点分析

### （一）重难点一：跨地裂缝结构安全可靠

西安幸福林带场地内共有 4 条地裂缝穿过，地下空间设计中利用下沉广场和过街连接通道对地裂缝进行合理避让。连接通道处每隔 6 米设一条伸缩缝，以适应地裂缝两侧的变形不一致（见图 2）。

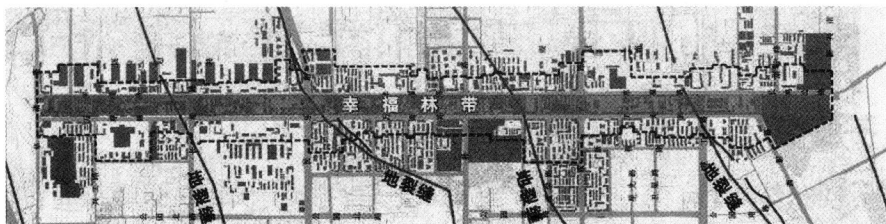

**图 2 地裂缝穿越西安幸福林带建设工程场地示意**

### （二）重难点二：超长地下结构抗裂防渗

西安幸福林带工程地下结构南北贯通，形成带状超长结构。设计中利用东西向道路设置连接通道，将超长结构划分为 400~450 米的区段，通过合理设置伸缩缝和后浇带，解决因沉降、温度应力等引起的超长结构裂缝问题。施工中采用先进的防水施工技术，对特殊部位防水构造组织科研攻关，圆满解决了地下工程的结构抗裂防渗问题。

### （三）重难点三：施工准备工作复杂量大

西安幸福林带苗木迁移范围面积达 1755 亩，总迁移苗木数 5534 株，从迁移到回迁种植必须确保苗木 100% 成活（见图 3）。管线迁改涉及电力、天然气、自来水、热力、雨污水、通信等 23 个管线种类，迁改量共计 330 千米，涉及管迁单位 30 余家，部分管线年代久远，图纸资料缺失。工程现场位于主城区，建设过程中共发掘古墓 4000 余座，严重影响工程进度。

图 3　苗木迁移前现场

### （四）重难点四：大体量土方回填质量保证

西安幸福林带处于湿陷性黄土地区，采用大基坑开挖形式施工，结构施工完成后需大量回填，且各业态结构之间相互独立，形成了大量深窄（深度大、宽度窄）肥槽，大体量湿陷性黄土回填的质量控制难度大。建设过程中应用自密实固化黄土回填技术，完美解决了湿陷性黄土区回填 341 万立方米和深窄肥槽回填的质量控制问题。

## （五）重难点五：多业态多专业交叉施工

众多业态交叉施工，施工环境复杂，安全、进度管理均面临巨大挑战。西安幸福林带项目业态复杂、点多面广、全方位立体交叉作业，施工过程中对安全和进度的管理要求极高，面对的风险点极多，既要顾及多业态功能分区交叉施工问题，又要顾及各功能分区内各专业之间工序的配合，以确保项目按时、高质量移交。

# 三　管理创新

## （一）LSCS 总承包管理体系

创新 LSCS［LEADING（引领）、SERVING（服务）、COORDINATION（协调）、SUPERVISION（监管）］总承包管理体系，具体包含：一个中心、二大理念、三种引领、四类服务、五方协调、六面监管。

一个中心，即以项目整体利益最大化为中心，通过引入利益相关方思维，追求项目整体利益的最大化，而不是单一个体利润的最大化，变"零和博弈"为"合作多赢"。

二大理念，即绿色理念和共享理念。通过绿色的现场、绿色的工艺、绿色的心灵，打造绿色的产品；通过共享文化、共享经济、共享发展，实现管理赋能。

三种引领，即文化引领、管理引领、科技引领，引领是"方向盘"，总包引领项目参与各方一致向前。

四类服务，即总包为业主、设计、分包、分供四方提供便利，做到服务内容具体有效、服务流程简洁高效、实施效果实时奏效。对业主的服务包括提供投资建议、融资渠道、专业资源，报批报建，过程管理等内容；对设计的服务包括提供设计依据、采购信息、施工建议、专家资源等；对分包的服务包括提供进场计划、堆放场地等；对分供的服务包括提供临时设施、甲供材料、垂直运输、管理信息等。

五方协调，通过协调责任、权利、利益、时间及空间五大要素，实现五位一体、协调统一。责任协调的主要任务是界定各参与方应尽的责任和义务，明确工作内容和边界；权利协调的主要任务是合理赋予各参与方可享受的各种权利；利益协调的主要任务是维护各参与方利益不受侵害，决定各种争议费用归属；时间协调的主要任务是做好总体时间计划，科学合理安排好工序搭接和穿插；空间协调的主要任务是统一协调好各参与方的工作场地，尽量做到互不影响。

六面监管包含安全、质量、进度、造价、环境、和谐六个方面。安全监管包括图纸设计安全、施工现场安全、网络安全监管等；质量监管包括设计质量合格、材料设备质量合格、施工质量经实测实量检验试验合格；进度监管包括定期进行各单位工作进度检查，督促落后进度赶工，按制度进行奖罚等；造价监管包括监管设计方限额设计、监管业主方设计变更造价影响、监管分供分包索赔事项等；环境监管包括按法规进行绿色建造、确保现场各类污染物排放达标等；和谐监管包括监管劳务工人权益保障、监管民营企业款项支付等。

## （二）全产业链协同创新

城市更新需借助四种力量，它始于创新，生于科技，成于产业，久于运营。产业链协同创新，可以促进这四种力量和谐共生、向上发展。产业链协同创新是指在产业链各个环节积极创新，各环节之间相互影响、动态优化，实现有机整合，达到总体效果最优。中建丝路承建西安幸福林带建设工程后，组织中建系统各单位共同建设，形成了中建丝路投资牵引、设计院负责设计、工程局负责施工、专业公司通力支持的"西安模式"，是研发、投资、设计、施工、运营五大环节构成项目运作闭环的完美体现。

中建丝路"西安模式"在幸福林带的成功实践为产业链协同创新提供了很好的平台基础。研发创新，以问题导向为重点发挥研发的解决问题作用；投资创新，以产业驱动为重点保证区域经济可持续发展；设计创新，以绿色建筑理念为重点打造"碳中和"新型城区；施工创新，以新技术应用为重点助力项目完美履约；运营创新，以信息化平台为重点实现智慧低碳城市运营。

### （三）"绿廊-地下空间综合体"开发模式

统筹考虑、合理布局景观绿化、地铁配套、综合管廊、市政道路及地下空间商业综合体五大业态，实现城市空间资源的合理集约化利用。地上场地中间为景观绿化公园，占地面积 1134 亩，绿化覆盖率达 85%，打造西安城市绿肺、生态绿脉。地上紧邻景观绿化公园两侧为市政道路，全长 12.43 公里，主辅分离，主路交叉路口下穿，承担南北向快速交通及区域内集散性交通功能。地下场地中间约 96 米宽度范围内为地下空间商业综合体，开发利用面积 70.66 万平方米，为地下两层结构，负一层设置各类大型体育文化场馆和国际影城、大型超市、集市中心等各类休闲购物场所，负二层为公共停车场，设置停车位约 7600 个。紧邻地下空间西侧为地铁配套工程，是西安唯一环线地铁 8 号线的组成部分，包含 5 站 5 区间，并与地铁 20 号线、1 号线、6 号线交叉换乘，与幸福林带地下停车场组合实现"P+R"高效绿色出行模式。地下综合管廊沿南北向敷设于地铁和地下空间商业综合体两侧，总长 12.28 公里，在为市政管线提供安全可靠运行环境的同时消除了城市"马路拉链""空中蜘蛛网"现象。

西安幸福林带"绿廊-地下空间综合体"地上地下空间集成开发模式的成功实施，极大地提高了西安东郊老城区市政基础设施建设水平，完善了城市功能，提升了城市居民生活品质。地上大型城市绿地的建设改善了区域气候环境（$PM_{2.5}$ 平均浓度降低 18.5%，平均湿度提高 6.3%，平均温度降低 1.2℃，见图 4），每年增加区域碳汇约 440 吨；并将地下建筑变为可生长、可呼吸的生态建筑，利用土壤稳定的抗温度波动特性，有效隔绝外界环境气候对室内空间的干扰，减少地下建筑冬夏季室内空调负荷，降低建筑能耗，每年减少碳源排放约 10.8 万吨（见图 4）。

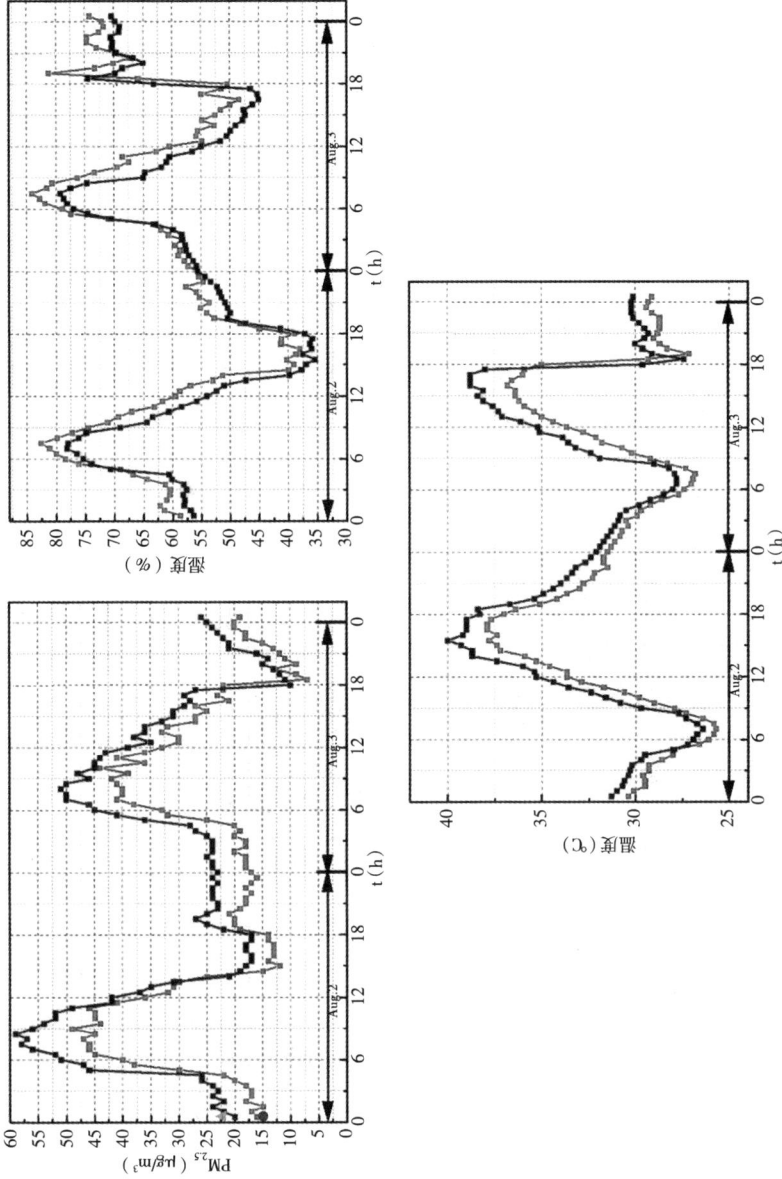

图 4 幸福林带绿廊内 PM$_{2.5}$、湿度、温度与周边对比结果

注：灰色为幸福林带绿廊结果，黑色为周边测点结果。

# 四　施工技术创新

## （一）自均衡多束预应力锚索自锚连接技术

幸福林带采用大基坑开挖，支护桩 23000 余根，支护量大，为此中建丝路发明了自均衡多束预应力锚索自锚连接技术。预应力锚索在围护桩体的左右两侧对称锚固，自由段在围护桩体的前侧环绕围护桩体并通过锚索连接器交叉固定，取消了桩锚支护结构的腰梁，同时消除了传统型钢腰梁锁锚后腰梁部位凸出 40~50 厘米的问题，有效缩短了无效肥槽宽度，减少土方开挖回填量，从节省钢材和减少土方两方面实现基坑支护施工的低碳化（见图 5）。

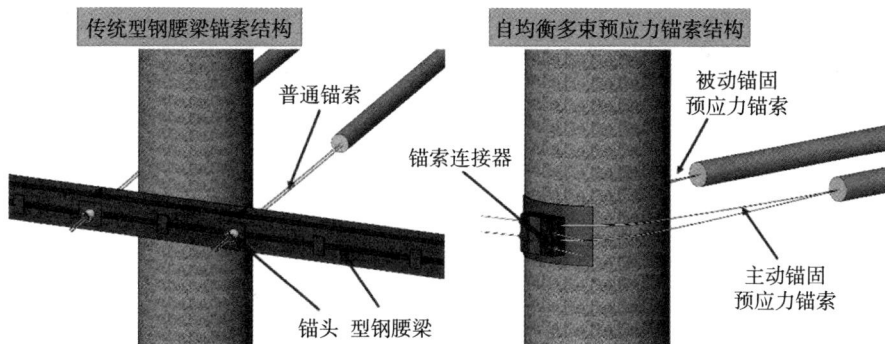

图 5　自均衡多束预应力锚索与传统锚索对比

## （二）超长地下结构抗裂防渗技术

中建丝路发明了一种基于圆环法的混凝土早龄期温度应力试验设备。项目采用具有低热膨胀系数的钢钢环作为约束圆环，因温度在 0~60℃ 区间变化时钢钢环的应变可忽略不计，可以定量测试混凝土早龄期在温度变形和自生收缩变形共同作用下的性能参数。据此，项目制定了 7 天自收缩率小于万分之 4 的超低收缩混凝土的配制标准，解决了混凝土自收缩过大导致地下空间渗漏的难题。

中建丝路发明了一种城市地下空间专用高抗渗补偿收缩混凝土，其制备原料包括水泥、石子、尾矿石、砂子、粉煤灰、微珠、纳米矿粉、玄武岩纤维、聚丙烯网状纤维、减水剂、膨胀剂、水泥基渗透结晶材料、拌合水，按特定比例配制。该发明通过加入微珠、尾矿石、纳米矿粉和粉煤灰，降低了混凝土的孔隙率，提高了密实度；通过加入微珠、膨胀剂及水泥基渗透结晶材料降低了混凝土的收缩，水泥基渗透结晶材料同时又可有效对水泥硬化时产生的微裂缝进行修复，从而也降低了开裂的可能性；通过加入玄武岩纤维及聚丙烯网状纤维，进一步提高了混凝土的抗渗性及抗裂性。在此基础上，通过结构配筋优化和严格管控施工工艺形成混凝土综合裂缝控制技术。

中建丝路遵循"多道设防、刚柔结合、反应抗渗"的理念，研发了一种地下结构多元复合防水技术。采用超低收缩混凝土结构形成有效的结构防水，结构内侧喷涂一道渗透结晶防水剂，结构外两道外包式柔性防水层采用速凝橡胶沥青与高密度聚乙烯片材复合。渗透结晶防水层通过渗透与化学反应的方式，使混凝土结构具有裂缝自修复性能。速凝橡胶沥青防水层为主要防水层，具有高断裂伸长率、高弹性回复率、高黏结强度、高耐低温、高耐老化和高耐酸碱等性能；高密度聚乙烯片材层为隔离层，将速凝橡胶沥青防水层与混凝土结构隔离，起到抗穿刺、抗切割等保护功能，同时对防水进行一定的补充，避免因主体结构施工缺陷导致防水层失效。

"抗裂抗渗结构+复合防水"构建地下结构渗漏防治体系，在西安幸福林带等超 500 米地下结构中成功应用，有效解决超长地下结构易开裂、多渗漏问题，减少运营期维修成本，实现地下结构施工的绿色化。

## （三）预拌流态固化土回填技术

中建丝路结合西安地区土质特点，发明采用湿陷性黄土拌制大流态填筑料的固化剂，其配制原料包括烯钛粉、纤维、阴离子表面活性剂。通过细粒黄土、水、水泥、粉煤灰、专用外加剂的组合，配制满足回填要求的预拌流态固化土，使其具有一定的流动性、强度、抗渗性。预拌流态固化土回填施工技术的应用，可解决传统回填方式常遇见的回填后沉降、回填不密实、施工效率低等问题；同时，实现现场废弃渣土的再利用，免去了部分土方的外运和回拉（见图6）。

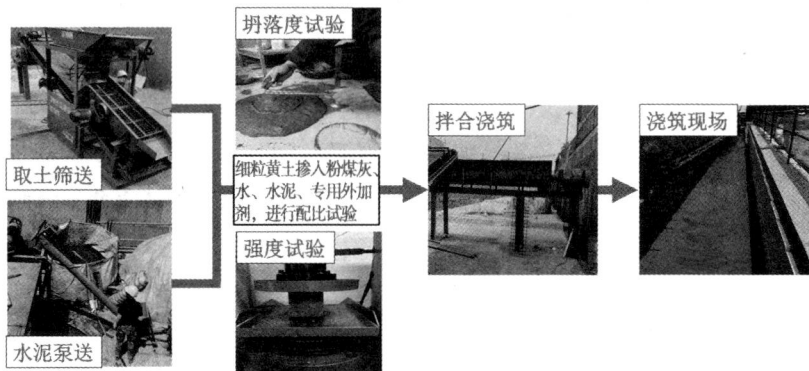

图6 预拌流态固化土制备流程及现场施工

# 五 结语

西安幸福林带项目是城市更新典型案例，通过管理创新和施工技术创新克服大量工程难点，项目获包含市政工程最高质量水平评价奖在内的质量奖5项、科技奖3项，其中1项省部级科技奖；获授国家发明专利28件，省部级工法7项、标准3部。

西安幸福林带的建成给区域内12平方公里土地带来至少450亿元的升值空间，助推周边楼面地价及房价双双上涨超30%；腾挪周边土地约15000亩、净用地8000亩，有效提升地区投资活力，为政府每年新增数亿元税收，成为POD项目的标杆。

# B.27
# 建设工程 AI 大模型应用与实践

房建华*

**摘　要：**　随着数字中国建设的推进，人工智能在建筑行业的应用日益重要。广联达构建的建筑行业 AI 大模型通过 L0 基础大模型、L1 行业大模型和 L2 场景大模型的分层架构，为建筑设计、招投标、预算、工期控制、物资管理、安全生产和项目管理等环节提供了智能化解决方案。该模型通过海量行业数据训练，结合自然语言处理、图像识别等技术，显著提升了建筑设计效率、招投标规范性、算量精度、进度管理效率、物资管控精度和安全管理能力，推动了建筑行业的数字化转型。

**关键词：**　AI 大模型　建筑设计　智能算量　进度控制　数字化转型

## 一　AI 大模型简介

数字中国背景下，发展人工智能是大国博弈走向数字空间竞争新阶段的必然选择。建筑产业是国民经济支柱产业，人工智能的应用在助力建筑产业产出增加和效率提升方面至关重要。依托深耕建筑行业的丰富经验，广联达构建了行业级 AI 大模型，成为工程领域中行业级人工智能研发和应用的典范。

广联达建筑行业 AI 大模型，以专业化为导向，精准聚焦建筑行业的痛点与难点问题，通过深入挖掘和利用海量的行业数据，运用先进的算法和技

---

* 房建华，广联达科技股份有限公司资深业务专家，主要研究方向为数字化转型、智能建造。

术手段，构建出具有高度针对性和实用性的模型体系。同时，秉持着低成本、高可靠的原则，旨在为建筑企业提供高效、便捷且经济实惠的智能化服务，助力企业在激烈的市场竞争中脱颖而出，实现可持续发展的目标，推动整个建筑行业朝着数字化、智能化的方向稳步迈进，开创行业发展的崭新篇章。

根据应用阶段深度不同，可将广联达 AI 大模型划分为三个阶段：L0 基础大模型、L1 行业大模型及 L2 场景大模型。

L0 基础大模型是指具备处理多种不同类型任务能力的 AI 模型，这些模型通过大规模数据训练而成，能够在多个领域和应用中表现出良好的效能。它们利用大规模的无标注数据进行训练，形成强大的泛化能力，能够在不进行微调或少量微调的情况下完成多场景任务。相当于 AI 完成了"通识教育"，具备了举一反三的能力。广联达在 L0 层级集成开源基础模型，包括自然语言大模型、视觉大模型及多模态大模型。

L1 行业大模型是在 L0 基础大模型上构建的，通过使用行业相关的数据进行提示工程、检索增强生成、精调等方式，提高此模型在该领域的性能和准确度。这相当于将原来基础通用大模型打造成为特定领域的"行业专家"，能够提供更加精准和专业的服务。广联达深耕建筑领域，打造 L1 层级建筑行业大模型，覆盖建筑行业相关政策法规、行业规范标准、建筑行业职业考试资料、教材图书等数十万份高质量行业数据，亿级 Tokens 实现行业知识增强，可支撑其在建筑多应用的行业能力要求，提供自动化分析决策及生成等能力。

L2 场景大模型专注于特定任务或场景，使用任务相关的数据进行预训练或微调，以提高其在该任务上的性能和效果。它们通常是为了解决具体的业务问题而定制开发的，针对性更强，应用效果更优。广联达在建筑行业大模型基础上，覆盖建筑行业 7 个领域的应用场景打造多个场景大模型，满足不同阶段、不同应用的 AI 要求，真正为建筑行业用户带来价值（见图 1）。

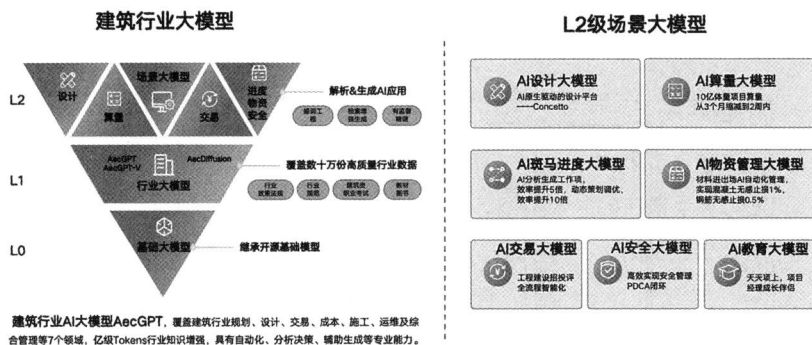

图 1　建筑行业 AI 大模型核心能力

# 二　应用创新实践

广联达在建筑行业 AI 大模型基础上打造专业应用场景，围绕建筑规划设计、交易、施工、运维等不同阶段，涉及城市建设方、行业监管方、工程咨询方、设计方、施工方等多角色，打造 L2 级 AI 业务应用场景。典型场景总结如图 2 所示。

## （一）AI+规划设计

通过将设计相关的设计文本、设计图纸及模型等数据提供给大模型训练，训练模型对应的规范提取、制定调用能力，支撑设计的设计规范检索、智能排布及设计生成等多类场景应用。大模型能够通过智能化的生成设计和数字化的决策支持，推动高效设计和创新、提升设计合理性和价值。

例如，中国建筑西北设计研究院有限公司所属的第四建筑设计研究院和第七建筑设计研究院，分别在各自的项目中，依靠 AI 技术辅助建筑师快速、准确地完成日常设计工作中最为耗时且容易出错的评估、列举、制图等工作。项目设计过程中，经过数模联动，大模型边设计边计算，将经济技术指标可视化，实时精准推敲，快速生成概念效果图和效果图配景，使原计划的工作时间缩短 70%，大幅度提高了设计效率（见图 3）。

**L2场景大模型**

**造价**

算量
- AI图纸识别 智能提量
- AI一键算量
- 图模一致智能对比
- AI房建算量
- AI市政算量
- AI基建算量
- AI工业算量

计价
- 智能造价编制
- AI估算
- AI概算
- AI预算（智能组价）智能结算
- 智能造价管控
- 计价数据提取 智能询价
- 造价智能指标参考

造价过程管理
- 智能项目管理
- 智能任务助手
- 智能任务分配
- 智能报告生成
- 智能决策管理
- AI造价决策管理
- AI指标分析对比
- AI全过程造价对比分析

**设计**

方案设计
- AI场地建模
- AI智能排布
- AI方案分析
- AI方案图生成
- AI效果生成

施工图设计
- AI车位布置
- AI管线及末端排布
- AI标注
- AI出图

施工图设计审查
- AI审图
- AI审查
- AI模型审查 规范智能同步
- 施工深化设计
- AI建模
- AI图纸识别
- 施工方案解析提取

**施工**

项目策划
- 智能项目定位
- 智能任务书解析

进度管理
- 智能施工文档解析
- 智能计划生成

物资管理
- AI无人物资智能管控 无感盘点止损

施工项目管理
- 资金管理 智能资金计划管理 智能项目风险
- 安全管理 AI安全管理 AI安全助手
- 任务管理 施工方案提取分析 生成 施工图月报、项目报告生成 智能指挥调度
- 劳务管理 智能人脸识别 无人考勤

成本管理
- 智能成本测算
- 智能成本分析
- 智能成本风险管控
- 智能成本数据库

合同管理
- AI无人合同录入
- 智能合同风险分析
- 智能合同生成

供采
- 供应商寻源、AI选品

金融
- 智能项目风险检测

城市
- AI建模

建设方
- AI营销
- 智能决策管理
- AI信息采集
- BIM智能数据同步

营销服务
- 智能客服助手

**交易**
- 智能招标、评标
- 招标文件智能分析
- 投标文件核查及分析
- AI标书生成

**教育**
- "天天项目"、项目经理成长伙伴

**L1行业大模型**：AecGPT | AecGPT-V | 建筑行业大模型 | CV/NLP

**L0基础大模型**：自然语言大模型 | 视觉大模型 | 基础大模型 | 多模态大模型

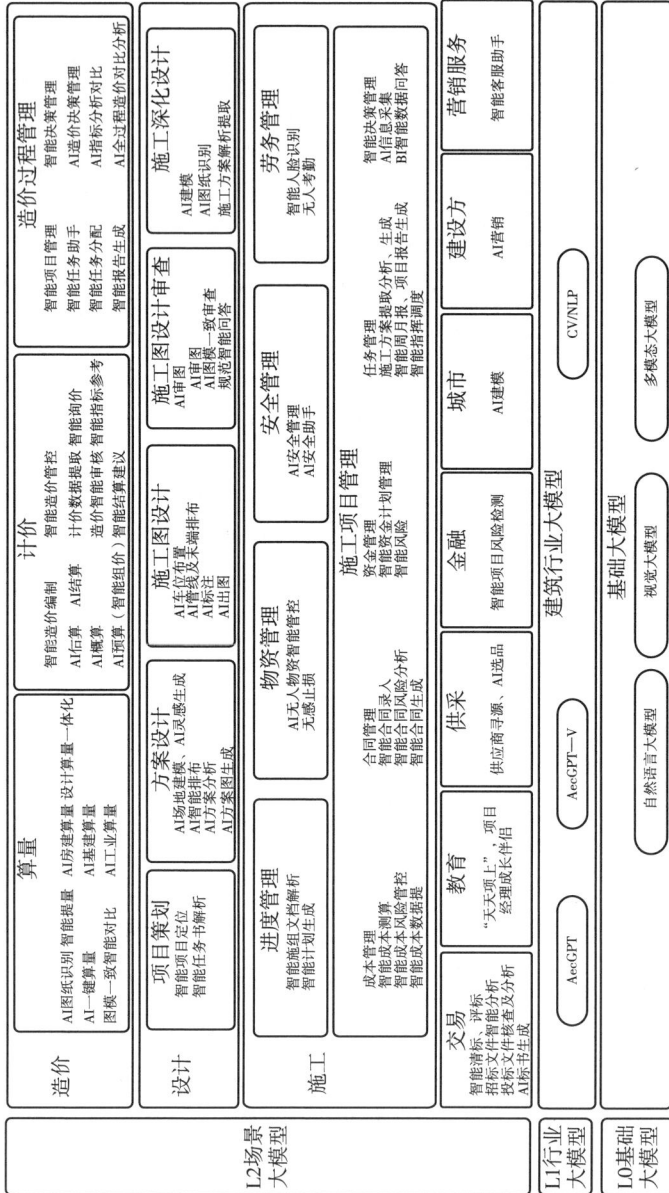

图 2　建筑行业全场景 AI 大模型应用

图 3　AI+规划设计

## （二）AI+招投标

广联达通过将交易环节的相关招标文件、资信标、经济标、技术标、住建范本等数据进行整理后训练至大模型中，应用大模型的语义理解、规则推理、内容生成等能力，实现招标规则和评审点提取、格式检查、雷同性检测、智能评审及招投标文件智能生成等功能。提升招标投标效率，增强评标的规范性和公正性，进一步规范市场秩序（见图4）。

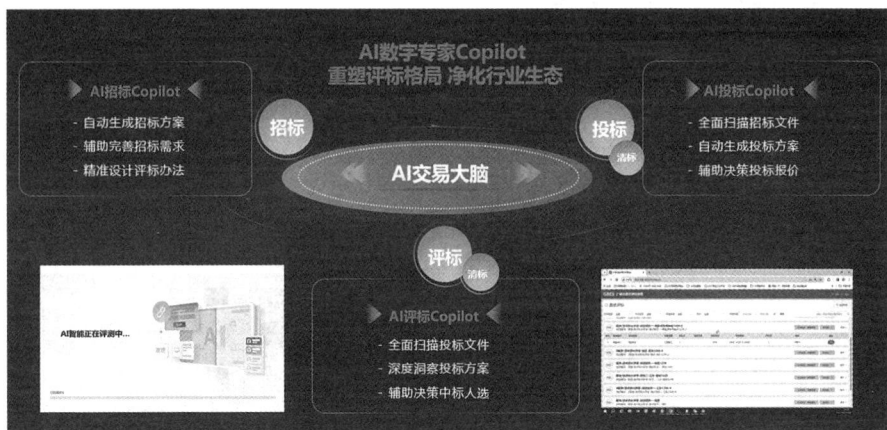

图 4　AI+招投标

例如，海南省、贵州省、西藏自治区、深圳市等地引入基于人工智能的 AI 数字专家评标模式，利用 AI 对招标文件进行解析并提取检查项要求，提取评审规则，对投标文件进行智能解析及响应性判断，实现技术标智能辅助评审，把过去至少需要半天时间的评标缩短到 1 个小时左右。特别是智能化评标之后，机器评标几秒钟就可完成，专家复核用时 40 分钟左右，评标效率大幅提升。

## （三）AI+工程预算

算量在施工造价领域中是非常耗时的工作。广联达通过对算量业务流程进行解构，把算量的每个工作环节中可自动化的部分用 AI 替代，从而实现算量时间的大幅缩短，提高岗位工作效率（见图5）。

例如，中铁二十局集团有限公司在乌长高速公路 TJ-2 标项目中把 AI 应用于项目算量工作，该项目合同金额 25.8 亿元，长 30.1 公里，投入 3 名算量人员，31 天完成算量，8 天完成挂接清单核量，累计用时 39 天完成算量工作，工作提效 1.9 倍，最终也实现核增 1500 万+。

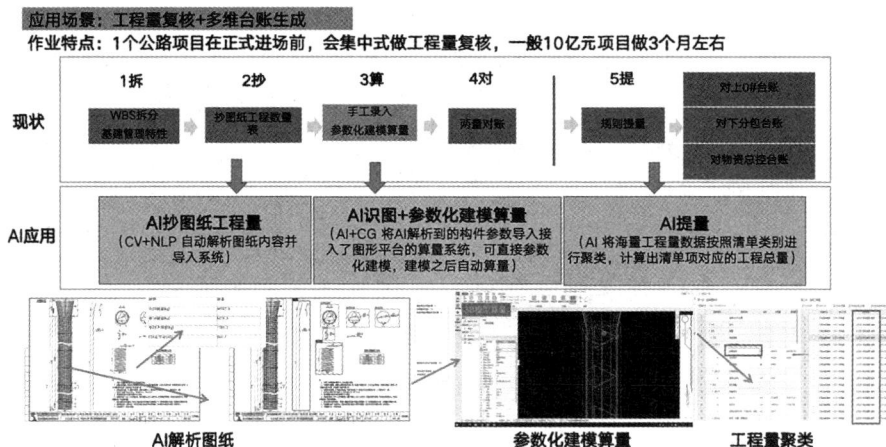

图 5 AI+工程预算

### （四）AI+工期进度控制

项目的履约管理水平与利润息息相关。AI 进度大模型将进度管理所涉及的相关文本和进度计划等数据训练至大模型中，建立大模型施工关键信息提取、施工逻辑学习及建模、进度计划规划和编排能力，支持其在进度管理中所需的信息提取、智能问答、计划规划和编排应用（见图 6）。

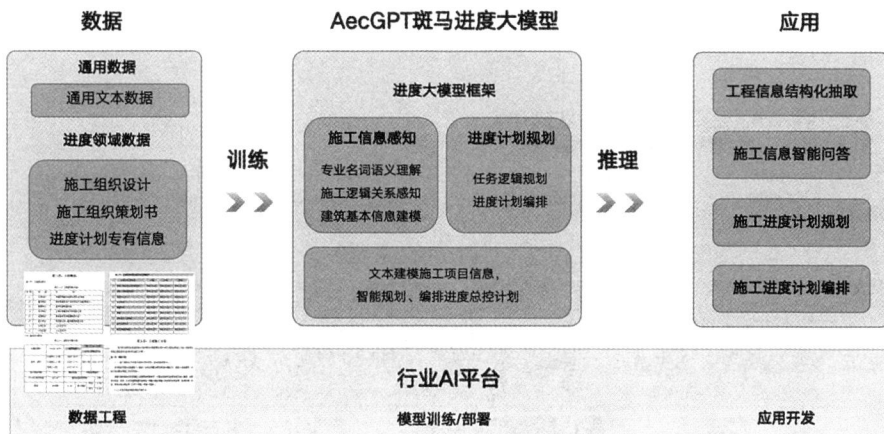

图 6　AI+工期进度控制

例如，陕西建工第八建设集团有限公司、中建七局集团第四建筑有限公司等通过使用 AI 进度大模型，实现了上十万字的长文档的信息提取，能够在几百页的文字、表格、图片融合的文档中精准找到文本关键信息进行理解，并按照格式化要求输出所需工程信息，同时针对性解决因为多跳推理、工程信息表述多样化等影响识别精度的问题，实现 5~10 分钟即可编制一份进度总控计划，为项目策划和进度管理提供了有力支撑。

### （五）AI+物资设备管理

通过 AI+AIOT 结合，可实现对施工现场智能化管控。以物资管理为例，大宗物资用量大，存在混凝土亏方等经济利益受损的问题；验收工作量大，存在夜间验收管理难、验收材料多样、验收材料易丢失等问题，难以实现有效管控手段落地（见图7）。

陕建一建集团所属西安市雁塔区沙㳇沱片区（沙㳇沱村）城市更新EPC项目，使用物资管理大模型，通过将物资管控现场的图像、运单小票、车牌、材料等相关数据整理训练至大模型中，实现对物资运单识别、材料识别、车辆识别、车票识别、材料计数等的AI应用能力打造，识别精度超95%，提升了物资进出场过磅效率并节约了人工。AI点验钢筋应用，实现一捆钢筋点验时间由10分钟缩短至2分钟且精准度提高，时间节省80%。

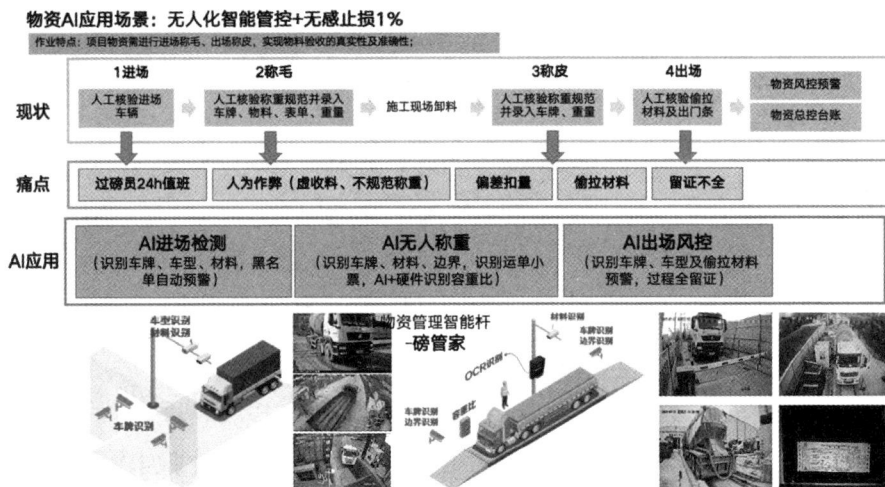

**图7　AI+物资设备管理**

## （六）AI+安全生产

工地现场安全管理对于确保施工安全、提升工程质量和效率具有至关重要的作用。它不仅关系到工人的生命安全和身体健康，还直接影响工程的进度、质量和企业的经济效益。AI技术在工地安全管理中的应用，不仅提高了监管效率，降低了安全事故的发生率，还有助于减少人力成本，提高施工效率（见图8）。

图8　AI+安全生产

　　陕建十一建集团承建的咸阳高新区平安里农民集中住房建设项目，在施工主干道、钢筋棚等核心位置监控中运用了 AI，针对多场景（未穿反光衣、未佩戴安全帽、明火等）重大危险，自动识别安全隐患，并发出预警，降低了人工成本，实现核心场景安全隐患识别率大于90%、核心场景可视化覆盖率100%的效果。

（七）AI+项目助手

　　AI 大模型将积累的行业经验、政策法规、行业标准规范图集及职业考试资料等数据进行训练，打造建筑教育大模型。AI大模型通过提供典型案例、经验分享和知识汇集，帮助项目管理者学习行业知识，并利用专家研讨等方式，帮助项目管理者快速获取高质量信息和解决日常问题（见图9）。

图9　AI+项目助手

在2024年全国安全生产月期间举办的"2024年陕西省建筑工程安全生产知识竞赛"活动中，AI大模型通过反复训练试题、智能解析，帮助考务人员快速准确解析试题、明晰知识出处，为扩大安全知识覆盖面提供有力帮助，使原本需要考务人员3个月时间进行的实体解析工作，在3天内完成。

可见，AI能力的综合应用，在深度提升作业效率、降本提质和防范风险等方面都发挥了重要作用。AI+规划设计实现了智能化的生成设计和数字化的决策支持，推动高效设计和创新，提升设计合理性和价值。AI+工程预算核心业务方面，通过"工程量复核+多维台账"生成应用场景，把10亿元体量项目算量时间从3个月缩减到2周内。AI+工期进度控制方面，突破了进度的施工组织文档解析，大幅提升了计划的编制效率和准确度。AI+物资设备管理方面的应用包含AI进场检测、AI无人称重、AI出场风控等，实现无人化智能管控和无感止损1%。AI+招投标方面，则突破了AI交易技术标评审。AI+安全生产方面，高效实现了安全措施的闭环。

# B.28
# 全过程 IPD 模式下的数字化精益建造

## ——广联达西安数字建筑研发大厦

房建华*

**摘　要：**　广联达西安数字建筑研发大厦是集绿色、节能、健康和智能于一体的数字建筑项目。项目采用全过程 IPD（集成项目交付）模式，结合 BIM 技术、精益建造和数字化管理，实现了从设计到运维的全生命周期数字化应用。项目通过 BIM 技术优化设计流程，强化施工阶段的工序管理，创新管理模式，并在运营阶段利用智慧运维平台实现设备智能化管理。该工程不仅提升了施工效率和质量，还通过绿色节能技术显著降低了能耗，为建筑行业数字化转型提供了示范。

**关键词：**　IPD 模式　数字化建造　BIM 技术　绿色节能　智慧运维

## 一　项目背景与概述

### （一）项目基本信息及建设理念

#### 1. 基本信息

广联达西安数字建筑研发大厦（以下简称"大厦"）坐落于陕西省西安市经开区，项目建筑面积 66278 平方米，地下 3 层、地上 12 层，采用"框剪结构+钢结构"。工程于 2019 年动工，2022 年实现入住。大厦作为数

---

＊ 房建华，广联达科技股份有限公司资深业务专家，主要研究方向为数字化转型、智能建造。

字建筑软件研发测试中心、大数据平台、物联网系统集成中心和区域总部，能满足 3000 余人办公。大厦做到了建筑绿色的共享化、建筑能源的自制化、建筑健康的服务化，以及建筑智能的感知化，是一幢集绿色、节能、健康、智能于一身的数字建筑（见图1）。

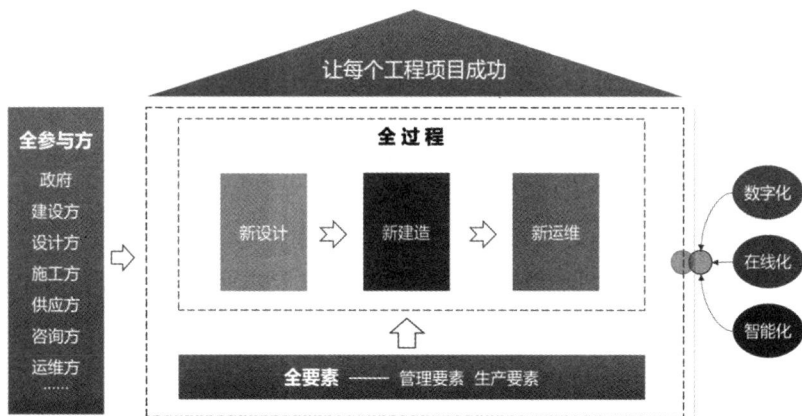

**图1 广联达西安数字建筑研发大厦项目建设架构**

### 2.建设理念

大厦的设计理念秉持"以人为本"的核心原则，融合绿色、节能、健康与智能四大要素，贯穿大厦全生命周期。大厦采用太阳能光伏板、太阳能热水系统及热回收系统等可再生能源技术，实现能源自制化，助力实现国家"双碳"目标。生态中庭借助海绵技术，确保绿植四季常青，实现绿色共享。大厦配备室内跑道、健身空间等设施，以及 900 个单控灯光星光报告厅、自助智能充电设备、电动升降办公工位和健康检测机器人等智能化设备，全方位满足员工需求，打造家一般的办公环境，彰显对员工福祉的关怀，实现健康的服务化与智能的感知化，为建筑行业树立了数字化转型的标杆。

### （二）项目建设亮点

### 1.数字化建造应用

项目整体以漂浮的"科技云"为设计原型，以绿色、节能、健康、智慧为设计目标，是基于 BIM（建筑信息模型）技术的全过程数字设计、数字建造、数字交付、数字运维的绿色数字建筑。

### 2. 绿色节能技术运用

在能源利用方面，大厦屋顶安装光伏发电设施，为基地提供电力资源，实现自制能源；采用太阳能热水系统，提高能源利用效率。运用海绵城市技术，实现雨水收集与二次利用（用于绿植灌溉、路面冲洗等），减少对不可再生水资源的依赖。大厦通过这些措施，有效降低了建筑运行过程中的能源消耗，实现绿色节能。

### 3. 智能化硬件应用

大厦大量集成并运用基于数字平台的物联网设备，构建智慧大厦。大厦整合能源管理、环境管理、设备管理，实现了智能化运行与低能耗、高品质运行。大厦内的智慧工位、智慧跑道、智慧餐厅等设施，运用现代科技手段，为使用者提供智能化、便捷化的服务，提升了生活配套的品质与效率。

### 4. 建造新模式应用

大厦全过程引进并实践 BIM、IPD①、精益建造等理论体系和工具，探索符合未来建筑业的新型管理模式。

### 5. 多专业协同与创新实践

建筑、结构、机电等多个专业在同一平台上进行协同设计，模型可随时在云端调取。通过实时更新模型检查设计冲突，提高了设计的准确性和一致性。大厦作为广联达探索数字建筑的"超级试验场"，将公司的产品和解决方案以及数字建筑理念深度落地实践，为全国建筑行业数字化转型升级打造典型示范和数字建筑样板，引领行业发展。

## （三）项目建设难度

### 1. 设计难度

项目面临多重挑战，紧邻地铁、超深基坑开挖且场地狭隘，施工难度

---

① IPD（Integrated Project Delivery，集成项目交付模式），从项目策划阶段开始，通过整合项目的业主、设计方、施工方、供应商等所有参与方，共同参与项目决策、设计、施工和运维等全过程，实现项目的最优交付。

大；建筑结构复杂，大量采用高支模大悬挑设计，屋顶全采光，北立面采用全玻璃幕墙，对结构体系要求很高；对性能与数字化应用提出新标准。

### 2. 施工难度

施工参与方多，分散的作业模式可能导致材料与设计要求不符、施工效果未能达到设计预期。

项目尝试实现现场工业化。计划排程到末位级、任务执行到最小工序、图纸模型细化到构件的工业化手段，对项目管理团队的组织和协调能力，以及对工业化施工流程的深入理解都提出了很高的要求。

### 3. 运维难度

项目在建设过程中生成了大量数据，包括设计模型、施工记录、设备信息等。有效地管理和利用这些数据，确保数据的完整性和连续性，是运维阶段的重要挑战。项目配备了许多智能化设备，这些设备的维护和管理需要专业的技术支持。

大厦在建设过程中实现了数字孪生。在运维阶段充分利用数字孪生技术，实现对建筑的实时监控和智能管理具有一定难度。

## 二　项目建设解决方案

### （一）设计阶段

在深化设计阶段，项目充分利用 BIM 技术，将设计细化至工序层面，加速图纸生成并优化施工方案。针对结构施工中具有大量下柱墩、多轴线、型钢柱等特点，进行节点级深化设计。在地下室施工阶段，共计出具深化设计图 407 张，项目团队将 BIM 模型分解后生成二维码，附加于深化设计图，施工现场即扫即查，用 BIM 的三维性能及工程量提取功能，指导复杂节点施工，确保一次成优。

项目团队通过 BIM 技术进行模拟和优化，确保设计的合理性和可实施性。BIM 技术不仅帮助设计团队在前期阶段就识别和解决潜在的设计冲突，还为施工团队提供了详细的施工指导，确保施工过程中的高效协同。

## （二）施工阶段

### 1. 强化以工序为核心

施工阶段以工序为核心，实现了设计、施工与成本管理的无缝对接，构建了数字化建造体系（见图 2）。施工团队通过虚拟建造与实体建造的紧密联动，实现项目全过程高效运转和精准控制。例如，模板施工实现模型深化、任务推送、智能验收闭环，提升施工效率与成本控制水平。此外，大厦还致力于打造"数字孪生工地"，广泛应用物联网设备，实现数字与物理实体的实时同步互动。塔吊智能监测系统助力安全管理，智能识别技术助力项目形象进度与生产要素的数字化管理，提升施工效率。

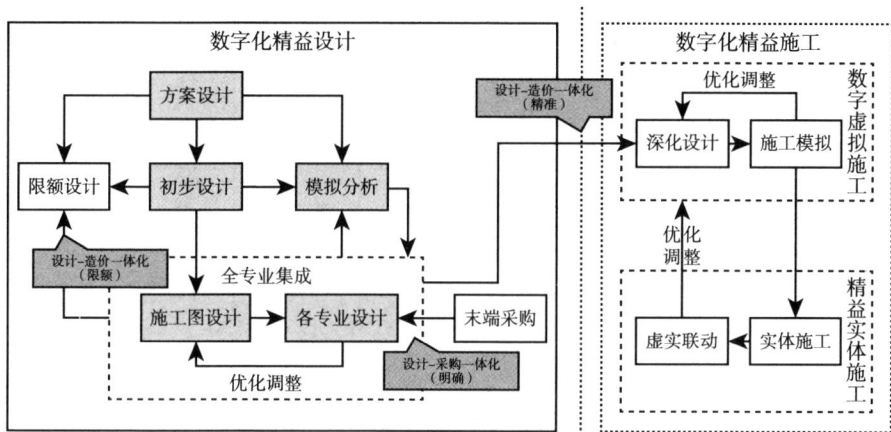

**图 2　数字化精益设计和施工示意**

### 2. 管理模式创新

大厦项目推行 IPD 集成交付，摒弃传统发包模式，集结建设方、管理公司、设计方、施工方四方及 200 余家单位，构建集成团队（见图 3）。广联达重构管理架构，决策由建设方引领，管理由管理公司主导，施工总包携手建设方负责项目执行。资源汇聚作业层，推进数字化建造，旨在促进全链条数字化应用，提升项目管理效率与质量。

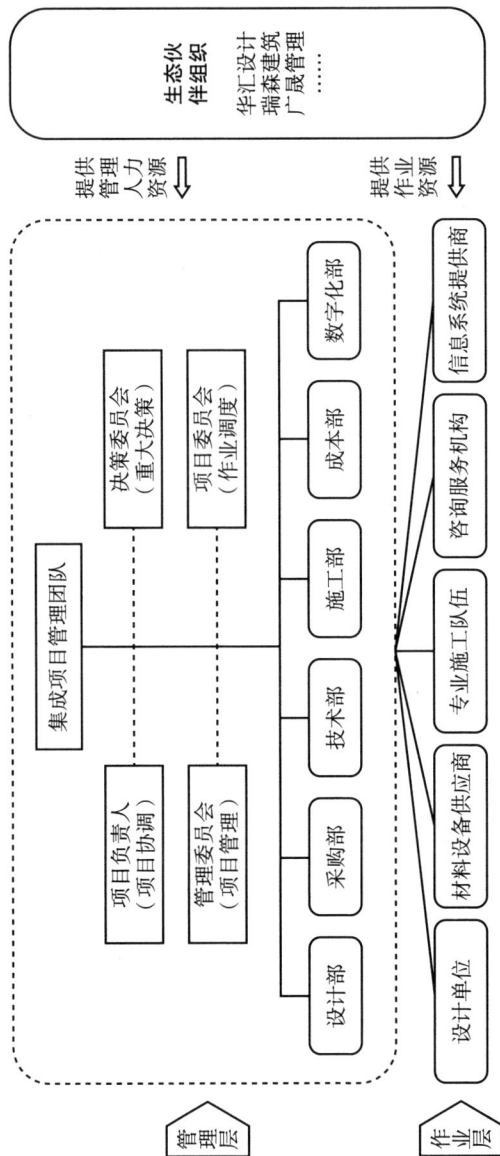

图 3　集成项目管理团队

　　大厦项目摒弃传统"成本+酬金"模式，采用合约基准下的成本内控目标法，明确利润与管理储备（2%~3%），旨在共降成本。结余成本双轨激励：一部分投资结余共享，另一部分作为项目团队奖金。此机制不仅保障团队基本报酬，更以额外奖励激发团队凝聚力与创造力，助力项目成功（见图4）。

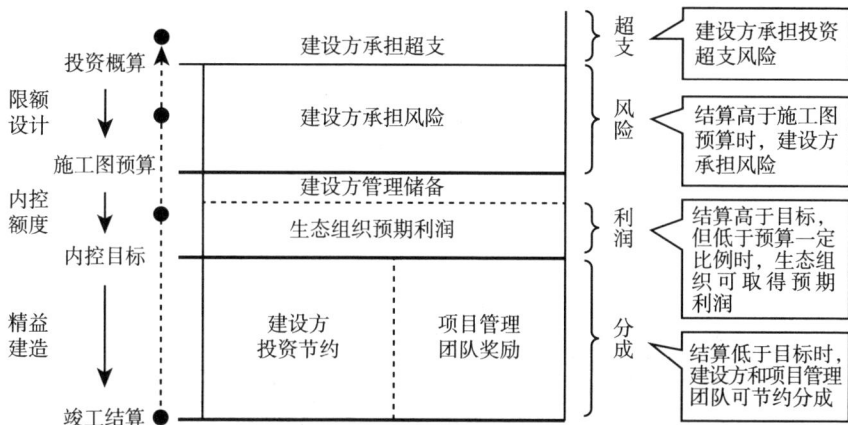

**图4　团队激励方式**

　　大厦项目构建共同项目团队，采用三级管理模式，共享全景计划至工序计划，确保协同高效。统一流程、标准、数据编码，打造协作管理平台；现场联合办公，人事合一，强化团队协作。此变革打破传统合约界面壁垒，实现项目全程无缝对接，提升管理效能（见图5）。

## （三）运营阶段

　　大厦运营阶段，以竣工 BIM 模型为载体，通过慧云智慧运维平台，融合先进 IT 技术、物联网技术实现设备智能化管理；通过远程操控与三维模型直观展示，优化机电设备启停，提升操作效率，降低人力成本。同时，预警与预测机制确保维护数据精准分析，辅助决策优化。全数据三维模型支撑全生命周期运维管理，自动调整运维方案，促进节能环保与高效运行。能源监控模块与三维场景融合，直观展示能耗状况，助力精准节能管理。整体上，该平台将显著提升大厦运维智能化水平，实现资产保值增值（见图6）。

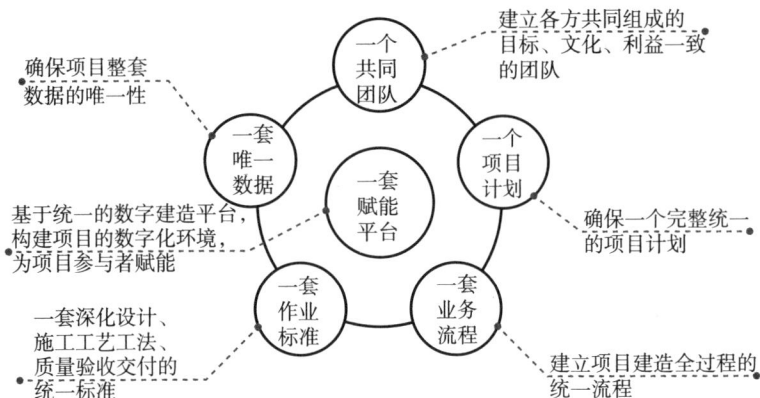

图5 团队目标

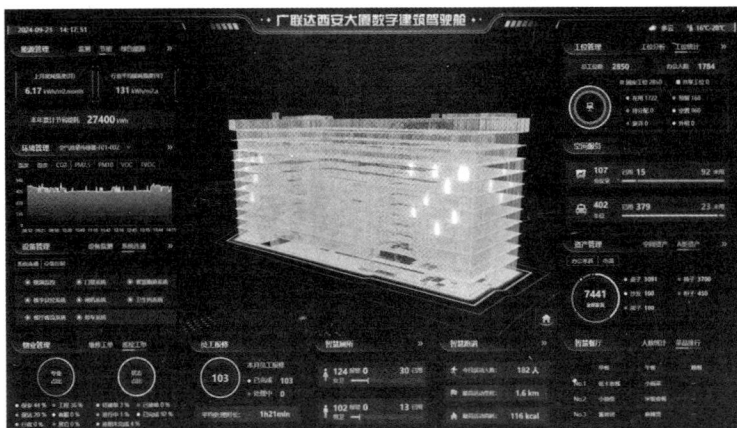

图6 广联达西安数字建筑研发大厦数字建筑驾驶舱

（四）成熟的数字化体系

广联达运用多年来在建筑行业积累的数字化方法论，为大厦量身定制了"建施一体"数字化管理体系，涵盖项目全链条业务场景。

首先在系统的底层构建了一个基座平台，该平台集成项目所有相关方的信息。在操作层面，通过 AIoT 技术及末端应用工具，实现了项目建造过程中人、机、料、法、环全要素的数字化。这些数字化信息随后被对接至平台层，经过加工处理，转化为业务管理所需的数据，最终输入顶层的数字化管理系统。这一流程确保了数据的横向整合与纵向贯通，真正实现了项目管理的数字化、智能化。

该数字化体系集成造价、模型、生产技术等 30 余种软硬件，构建三层架构，分别是软硬件工具、应用系统、建造平台，为项目设计、生产、质量、安全、成本等业务提供全面数字化支撑，实现高效管理与作业（见图 7）。

## 三 绿色健康，助力实现"双碳"目标

大厦秉承"绿色建筑，共创美好生活"理念，设计阶段深度应用 BIM 技术优化环境方案，确保达到绿色建筑标准。大厦内生态中庭融合垂直绿化与智能水循环系统，营造自然氧吧；园区采用海绵城市技术，实现雨水高效利用，年省水费显著。同时，楼顶集成光伏与太阳能热水系统，大幅降低能耗成本。绿色节能技术不仅提升环境舒适度，更彰显企业环保担当（见图 8）。

能耗降低。凭借太阳能发电、太阳能热水系统以及冷站模型等绿色能源设计，大厦实现了极为可观的节能减排成效。相较于传统建筑，其能耗降低约 30%。经测算，每年可节约电能约 50 万千瓦时，折合减少二氧化碳排放量约 400 吨，节约热能成本约 20 万元。

水资源循环利用。通过海绵城市技术的运用，大厦每年能够回收雨水约 500 立方米。这些回收的雨水不仅充分满足了 36 米高室内瀑布的水资源供应需求，还为植物灌溉提供了充足水源，使大厦对城市供水的依赖程度大幅降低，有效节约了城市水资源。

环境质量提升。每个楼层设立多个环境和设备监测点，对 7 项指标进行监测，大厦内的温度、湿度、空气质量等均得到了有效的控制和优化，室内温度常年保持在 22℃~26℃，湿度保持在 40%~60%，二氧化碳浓度低于 1000ppm，优良的室内环境极大地提升了员工的工作舒适度和健康水平。

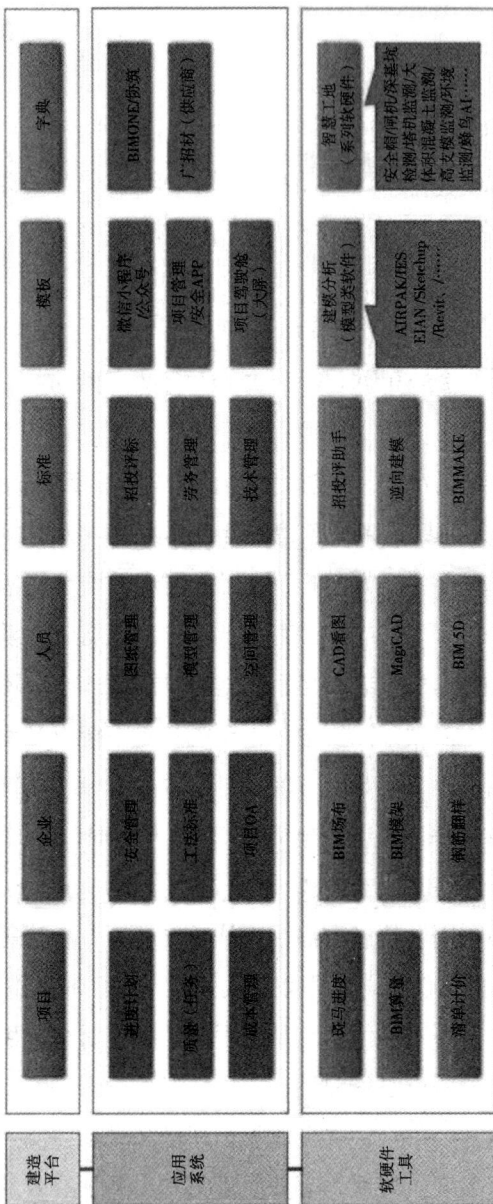

图7 数字化体系

| 项目用户 | 业主 | 管理团队 | 设计 | 施工 | 供应 | 监理咨询 |
|---|---|---|---|---|---|---|
| 建造平台 | 项目 | 企业 | 人员 | 标准 | 模板 | 字典 |
| 应用系统 | 进度计划<br>质量（二维码）<br>成本管理 | 安全管理<br>工法标准<br>项目OA | 图纸管理<br>模型管理<br>空间管理 | 招投标评标<br>劳务管理<br>技术管理 | 微信小程序（公众号）<br>项目管理度安全APP<br>项目云验收（大屏） | BIMONE协筑<br>广招材（供应商） |
| 软硬件工具 | 斑马进度<br>BIM博客<br>清单计价 | BIM浏览<br>BIM模架<br>钢筋翻样 | CAD看图<br>MagiCAD<br>BIM 5D | 招投评助手<br>逆向建模<br>BIMMAKE | 建筑分析（模型变软件）AIRPAK/TES EJAN /Sketchup /Revit, /…… | 智慧工地（系列软硬件）安全帽/闸机/塔机监测/大体积混凝土监测/高支模监测/环境监测鹰鸟AI/…… |

大厦内部环境智能监控，确保空气质量达标；办公区布局科学，兼顾隔音采光与互动交流。6 楼一站式服务中心与健康小屋等设施，全方位关怀员工福祉。运动区鼓励锻炼，促进员工身心平衡。

总之，大厦将自然美景与现代科技融合，打造高效协同、健康舒适的办公环境，实践绿色建筑理念，关怀员工福祉，助力企业与员工在绿色生态中共成长，携手推进"双碳"目标实现（见图 8）。

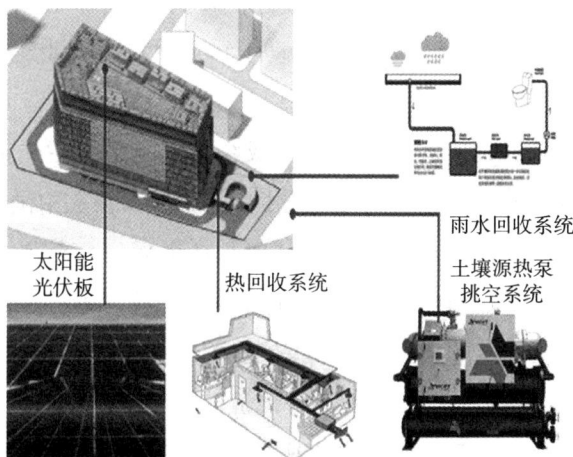

**图 8 广联达西安数字建筑研发大厦能源系统**

# 四 行业标杆，效益凸显

## （一）企业运营与人才吸引方面

企业创新能力提升。作为数字建筑研发的核心基地，大厦投入使用后，广联达在智能建造技术研发领域的投入产出比提升了 40%。在创新成果上，新专利和软件著作权的申请数量较之前增长了 50%。大量创新成果不断涌现，有力地推动了建筑行业数字化转型的步伐。

人才吸引力增强。大厦凭借先进的设施、舒适的环境以及在行业内的标杆影响力，使广联达在人才招聘市场上的竞争力提升了60%。众多高端人才纷纷加入，人才队伍迅速壮大。同时，员工满意度达到90%以上，稳定且积极的人才团队为企业持续发展注入强大动力。

## （二）行业示范与社会影响方面

行业示范带动。作为绿色建筑三星标准、健康建筑标准的典范，大厦吸引了全国各地建筑行业考察团和高校师生前来参观学习，接待人数每年累计达2000余人次。这些交流活动成功推动了绿色建筑和智能建造技术在行业内的广泛推广与应用。

社会形象提升。大厦的建设和运营成绩斐然，荣获住建部科学计划项目——绿建科技示范项目、陕西省新技术应用试点项目、中国绿色建筑三星认证等荣誉；国际上，在获得铂金级WELL认证后，又获得了国际认可的LEED BD+C NC V4绿色建筑认证——金级认证，标志着广联达以数字化推动绿色建筑、健康建筑的实践得到了权威机构的高度认可，提升了广联达在社会各界的知名度和美誉度，以及品牌价值。

工业化、绿色化和数字化是建筑业发展的趋势，而工业化和绿色化的实现需要数字化的支撑。广联达西安数字建筑研发大厦项目基于数字IPD集成项目管理模式，在数字化技术和精益建造模式的支撑下，不仅达成了项目最初设定的可建造性、可持续性、可使用性、可运维性的高性能建筑目标，更输出了行业领先的企项一体、管理联动、管理前置和数据驱动的数字建筑实践经验。秉承"数字建筑"理念，广联达西安数字建筑研发大厦作为绿色数字建筑的落地实践项目，充分展示了绿色建筑与数字建筑特点，为推动数字化转型、智能建造技术研发和成果转化提供支撑，为西安智能建造试点城市建设落地提供智慧力量，为建筑行业提供了一个数字化转型"样板间"。

# B.29
# 宝鸡文化艺术中心
## ——"传承匠心、追求卓越"的典范

沈为民　魏小强　秦吉有*

**摘　要：** 宝鸡文化艺术中心是宝鸡市重大民生工程，总建筑面积约10.13万平方米，由音乐厅、科技馆、图书馆等组成。项目采用先进的BIM技术和多种创新工艺，如可调转接系统工艺、倾斜钢墙架变形控制工艺、镶边细石混凝土屋面工艺等，解决了复杂结构施工中的技术难题。工程还通过精细化管理和质量控制，实现了外装饰和内装饰的高质量施工，获得了"鲁班奖"等多项荣誉。该项目不仅提升了宝鸡市的文化基础设施水平，还成为传承匠心精神的典范。

**关键词：** 文化艺术中心　BIM技术　创新工艺　质量控制　鲁班奖

　　宝鸡文化艺术中心是宝鸡市文化产业建设的重要内容之一，是宝鸡市的重大民生工程。该项目的建成进一步完善了宝鸡市文化基础设施，创造了良好的文化发展环境，成为宝鸡市重要的文化产业示范窗口。

---

　　* 沈为民，高级工程师，宝鸡二建集团有限公司副总经理兼技术总监，省、市质量专家库专家；魏小强，高级工程师，宝鸡二建集团有限公司技术质量部经理，省、市质量专家库专家；秦吉有，宝鸡二建集团有限公司技术质量部专员。

# 一 项目简介

## （一）工程概况

宝鸡文化艺术中心（见图1、图2）主要由宝鸡音乐厅、科技馆、图书馆、群众艺术馆和青少年宫组成，总建筑面积101260平方米，项目总投资13.94亿元。建筑由中国工程院院士、中国建筑设计研究院总建筑师崔愷担纲设计，由宝鸡二建集团有限公司总承包建造。

图1 宝鸡文化艺术中心项目效果图

图2 宝鸡文化艺术中心项目俯瞰图

## （二）工程特点

建筑融合宝鸡周秦文化发源地的历史渊源，既有民族传统韵味，又有现代风格的建筑形态与景观空间，形成高低错落、曲折连续的建筑群落，与城市地貌暗合，仿佛一条巨龙，昂首舒尾，欲飞冲天，塑造出象征城市飞跃发展的形象建筑。

项目建设初期，本着对原有工业建筑再利用的原则，结合城市文化、地形地貌，对不同的保留建筑运用不同的改造利用方案，不仅延续了原有工业建筑的记忆，也体现绿色可持续发展的理念。该项目是宝鸡二建集团继中华石鼓园之后为宝鸡市建设的又一地标性建筑。

# 二 技术创新应用与质量特色

宝鸡文化艺术中心项目设计理念先进，施工技术卓越。项目推广应用建筑业新技术10大项43子项，多项创新施工技术取得良好的社会与经济效益。开工伊始，宝鸡二建集团有限公司便确定申报国家优质工程"鲁班奖"的质量目标。该项目结构复杂，新旧建筑交替。饰面型清水混凝土、型钢混凝土结构，钢墙架、桁架结构等多种结构形式交错布置。外装饰形式多样，有玻璃幕墙、铝板幕墙、不锈钢板幕墙、锈钢板幕墙及外倾式异形铝格栅幕墙系统等。

## （一）技术创新与应用

### 1. 可调转接系统工艺

球幕影院是以钢结构为主体的球形体，其外封闭及排水系统为铝镁锰合金直立锁边屋面，在铝镁锰合金直立锁边屋面外设置144种2955块异形镜面不锈钢板，且每块异形镜面不锈钢板间距为18毫米。各异形镜面不锈钢板的间距调节、镜面不锈钢板与直立锁边屋面间布置梯形亮化桥架，是异形镜面不锈钢板与球体直立锁边体系相连接需要攻克的关键性技术难题。

项目建设团队经过讨论分析研究，在传统连接固定方式上推陈出新，采用转化型铸铁圆盘与弧形铝合金圆管相配合，并配备不锈钢T形连接螺杆的方式施工（见图3）。

（1）深化图纸，利用BIM技术建立三维模型（见图4），采用铝合金圆管支座将横向龙骨Φ45铝合金圆管固定于铝镁锰合金直立锁边屋面板上，再在Φ45铝合金圆管间设置竖向龙骨铝合金连接杆。

（2）在连接杆上根据异形镜面不锈钢板大小不等距安装可调节转接件——热浸镀锌+氟碳喷涂铸铁圆盘（见图5），根据亮化走线梯形架所需空间，调节转接件铸铁圆盘距铝镁锰合金直立锁边屋面板距离。

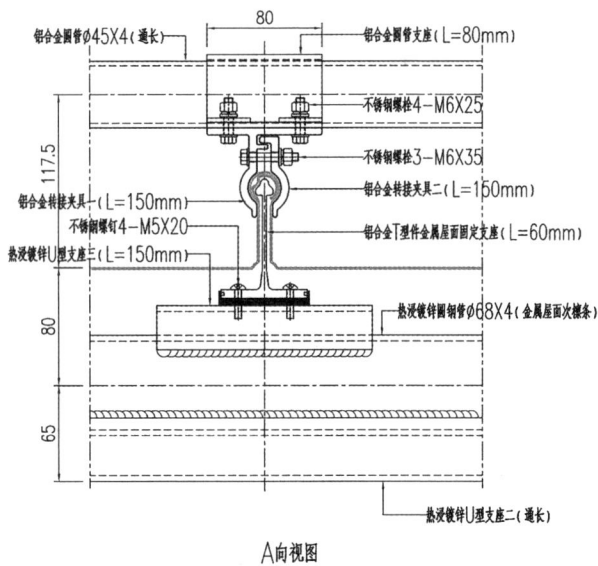

A向视图

图3 连接原理剖面

图4 深化三维模型

用铝合金不锈钢板压块将异形镜面不锈钢板固定于可调转接件铸铁圆盘上,再根据各异形镜面不锈钢板所需调节值,移动可调转接件上旋转槽内不锈钢压块的螺栓,并予以固定(见图6)。根据编号,逐一安装调节,则铝镁锰合金直立锁边屋面板与装饰保护层异形镜面不锈钢板连接施工完成

图 5　可调铸铁圆盘转接体系安装

（见图 7）。

　　该工艺应用后成形表观效果良好，整体效果美观，施工工期提前 20 天，且极大减少了材料浪费与返工。该工艺的应用获得陕西省建设工程科学技术进步奖一等奖、陕西省省级工法、国家级 QC 一类成果、国家级实用新型专利、国家级 BIM 大赛三等奖等荣誉。

　　2. 倾斜钢墙架变形控制工艺

　　倾斜钢墙架合拢高度 28 米，长度 37.5 米，两侧均与自然地面成 54°夹角，以递增形态由两侧向 28 米高空形成三角对接态势，对接合拢长度 32 米（见图 8）。在有限的现场条件下完成该合拢精度的控制，以及倾斜钢墙架变形控制将成为保证施工质量的关键点和难点。

　　为了解决该问题，项目建设团队根据现场实施方案，应用 Tekla 软件对整个结构的施工过程进行仿真分析，得到每个阶段结构构件的变形情况，统计出每个构件的预偏值。根据每个吊装构件的预偏值得到安装夹板螺栓孔位的调整值，进行安装夹板螺栓孔打孔；利用千斤顶调整钢柱底部水平错位，调整好后临时点焊固定倾斜侧耳板，保证耳板不再滑动。利用千斤顶调整另

435

图 6 异形镜面不锈钢板安装

图 7 球幕影院安装效果

一侧钢柱底部对接焊缝间隙，使钢柱绕倾斜侧耳板螺栓微动，从而实现对钢柱进行预变形（见图9）。

图8 倾斜钢墙架合拢

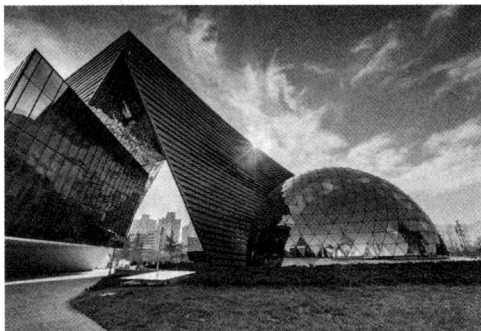

图9 钢墙架完成效果

该工艺的成功应用获得陕西省省级工法、国家级 QC 一类成果、国家级 BIM 大赛三等奖等奖项。

3. BIM 技术的应用

本工程全面运用 BIM 技术，首先根据工程图纸、施工组织设计等施工文件，借助软件建立三维立体模型；其次借助移动互联网技术实现施工现场可视化、虚拟化的协同管理，通过技术施工模型的深化设计，以及场布、施组、进度、材料、设备、质量、安全、竣工验收等管理应用，实现施工现场信息高效传递和实时共享，提高施工管理水平。

建设团队采用三维点云数据技术，对扫描数据进行分析拟合（见图10），提高测量定位精度。

三维仿真模拟施工（见图11、图12）指运用 BIM 三维可视化功能再加上时间维度，根据碰撞优化后的三维方案进行施工交底、施工模拟，发现本工程的重难点施工部位，按照场地特点、国家规范制定详细的施工方案，将施工方案模型化、动漫化（见图13），让相关人员对施工方案的各种问题和情况了如指掌。

该项目 BIM 技术应用方案在加强现场施工管理的同时，还获得全国优

图 10　三维点云数据分析拟合　　　图 11　BIM 三维模型仿真模拟

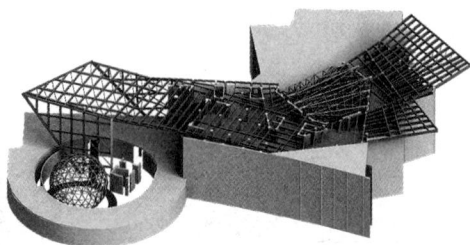

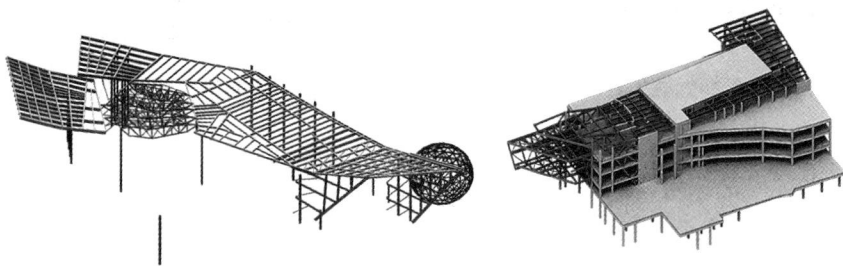

图 12　BIM 三维模型仿真模拟

图 13　BIM 技术施工模拟

路杯 BIM 技能大赛银奖、国家级 QC 一类成果等。

4. 镶边细石混凝土屋面工艺

该工程细石混凝土屋面（上人）面积约 18903 平方米，出屋面构件

（钢构支墩）较多（见图14），屋面坡度2%~45.9%不等。设置分隔缝及其镶边的做法，不仅保证了砼面层施工质量，还保证了分隔缝的平直度，避免了温度应力对分隔缝边沿的损坏，极大地提高了细石混凝土屋面的整体观感质量（见图15）。

主要工艺要点如下：

（1）应用BIM技术对屋面进行整体排版策划，分水线、屋面管道、设备、避雷系统二次设计，结合土建综合布局。

（2）为解决细石混凝土裂缝、空鼓问题，掺加抗裂纤维。

（3）在细石混凝土防水层与基层之间设置隔离层，采用干铺无纺布、塑料薄膜及低强度等级的砂浆。

（4）屋面排水组织明晰，汇水面划分合理，排水通畅，无倒坡、积水现象。

（5）细石混凝土表面光滑平整无抹痕，色泽一致无色差。

（6）压模混凝土面层压纹深度一致，图形美观自然、色彩真实持久。

图14　细石混凝土屋面节点

图15　细石混凝土屋面

该技术的创新与应用获得陕西省省级工法、国家级QC二类成果、行业创优推荐做法等荣誉。

5. 缸砖鳞型泛水工艺

缸砖屋面突出屋面结构高度不一，坡比变化大，泛水在同一突出结构处高度复杂。为解决平面与立面不同材料、不同弧度、不同高差的衔接问题，项目管理团队秉承"难点做好了就是亮点"的理念，利用 BIM 技术，借鉴鱼鳞构造，对泛水处进行三维建模，精确模拟缸砖的铺贴位置、排列方式以及构造细节，进行缸砖的现场预排版；从屋面较低处开始铺贴，逐步向高处进行；平面与立面交接处的缸砖采用 45°倒角拼接；待缸砖黏结牢固后，进行留缝与勾缝（见图 16、图 17）。该工艺受到鲁班奖专家的高度认可，已形成相关标准，推广为行业质量创优做法。

图 16　缸砖屋面泛水

图 17　缸砖屋面大样

## （二）质量特色

### 1. 外装饰工程

建筑外立面及屋面均采用铝格栅作为整体装饰层（见图 18），格栅内侧饰面材料，选用干挂水泥纤维板。外挂铝格栅、玻璃幕墙（见图 19）、镜面不锈钢幕墙等，采用 BIM 技术进行深化设计、定型加工，编号安装、表面平整、分格均匀，胶缝饱满顺直，弧线过渡自然，阴阳角通顺。12500 平方米铝单板水平胶缝交圈，斜向缝路有序整齐，块料平整无变形，线条接缝平顺（见图 20）。饰面型清水混凝土墙面体量大，造型复杂，明缝、蝉缝、预留洞口位置精确，一次浇筑成形，彰显混凝土原始自然之美（见图 21）。

图18 铝格栅幕墙

图19 玻璃幕墙

图20 铝板幕墙

图21 清水混凝土墙面

## 2.内装饰工程

音乐厅4360块干挂GRG板，利用三维空间设计，定型生产，模块化安装，做到了无缝对接，空间感强，庄重典雅，使声学和装饰效果完美统一（见图22）。3640平方米室内铝单板墙、顶面，密缝安装，线条平顺。42769平方米石膏板吊顶表面平整无裂缝，转角部位整板套裁，分格条通顺实用，接缝严密（见图23）。3600平方米木饰面穿孔吸音板墙面安装牢固、表面平整、细部精美，满足功能要求（见图24）。63453平方米普通乳胶漆墙面、顶面阴阳角方正，线角清晰顺直。67个卫生间，墙地对缝交圈（见图25）；套割吻合（见图26），排水顺畅；洁具安装牢固，排列整齐，胶缝顺直精美。14500平方米地下车库抛光耐磨混凝土地面（见图27）、10550平方米环氧自流坪地面平整光洁、色泽均匀、无裂缝。

图 22　GRG 板装饰

图 23　石膏板吊顶

图 24　木饰面穿孔吸音板装饰

图 25　卫生间装饰墙地对缝交圈

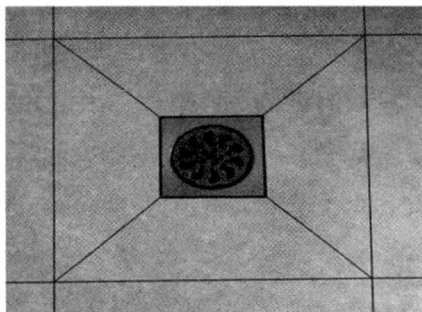

图 26　卫生间地漏安装居中

图 27　车库混凝土抛光耐磨地面

### 3. 建筑给水排水及采暖工程

管井布局合理，管道排列有序，标识醒目；管道根部封堵严密、处理细腻（见图28）。消防系统由自动喷水灭火系统、消火栓系统、消防水炮灭火系统、气体灭火系统组成。水泵安装规范（见图29），管道排列整齐，阀门成排成行，系统分色清晰，地面排水设置合理。设备基础棱角顺直，色彩分明，安装牢靠，减震齐全有效（见图30）。管道统一布局，安装顺直（见图31）；共用支架设置规范、受力均匀；固定支架形式正确、固定牢固。

图28　管道根部封堵

图29　消防水泵安装

图30　设备基础

图31　管道排布

### 4. 通风与空调工程

风机安装规范，减震合理有效；风管制作精细，安装牢固，支架设置合理；风口安装平整密实，调节灵活。通风机安装规范、稳固；空调风管采用30毫米橡塑复合保温材料，保温平顺，拼缝严密，美观耐用。机房设备布局合理，管线排布有序，安装稳固，运行平稳（见图32）。空调管道采用彩钢外壳保护，色彩亮丽，做工精细，虾弯圆滑，标识清晰（见图33）。可拆卸式过滤器彩钢保温外壳设计科学合理，方便运营维护（见图34）。穿墙管道封堵严密、装饰圈安装精美（见图35）。

图 32 空调机房

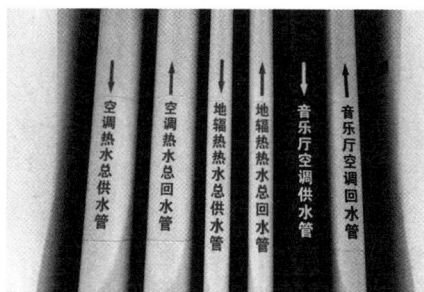

图 33 空调管道标识

图 34 管道保温

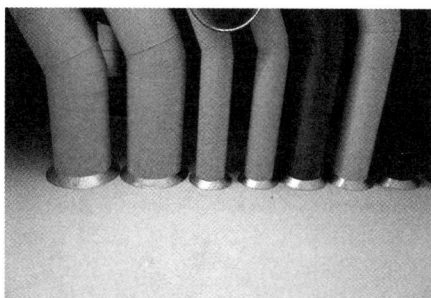

图 35 穿墙管道根部装饰

## 5. 建筑电气工程

电气竖井布局合理、排布整齐（见图36），防火封堵严密，接地干线安装规范、接地可靠、标识清晰。22283米槽盒连接可靠、横平竖直，接地跨接规范有效、检修方便，槽盒内外防火封堵严密（见图37）。44371米电力电缆敷设整齐、绑扎牢靠，3690条回路经绝缘电阻测试全部合格。568台配电箱（柜）安装牢固，排列整齐，相序正确，回路编号齐全，箱内布线整齐，标识清晰（见图38）。5176套灯具安装规范、布局合理，与烟感、喷淋头、风口等末端设施综合排布、成行成线、精致美观（见图39）。开关间距均匀、高度一致、协调美观。

图36 电气竖井

图37 电气槽盒安装

图38 配电箱（柜）安装

图39 末端装置安装

# 三 管理与创效

## （一）组织管理

### 1.聚焦建设目标，创新经营模式

在项目前期强手如林的竞标过程中，宝鸡二建郑重承诺质量目标为"鲁班奖"。同时在资金方面为缓解市财政压力，宝鸡二建急政府之所急，把企业资金实力作为竞争性要约，通过银企合作，向政府提出投资建设的意向，以保障项目的顺利实施，后续政府将项目建设资金分期付给施工企业。

集团公司在该项目采用直营管理模式，公司总部对项目管理人员实施全过程管控，确保管理人员的精干高效。在该项目建设初期，为保证工程质量，集团公司成立了以公司总经理为指挥长的项目指挥部，总部各职能部门负责人加入施工现场管理，组成了经验丰富、专业齐全、技术精湛、勇于创新的专家团队，强化项目建设的全过程管控。

**2. 强化制度执行，提升管理效能**

项目部严格执行集团公司《质量基金管理制度》和《精品工程评选办法》，将质量目标层层分解，具体落实到每个岗位和个人。对管理工程质量卓越的团队或个人，给予适当的物质奖励，有效激发员工质量意识，促使他们更加主动地关注施工细节，从而在项目内部形成一种追求高质量施工的良好氛围，从根本上推动工程质量水平的持续提高。

**3. 注重人才培养，锤炼专业队伍**

集团公司以宝鸡文化艺术中心项目为载体，实施人才发展策略，推动股权激励机制，执行"岗在股在，股随岗走，股价不做溢价"的基本准则，将在项目建设过程中综合素质高、工作业绩突出的优秀管理人员选拔认定为注册股东或非注册股东，激励更多员工岗位成才。

**4. 整合资源优势，拓展运维领域**

凭借建设过程中的良好口碑和全方位参与，集团公司成功中标宝鸡文化艺术中心项目的后期运营维护工作。基于长期合作关系，物资采购可获得更低的成本优势；对设施设备的维护，可以迅速定位问题根源，制定精准方案，确保专业高效；通过参与运营维护，不仅拓宽了企业收入来源，而且在施工工艺改进和管理水平提升方面有了长足发展。

（二）项目荣誉

该工程建设过程中通过施工技术创新和技术攻关，总结形成或获得国家实用新型专利 4 项、省级工法 3 项、国家级 QC 小组活动成果 5 项和 BIM 成果奖 5 项等。工程先后荣获中国钢结构金奖工程、全国建筑业绿色施工示范工程、全国建设工程项目施工安全生产标准化工地、陕西省优质工程"长安杯"奖、陕西省建设工程科学技术进步奖、一星级绿色建筑设计标识、陕西省优秀设计一等奖、国家优质工程"鲁班奖"、中国安装工程优质奖"中国安装之星"等多项荣誉。

# Abstract

The development of the construction industry in Shaanxi has been marked by a history of exploration and innovation. Since the founding of the People's Republic of China, it has evolved from its nascent stage through exploration and rapid development to a comprehensive transformation and upgrading process. Over the past several decades, Shaanxi's construction industry has grown from a weak foundation into a vital pillar supporting regional economic development. Driven by national policies, market demand, and technological progress, the industry has continuously broadened its business scope and enhanced its overall competitiveness. From its rapid start during the early years of national key construction projects, through the gradual establishment of market mechanisms and the emergence of private enterprises after the reform and opening-up, to the high-quality transformation driven by new technologies and new concepts such as intelligent construction, green building, and industrialized construction in recent years, Shaanxi's construction industry has always been at the forefront of exploration and innovation, providing strong support for local economic development and urban-rural construction.

In recent years, against the backdrop of accelerated urbanization and continuously improving infrastructure in Shaanxi, the total output value of the construction industry has shown steady growth. In 2024, the province's construction industry output value reached a scale of over one hundred billion yuan, with construction project value accounting for the vast majority, reflecting the industry's prominent performance in undertaking large-scale infrastructure projects and urban renewal. Although there have been some declines in the newly signed contract amounts and in the areas of residential construction, new starts, and completions, these have not hindered the industry's steady progress in an increasingly competitive market environment. The expansion of business into other provinces and overseas markets has also demonstrated the strong market development capability of Shaanxi's construction enterprises. Some renowned companies, leveraging the Belt and Road Initiative and regional coordinated development strategies, have not only consolidated their local market positions but have also achieved significant success in national and international markets.

Alongside the growth in output value and the number of enterprises, Shaanxi's construction industry has also witnessed significant improvements in its industrial structure and technological level. The transition from traditional construction methods to modern, digital, and intelligent construction practices has become an inevitable trend. Many enterprises have actively introduced new technologies such as Building Information Modeling (BIM), 3D printing, and prefabricated construction, which have not only improved construction efficiency and engineering quality but have also promoted the achievement of green building and energy-saving targets. In this process, the government has played an important role by implementing a series of supportive policies and industry standards to encourage technological research and development and talent cultivation, thereby accelerating the modernization of the construction industry chain. Meanwhile, breakthroughs have been made in optimizing the industry structure, as the focus shifts from solely undertaking traditional construction projects to diversified operations. The industry now emphasizes large-scale infrastructure construction while also vigorously developing decoration, installation engineering, and related consulting services, thus promoting the extension of the industrial chain and the comprehensive development of value-added services.

Regionally, the development of Shaanxi's construction industry exhibits distinct characteristics. The Guanzhong area, centered on the provincial capital Xi'an, has become the leading force in the province's construction development due to its strong economic foundation and resource advantages. Construction enterprises in this region are at the forefront in terms of scale, technology, and management, undertaking numerous key engineering projects that provide solid support for sustained economic development in the province. In contrast, the development trends in southern and northern Shaanxi differ due to their unique geographical and economic conditions. Cities in southern Shaanxi have achieved steady growth by relying on steadily improved infrastructure and ongoing urbanization processes, while northern Shaanxi, leveraging abundant energy resources and large-scale industrial projects, has driven rapid development in industrial construction and infrastructure projects. Construction enterprises in northern Shaanxi have actively responded to the national "going global" strategy, gradually increasing the share of their overseas contracting business to boost regional economic transformation and upgrading.

Despite the many achievements, Shaanxi's construction industry still faces several structural challenges. With intensifying market competition and ever-increasing project requirements, the industry generally suffers from structural imbalances in its labor force, a shortage of skilled personnel, and a lack of technological innovation in some enterprises. These issues not only raise the bar for traditional construction industry transformation and upgrading but also compel enterprises to increase their investment in new technologies and processes, improve management models, and enhance the overall quality and technical level of their workforce. In response, relevant government departments and industry associations are actively organizing various skill training and exchange activities, striving to alleviate the supply-demand imbalance in talent through industry – academia – research collaboration and information sharing, and to improve overall construction management levels and engineering quality and safety assurance.

Looking ahead, under the guidance of national and local policies, Shaanxi's construction industry will continue to pursue high-quality development by deepening supply-side structural reforms and accelerating the adoption of intelligent construction, green building, and industrialized construction practices. Future development will not only be reflected in the expansion of total output and scale but will also focus on breakthroughs in project quality, construction efficiency, and environmental benefits. Government departments are expected to further improve market regulation mechanisms, optimize resource allocation, and strengthen industry standards and quality supervision to ensure the smooth implementation of key projects and urban renewal initiatives. At the same time, enterprises will need to proactively adapt to market changes, intensify technological innovation, explore diversified business models, strengthen brand building and market expansion, and actively address the challenges posed by complex domestic and international environments, thereby making a greater contribution to regional economic and social development.

In summary, Shaanxi's construction industry is at a critical juncture, transitioning from traditional to modern methods, from extensive to intensive practices, and from a single-mode operation to diversified management. The industry is continuously optimizing its structure through adjustment, enhancing quality through technological innovation, and playing a leading role in regional coordination. In the future, driven by policy support, market demand, and technological advancement, Shaanxi's construction industry is poised to achieve even higher levels of development. It will not only establish a comprehensive construction industry chain and modern management system within the province but will also set a benchmark for "Shaanxi strength" in national and international markets, making an outstanding contribution to high-quality local economic development and social well-being.

**Keywords**: Construction Industry; Intelligent Construction; Green Building; Shaanxi Province

# Contents

## I General Report

**Abstract**: Over the past 75 years since the founding of China, the construction industry in our country has been continuously and rapidly developing, with its comprehensive strength significantly enhanced, making outstanding contributions to economic and social development. The construction industry in Shaanxi Province has risen since the founding of the People's Republic of China and has thrived even more after the reform and opening up. Since the 18th National Congress of the CPC, the production scale of the construction industry in Shaanxi Province has been continuously expanding, the industrial structure and regional layout have been continuously optimized, and its role in absorbing employment has been remarkable. In 2024, the construction industry in Shaanxi Province maintained its resilience in development, achieving a steady growth in the total output value. At the same time, it led the industrial transformation and upgrading with technological innovation, and the modernization level of the industrial chain has been continuously improved. However, due to the deepening of the adverse impacts brought about by the current changes in the external environment, the development of the construction industry in Shaanxi Province still faces many difficulties and challenges, but it can still maintain a steady and progressive development trend under the support of various policies. Looking ahead to 2025, the construction industry in Shaanxi Province will achieve all-round transformation and upgrading and the goal of high-quality development under the guidance of policies, driven by market demand and supported by technological innovation, and will also make key contributions to the economic development and people's livelihood improvement of the whole province.

**Keywords:** Shaanxi Province; Construction Industry; High-quality Development; Economic and Social Development

# Ⅱ　Policy Reports

### B . 2　Interpretation of Important Policies and Regulations of Construction Industry in Shaanxi Province in 2024

*Peng Tao, Wang Jiahao* / 034

**Abstract:** As an important pillar industry of national economy, construction industry plays a key role in promoting economic growth, social employment and urbanization. However, there is a long-term development of quality and efficiency problems. In recent years, national and local governments have issued a number of policies and regulations aimed at achieving high-quality development of the construction industry by promoting the industrialization, digitization and intelligent upgrading of the construction industry. By focusing on the policies and regulations of the construction industry in the 2024 province of Shaanxi, the paper systematically combs the contents of the policy from the national and local levels, and analyzes the implementation background, core objectives and concrete measures, and evaluate its impact on industry transformation and upgrading. The study found that intelligent construction, prefabricated building, the spread of building information model (BIM) technology and the use of building robots were among the key directions for the future development of the construction industry, at the same time also need to face the market competition intensifies, the transformation upgrading pressure big realistic challenge. A series of related policies also play a guiding role in the future transformation and upgrading of Shaanxi construction industry, providing theoretical basis and practical reference for industry practice and policy optimization.

**Keywords**：Construction Industry Policy; Green Building Technology; Intelligent Construction

## B.3 The Impact of Real Estate Regulation Policy on Construction Industry in Shaanxi Province in 2024 *Pang Bo / 050*

**Abstract**：This study focuses on the impact of real estate regulation policies on the development of the construction industry in Shaanxi, as well as related issues and countermeasures, aiming to reveal the internal connections between them and put forward effective suggestions for promoting the healthy development of the construction industry. By reviewing the real estate regulation policies from the 18th National Congress of the CPC to 2023, the study combs their development context and stage characteristics, and then deeply analyzes the innovative measures and implementation of China's real estate regulation policies in 2024 in terms of finance, housing security, market regulation, and industry transformation. It also focuses on the impacts on the construction industry in Shaanxi in terms of investment and financing, tax systems, affordable housing construction, and market demand. The study finds that the current real estate regulation policies are faced with problems such as insufficient supply-side support, sluggish market demand, complex financing environment, and lagging policy effects, which severely restrict the development of the construction industry. In response to these problems, this study proposes suggestions such as increasing supply-side policy support, optimizing the supply-demand structure and market confidence, improving the financing environment, strengthening policy coordination and implementation, and promoting the transformation and upgrading of the construction industry, hoping to provide a theoretical basis and practical guidance for the government to formulate scientific and reasonable real estate policies and promote the sustainable and healthy development of the construction industry in Shaanxi.

**Keywords**: Real Estate Regulatory Policies; Construction Industry; Shaanxi Province

## B . 4 The Influence of Financial and Taxation Policies on the Development of Construction Industry in Shaanxi Province

*Bi Chao, Liu Yu / 066*

**Abstract**: Since 2024, the financial, tax and fiscal policies in Shaanxi Province have been basically in line with the national trends. Local governments at all levels in Shaanxi Province have continuously increased their support for the construction industry in terms of financial, tax and fiscal policies, with the policy forms and contents becoming increasingly optimized. Policy support for the development of the construction industry has been strengthened from both industry and market aspects. With the support of financial, tax and fiscal policies, the development scale of the construction industry in Shaanxi has continued to expand, as demonstrated by the growth in the total output value of the construction industry, its proportion in GDP, the number of enterprises, and the number of employees. However, at the same time, the development momentum of the construction industry in Shaanxi is slightly insufficient, with the contract value signed by construction enterprises showing a downward trend and the proportion of construction projects being too high. Overall, the financial, tax and fiscal policies for the construction industry in Shaanxi face three major problems: first, the financing support policy system for the construction industry needs to be improved; second, the support policy system for the green and intelligent transformation of the construction industry urgently needs to be strengthened; third, the long-term mechanism of financial, tax and fiscal policies for the construction industry needs to be enhanced. Therefore, it is recommended that Shaanxi Province accelerate the improvement of the financing support policy system for the construction industry, continuously increase the policy efforts for the green and intelligent transformation of the construction industry, and establish and improve the long-term mechanism of financial, tax and fiscal policies for the construction industry.

**Keywords**: Construction Industry; Financial Policy; Fiscal and Tax Policy

## B.5 The Influence of Investment Structure Change on the Development Of Construction Industry in Shaanxi Province

*Xie Jin* / 082

**Abstract**: This article sorts out the current investment situation in Shaanxi over the past two years and summarises the highlights of investment during this period. Through data comparison, it is concluded that Shaanxi's fixed asset investment not only acts as a promoter and stabiliser for Shaanxi's economy, but also exhibits characteristics of being led by the government and supported by the private sector. The third part analyses the impact of investment structure on the development of Shaanxi's construction industry by using the construction industry as an example. The fourth part points out that there are many problems in the investment structure of Shaanxi's construction industry, including unbalanced regional investment, unbalanced investment across various fields, limited financing channels, and insufficient investment in technological innovation. Looking to the future, the following suggestions are put forward for investment in Shaanxi's construction industry: first, implement a good policy combination to develop investment in areas with weak infrastructure and rural regions; second, strengthen investment in infrastructure and public facilities, and develop investment in green buildings and intelligent buildings; third, issue bonds and equity financing, and support the development of small and medium-sized construction enterprises by establishing special funds and providing financing guarantees; fourth, increase investment in new productivity within the construction industry; fifth, explore new highlights and opportunities for investment in the construction industry.

**Keywords**: Investment; Investment Structure; Real Estate Investment

# III  Market Reports

**B**.6  Analysis on the Current Situation and Development of the Labor Market in the Construction Industry of Shaanxi Province

*Zhao Wei, Zhao Ruoqi* / 096

**Abstract**: This study focuses on the labor market of the construction industry in Shaanxi Province, comprehensively analyzing its development status, supply-demand relationship, salary levels, and the situation of migrant workers. The research reveals that the main problems in the construction labor market include an irrational labor force structure, unplanned labor mobility, imperfect labor subcontracting management, low labor productivity, insufficient financial support for labor training, and incomplete social welfare and security. In response to these issues, countermeasures and suggestions for the healthy and sustainable development of the labor market in the construction industry of Shaanxi Province are put forward from the aspects of establishing and improving the labor security system, strengthening the supervision and management of labor subcontracting, promoting the professional transformation of construction workers, optimizing the labor force structure to improve efficiency, establishing a digital management ledger for the labor force, and increasing financial and fiscal support for enterprises.

**Keywords**: Construction Industry; Labor Market; Shaanxi Province

**B**.7  Development Status and Trend of Survey and Design Industry in

Shaanxi Province    *Yang Dawei, Shi Huijuan and Li Junshe* / 106

**Abstract**: In recent years, the surveying and design industry in Shaanxi Province has developed rapidly, with a steady increase in the number of enterprises and continuous growth in revenue, leading to a stable industry scale. The talent pool has expanded, professional qualifications have improved significantly, and technical innovation capabilities have gradually strengthened, with digital and information technologies being widely applied. However, the industry still faces challenges such as fierce market competition, insufficient technological innovation capacity, and a shortage of high-end talent. In the future, the industry in Shaanxi Province is expected to develop in the directions of digitalization, greening, specialization, and internationalization. Technologies such as BIM, big data, and artificial intelligence will drive the industry's transformation and upgrading, while green buildings and ecological protection will become important areas of development. To address these challenges, it is recommended to strengthen technological innovation and digital transformation, optimize talent recruitment and training mechanisms, promote green development and technological innovation in ecological protection, and expand market competitiveness and international development to support the high-quality development of the industry.

**Keywords**: Surveying and Design; Technological Innovation; Digital Transformation; Shaanxi

**B**.8  Present Situation and Development Trend of Construction

Consulting Market in Shaanxi Province

*Wang Zhiyi, Li Quanbai and Chu Fangfang* / 121

**Abstract**: In the current era when traditional construction engineering consulting industry is urgently transforming to full-process engineering consulting, this paper analyzes the development status of the construction engineering consulting industry in Shaanxi Province by summarizing the policy highlights of the construction engineering consulting market in Shaanxi Province. It also compares the differences in the operation of full-process engineering consulting between Shaanxi and other pilot areas, thus clarifying the current situation of the construction engineering consulting market in Shaanxi Province. At the same time, it looks forward to the development of the construction engineering consulting industry in Shaanxi Province, proposing development directions such as strengthening talent training, integrating industrial chains, promoting digital integration, integrating green building and ecological technology, and expanding overseas business.

**Keywords:** Construction Project Consulting; Full-process Engineering Consulting; Shaanxi Province

**B. 9**  Present Situation and Development Trend of Building

Materials Market in Shaanxi Province  *Ma Jian* / 141

**Abstract:** This paper focuses on the current status and development trends of the building materials market in Shaanxi Province. The research covers various aspects, including the supply and demand situation, price trends, policy environment, and industry competition landscape. It encompasses both traditional building materials and new types of building materials. The research methodology integrates data analysis, market surveys, and industry interviews. The study reveals that the building materials market in Shaanxi Province is facing challenges such as declining demand and oversupply. The market competition is fierce, with a relatively low industry concentration. Enterprises are confronted with rising costs and compressed profit margins. In terms of the policy environment, the green building materials certification system is continuously improving, driving the industry towards environmental protection and intelligent development. In the short term, market demand will still be affected by the economic environment and policy adjustments. However, with the continuous development of infrastructure construction and the real estate market, the market is expected to gradually recover. In the long run, green building materials, intelligent building materials, and customized services will become important directions for industry development. Based on these findings, the following countermeasures and suggestions are proposed: First, strengthen technological innovation to promote the transformation of the building materials industry towards greening and intelligent development. Second, optimize the industrial structure to increase industry concentration and enhance corporate competitiveness. Third, enhance policy guidance to support the promotion and application of green building materials.

**Keywords**: Building Materials Market; Construction Industry; Shaanxi

**B**.10 Research on the Current Status and Development Trend of the Construction Engineering Market in Shaanxi Province

*Dang Bin* / 159

**Abstract**: In the construction industry, the total output value of the construction industry in Shaanxi Province has continued to rise, becoming one of the important economic pillars in the province. With the acceleration of urbanization and the growth of infrastructure construction demand, the construction industry has played an important role in promoting employment and driving economic growth. At the same time, Shaanxi is accelerating the promotion of a green construction system led by " dual carbon " energy conservation, expanding the industrial chain layout, coordinating and leading industrial agglomeration, actively introducing modern construction technologies such as BIM technology and prefabricated buildings, strengthening cooperation and linkage between upstream and downstream enterprises, forming a complete industrial chain, improving overall competitiveness, promoting the application of green building materials and renewable energy, and promoting the improvement of industry efficiency and quality. In the future, with the continuous advancement of green, industrialization, intelligence, and the expansion of international vision, the construction industry in Shaanxi will usher in a broader development prospect.

**Keywords:** Greenization; Industrialization; Intelligence; Construction Industry

# Ⅳ  Topical Reports

**B.11**  Research on Countermeasures for High-Quality Development of Green Buildings in Shaanxi Province under the Background of Carbon Peaking and Carbon Neutrality Goals

*Zhao Jingyuan, Xia Bo and Liu Sisi* / 174

**Abstract:** As a core industry supporting China's infrastructure construction and urbanization, the construction industry's energy saving and emission reduction is a key part of helping to achieve the "carbon peaking and carbon neutrality goals". the Shaanxi provincial government has actively responded to the national strategy to accelerate the transformation and upgrading of the traditional construction industry, and to promote the high-quality development of green buildings led by energy saving and carbon reduction. This report takes into account the current problems in the development of green buildings in Shaanxi Province, and proposes countermeasures based on five aspects: high-quality development of green buildings, energy-saving and carbon reduction in buildings, green construction, scientific and technological innovation, and safeguard measures, in order to help realize the target on schedule.

**Keywords:** Green Buildings; Energy Saving and Emission Reduction; Green Transformation; Construction Industry

**B . 12** Collaborative Development of Construction Industrialization in Shaanxi Province Based on Intelligent Construction

*Fan Yujiang, Zhang Mengge, Zhao Yuqi adn Xu Zixuan / 194*

**Abstract**: The synergistic development of intelligent construction and building industrialization is an important path to promote the high-quality development of the construction industry. In recent years, the state has actively promoted the intelligent and industrialized transformation of the construction industry through policy guidance and technological innovation. Shaanxi Province, as an important representative of the construction industry in the west, has introduced a series of policies around the synergistic development of intelligent construction and building industrialization, and gradually formed a synergistic development system covering the whole life cycle of design, production, construction, and operation and maintenance. This paper sorts out the relevant policies and practice paths of the state and Shaanxi Province, reviews the development history of intelligent construction and industrialization in Shaanxi Province, summarizes the realization of the synergistic development of intelligent construction and industrialization in Shaanxi Province in combination with the latest actual cases, and looks forward to the challenges facing the future development of intelligent construction and industrialization in Shaanxi Province. Three specific measures are proposed: deepening the integration of intelligent technology and industrialization, enhancing the construction of building information platforms, and increasing efforts in talent cultivation and technological innovation, to achieve digitalization, intelligence, and green development in the construction industry.

**Keywords**: Intelligent Construction; Construction Industrialization; Informatization

**B**.13 Opportunities and Challenges for the Development of the
Construction Industry in Shaanxi Province Against the
Background of Urban Renewal

*Yu Kanhua, Zhang Ruijie, Wang Yongshuai and Zhang Yue / 206*

**Abstract:** Urban renewal drives the urban development model to shift from
"real estate-led incremental expansion" to "optimization of existing resources and
quality improvement", bringing transformation opportunities for the construction
industry in Shaanxi Province. Significant achievements have been made in the
renovation of old residential areas, prefabricated construction, and resilient city
building. However, multiple challenges remain, including a single source of
financing channels and high corporate debt levels on the funding side, reliance on
traditional development models leading to homogenized business formats on the
development side, and an imperfect policy system that restricts project efficiency on
the policy side. This study is based on the context of urban renewal and focuses on
the construction industry in Shaanxi Province. Through field surveys and data
analysis, it systematically examines the current development status, opportunities,
and challenges of the industry. Recommendations are proposed from five
dimensions: implementation models, business format development, intelligent
construction, corporate cooperation, and operation models: ①Establish a tripartite
cooperation mechanism among "government, enterprises, and property owners", and
promote integrated investment and financing models such as EPC and EPC+O to
alleviate financial pressure. ②Explore categorized strategies of "individual renovation"
"district renewal" and "micro-renovation", and introduce emerging industries in
combination with regional characteristics to optimize functional layouts. ③Promote the
full life-cycle application of BIM technology, develop green buildings and prefabricated
construction technologies, and build intelligent construction site management systems.
④Strengthen "central-local cooperation" and "government-enterprise linkage" to
integrate industrial chain resources and improve project implementation efficiency.
⑤Encourage construction enterprises to shift from being "developers" to "urban
operators", and explore an integrated model of "investment, construction,

management, and operation", focusing on intelligent services and the integration of multiple business formats. This study aims to leverage urban renewal as an opportunity to achieve high-quality development of the construction industry in Shaanxi through technological innovation, policy coordination, and model reconstruction, thereby providing a reference for transformation pathways across the country.

**Keywords:** Urban Renewal; Construction Industry; Shaanxi Province

**B.14** Research on the Empowerment of Smart Technology in the Construction and Governance of Safe and Resilient Cities

*Han Li, Li Ke / 221*

**Abstract:** In response to the dual challenges of natural disasters such as global warming and extreme climate change, as well as social risks, the construction of safe and resilient cities has gradually become an important direction in China's urban construction and governance. This paper reviews the relevant theories and practices of safe and resilient cities from domestic and international perspectives, analyzes the development process of the resilience concept and representative viewpoints, and summarizes the typical experiences of resilient city construction at home and abroad. Based on the current situation and existing problems of the construction of safe and resilient cities in Shaanxi Province, this paper proposes to use smart technology as the core empowering means to construct a whole-process construction path covering "pre-disaster prevention, in-disaster resistance, post-disaster recovery, and learning and improvement". Smart technology provides important technical support for the construction of safe and resilient cities by optimizing risk prediction capabilities, enhancing emergency response efficiency, improving post-disaster recovery capabilities, and promoting learning and improvement. Combining with the practical exploration in Shaanxi Province, this paper suggests starting from the construction process of urban safety and resilience, and systematically promoting the "smart + resilient" urban development model, which provides an important theoretical basis and practical reference for the construction and governance of safe and resilient cities in Shaanxi Province.

**Keywords:** Nature Disasters; Safe and Resilient Cities; Smart Technology

**B**.15  Digital transformation enables high-quality development of the
   construction industry                    *Fang Jianhua, Li Kunshang* / 237

**Abstract:** This article delves into the digital transformation of the construction industry, exploring its significance and implementation pathways. It begins by analyzing the policy orientations of the national and Shaanxi provincial governments, clarifying the strategic importance of digital transformation for the construction industry. The article progresses from conceptualization to practical implementation of digital transformation. It also discusses the current state of the construction industry, noting the continuous growth in market size, deepening application of technology, and the gradual strengthening of industry collaboration, demonstrating the vitality of the industry's digital development. The article then presents case studies of Shaanxi Construction Engineering Group and Xi'an Municipal Construction ( Group ), detailing their respective backgrounds and strategic planning that ultimately led to the realization of digital value. Shaanxi Construction Engineering Group has implemented the "168" digital transformation strategy, aggregating innovative resources and establishing a digital technology company to promote digital capability construction. Xi'an Municipal Construction ( Group ) has achieved integration of business and finance through "two integrations," breaking down data barriers and enhancing information efficiency. The article then identifies challenges faced by the construction industry during digital transformation, including data circulation issues within the industry chain, uneven quality of engineering teams, low technical synergy, and problems related to corporate funding, talent, technology, and institutional mechanisms. Specific countermeasures are proposed for these issues, emphasizing that digital transformation and upgrading require cognitive, business, and organizational upgrades to achieve digital transformation in the construction industry. Finally, the article looks forward to future digital trends in the construction industry, suggesting that digitalization will be laid out through six major changes, aiding the construction industry in embarking on a new chapter.

**Keywords**: Construction Industry; Digitalization; Digital Trends

**B**.16 Research on the Importance of the China's "Going Global"
Strategy for the Development of Construction Enterprise
in Shaanxi Province                           *Yan Yongjun* / 256

**Abstract**: This paper focuses on the "Going Global" strategy of Chinese engineering contracting enterprises and Shaanxi construction enterprises. At the outset, the article reviews the proposal and establishment of the "Going Global" strategy, clearly articulating that this strategy not only promotes the internationalization process of enterprises and enhances their international competitiveness, but also promotes the optimization and upgrading of the domestic industrial structure, the adjustment of the industrial chain, and international cooperation and development. Subsequently, the article further analyzes the current status of Chinese engineering contracting enterprises' "Going Global", pointing out that from the proposal of the "Going Global" strategy in 2000 to the implementation of the "Belt and Road" initiative in 2013, the scale of China's overseas contracted engineering business has continued to grow. At the regional level, based on the current status of Shaanxi construction enterprises' "Going Global", the article takes the practice of Top Intentional Engineering Cooperation Limited (TIEC) as a typical case, delving into the challenges faced by Shaanxi construction enterprises in "Going Global", including difficulties in choosing market entry modes, severe security situations, and insufficient international capabilities. Meanwhile, the article also uncovers the opportunities contained within, such as the rapid development of the international contracting market, strong government support, and the assistance provided by domestic industrial development. Moreover, the article summarizes the main modes and methods of Shaanxi construction enterprises' "Going Global", providing references for subsequent research and practice. Finally, the article proposes specific countermeasures and suggestions for how Shaanxi construction enterprises can better "Going Global", including taking "Going Global" as the necessary path for enterprises to achieve internationalization and high-quality development, strengthening top-level design, solidifying compliance management, and emphasizing that the government and industry associations should provide policy support , and do a good job in service supervision to help enterprises better "Going Global" .

**Keywords:** "Going Global" Strategy; Engineering Contracting; International Contracting; Construction Enterprise; Shaanxi

# V  Region Reports

**B**.17  Development Report on the Construction Industry in Xi'an

*Wang Wanling, Yang Jiahan* / 272

**Abstract:** As a pillar industry, the construction industry in Xi'an plays a significant role in the city's economic and social development. In recent years, taking the requirements for urban and rural construction development since the reform and opening up, especially since the 18th National Congress of the Communist Party of China, as an opportunity, the construction industry in Xi'an has closely followed the pace of transformation and upgrading, continuously increased investment and advocated high-quality construction, constantly improving its ability to serve people's lives, support the healthy development of industries, and promote the sustained development of the social economy. It has achieved remarkable achievements on the path of high-quality development. Since 2016, the proportion of the total output value of the construction industry in the city's

GDP has ranked first among all sub-provincial cities in China for eight consecutive years, highlighting its role as a pillar industry in Xi'an's national economy. Its economic indicators such as total output value and added value have significantly increased, the scale and competitiveness of enterprises have continuously expanded, maintaining a leading position in the region. The quality of construction projects has steadily improved, the ability to expand outside the region has been enhanced, the industry structure has been continuously optimized, and many key and high-quality projects have emerged. Urban infrastructure has been increasingly improved, and real estate investment has developed steadily. At the same time, it also faces challenges such as a slowdown in growth leading to intensified competition and a decline in profitability. To achieve high-quality development, the construction industry in Xi'an should increase investment in technological innovation, continuously promote the development of green buildings, actively cultivate new and compound talents, continuously improve the management level of enterprises, and give full play to the role of industry associations to address the challenges in development and achieve transformation and upgrading.

**Keywords**: Xi'an City; Construction Industry; Real Estate Industry; Infrastructwe

## B.18 Development Report on the Construction Industry in Guanzhong Region *Zhang Qian, Guo Yanting* / 296

**Abstract**: Since the 18th National Congress of the Communist Party of China, the construction industry in Guanzhong has developed rapidly, ranking firmly in the leading position of Shaanxi's construction industry. The construction industry in Xianyang, Baoji, Tongchuan and Weinan has made significant progress in terms of scale, technology and management. The number of construction enterprises has been increasing, the strength has gradually increased, and a large number of key projects have been undertaken, which has effectively promoted the improvement of the city's appearance and the improvement of residents' living standards. At the same time, new technologies and models such as green buildings and intelligent construction have been widely used in Guanzhong, injecting new vitality into the high-quality development of the construction industry. In the future, by strengthening enterprise cooperation, promoting intelligent construction, improving the green building system and deepening the integration of industry and education, the construction industry in Guanzhong will move towards a new journey of high-quality development, innovation-driven and international competitiveness.

**Keywords:** Construction Industry; Green Building; Guanzhong Region

**B**.19  Development Report on the Construction Industry in

Southern Shaanxi Region    *Zhang Wenbin, Chen Junying* / 309

**Abstract:** Since the 18th National Congress of the Communist Party of China, the overall development trend of the construction industry in Shaanxi Province has been good, playing an increasingly important role in the province's economic pattern. The construction industry in southern Shaanxi has witnessed steady progress, but there is still a gap compared with that in the Guanzhong area, and it also has problems such as low qualification levels, backward development concepts, and a shortage of human resources. However, with the support of policies, in the future, the construction industry in southern Shaanxi is expected to achieve the goals of coordinated development of intelligent construction and construction industrialization and promote the stable and healthy development of the construction industry in southern Shaanxi through development paths such as promoting the growth and expansion of enterprises, improving the organization methods of engineering construction, accelerating the transformation and upgrading, and advancing the professional transformation of construction workers.

**Keywords:** Construction Industry; Intelligent Construction; Southern Shaanxi Region

**B** . 20   Development Report on the Construction Industry in

Northern Shaanxi Region     *Shang Yumei*, *Chen Junying* / 321

**Abstract**: Since the 18th National Congress of the Communist Party of China, the construction industry in northern Shaanxi has shown a continuous development trend, manifested as the increase in the output value of the construction industry, the simultaneous growth of business revenue and contract amounts, and the steady improvement of the total profits of enterprises. However, there are also many problems in the development process, such as fierce and disorderly market competition, a monotonous industry structure, difficulties in enterprise financing, and a shortage of talents. To solve the problems in the development of the construction industry, under the new situation, northern Shaanxi has adopted a series of clear development paths, such as optimizing the market environment and industry structure, resolving financial difficulties, and strengthening the talent team, so as to promote the stable and high-quality development of the construction industry in northern Shaanxi and support economic prosperity.

**Keywords**: Construction Industry; Construction Enterprises; Northern Shaanxi Region

# Ⅵ   Cass Studies

**B** . 21   A New Practice of "Four Airport Types" Construction

—*Shaanxi Construction Group Xi'an Xianyang International*

*Airport Phase Ⅲ Passenger Transfer Center* ( *GTC*)

*He Shaohua*, *Zhang Xiangyang and Tong Zhanguo* / 333

**Abstract**: The Xi'an Xianyang International Airport Phase Ⅲ GTC and Railway Reservation Project is a major national construction project and a benchmarking project of the Civil Aviation Administration of the People's Republic of China (CAAC) . Located in the Airport New City of Xixian New District, Shaanxi Province, the project has a total design estimate of RMB 46. 9 billion, and will achieve a throughput of 83 million passengers and 1 million tons of cargo and mail after completion. GTC as the core project, the total contract cost of 5. 1 billion yuan, a total construction area of 540, 000 square meters, the intensive arrangement of a variety of transportation facilities, the formation of rail, road, air, a trinity of passenger distribution center. In terms of construction technology innovation, the project team overcame the problems of safe construction technology in close proximity to the operating subway, the formation and quality control technology of the super-large-span arch tunnel, the optimization technology of the electromechanical pipeline synthesis and the penetrating beams of the large and complex project, etc. The project also enhanced the efficiency of the project's design, construction, and management through the innovation of the digital construction management. The project passed the completion inspection on October 18, 2024, and won many honors, setting a new benchmark for the construction industry.

**Keywords**: Four-type Airport; Passenger Transfer Center; Construction Technology Innovation; Digital Construction; Integrated Transportation

**B**. 22 Ultra-low Energy Building Construction and Practice

*—Shaanxi Five Construction Group Gaoxin-Tiangu Yashe Project*

*Chen Heng, Zhang Lang and Shi Donglang* / 342

**Abstract**: Located in the Gaoxin District of Xi'an City, the Gaoxin-Tiangu Yashe Project is the first benchmark project in Northwest China that utilizes ultra-low energy building technology. The project covers a total area of about 147 mu, with a building area of about 419, 000 square meters, including residential buildings, kindergartens and retirement complexes. Focusing on the four standards of health and comfort, green ecology, low carbon and energy saving, and intelligent operation, the project adopts the assembly type ultra-low energy consumption building construction technology, combined with the five technical systems of external insulation system, non-cold and hot bridge design, high airtightness, and heat recovery fresh air system, to solve the technical difficulties in the construction. Through refinement of construction and optimization of BIM technology, the project has achieved the goal of "constant temperature, humidity, oxygen, quietness and cleanliness" of healthy housing. After the completion of the project, the comprehensive energy saving rate exceeded 90%, and the life cycle carbon emission reduction was remarkable, which won a number of honors and certificates, accumulating valuable experience for the construction of ultra-low-energy buildings in Northwest China, and providing a model for the future development of energy-saving buildings.

**Keywords**: Ultra-low Energy Building; Assembly Construction; Green Energy Saving; Healthy Housing; BIM Technology

## B. 23 Fully-assembled Bridge Construction to Create a Demonstration of Highway Construction

*—Shaanxi Construction Machinery & Construction Group Shore-Express Zhoumei Expressway*

*Han Tingting, Fan Geping and Ou Baohua / 350*

**Abstract**: Shore-Express Zhoumei Expressway is an important part of the "2367" highway network in Shaanxi Province, connecting Shore-Express District of Xi'an City with Meixian County of Baoji City. The Shanshan-Zhoumei Expressway is an important part of the "2367" highway network in Shaanxi Province, connecting Shanshan-Yi District of Xi'an City with Meixian County of Baoji City. The Huangxing Village Bridge in the project adopts the fully prefabricated assembly technology, which is the first bridge project in China that applies this technology on a large scale in the pier pile foundation and substructure.

The project achieves efficient construction and quality control of the bridge through innovative technologies such as overall production and installation of steel reinforcement skeleton, pre-burial of integrated shaped molds, setting of lifting points for heavy precast components, intelligent tensioning and grouting of precast cover beams, construction of PRC pipe piles, and grouting sleeve connection. At the same time, the project utilizes BIM technology and intelligent management tools to optimize the construction process and improve the construction efficiency and management level. This project not only promotes the development of assembly bridge technology, but also provides important support for regional economic development and urban-rural connection.

**Keywords:** Fully Assembled Bridge; Prefabricated Assembly Technology; Intelligent Construction; BIM Technology; Green Construction

**B**.24　Intelligent Construction and Practice of the Renovation and Expansion Project of Xi'an Beilin Museum

*Li Jian, Li Haiqiang and Feng Gaowei* / 359

**Abstract:** The renovation and expansion project of Xi'an Beilin Museum focuses on the deep integration of cultural relics protection and intelligent construction, and systematically applies intelligent construction technology to the core challenges of super-large volume concrete structure, antique water finish process, silk-seamed terracotta brick curtain wall and cultural relics relocation. ALC wall panel installation robots, laser leveling robots and intelligent welding equipment are deployed to enhance construction efficiency; BIM technology is relied upon to realize site planning, prestressing node deepening and exhibition space optimization; and quality and safety control is strengthened by combining wireless temperature control sensing, tower collision prevention system and intelligent production line for seismic isolation components. The project is synchronized with the construction of intelligent operation and maintenance management platform, integrating multi-dimensional monitoring and security system to form a "three-in-one" protection mode. Through the synergistic innovation of digitalization and industrialization, the project has realized a 60% increase in construction efficiency and a 30% reduction in carbon emissions, providing a practical model for the intelligent construction of historical and cultural heritage buildings, and has been awarded as an intelligent construction demonstration project in Shaanxi Province.

**Keywords**: Intelligent Construction; BIM Collaborative Design; Digitization of Antique Craftsmanship; Cultural Relic Relocation Technology; Intelligent Operation and Maintenance System

**B**.25　Technology Empowerment and Management Innovation Help the Project to be Constructed Efficiently

—*Construction of East Terminal Building of Xi'an Xianyang International Airport Phase Ⅲ Expansion Project and Management General Contracting of the First Bidding Section*

*Ma Zhenhe, Zhang Chi and Lei Wanli* / 383

**Abstract**: The East Terminal Building of Xi'an Xianyang International Airport Phase Ⅲ Expansion Project is the largest airport construction project in Northwest China, with a building area of 700, 000 square meters. The building area is 700, 000 square meters. The project adopts frame structure and welded ball grid structure, and it is the second terminal building in China that adopts floor-to-floor seismic design. The project faced challenges such as tight schedule and complicated construction conditions, but realized efficient construction through innovative means such as deformation control technology of extra-long concrete seismic isolation structure, efficient construction technology of multi-elevation and large-space steel mesh frame, digital construction technology and key technology of antique architecture. The project also adopts the mode of "general management contracting + general construction contracting", which promotes multi-disciplinary synergy and digital management, and provides a guarantee for the efficient operation of the airport.

**Keywords**: Seismic Isolation Structure; Steel Mesh Frame; Digital Construction; Antique Building; General Contracting Mode

**B**.26　Green Construction Management and Technological

Innovation of Xi'an Xingfu Forest Belt　　　*Li Weijun* / 398

**Abstract**: The construction project of Xi'an Xingfu Forest Belt is the largest urban forest belt project in China, with a total investment of 24 billion yuan. It encompasses five major business forms, namely landscape greening, underground space, integrated utility corridors, municipal roads, and subway projects. The project adopts the "PPP + agency construction" model. Through the LSCS general contracting management system and collaborative innovation across the entire industrial chain, it has resolved technical challenges such as the structural safety across ground fissures, crack resistance and seepage prevention of ultra-long underground structures, large-volume earthwork backfilling, and cross-construction of multiple business forms. The project also applies the self-anchoring connection technology of self-balancing multi-strand prestressed anchor cables, the crack resistance and seepage prevention technology for ultra-long underground structures, as well as the backfilling technology of ready-mixed fluidified solidified soil, achieving green construction and sustainable development.

**Keywords**: Green Construction; PPP (Public-Private Partnership) Model; LSCS Management System; Crack Resistance and Seepage Prevention; Prestressed Anchor Cable

**B**.27　Application and Practice of AI Large Models

in Construction Projects　　　　　*Fang Jianhua* / 409

**Abstract**: With the advancement of Digital China construction, the application of artificial intelligence in the construction industry has become increasingly important. The AI large model for the construction industry built by Glodon, through a hierarchical architecture consisting of the L0 basic large model, L1 industry large model, and L2 scenario large model, provides intelligent solutions for various aspects such as architectural design, bidding, budgeting, construction period control, material management, work safety, and project management. Trained with a vast amount of industry data and integrated with technologies such as natural language processing and image recognition, this model significantly improves the efficiency of architectural design, the standardization of bidding, the accuracy of quantity calculation, the efficiency of progress management, the precision of material control, and the ability of safety management. It has promoted the digital transformation of the construction industry.

**Keywords**: AI Large Model; Architectural Design; Intelligent Quantity Calculation; Progress Control; Digital Transformation

**B**.28　Digital Lean Construction under the Whole-process IPD Mode

　　—*Glodon Xi'an Digital Construction R&D Building*

*Fang Jianhua* / 419

**Abstract**: The Glodon Xi'an Digital Construction R&D Building is a digital construction project that integrates green features, energy conservation, health, and intelligence. The project adopts the whole-process IPD (Integrated Project Delivery) mode, combined with BIM technology, lean construction, and digital management, to achieve digital application throughout the entire life cycle from design to operation and maintenance. Through BIM technology, the project optimizes the design process, strengthens the process management during the construction phase, and innovates the management mode. In the operation phase, it utilizes the intelligent operation and maintenance platform to achieve intelligent management of equipment. This project not only improves the construction efficiency and quality but also significantly reduces energy consumption through green energy-saving technologies, providing a demonstration for the digital transformation of the construction industry.

**Keywords**: IPD (Integrated Project Delivery) Mode; Digital Construction; BIM (Building Information Modeling) Technology; Green Energy Conservation; Intelligent Operation and Maintenance

**B**.29 Baoji Culture and Art Center

—*A Model of "Inheriting the Spirit of Craftsmanship and Pursuing Excellence"*　　*Shen Weimin, Wei Xiaoqiang and Qin Jiyou* / 431

**Abstract**: The Baoji Culture and Art Center is a major livelihood project in Baoji City, with a total floor area of approximately 101, 300 square meters. It is composed of a concert hall, a science and technology museum, a library, etc. The project adopts advanced BIM technology and a variety of innovative construction techniques, such as the adjustable adapter system technique, the deformation control technique for inclined steel wall frames, and the technique for the roof with edge-trimmed fine aggregate concrete. These techniques have solved the technical problems in the construction of complex structures. Through refined management and quality control, the project has achieved high-quality construction of both exterior and interior decorations, and has won many honors such as the Luban Award. This project not only improves the level of cultural infrastructure in Baoji City but also serves as a model for inheriting the spirit of craftsmanship.

**Keywords**: Culture and Art Center; BIM (Building Information Modeling) Technology; Innovative Construction Techniques; Quality Control; Luban Award

社会科学文献出版社

# 皮 书

## 智库成果出版与传播平台

### ❖ 皮书定义 ❖

皮书是对中国与世界发展状况和热点问题进行年度监测，以专业的角度、专家的视野和实证研究方法，针对某一领域或区域现状与发展态势展开分析和预测，具备前沿性、原创性、实证性、连续性、时效性等特点的公开出版物，由一系列权威研究报告组成。

### ❖ 皮书作者 ❖

皮书系列报告作者以国内外一流研究机构、知名高校等重点智库的研究人员为主，多为相关领域一流专家学者，他们的观点代表了当下学界对中国与世界的现实和未来最高水平的解读与分析。

### ❖ 皮书荣誉 ❖

皮书作为中国社会科学院基础理论研究与应用对策研究融合发展的代表性成果，不仅是哲学社会科学工作者服务中国特色社会主义现代化建设的重要成果，更是助力中国特色新型智库建设、构建中国特色哲学社会科学"三大体系"的重要平台。皮书系列先后被列入"十二五""十三五""十四五"时期国家重点出版物出版专项规划项目；自2013年起，重点皮书被列入中国社会科学院国家哲学社会科学创新工程项目。

# 皮书网

（网址：www.pishu.cn）

发布皮书研创资讯，传播皮书精彩内容
引领皮书出版潮流，打造皮书服务平台

## 栏目设置

◆ **关于皮书**

何谓皮书、皮书分类、皮书大事记、
皮书荣誉、皮书出版第一人、皮书编辑部

◆ **最新资讯**

通知公告、新闻动态、媒体聚焦、
网站专题、视频直播、下载专区

◆ **皮书研创**

皮书规范、皮书出版、
皮书研究、研创团队

◆ **皮书评奖评价**

指标体系、皮书评价、皮书评奖

## 所获荣誉

◆ 2008 年、2011 年、2014 年，皮书网均
在全国新闻出版业网站荣誉评选中获得
"最具商业价值网站"称号；
◆ 2012 年，获得"出版业网站百强"称号。

## 网库合一

2014 年，皮书网与皮书数据库端口合
一，实现资源共享，搭建智库成果融合创
新平台。

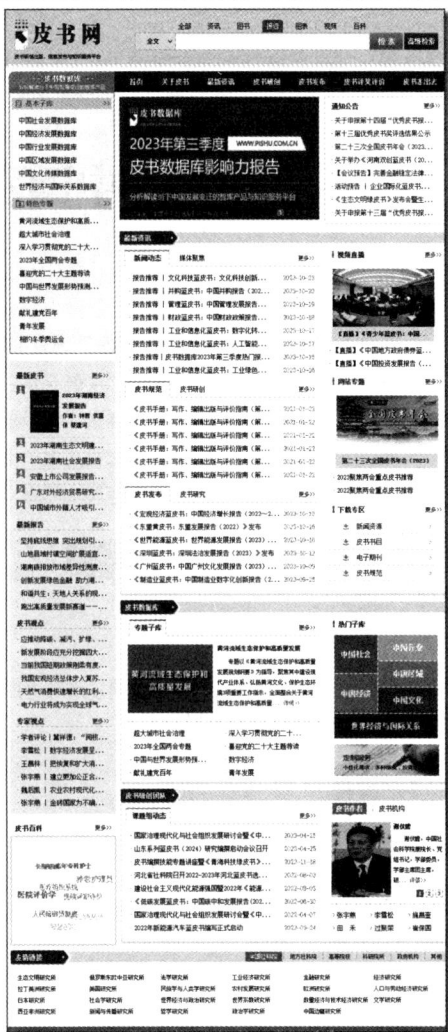

皮书网

"皮书说"
微信公众号

**权威报告·连续出版·独家资源**

# 皮书数据库
## ANNUAL REPORT(YEARBOOK)
## DATABASE

## 分析解读当下中国发展变迁的高端智库平台

### 所获荣誉

- 2022年，入选技术赋能"新闻+"推荐案例
- 2020年，入选全国新闻出版深度融合发展创新案例
- 2019年，入选国家新闻出版署数字出版精品遴选推荐计划
- 2016年，入选"十三五"国家重点电子出版物出版规划骨干工程
- 2013年，荣获"中国出版政府奖·网络出版物奖"提名奖

皮书数据库　　　　"社科数托邦"
微信公众号

### 成为用户

登录网址www.pishu.com.cn访问皮书数据库网站或下载皮书数据库APP，通过手机号码验证或邮箱验证即可成为皮书数据库用户。

### 用户福利

- 已注册用户购书后可免费获赠100元皮书数据库充值卡。刮开充值卡涂层获取充值密码，登录并进入"会员中心"—"在线充值"—"充值卡充值"，充值成功即可购买及查看数据库内容。
- 用户福利最终解释权归社会科学文献出版社所有。

社会科学文献出版社 皮书系列
SOCIAL SCIENCES ACADEMIC PRESS (CHINA)

卡号：962174651993
密码：

数据库服务热线：010-59367265
数据库服务QQ：2475522410
数据库服务邮箱：database@ssap.cn
图书销售热线：010-59367070/7028
图书服务QQ：1265056568
图书服务邮箱：duzhe@ssap.cn

# S 基本子库
## UB DATABASE

## 中国社会发展数据库（下设 12 个专题子库）

紧扣人口、政治、外交、法律、教育、医疗卫生、资源环境等 12 个社会发展领域的前沿和热点，全面整合专业著作、智库报告、学术资讯、调研数据等类型资源，帮助用户追踪中国社会发展动态、研究社会发展战略与政策、了解社会热点问题、分析社会发展趋势。

## 中国经济发展数据库（下设 12 专题子库）

内容涵盖宏观经济、产业经济、工业经济、农业经济、财政金融、房地产经济、城市经济、商业贸易等 12 个重点经济领域，为把握经济运行态势、洞察经济发展规律、研判经济发展趋势、进行经济调控决策提供参考和依据。

## 中国行业发展数据库（下设 17 个专题子库）

以中国国民经济行业分类为依据，覆盖金融业、旅游业、交通运输业、能源矿产业、制造业等 100 多个行业，跟踪分析国民经济相关行业市场运行状况和政策导向，汇集行业发展前沿资讯，为投资、从业及各种经济决策提供理论支撑和实践指导。

## 中国区域发展数据库（下设 4 个专题子库）

对中国特定区域内的经济、社会、文化等领域现状与发展情况进行深度分析和预测，涉及省级行政区、城市群、城市、农村等不同维度，研究层级至县及县以下行政区，为学者研究地方经济社会宏观态势、经验模式、发展案例提供支撑，为地方政府决策提供参考。

## 中国文化传媒数据库（下设 18 个专题子库）

内容覆盖文化产业、新闻传播、电影娱乐、文学艺术、群众文化、图书情报等 18 个重点研究领域，聚焦文化传媒领域发展前沿、热点话题、行业实践，服务用户的教学科研、文化投资、企业规划等需要。

## 世界经济与国际关系数据库（下设 6 个专题子库）

整合世界经济、国际政治、世界文化与科技、全球性问题、国际组织与国际法、区域研究 6 大领域研究成果，对世界经济形势、国际形势进行连续性深度分析，对年度热点问题进行专题解读，为研判全球发展趋势提供事实和数据支持。

# 法律声明